KB006034

이승원 유고집

1963~2017

이승원 유고집
1963~2017

초판 1쇄 발행 2018년 7월 24일

기 획 전국공공운수노동조합 민주유플러스노동조합 노동자역사 한내
글쓴이 이승원

본문 디자인 양돌규
표지 디자인 김선태 토가디자인
인 쇄 디자인단비
자료 선정 정경원
영상 제공 박주동 이지영
녹 취 노민수 성기웅 왕의조
자료 제공 금지연 이혜정

펴낸 곳 한내 http://hannae.org
등 록 2009년 3월 23일(제318-2009-000042호)
주 소 서울특별시 마포구 신촌로 14안길 17, 2층(노고산동 56-8, 2층)
전 화 02-2038-2100
팩 스 02-2038-2107

ISBN 979-11-85009-22-9 93990
값 10,000원

이 도서의 국립중앙도서관 출판시도서목록(CIP)은 서지정보유통지원시스템 홈페이지(http://seoji.nl.go.kr)와 국가자료공동목록시스템(http://www.nl.go.kr/kolisnet)에서 이용하실 수 있습니다.
(CIP제어번호 : CIP2018022352)

이승원 유고집
1963~2017
한내

노동자역사와 함께한 시간들

이승원 (李昇院 1963~2017) 1999년 4월, 서울지하철노조를 필두로 한 공공 부문 구조조정 저지 총파업 을 앞두고 있던 당시 집회에서 구호를 외치던 모습.

1994년, 데이콤노조 위원장이던 당시 노동조합의 생존권 사수 투쟁 현장에서 발언하고 있는 모습

1994년 10~12월에 걸쳐 데이콤노동조합 지부 창립 총회를 위해 전국 순회하던 당시의 모습으로 이날 전남지부 창립 총회에 참석했다.

1996년 12월 26일~1997년 2월에 걸쳐 전개됐던 노동법 개정 총파업 투쟁. 당시 김영삼 정권의 신한국당은 노동법 개악안을 국회에서 날치기 통과했고 이에 민주노총이 주도하여 노동자들의 전국적 총파업이 뜨겁게 전개되었다.

1996~1997 노동법 개정 총파업 투쟁 당시 명동성당 천막 농성장에 함께한 이승원 당시 데이콤노조 위원장

1996~1997 노동법 개정 총파업 투쟁 때 집회장에서 노동자들과 함께 함성을 외치고 있는 모습

1998년 10월 15일 동아엔지니어링 집회 모습. 사진 속 영정의 모습은 신길수 열사로 1998년 5월 27일 운명했다. 공익노련 부위원장과 동아엔지니어링 노조위원장을 역임한 신길수 열사에 대해 이승원 동지는 깊은 애정을 보였다.

1999년 4월 26일, 명동성당에서 기자회견장에 함께 앉아 있는 이승원 공공연맹 사무처장의 모습. 이날 파업 8일차를 맞은 서울지하철노조의 파업 대오가 명동성당으로 결집하였다.

2001년 1월 6일, LG 자본이 데이콤을 인수하려 획책하고 있던 당시 이에 맞선 데이콤노조의 80일 간의 파업투쟁 모습. 여의도 LG트윈타워 앞 집회에서 조합원들에게 발언하고 있는 이승원 데이콤노조 10대 위원장

2000년 11월 8일~2001년 1월 26일에 걸쳐 LG 자본에 맞서 전개된 데이콤노조의 80일 파업투쟁 당시 단병호 민주노총 위원장과 함께 묵념하고 있는 모습

데이콤노조의 80일 파업투쟁. 방송차에 올라 조합원들에게 연설하고 있다.

데이콤노조의 80일 파업투쟁. 조합원들과 어깨 걸고 행진하는 장면

데이콤노조의 80일 파업투쟁. 플라스틱 함을 엎어 놓고 그 위에 올라 조합원들에게 연설하고 있다.

2003년 10월 29일, '이라크전쟁 파병 중단', '비정규직 차별 철폐'를 요구하며 서울 종묘공원에서 열렸던 '노무현 정권 규탄 전국노동자대회'. 이날 대회를 마치고 거래 행진에 나선 노동자들은 폭력 진압 경찰에 맞서 전투적으로 투쟁했다.

2003년 11월 4일, 근로복지공단 비정규직노조 기자회견장에 함께한 이승원 공공연맹 위원장. 같은 해 10월 26일, 서울 종묘공원에서 분신한 이용석 열사의 죽음 이후 이승원 위원장은 이 투쟁에 적극 결합했다.

2009년 5월 1일, 서울 여의도에서 열린 민주노총 주최 세계노동절 기념대회장에서 노동자역사 한내 회원 모집 중인 모습

2010년 7월 6일, 민주노총 대회의실에서 열린 전노협 건설 20주년 기념 토론회에서 발제자 안태정 선생의 발언을 경청하고 있는 모습

2012년 4월 14일, 제주 조천읍 교래리에 위치한 이덕구 산전(山田)에서 총을 쏘는 모양을 잡아 보는 한내 이승원 사무처장. 해마다 4월이면 한내에서 제주 4·3항쟁 역사기행을 간다. 이덕구는 항쟁 당시 2대 사령관이었다.

2012년 4월 15일, 제주 함덕해수욕장에서 해변 검은 바위에 앉은 한내 이승원 사무처장

2015년 7월 11일, 강원도 정선군 사북읍의 사북탄광문화관광촌 앞에서 1980년 사북항쟁 역사기행 참가자들과 함께 찍은 사진

2016년 3월 11일, 노동자역사 한내에서 주최한 노동운동사 교육 과정을 수료하고 공부했던 이들이 함께 자리했다. 2014년 11월부터 2016년 3월까지의 긴 여정이었다.

2015년 8월 19일, 서울 서울 마포구 매일노동뉴스 회의실에서 광복 70주년 특별좌담 때 모습. 사진 출처 : 매일노동뉴스

붉은 장미를 위해

오철수

붉은 장미는
붉음이 가득하지 못할 때 멸시받는다
다른 모든 꽃들로부터

붉은 장미가 망하는 딱 하나의 이유는
붉음이 부족
모든 기교는 그 다음
모든 꿈도 그 다음이다

동지들의 얼굴을 봐라!
붉은 장미는 더욱 더 붉음을 의욕할 때
가장 아름답다
꽃들 중에 꽃이다

더욱 붉어라
그것이 붉은 장미의 삶이고
당당한 이름이다
혼자서라도 빛나는

이승원 동지가 생전 좋아했던 시(詩)로서 『사랑은 메아리 같아서』(오철수, 동랑커뮤니케이션즈, 2009)에 수록되어 있다.

살아온 길

이승원 李昇院 1963~2017

1963년 1월 5일 (음력 12월 10일)	서울 출생
1981년 2월	고대부고 졸업
1985년 5월	한국외국어대학교 수학과 졸업
1987년 1월 1일	한국데이타통신(주) 입사
1990년 8월~1991년 8월	한국데이타통신노동조합 조사통계부장
1993년 8월~1997년 8월	데이콤노동조합 5, 6대 위원장 역임
1997년 11월~1999년 3월	공익노련 사무처장
1999년 3월 13일~2000년 8월	공공연맹 사무처장
2000년 8월 28일~2002년 8월	데이콤노동조합 10대 위원장
2002년 7월	데이콤노조 80일 파업으로 해고
2003년 1월 1일~2004년 2월	공공연맹 위원장
2005년 4월~7월	'원직 복직, 비정규직 철폐' 전국(2000km) 도보 투쟁
2005년 8월~2006년 8월	데이콤노조 직접고용 비정규직 조직 담당 (비정규직 지회 설립)
2006년	공해투 의장
2008년 5월 5일	대법원 승소로 데이콤 복직
2008년 8월 5일	데이콤 퇴사
2008년 8월 23일~	노동자역사 한내 사무처장
2011년 8월~ 2012년 8월	춘천봉사활동 인하대 희생자 투쟁대책위원회 위원 (교섭 대표), 그 이후 기념사업회 운영위원
2015년 3월	공공운수노조 지도위원
2017년 7월 24일	별세

〈저서〉

『투쟁은 계속되고 있다-LG자본에 맞선 데이콤 노동자들의 투쟁』(공저), 2005년

『해고는 살인이다』(공저), 2009년 쌍용자동차지부 77일 옥쇄파업투쟁 백서, 2010년, 한내

『우리가 보이나요』(공저, 2011 인권상 수상), 홍익대 청소경비노동자 투쟁이야기, 2011년, 한내

『네 꿈을 기억할게』, 춘천봉사활동 인하대 희생자 투쟁 이야기, 2013년, 한내

노동해방의 바람이 되어

노동자역사 한내 대표 양규헌

진한 초록이 어우러졌던 지난여름, 이승원 동지는 우리들과 영원한 이별의 마침표를 찍었습니다. 동지의 죽음을 믿고 싶지 않았지만 사실로 받아들이며 1년이라는 시간이 지났습니다. 오늘 이승원 동지의 실존이 아닌 영혼과 대화를 하고 있다는 사실이 우리에게 진한 아픔으로 다가와 그리움이란 감정을 자아내고 있습니다. 아픈 감정들을 가슴에 안고 동지가 남겼던 흔적을 더듬으며 동지가 가졌던 포부와 꿈과 희망이 무엇이었는지를 돌이켜 봅니다. 동지가 이루지 못한 실천의 한 부분이라도 우리가 하겠다는 결의를 다시금 다지고 있습니다.

영혼은 눈에 보이지 않고 손에 잡히지 않습니다. 그래서 막연하기도 합니다. 그나마 명료하게 해 주는 것은 이승과 저승이고 그 간극을 사이에 두고 우리는 가볍지 않은 발걸음을 이곳으로 옮겼습니다. 그리고 이승에서 재회의 기약은 불가능하다는 사실 때문에 더욱 진한 그리움을 느끼고 있습니다.

살아 있는 동지들은 지난 1년, 이승원 동지에 대한 기억들이 고통으로 다가왔을 것입니다. 1년의 시간은 이후 더 긴 시간과 세월의 틈을 벌린다는 것이 자연과 우주의 이치 같은 것이겠지요. 침묵과 함께했던 1년이라는 모진 시간들이 야속하기도 했습니다. 덩그렇게 남아 있는 주인 없는 책상을 일상으로 접하는 심정은 진한 고통이었습니다. 가끔씩 동지가 가졌던 꿈과 이루려고 했던 전망에 대해서 영혼의 대화도 시작했습니다. 그러나 그 뒤에 다가오는 허무한 감정만 밀물처럼 밀려오는 가운데 삶의 가치와 의미를 생각하게도 했습니다.

지금 이승원 동지의 활동과 흔적들이 복합적으로 어우러져 태어난 날과 죽은 날로 압축되고 있습니다. 동지의 열정과 함께 자리했던 운동의 노선과 입장, 투쟁과 활동의 흔적들이 한 생애를 구구절절 수놓았으나 결국은 압축된 형태로 건조하게 남아 유고집으로 발간되었습니다.

살아 있을 때는 생각에 차이를 가졌던 동지들도 죽고 나니 모란공원에서 다정하고 평화롭게 누워 있습니다. 그러하기에 망자가 진정한 스승이라고 하나 봅니다. 망자는 영원한 침묵으로 우리를 가르치겠지요. 사소한 논쟁보다는 거시적 관점 즉 미래와 인류에 대한 고민뿐만 아니라 삶과 죽음이라는 깊고 심오한 철학을 논하고 있으니 말입니다.

오늘 우리는 이승원 동지 앞에서 그리움과 슬픈 감정으로 마주하지만 동지는 무덤에만 있지 않으니 슬퍼하지 말라고 합니다. 동지의 영혼은 수천, 수만 개 노동해방의 바람이 되어 우리와 함께 하고 있다고 강변하고 있습니다. 우리들과의 인연과 기억은 헤아릴 수 없는 울림과 메아리로 남아 너울대고 있습니다.

작은 싸움도 온몸의 열정으로 부딪쳐 가며 큰 싸움으로 만들어 간 동지. 육신은 우리 곁을 떠났으나 지금은 보이지 않는 영혼과 강인한 포옹을 하고 있습니다. 지금의 이 뜨거운 포옹은 동지가 못다 한 꿈을 우리가 함께 이루겠다는 결의이기도 합니다.

이제 동지들과 함께 자리한 모란공원에서 평안한 마음으로 모든 시름 내려놓고 가장 눈에 밟히는 가족인 부인과 지연이를 위로하고 행복을 응원해 주시기 바랍니다.

아울러 억압과 착취와 불평등이 없는 그곳에서 동지들과 함께 해방을 열어 가는 찬란하고도 뜨거운 빛으로 영면하시기 바랍니다.

투쟁의 선두에 섰던 동지를 기억하며

민주유플러스노조 수석부위원장 정헌석

하루에 몇 번씩 몸은 좋아졌는지 묻고 싶었습니다. 노동운동에 온힘을 다해 몰두하시는 모습에 본인 몸은 돌보는지 걱정도 되었습니다.

데이콤 시절 선배이자 동료로서 지내던, 어려운 시절에 위원장을 맡아 진두지휘하는 당당했던 그 모습이 그립습니다.

96~97 노동법 개정 총파업에 추운 바람을 맞으며 을지로를 누볐던 데이콤노조 조합원들, 2000년 11월 8일 총파업으로 LG자본에 맞선 투쟁을 장장 80일간 이어갔던 조합원들. 그 투쟁의 선두에 섰던 이승원 동지의 모습은 우리 기억 속에 함께할 것입니다.

풍채 좋고 넉넉한 마음으로 동료들을 가슴에 품었던 당신의 모습이 생생하게 기억납니다. 비정규직 철폐·해고자 복직을 위해 전국을 걸으며 사업장마다 방문해 조합원들과 이야기를 나누고 술잔을 기울이던 동지의 모습은 우리 가슴 속에 새겨져 있습니다.

지난 시절 제주 4·3항쟁, 사북 탄광 노동자 역사 기행을 참여하며 보았던 동지 모습이 지금도 눈에 선합니다. 늘 강조하시던 민주노조운동 역사 복원 사업의 중요성을 재인식하고 그 정신을 이어받아 계승해 나가겠습니다.

이승원 동지
오늘따라 당신의 따스한 말이 정말 그립습니다.
고맙습니다. 잊지 않겠습니다.

동지의 말씀을 새기며

전국공공운수노조 위원장 최준식

공공 부문 노동운동의 한복판을 살고 노동자 역사 복원을 위해 온힘을 쏟다 가신 이승원 지도위원을 우리는 왜 담담하게 보내드리지 못하는 걸까요.

아마도 동지의 빈자리가 절실해서인 것 같습니다. 동지가 생을 바친 민주노조 운동에 여전히 먹구름이 가시지 않아서인 것 같습니다. 투쟁으로 이룬 것들을 교묘하게 갉아먹고 있는 상황 때문인 것 같습니다.

공공운수노조 간부 교육 때 동지는 목표하는 사회가 모호한 노동운동은 노동자에게 희망을 줄 수 없다고 하셨습니다. 간부들이 먼저 진지하게 토론하고 방향성을 제시할 것을 당부하셨습니다. 그래야 조합원 대중의 의식 변화에 따라갈 수 있다고, 그래야 법과 제도에 종속되는 운동에 머물지 않을 수 있다고 강조하셨습니다.

노조 지도자에게 필요한 정치력이란 조직 내부의 문제를 해소하고 단결할 수 있는 조건을 만드는 것이라며 모든 투쟁과 활동의 출발점은 조직력임을 잊지 말라는 당부도 하셨습니다.

노동운동의 과제는 여전히 산별노조 건설, 비정규직 철폐, 정치세력화이며 이를 실현하기 위해 공부하고 교육하며 방안을 마련하자고 하셨습니다. 때로는 그

동안의 조직 운영 방식, 활동 방식을 모조리 바꾸는 발상의 전환이 필요하다고.
그 말씀 새기겠습니다. 조합원들과 함께 실천하기 위해 노력하겠습니다.

이제 동지와 마주하고 민주노조운동의 갈 길을 고민하고 싶다는 욕심은 버려야겠습니다. 대신 동지의 땀과 결의와 노동운동에 대한 애정이 고스란히 담긴 글을 양식 삼겠습니다.
동지의 말씀을 기억하며 밀려드는 회한과 부끄러움을 투쟁으로 지우겠습니다.

차 례

2부 한내의 물결에 띄워보낸 편지

3부 글자로 남은 그의 목소리

4부 배우며 가르치며

5부 그가 남긴 책의 첫머리

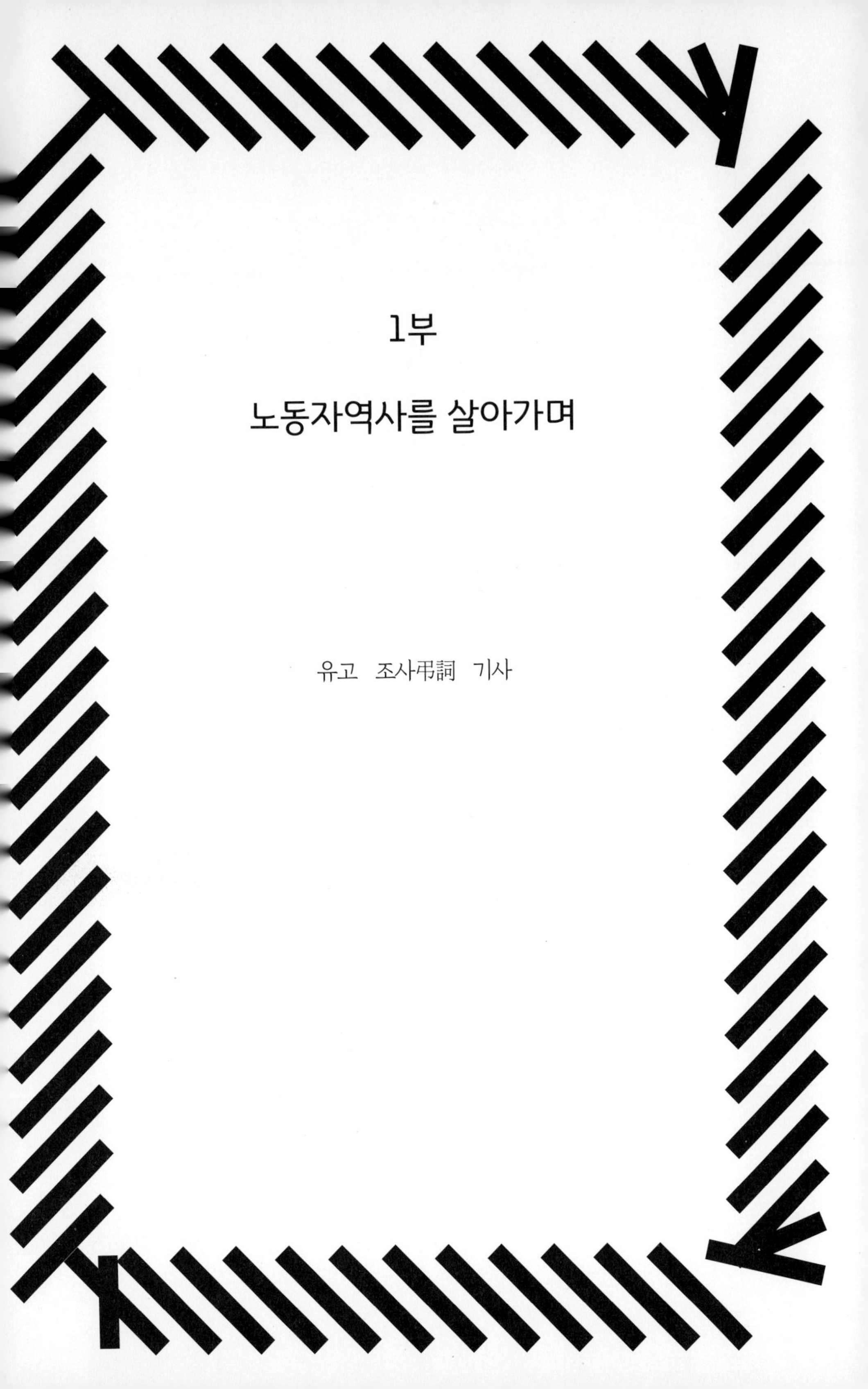

1부

노동자역사를 살아가며

유고 조사弔詞 기사

추석 명절을 틈타 남의 것을 탈취하고, 적반하장도 유분수

강남에 농성장을 설치한 지도 벌써 22일째입니다. 이젠 제법 날씨가 쌀쌀합니다. 추석 명절을 보내고 농성장에 돌아오니 연맹과 하이텔노조에서 보내온 플래카드가 없어졌더군요. 누구에게 물어 볼 사람도 없어 기다리다가 여러 사람에게 수소문 하다가 노경협력팀이 연휴기간 중에 나와서 철거한 것 같다는 심증을 갖고, 17층으로 올라갔습니다. 사측이 무단진입이라고 하나, 17층에 근무하는 김영수 상무나 이헌욱 팀장이 해고자에게 언제든지 오라고 했으며, 다른 시비가 일 것 같아 플래카드를 찾으러 혼자 올라갔습니다. 처음부터 시비할 생각이 없었고 플래카드를 철거한 것이 맞느냐고 물었고, 그렇다는 답변에 우리 것이니까 달라고 했습니다. 이에 연맹하고 하이텔노조에 보냈다는 것입니다. 이로부터 실랑이가 있었습니다. 회사는 연맹이나 하이텔노조가 무단으로 게시했다고 하지만, 우리의 상급단체인 연맹과 함께 소속되어 있는 하이텔노조는 제작하여 우리에게 전달했을 뿐 게시는 우리 노조가 한 것입니다. 바로 노동조합의 게시물을 회사가 무단 철거한 것이 이 문제의 원인 행위인 것입니다.

문제의 지적에 대해 노경협력팀 직원들은 무조건 진정하라고만 하고 답변도 제대로 못하는 상황이었습니다. 그 당시 저는 혼자였고 노경협력팀에는 5명이 있었습니다. 인사팀의 이영복 부장도 왔고, 몇몇이 문밖에 서성이고 있어 제가 위협받는 상황이었지 폭력을 쓰다니요. 제가 진짜 조폭입니까? 1대 5~7로 싸워 제가 이길 수 있겠습니까? 실무자들과 이야기 해 보았자 소용이 없어 김영수 상무를 만나겠다고 김 상무 방에 가니 없어 18층으로 가서 항의하려고 하니, 두 사람이 와서 저를 붙들고 놔주지를 않았습니다. 그래서 노경협력팀장 자리에서 기다리려고 오니, 김동수 씨가 카메라를 꺼내 서로 밀고 당기다 흩트러진 것을 찍고 있었습니다. 저는 직감적으로 지난번에는 성희롱이더니 이제는 폭력이구나 하는 생각이 들었지만 어쩔 수 없었습니다. 카메라를 빼앗아 던졌습니다. 카메라 수선비는 우리의 플래카드를 회사가 원위치시킨다면 보상할 용의가 있습니다.

명절날 도적같이 나타나 아무도 몰래 플래카드를 훔쳐간 사측은 즉각 원상회복해야 할 것입니다. 협박과 중상모략, 그리고 위증(지난 충청건 지노위 심판회의 때도 회사의 지사장과 인사팀장은 능력성과급제 도입을 위한 강제 서명을 몰랐다고 했음)까지 서슴치 않는 사측의 만행에 분노를 금치 못합니다. 박 부회장은 이 농성장을 부수고 싶겠지요. 그렇다면 당당하게 본인이 직접 나서라는 것이 우리의 요구인 것입니다. 부하 직원들에게 명절날 도둑질이나 하게 하고, 지난 일요일날 자기가 직접 중앙우체국에서 발송했다고 자랑하는 노경협력팀장을 보며 오늘도 씁쓸한 하루를 보냅니다. 대부분 후배인 노경협력팀의 직원들을 보며 불쌍하다는 생각도 들었습니다.

2002. 9. 23.

황당한 도난 사건의 가해자로 돌변한 이승원 올림

『누리하제 : 맑고 아름답게 산 사람들』(노나메기, 2004)에 실린 글로서 원문에는 '어느 노동자'라는 이름으로 실려 있다.

아, 우리들의 횃불 이용석

늦가을의 날이었지만, 찬기가 느껴지는 을씨년스런 날씨는 초겨울 같은 날 이었다. 2003년 10월 26일 종묘공원에는 '비정규직 차별 철폐·정규직화·권리보장 입법 쟁취를 위한 전국비정규노동자대회'가 양대 노총의 연대 집회로 열리고 있었다. 2500여 동지들이 모여 이 땅의 차별 받는 비정규직 문제를 해결하라고 외쳤으며, 그중에는 지난 3월 23일 노동조합을 설립하고 사용자 대표 시비로 5개월이 지나도록 교섭다운 교섭을 하지 못하고 몇 차례 진행된 교섭에서도 구체적인 내용(아주 기본적인 노조 활동 인정, 조합비 공제마저)이 전혀 진전되지 않아 10월 27일부터 파업에 돌입할 것을 결의하고 전국에서 모인 근로복지공단 비정규직노조의 400여 조합원들이 자리하고 있었다. 또한, 정권의 강제 추방에 항거하며, 노동권 쟁취를 위해 투쟁하는 이주노동자들과 많은 비정규직 노동자들이 함께 하고 있었다.

맨 앞줄에는 민주노총 단병호 위원장과 양대 노총 관계자들이 자리하고 있었으며, 집회의 마무리를 위해 '비정규직 차별철폐'가 씌어진 천을 800만 비정규직 노동자의 한과 설움을 담아 갈기갈기 찢는 상징 의식을 마치고, 힘찬 행진을 위해 모든 참가자들이 일어서서 '결의문'을 낭독하고 있던 시간, 한 노동자가 단상 앞으로 뛰어오며 '누가 분신을 했다'고 외쳤고, 결의문 낭독 소리와 음악 소리에 분명하게 알아듣지 못하고 돌아본 순간 대오의 중간에서 검은 연기가 피어오르고 있었다.

'결의문' 낭독은 중단되고, 인파를 헤치고 달려간 현장에는 온 몸이 검게 그을린 참혹한 모습으로 누워 있는 한 노동자가 있었으며, 바로 근로복지공단 비정규직노조의 광주본부장 이용석이었다.

근로복지공단 비정규직노조 조합원들의 맨 앞에 앉아있던 이용석은 상징 의식을 마치고 결의문 낭독을 위해 참석자 모두가 일어서자, 미리 준비한 신나를 몸에 뿌리고 '비정규직 철폐하라'라고 외치며 자신의 몸에 불을 부쳤다. 순식간에 일어난 사태에 옆에 있던 시설관리노조 조합원들이 옷을 벗어 불을 껐으나, 이미 다리까지 거의 불에 휩싸인 뒤였다.

노조 설립 3개월 만에 광주본부장에 당선된 이용석은 6개월의 짧은 노조간부 생활을 '비정규직 철폐'를 위해 자신의 몸을 내던지는 것으로 마감했던 것이다.

근로복지공단 비정규직노조는 2002.11월부터 노동조합 설립을 준비하기 시작했다. 비정규직들의 고민은 '독자 노조를 설립할 것인가?' 아니면 '정규직으로 만들어진 근로복지공단 노조에 가입할 것인가?'를 선택하는 것이었다.

독자노조는 악법인 복수노조 금지 조항에 걸려 설립신고가 안될 것이고 근로복지 공단 노조에 가입하는 것은 받아 줄 것인가? 하는 고민과 받아 준다 해도 그들이 우리를 위해 제대로 투쟁할 것인가가 의문시 되는 것이었다.

두 가지 방향을 모두 준비하기로 결정하지만, 연말 재계약이 최대의 위기라고 판단되어 재계약이 완료되는 2003년 초부터 시작하기로 하고 2002년 말까지는 비공개로 준비만 진행하였다.

근로복지공단 비정규직노조는 2003년 1월 20일 대전에서의 단합대회를 시작으로 조합원 가입과 근로복지공단노조를 상대로 한 조합 가입 투쟁을 전개한다. 3월부터 본격적으로 노조 가입 투쟁을 전개했으며, 2차에 걸쳐 내용증명으로 공단노조에 가입원서를 제출했으나, 공단노조는 비정규직의 가입을 대의원대회로 유보시킨다는 입장만 표명하고 아무런 조치가 없었다. 신분의 노출로 사측의 탄압이 예상되고 있었고, 공단노조의 가입 유보에 따른 불안정한 상태는 먼저 가입한 조합원들을 불안하게 했다. 이런 상태를 없애기 위해 3월 23일 근로복지공단 내의 비정규직 노동자들은 근로복지공단 비정규직노조 창립대회를 개최하고 3월 24일 설립신고서를 서울 동부지방노동사무소에 제출하였다.

그러나, 서울동부지방노동사무소는 4월 2일 근로복지공단노조의 조직대상(노조 규약상 비정규직을 제외한다고 되어 있지 않아 복수노조에 해당된다는 주장) 중복에 해당된다고 설립신고서를 반려하였다. 예상했던 일이었지만 조합 가입 신청서를 제출해도 가입 인정을 하지 않는 근로복지공단노조의 현실을 알면서도 독자적인 노조를 인정하지 않는 노동부에 분노할 수밖에 없었다. 이런 현실에서는 어느 누구도 비정규직 노조를 만들 수는 없는 것이다.

몇 년 전 한국통신계약직 노조가 그랬던 것처럼 얼마나 긴 세월을 불법이라며 탄압을 받아야 할지 걱정스러운 일이었다.

공단노조는 비정규직을 조합원으로 받지 않고, 4월 16일 대의원대회를 통해 조직대상에서 비정규직을 제외하는 규약개정안을 통과시킨다. 이제 근로복지공단 비정규직 노조의 독자설립 길이 열린 것이다. 근로복지공단 비정규직노조는 설립 전후 2개월의 시간을 복수노조 금지 악법 때문에 자주적 권리를 침해 받고 공단노조와의 투쟁으로 소모하였던 것이다.

주체적인 투쟁을 통해 합법적 지위를 획득한 근로복지공단 비정규직노조는 4월 16일 설립대회를 다시 열어 4월 21일 서울남부지방노동사무소로부터 설립 신고증을 교부받는다.

그러나, 근로복지공단 비정규직 노조의 어느 누구도 노조 설립일을 4월 16일(또는 4.21일)로 기억하는 사람은 없다. 자주적 결사체인 노동조합의 설립일은 정권의 신고필증이 중요하지 않기 때문이다. 노조의 설립일은 스스로 노동조합을 결성한 3월 23일인 것이다. 신고필증을 교부 받은 후, 본격적인 조합원 가입 활동들이 전개되었고, 전국의 조직 대상을 중심으로 가입원서를 받게 되었지만 조합비 공제도 안 되고, 전임 활동가 한 명도 없는 상황은 활동이 어려운 상태였다. 정종우 위원장 등 몇몇 간부들은 개인휴가를 내고 전국에 흩어져 있는 비정규직들을 만나 조합에 가입시키면서 노조의 골간을 만들어 갔다. 간부 체계도 갖추지 못하고 시작된 조합 활동은 근로복지공단노조 때문에 겪었던 복수노조의 문제 이후 두 가지 난관에 봉착하게 된다. 첫째는 근로복지공단(사측) 교섭대표에 대한 문제였다. 공단의 이사장이 대표로 나오지 않는 것이었다. 사측은 서울지역 본부장을 대표위원으로 세우고 비정규직의 채용은 이사장이 관장하지 않으므로 교섭할 의무가 없다며 교섭에서조차도 정규직노조와 차별하였다. 둘째는 계약직과 일용직으로 구성된 조합원들의 간부 기피증이었다. 비정규직의 특성상 매년 계약이 진행되고, 근무 평점이 재계약의 기준이 되고 있어, 노조 간부로 나서기를 꺼려한다는 점이다.

그러나, 노조는 굴하지 않고 근로복지공단 정규직노조를 상대로 한 투쟁에 전념하였다. 그러자 노동조합은 각 지역의 지역본부장과 지부장들을 세우며, 조합원 가입과 사측과의 교섭을 진행해야 하는 어려움을 겪어야 했다.

한편 4월 29일 노동조합에 가입한 이용석은 목포지사에서 일하고 있었다. 어머님을 모시고 막내 여동생과 지냈던 이용석은 근로복지공단 계약직 생활과 목포 신협에서 운영하는 '공부방' 대표로서의 생활로 하루 3~4시간 밖에 못 자는 바쁜 나날을 보내고 있었다. 유서에서도 밝혔듯이 어려운 환경 속에서 공부하는 '공부방' 학생들이 이용석에게는 '삶의 스승이자 등대였으며 자신의 어두운 미래나 긴 터널 속에서 빛으로 깨우게 한 동반자'였던 것이다. 자신의 모든 것을 바쳤던 '공부방' 학생들에게 이 사회의 밝은 모습과 희망을 가르쳐야 하는데 자신이 바로 차별받는 비정규직이라는 사실이 견디기 어려운 일이었던 것 같다.

그러던 중 이용석은 근로복지공단 비정규직 노조가 설립되고 4월 24일 정종우 위원장의 광주지역 조합원 간담회 이후 4월 29일 노동조합에 가입하게 된다. 아마도 이용석에게 노동조합은 자신의 어두운 미래와 현실의 모순을 극복할 유일한 희망이었는지 모르겠다.

노동조합에 가입하였지만 평 조합원으로 가만히 있을 수 있는 상황이 아니었다. 노동조합은 노조 간부의 절대적인 부족 속에 제대로 활동을 할 수 없었고, 조합원들은 적극적으로 나서기를 꺼려했었다. 또한, 사측은 노동조합마저도 정규직노조에 비해 차별하고 무시하기까지 하였다. 이런 상황 속에서 근로복지공단 비정규직노조는 대전의 기독교연합봉사회관 연봉홀에서 5월 25일 13:00시에 '노동조합 설립 보고대회 및 전국 조합원 총회'를 개최하게 된다. 총회에 참석한 이용석은 자신이 어떤 역할이라도 해야 할 것이라는 결심을 하게 되고, '할 사람이 없다면 내가 맡겠다'고 자청하고 나서, 6월 16~17일에 거쳐 진행된 광주지역 본부장 선거에 출마하여 당선된다. 이에 6월 21일 2차 임시 대의원대회에 광주본부장으로 참여했던 이용석 열사를 함께 했던 동지들은 '작은 체구였지만 강하고 따스한 느낌의 사람'으로 기억하고 있다.

초기 노조로서 중앙 간부도 없던 시절, 이용석은 지역본부장의 역할뿐만 아니라, 중앙 간부의 역할까지 했던 사람이었다. 이용석 열사는 교섭위원으로 자신의 휴가를 써가면서 목포에서 서울을 오갔으며, 지역의 본부장으로 광주·전남지역을 돌며 조직사업을 했고, 간부로서 대 정부(노동부)와 공단을 상대로 한 투쟁에 몸을 사리지 않고 앞장섰다.

근로복지공단 비정규직노조는 노조 설립필증을 받자 마자, 공단측에 교섭을 요청하였으나, 3차에 걸친 상견례와 3차의 교섭이 공단 측의 대표교섭위원 문제(이사장이 교섭대표로 나오지 않음)로 단 한 조항의 논의도 없이 무산되었고, 급기야 중앙노동위원회에 교섭 당사자 문제로 노동쟁의 조정신청을 제기하기에 이르렀다. 2003년 7월 24일 중앙노동위원회에서 '교섭 당사자로서 사용자는 법인인 근로복지공단이다.'라는 조정 결과가 나왔음에도 공단 측은 교섭에 대표가 응하지 않는다.

노조는 8월 11일 재차 중앙노동위원회에 노동쟁의 조정신청을 넣고 8월 12일부터 과천 노동부 앞에서 1인시위에 돌입하게 된다. 이용석은 30°를 오르내리는 뙤약볕 아래에서 8월 12일 1인 시위를 진행한다. 그늘 한점 없는 그곳에서 점심도 거른 채 7시간을 버티던 이용석은 급기야 쓰러져 병원으로 실려 간다. 악바리 기질로 버티었던 한여름의 시위는 이용석의 의지와 결의의 모습을 보여 주었다.

작지만 강골이었던 이용석은 곧바로 일어나, 자신의 지역으로 내려와 각 지부별 중식집회를 주도한다. 이용석을 비롯한 간부들의 선도 투쟁으로 중앙노동위원회의 권고와 노동부 질의회신 내용이 노동조합의 승리로 끝나 교섭이 재계되었다.

그러나, 공단 측은 이사장이 교섭 당사자임을 인정하는 듯 했으나, 실제 교섭에는 서울지역 본부장이 이사장의 위임장을 가지고 나와 무성의한 교섭으로 일관하여 노조 간부들과 조합원들의 분노를 자아내었다. 결국 8차에 거친 본 교섭과 3차에 거친 실무교섭은 아무런 성과 없이 끝나고 2003.10.7일 교섭 결렬에 이르렀다. 근로복지공단 비정규직노조는 10월 18일 임시대의원대회를 통해 교섭권을 연맹에 위임하고, 10월 20~21일 양 일간에 걸친 파업 찬반투표를 통해 파업을 결의하고, 23일부터 전국 간부파업에 돌입하고, 10월 26일 전국비정규직노동자대회에 참가한 후, 27일부터 전면 파업에 돌입할 계획이었다.

전면 파업 하루 전 이용석 열사는 자신의 몸을 불사르며 파업의 공포 속에 주저하던 근로복지공단 비정규직 동지들에게 투쟁의 결의를 다지게 하였고, 이 땅의 800만 비정규직노동자들의 희망이 되었던 것이다.

한순간의 결기나 우발적 행동이 아니라, 자신을 믿고 따라준 '공부방'의 학생들에게 미래에 대한 희망을 이야기하기에 너무 힘들었던, 스스로 겪고 있는 차별과 암울한 미래에 대한 저항이었으며, 썩어문드러진 사회를 태워버릴 불씨로 자신을 바쳤던 것이다.

이용석 열사는 10월 9일 중앙집행위원회에서 파업을 결의하였을 때 이미 자신의 행동을 예고하였다고 하였다. 철옹성같이 버티는 공단측과 사측의 부당노동행위에 위축된 조합원들을 보며 진정 조합원을 사랑하는 간부로 자신의 몸으로 투쟁에 참여하지 못하는 동지들을 용서해 달라는 부탁과 함께 '정당한 길을 간다면 그 뜻을 이룰 것입니다.'라는 당부의 말을 잊지 않았다.

짧은 노조 간부의 생활이었지만, 공부하는 간부의 자세를 보여주며 회의 시간에도 침묵하고 있다가도 논쟁이 붙으면 조정과 대안을 제시하여 함께 가는 노조를 위해 노력했던 참된 노동자 이용석 열사! 죽음을 결심하고도 노동자의 참된 자세와 민주노조가 가야 할 길을 분명하게 제시하였던 동지였기에 함께 했던 선배노동자들을 부끄럽게 만들고, 반성하게 했던 동지였다.

이용석 열사는 '참여하지 않은 조합원, 깨어나지 않은 조합원에게 몸으로써 느끼게 해주고 싶었습니다. 그들의 몫을 제가 다하고자 합니다'라고 남겼다. 아무것도 준비 되지 않았지만, 우리의 현실을 볼 때, 힘을 합쳐 투쟁할 수 밖에 없음을 아무리 설명해도 공단 측의 탄압에 꼼짝하지 않는 조합원들을 보며 얼마나 답답했는가를 느끼게 하는 내용이다.

그러나, 참여하지 않고, 깨어나지 않은 조합원뿐만 아니라, 이 땅의 모든 노동자들에 느끼게 하였고, 비정규직을 양산하고 차별하는 자본가들과 정권에 분명한 경각심을 주고 사회 문제화 시킨 불꽃이었다.

분신 이후 분노한 노동자들을 달래려고 3부 장관(행자부장관, 법무부장관, 노동부장관)은 기자회견을 통해 연말까지 공공 부문의 비정규직 대책을 내겠다고 했으나, 국민을 우롱하는 쇼였을 뿐 해를 넘겨도 아무런 대책을 내놓지 못하였다. 그들이 결코 비정규직 문제 해결을 하지 못할 것이라는 것은 이용석 열사가 이미 예견한 것이다. 그것은 이용석 열사의 컴퓨터에서 발견된 '대통령에게 쓴 편지'에서 잘 나타난다. 이용석 열사는 몸이 병들고 다쳐도 병가가 없어 월차를 사용하고, 무급이라 어쩔 수 없이 수술 후에 붕대를 감고 출근해야 하는 비정규직의 현실, 금전적인 차별을 넘어 근로 조건까지 차별 받는 현실, 정규직은 노조가 있어 임금협상과 근로조건 개선에 노력하지만, 비정규직은 노조를 만들기도 어렵고,

만들어도 교섭조차 제대로 하지 않는 사측의 태도, 인건비가 아닌 재료비에 잡급으로 취급 받는 현실, 동일한 노동을 하면서도 인간이 아닌 재료로, 기계로 인식되는 현실을 구구절절히 적어서 대통령에게 보내려고 하였다. 그러나, 그 편지는 결론 없이 중단되고, 유서에도 첨부되지 않았고, 나중에야 개인 컴퓨터에서 가족에 의해 발견된다. 왜 그랬을까? 이용석 열사는 노조 활동을 시작하기 전, 비정규직의 눈물을 닦아 주겠다던 노무현에게 일말의 기대감을 가졌을지도 모른다. 그러나, 정부 산하 기관인 근로복지공단에서 벌어지는 차별의 문제와 노조 간부로서 상대한 관료들과 정권의 행태에 그들이 해결하지 않을 것을 너무 확실히 알았던 것이다.

'끝내지 못한 편지'! 노무현에게 보내 봐야 소용없다는 것을 깨닫고 미완으로 남겨둔 채, 파업을 결의하고 자신의 온몸으로 정권과 자본에 맞장을 뜬 것이다. 이용석 열사는 죽음으로 모든 것을 끝낸 것이 아니라, 근로복지공단 비정규직 노조의 40일간의 파업투쟁과 공공연맹의 투쟁을 주도하였다. 투쟁의 경험이 전혀 없는 근로복지공단 비정규직 조합원들이 열사의 분신 직후, 예정된 수련회를 취소하고 영등포 근로복지공단 앞에 왔을 때, 기다리고 있었던 것은 1001로 지칭되는 서울시경 소속 본부 1중대였다. 살인 무기라고 이야기하는 그들에 의해, 근로복지공단 앞에서 연맹 임원 중 한 명이 얼굴이 찢어져 20여 바늘을 꿰매는 부상이 발생하였고, 많은 부상자들이 나왔다. 경험 없는 근로복지공단 비정규직 노조 동지들에게는 공포였다. 그러나, 이용석 동지의 쾌유를 빌며 추위 속에 길거리에서 경찰과 대치하며 밤을 새웠다.

다음날부터 천막을 치고 투쟁했지만, 며칠이 지나자 조합원들은 다시 흔들리기 시작했다. 이탈의 조짐도 있었다.

그런데 충격적인 소식이 있었다. 의사의 소견으로 15일 정도가 고비라던 이용석 동지가 5일 만에 운명한 것이다. 어느 누구도 투쟁의 대오에서 이탈할 수 없었다. 한 동지가 집회 중 이야기하였다. "투쟁에 대한 두려움에 떨던 우리에게 분신으로 떨쳐 일어나게 하고, 투쟁에 대한 결의가 약해지자 죽음으로 우리를 뭉치게 한다."라고, 장례 투쟁까지 아니 앞으로의 정규직화 쟁취 투쟁까지 이용석 열사가 진두지휘하고 있는 것이다.

이용석 동지와 함께 생활했던 목포지부의 정○○ 동지는 이용석 동지를 이렇게 기억하고 있다.

「'그의 하루의 시작은 다른 이와 별 다를 바 없이 시작된다. 설탕 커피를 즐겨 마셨고 쓰디 쓴 담배를 즐겨 피웠던 그. 늘 어린 학생들과 생활해서인지 하얀 이 드리우며 미소 짓는 그의 모습은 해맑은 어린애 같다. 고인이 된 지 석 달이 지난 지금. 우리에게 영원히 기억될 그의 마지막 모습이다.

목포지사에 적용조사 요원으로 입사한 날 빼빼 마른 외모에 새까만 얼굴.. "몸뚱아리도 얼굴처럼 새까맣소?" 하면서 한바탕 웃음으로 첫 인사를 대신하던 날. 야학의 수업이 없는 날 가끔 가지는 회식 장소에서는 소주 한잔의 힘으로 춤과 노래로 분위기 메이커였던 그. 업무 처리는 한마디로 깔끔하다. 그에게는 "대충"이란 단어가 어울리지 않을 정도로 매사 적극적이고 모범적이었다.

어느 날, 문득 사진을 보다가 작년 어린이날, 몇몇 동료 직원들과 함께 고창 공음 소재 청보리밭에서 함께 찍은 사진 속에서 그를 발견할 수 있었다. 여전히 웃는 모습이었다.

그 모습을 보며 잠시 작년 여름 국회의사당 앞 1일 시위 때부터 광주 묘역에 묻힐 때까지 일들이 생각났다.

보고 싶다. 그냥 열심히 하던 그의 모습이 보고 싶다.

나에게 남은 건 그에 대한 기억과 사진 몇 장 뿐···

그는 우리 곁에 없다. 그는 노동 열사로서 아름다운 청년으로서 우리들 기억에 길이 남을 것이다. 그의 죽음으로서 흘렸던 노동자의 눈물을··· 」

잠깐 살펴보았지만, 너무나도 열심히 살다가 짧은 인생을 마감한 동지였다.

어느 곳에 머물던지 주변의 사람들에게 기억되는 사람으로, 남에게 항상 도움을 주고자 했으나, 이 사회의 모순과 문제에 항상 당사자로 있었던 사람, 이용석 열사는 어린시절 섬에서 전학 온 촌놈이 겪었던 '왕따'의 문제에서, 입시제도의 모순, IMF로 인한 실업의 고통, 비정규직의 차별까지 온몸으로 겪으며 살아왔던 노동자이다. 빽과 도와줄 사람 없이 홀로 올바르게 살려고 노력하며, 자신의 고통과 고민을 혼자 품고, 도리어 남의 입장을 존중하며 함께 했던 사람이었기에 더 아쉬움이 남는지 모르겠다. 짧은 인생이었지만 그에 대한 이해를 위해 살아온 길을 되짚어 본다.

이용석은 이장을 하시던 이초동(1933년 1월 28일생, 1997년 1월 3일 작고)님과 오강님(1943년 1월 14일생) 여사의 2남 5녀 중 넷째로, 신안군 흑산면 상태도리 267번지에서 1972년 11월 26일에 태어났다. 출생 당시 흑산 상태도는 60여 세대가 사는 작은 섬으로 거의 모든 세대가 친척이 되는 가족같은 섬이었으며, 현재는 38세대가 살고 있다.

이용석이 살았던 흑산 상태도는 흑산도 주변의 상태, 중태, 하태도 중 하나로 나지막한 산과 바다로 이어지는 완만한 경사에 마을을 이루고 있는 아름다운 작은 섬이며, 마을 사람들은 어업과 소를 키워 생계를 유지하고 있었다. 이용석 열사가 태어날 당시 아버님은 이장을 하시며, 섬의 전기를 공급하는 자가발전 시설을 관리하고 계셨고, 자녀들의 교육에 관심이 높아 7남매를 도회지로 유학을 보내셨다. 가정은 어선과 소 20두 정도를 가지고 있어, 섬에서는 부유한 편이었지만, 자녀들의 학비로 가산은 점차 축소되었던 것 같다.

출생 당시 이용석은 작고, 깡마른 체구였지만, 건강한 체질이었으며, 얌전하고 말 없는 성격이었다. 어머님의 젖이 부족하여 암죽을 먹고 자랐으며, 부지런하고 무슨 일이든지 끝까지 매듭짓는 성격으로 동네 어른들의 칭찬을 받는 어린 아이였다. 친구들과 놀다가도 집에 가야될 시간이 되면 스스로 알아서 가는 시간 관념이 철저한 보통의 아이들과는 남다른 모습을 보이기도 했다. 어린 시절부터 책읽기를 즐겨 하였고 공부하는 것이 세상에서 가장 쉬운 일이라고 친구들에게도 이야기 했던 사람이었다.

섬 학교는 한 학년이 15명으로 오전 수업을 마치고, 집에 가서 점심을 먹고 와서 오후 수업을 할 정도로 가족같은 분위기였으며, 바다에서의 수영과 학교에서의 생활이 놀이의 전부라 할 정도로 자연과 더불어 사는 것이었다.

아버님의 결정으로 용석이는 섬에서의 생활을 초등학교 1학년으로 마감하고 목포 산정초등학교로 전학을 가게 된다. 큰누님과 함께 생활하며 초등학교 시절을 보냈으며, 목포에서의 생활에 적응하기까지 가장 어려움이 많았던 것 같다.

부모님과 친구들을 떠나, 촌놈이라 놀려대는 도회지의 아이들에게 따돌림 받고, 학교 준비물 중 '스티로폼'이 무엇인지 몰라서 가지고 가지 못해 선생님께 혼난 적도 있었다. 이 시기 이용석의 성격은 섬 친구들과 중학 이후 친구들이 기억하는 것과 다르게 나타난다. 키가 작아 맨 앞에 앉아 덤벙대고 산만한 성격으로 짓궂은 장난을 잘하는 개구쟁이로 기억되고 있다. 아마도 어린 시절 왕따에 가까운 객지에서의 생활은 감당하기 어려웠던 것 같다. 이용석이 초등학교 시절의 이야기를 5년이나 보낸 목포 이야기는 거의 하지 않고 섬 학교의 이야기만 했다는 것을 보아도 견디기 어려운 시기로 이때의 외로움과 힘겨움 속에 남들보다 조숙하고 어른스러운 성격이 형성된 것 같다. 초등학교 고학년부터 점차 적응하기 시작한 용석이는 문태중학교로 진학하며 학업에 전념하겠다는 결심을 하게 된다. 그래서 목포로 전학한 이후에도 방학 때면 항상 어울려서 놀던 섬 친구들에게도 '공부해야 하니 못만나겠다.'고 하였고, 실제로도 방학 때 집에 와도 만나기 어려웠다. 중학교 생활은 한마디로 상위 5% 안에 드는 대인 관계도 좋고, 말도 조리 있게 잘하는(이는 초등학교 4-5학년때 웅변학원 다닌 것으로 보아 자신의 노력이 상당했을 것으로 보임) 모범생 그 자체였다.

홍일고교에 진학하며 이용석은 자신의 삶과 현실에 대해 고민하기 시작한다. 아마도 가장 고민스러웠던 부분은 자신의 어린 시절 꿈이었던 선생님이 되는 것과 가정 형편이 점차 나빠지는 것에 대한 고민, 이후 진로에 대한 고민, 대학 진학률만 높이려는 학교 방침과의 갈등이 주요하게 나타나고 있다.

이용석은 어린 시절부터 책 읽기를 좋아하고(특히 시집) 선생님이 되는 것이 장래희망이었으며 시와 소설을 쓰고 싶어 했으며, 실제 습작을 꽤 오랜기간 하였다. 그러나, 고교 진학은 자신의 꿈과 희망 하고는 너무도 동떨어진 생활이었다. 이용석이 진학한 홍일고는 일류 대학 진학률을 올리기 위해 전교 상위 성적의 학생들을 대상으로 별도의 우수반을 구성하여 기숙사 생활을 시켰는데, 이용석도 고교 1학년때부터 기숙사 생활을 하게 되었다. 그러나, 강제적인 교육과 갇혀있는 생활을 못 견뎌 2학년때 기숙사를 나오게 된다. 겉으로는 기숙사비 등 재정 부담을 이유로 나오게 되지만, 절친했던 고교 동창에게는 자유롭지 못한 생활과 오로지 입시만을 위한 교육에 적응하지 못하고 뛰쳐나왔음을 이야기한다. 기숙사를 나와 큰누님 집에서 살다가 큰누님이 결혼하여 안산으로 가시게 되어,

동생들과 자취를 하게 되었고, 지금의 목포시 산정동의 집에서 살게 되었다. 고교 시절 동생들을 챙겨가면서도 학업을 게을리 하지 않았다. 그 시절 가장 큰 고민은 대학 진학이었는데, 대학 진학률에 혈안이 된 학교에서는 이용석에게 육사에 진학할 것을 권유하게 된다. 가정 형편과 졸업 이후 직장의 안정성 등을 들어 시험에 응시할 것을 요구하였고, 이용석은 선생님의 뜻대로 시험에 응시하나 육사 시험에서 떨어진다. 이용석보다 성적이 낮은 학생이 붙었는데, 떨어진 것에 대해 한동안 선생님으로부터 고의로 떨어진 것이 아닌가 하는 의심을 받아야 했다. 아마도, 선생님의 요구에 응하면서도 자신의 미래와 진로에 대한 선택이었던 것 같다. 자신이 하고 싶었던 일을 보면 육사는 결코 아니었기 때문이었다.

그러나, 이용석은 자신이 희망하던 문학도의 꿈을 접고 전남대 금속학과에 1991년 3월에 입학하게 된다. 무엇보다도 취업을 염두에 둔 학과 선택이었으며, 이는 고교 시절 이과를 선택할 때부터 예정된 것이었다.

대학 입학은 고교 시절과 다른 자유를 느끼며, 군입대 전까지는 가장 행복하게 보낸 시절이었던 것 같다. 같은 객지이지만 광주에서의 생활은 형님과의 자취 생활로 목포보다는 좀 더 자유로운 생활이었고, 고교 시절과 다른 자율의 풍토에 하고 싶은대로 살았던 시기였던 것 같다. 주변 사람들에게도 변화된 모습을 보여 주었는데, 그 첫 번째가 술에 대한 것이었다. 샴페인 한잔에 기절할 정도로 약한 주량에 잘 마시지도 않았는데, 대학 진학 후 소주 2~3잔, 맥주 500cc 정도는 마셨다. 자신의 속내를 잘 이야기하지 않는 것은 변함이 없었지만, 어떤 일이든지 아주 적극적이고 활발한 성격으로 변화되었다. 이용석은 입학 후 1학기에 장학금을 받기도 했으나, 2학기부터는 유스호스텔 동아리 활동에 전념하였고, 2학년 1학기에는 동아리 전남지역연합회 회장을 맞기까지 하였다. 학생운동을 하지는 않은 것으로 보이나, 1991. 6. 1일 부산대학교에서 개최되었던 전대협 출범식에 참가하는 열의를 보였으며, 시위에도 적극 참여하였다. 출범식에 참여하고는 부산에서 취업하고 있던 시골 친구인 윤판민과 만나 술을 한 잔 나누며, 오랜만의 회포를 풀었는데, 전대협 출범식은 선배의 권유로 참여하게 되었다고 했으며, 학교 생활보다는 동아리 활동을 더 재미 있어 하는 것 같았다고 한다. 이 시절 이용석은 고교 시절까지 공부만 하던 이미지와는 달리 바둑을 배워 2급의 수준을 유지하였고, 당구 등 잡기를 배울 때도 한 번 빠지면 깊게 빠지는 모습을 보여 준다. 동아리 활동에 있어서도 전남지역연합회 회장을 맡은 이후에는 전적으로 그 일에 매달려, 장학금까지 받았던 성적이 2학년 1학기에는 두 과목을 제외하고는 모두 F를 받는 경이로운 기록을 남기기도 하였다.(F를 면한 두 과목도 D였다고 함) 이렇듯이, 어떤 일을 하던지 이용석은 모든 것을 바치고 깊게 몰입하는 성격이었다. 그 당시 이용석은 다른 학교의 행사에 와서 시험이 시작되었다는 것을 알고 자기의 학교에 와 보니 시험이 모두 끝났었다고 하였다. 지역연합회 회장을 맡아 동아리 활동의 활성화에 기여했던 이용석은 더 이상 학교 성적을 방치할 수 없었고, 군 문제 해결을 위해 2학년 1학기를 마치고 휴학을 하게 된다.

휴학(1992. 8월) 이후 군 입대(1992. 12. 19일)까지 용석은 고교 동창으로 같이 광주에서 학교를 다니던 절친한 친구인 정규연과 함께 규연이의 아버님이 하시던 빵 도매상 일을 도우며 용돈을 벌었으며, 이때 자신의 삶을 지탱해 주었다는 '공부방'을 하게 되는 계기가 되는 사람을 만나게 된다. 규연이와 용석이는 낮에는 규연이 아버님의 일을 도우며 아르바이트를 하고 밤이면 규연이의 여자친구까지 셋이서 같이 어울려 다녔으며, 근로복지공단 입사 후 규연이의 여자친구를 다시 만나게 되어, 그 친구의 권유로 공부방을 다니게 된다. 용석이와 규연이는 비슷한 시기에 군에 입대하게 되었고, 중요한 시기를 함께 보낸 친구였지만, 아무리 어려워도 내색하지 않고 남에게 피해는 절대 주지 않는 성격과 스스로 고민하는 용석이었기에 진짜 고민이 무엇이었는지 정확히 알 수 없었다고 하였다. 군입대 전 친구 여동생과 잠시 사귀었으나, 군 제대 이전에 헤어지게 된다.

이용석의 군대 생활은 경북 영천에서 탄약고를 관리하는 부대에서 하게 된다. 자대 배치를 받은 후, 혼자 막내 생활 4개월, 입대 동기 2명이 나중에 배치되어 3명이 3개월의 막내 생활, 용석이는 총 7개월의 막내 생활로 힘든 군 생활을 하였지만, 고참이 되어서 후배들에게 엄하게 했지만, 괴롭히거나 때리지 않는 깐깐해도 밉지 않는 선배로 기억되고 있다. 분대장 시절에는 철두철미한 강직한 성격으로 어떤 일을 맡겨도 잘 하는 사람으로 정평이 났으며, 부하들에게는 대충하는 것을 싫어해 '하려면 확실히 할 것'을 요구하였다. 장교들에 대해서도 할 말은 다하고, 아닌 것은 아니라고 이야기하는 줏대있는 사람이었서, 찍힐 만도 했으나, 이를 상쇄할 만큼 일을 잘 해 누구든지 인정하던 사람이었다. 강직하고 외골수였지만 남다른 정이 있는 사람이었다. 분대장 시절 추천 휴가를 보내는 것도 다른 분대장들은 대부분 서열순이었지만, 용석이는 어려운 친구들을 먼저 보내려고 남다른 노력을 했으며, 제대 2달을 남겨놓고 열린 중대별 체육대회에서 고참들이 기피하는 응원단장을 자청하여 맡아서 부대원들을 놀라게 하였고, 경기 결과에 실망하여 침울해 있던 중대원들을 위로하는 역할을 도맡아 했다. 이용석은 군 생활에서도 자신의 이야기는 철저히 하지 않았으며, 지위를 이용하여 부하들을 괴롭히거나, 자기 개인의 문제로 부하들을 부려먹지 않았고, 회식 자리에서는 스타로 인정되었고, 분위기를 잘 이끄는 사람이었다. 다만, 제대 전은 사회에 나가서의 문제에 대한 고민 때문이었는지 분대장 시절과 달리 차분한 선비의 모습을 보여 주었다. 대부분의 시간을 독서와 바둑 등으로 보냈으며, 사행성 있는 것은 싫어했지만 잡기로 시간을 보내었다. 학교 생활과 지난 이야기를 전혀 하지 않았지만, 자신의 군대 모자 우측에 '흑산도'라고 새길 정도로 고향에 대한 애착이 강했으며, 유일하게 개인적인 이야기로는 섬과 어린 시절의 이야기였다. 가장 열심히 군대 생활을 했던 이용석이었지만, 제대 후 어떠한 연락도 부대에 하지 않았던 몇 안 되는 사람들 중의 한 사람이었다.

그렇다, 이용석은 지나온 길을 다시 되짚어 볼 만큼 삶의 여유도 미련도 갖지 않았다. 자신의 현재에 최선을 다하며 오직 자신의 어린 시절을 보낸 고향에 대한 생각만 했을 뿐 미련 없이 현재와 미래만을 고민했던 것이다.

1995년 2월 23일에 제대한 이용석은 고향인 흑산 상태도에 잠시 머문 뒤, 복학 준비를 위해 광주로 와서, 고교 동창인 규연과 세차장 아르바이트를 하여 생활비를 벌면서 복학 준비를 하게 된다. 제대하고 보니 자신이 모든 것을 바쳐 열심히 했던 동아리는 침체기를 맡고 있었고, 동아리 친구들과의 교분은 가졌으나, 실망스러운 마음에 활동은 하지 않았다. 또한, 졸업 후 자신의 전망에 대한 고민으로 1995년 9월 2학년 2학기 복학 후 학업에 전념하게 된다. 이제 자신이 모든 것을 해결해야 하는 상황에서 무서운 집념으로 공부만 하여, 장학금을 받으며 2학년 1학기 거의 모든 과목의 'F'인 성적을 극복하고 평점 3.5로 졸업하기에 이르른다.

그러나, 순탄한 학교생활은 아니었다. 3학년 2학기인 1996년 말 아버님이 뇌종양으로 쓰러지시며, 이용석 열사는 형과 함께 아버님의 병간호에 정성을 다했지만, 1997년 1월 3일 아버님은 운명하신다.

아버님이 가장 사랑하던 아들이었고, 틈만 나면 아버님의 바둑 친구였던 이용석에게 아버님의 운명은 충격이 아닐 수 없었을 것이다.

아버님의 운명을 예견해서였을까? 이용석은 고향인 흑산 상태도의 옛 친구들과 1995년 10월에 '계'모임을 만든다. 계원은 이용석을 포함 6명이었다. 고향에 대한 생각과 연로하신 부모님을 위해 무엇인가 해 보자는 취지로 모였으며, 이용석은 부모님들을 위한 여행, 건강검진 등 다양한 의견을 제시하며 모임을 활성화하고 실제 실행하는데 주도적인 역할을 하였다. 부모님에 대한 생각이 자신의 앞날에 대한 고민이 깊던 시절에도 남다르게 깊었던 것 같다.

이 모임은 지금도 이어지고 있으며, 이용석은 졸업 후(IMF 시절) 일정 기간의 단절과 노동조합 활동 이후 불참한 것을 제외하고는 지속적으로 참여하였다.

아버님이 돌아가신 후, 이용석은 곧바로 4학년을 맞게 되고 취업 준비에 몰입하게 되었다. 가족과 친구들의 자신에 거는 기대에 충족하기 위해 최선을 다했다. 원래 부정과 비리를 몰랐던 이용석 열사는 대학 시절 그 흔한 시험에서의 부정행위도 거부한 채, 스스로의 실력으로 우수한 졸업 학점을 받게 된다. 그러나, 졸업을 앞둔 1997년 말 우리나라에 닥친 IMF는 사회 초년생으로 진출하는 이용석에게는 가혹한 시련으로 다가오게 된다. 취업의 길이 막히고, 그럼에도 배경이 있어 취업하는 친구들을 보며 이 사회의 모순에 좌절을 맛보기도 하였다.

그렇지만, 이용석은 그 어려운 시기에도 주변의 사람들에게 내색하지 않으며 스스로 모든 것을 감내한다. 그 시기 주변 사람들은 이용석을 짜증 한번 내지 않고 싫은 소리 한마디 하지 않는 사람으로 모두 기억하고 있었다.

4학년 말에는 한국통신의 기술직 시험을 준비하는 가운데 막내 동생 미화가 오토바이 사고로 중환자실에 4개월여를 입원하는 일이 발생하였다. 이용석은 막내 동생의 병간호 때문에 시험 준비를 포기할 수밖에 없었으나, 가족들에게 내색도 하지 않고 막내 동생이 완쾌될 때까지 모든 노력을 아끼지 않았다. 광주 망월동 묘역에서의 하관식 때 막내 동생 미화가 이용석 열사의 관을 부여안고 '평생 나쁜 짓 한번 안 하고 이렇게 가면 어떻게 하냐고' 하며 오열했던 말이 어떤 의미인지 그의 생에서 우리는 이해할 수 있을 것이다.

속칭 IMF 실업의 대열에 편입하게 된 이용석은 공무원 시험을 준비하며, 서울로 올라오게 된다. 실력에 비해 취업 운이 없다는 친구들의 이야기처럼, 아무런 뒷배경도 없는 이용석에게는 시험제도 외에는 취업의 희망을 걸기 어려웠다. 취업과 경제적 어려움, 집안에 대한 고민 속에서 서울로 올라온 이용석은 공무원 시험을 준비하며, 건축 일을 하시는 매형과 함께 일하기도 했다. 가족이나 남에게 손 벌리거나 도움을 요청하는 성격이 아닌 이용석은 무슨 일이든지 해야 했고 닥치는 대로 일하며 취업을 준비하였다. 아무런 전망이 없자 1999년 다시 목포로 내려오게 된다. 실업 시절 섬 친구들과 만난 이용석 열사는 귀향에 대한 고민도 하게 된다. 섬을 떠나 도회지로 빠져 나가는 젊은이들과 달리 이용석과 그 친구들은 항상 고향을 생각하며 돌아가고 싶어했다. 귀향하여 빌라를 짓고 관광자원을 개발해 상태도 그룹을 만드는 구상을 나누기도 했으나, 실행하지는 못하였다. 이용석 열사와 그 친구들의 고향 사랑은 인터넷 다음 카페에서 '상태도가조아'를 클릭하면 잘 알 수 있다. 물론 이용석 열사에 대한 고향 사람들의 생각도 함께 알 수 있다.

목포로 내려온 이용석은 섬 친구인 김대현이 하던 '주류도매상'에서 8개월여를 같이 일하게 된다. 매일 반복되는 일상 속에서 지치고 힘든 기간이었던 것 같다. 힘든 가운데서도 책을 놓지 않았던 이용석은 어려운 처지 속에서도 좌절하지 않고 희망을 가졌던 것 같다. 그러던 중 근로복지공단에 근무하는 대학 선배의 추천으로 근로복지공단 목포지사의 적용조사요원으로 입사하게 된다. 일용직이었다. 2000년 2월 근로복지공단에 입사하기 전 이용석은 대단한 결심을 하게 된다.

우연한 기회에 이용석은 군 입대 전 알게 되었던, 고교 친구 규연의 여자친구였던 선희 씨를 다시 만나게 된다. 이것이 자신의 인생에 스승이자 등대였다는 '공부방'의 학생들을 만나게 된 계기가 되었다.

먼저, '공부방'의 선생님을 하고 있던 선희 씨의 권유로 이용석 열사는 '공부방'에 들어가게 된다. 자신의 미래도 불명확한 상태에서 이용석 열사는 왜 '공부방'에 봉사할 것을 결심하게 되었을까? 어려운 처지에 있는 학생들 ('목포 신협 청소년 공부방'은 생활보호자, 영세민 및 저소득자 자녀만을 대상으로 운영되고 있음)을 생각하며 자신이 해야 할 일이 무엇인지 깨달았는지도 모르겠다. 자신의 앞날에 대한 확신도 없이, 아니 직장에 대한 결정도 안 되어 있는 상황에서 이용석은 학생들과의 만남을 피할 수 없는 숙명으로 받아들인다.

99년 말부터 '공부방' 선생님으로의 생활이 시작되었고, 곧바로 근로복지공단 목포지사 일용직으로 근무하게 되었다. 근로복지공단에서의 일과 '공부방' 선생님으로의 역할은 혼자 감당하기에는 벅찬 일이었을 것이지만 이용석은 하루 3~4시간의 수면으로 견디며, 양쪽에서 다 인정받는 사람이 된다. '공부방'에서는 단지 수업만 하는 봉사하는 선생님이 아니라, 학생들의 진정한 선생님이 되었으며, 시작한지 1년도 안 되어 2000년 하반기에 '공부방' 대표를 맡게 된다. 일용직의 박봉에서도 경비까지 부담하며 헌신적으로 일하며, 수학 과목과 자기개발 프로그램을 맡아 지도하고, 학생들과 함께한 어울림 한마당(수련회)에서 이용석은 '자기극복 프로그램'과 '촛불 의식'을 맡아 학생들과 함께하는 교육의 모범을 보여 주었다. 행사의 기획 또한 이용석이 맡았으며, 2002년도에 장성 용매골에서 열렸던 어울림 한마당의 제목이었던 '함께하는 삶을 위하여'는 이용석은 사상을 표현하는 핵심적인 주제인 것 같다. 학생들과의 모임을 위해 새벽부터 어머님, 여동생과 함께 김밥을 직접 말았던 이용석!, 3년간의 대표 생활에 모든 힘을 기울였던 결과는 분신 이후 학생들과 함께 했던 선생님들의 슬픔과 추모에서 역력히 알 수 있다.

목포 집의 책상 위에 놓여 있는 『사랑으로 매긴 성적표』 등 몇 권의 청소년 및 교육 관련 책은 그가 얼마나 '공부방' 일에 진지하게 임했는가를 보여주는 것이었다. 자기 인생의 황금기인 20대 말과 30대 초를 바친 '공부방' 생활이었지만, 이용석은 근로복지공단 생활에서도 결코 나태하거나 소홀히 하지 않았다. 근로복지공단이 이 땅의 노동자를 위해 존재해야 한다는 소신 속에 새벽 1~2시까지의 야근도 마다하지 않았으며, 목포지사의 모든 이들에게 칭찬 받는 사람이었다. 2002년 1월 일용직에서 계약직이 될 때 목포지사는 국가 취업 보호 대상자를 우선 채용하도록 되어 있었다. 그러나, 2년간 열심히 일했고, 일처리에 있어서도 빈틈없이 처리 하였던 이용석에 대해, 목포지사에서 일하는 정규직·비정규직 동료들이 서명하여 탄원서를 제출하여서 계약직으로 채용되게 되었다. 어떤 곳에 있던지 최선을 다하고 남들에게 인정 받던 사람이었으며, 남에게 해 끼치지 않고 스스로 감수하던 사람이 이용석이었던 것이다.

어린 시절부터 함께 했던 친구는 이용석 열사를 한마디로 이렇게 표현한다. "자기주장이 확실하고, 남에게 해 끼치지 않는 멋진 친구였죠"라고, 그렇다. 고향 친구들 중 가장 학력이 높았지만, 잘난 척하지 않고, 항상 겸손했던 친구, 술을 못 마시면서도 동아리 친구와의 모임에서, 직장에서, 노동조합에서, 공부방에서, 어디든지 항상 분위기를 주도했던 사람, '나'보다 '남'을 생각하고 올바른 길을 걸으려고 했던 사람, '대립'보다는 함께 가는 길을 제시하고, 주변의 사람들에게 힘을 주었던 사람, 가족들에게도 많은 말을 하지 않았지만, 사랑과 헌신으로 기억되던 사람, — 우리가 기억하는 이용석 열사의 삶이었다. 어떤 조직이든지 처음에는 소속된 일원이었지만, 나중에는 항상 대표나 중책을 맡아 어려운 조건 속에서도 잘 운영하였던 실천하는 삶을 살던 동지였다. 맑고 순수한 영혼을 가진 동지였기에 아름다운 청년으로 향기를 발산하며 32세의 청춘을 마감하였다.

이용석 열사는 광주 망월동 묘역에 안장되었다.

9살의 나이로 고향을 떠나, 목포로, 광주로, 영천으로, 서울로 숨 가쁘게 다녔지만, 항상 고향을 그리며 돌아갈 날 만을 생각하던 그였지만…

이 땅의 비정규직의 희망이자, 열사로 죽어서도 고향으로 돌아가지 못하고, 우리와 함께하고 있다.

세상에서 공부만큼 쉬운 것이 없다고 말 할 정도로 순수하게 살아가고자 노력했지만, 혼탁하고 썩어빠진 세상은 그의 맑고 깨끗한 생각을 수용할 수 없었다. 이 사회의 모순을 온 몸으로 느끼며, 좌절과 실의도 있었지만, 끝까지 희망을 포기하지 않고 자신의 영역을 지켜온 사람이었다.

70년 전태일 열사가 '근로기준법을 불살라 버리라'며 노동자의 생존권과 권리를 위해 온몸을 불살랐듯이, 33년이 지난 2003년 10월 26일 이용석 열사는 자본주의 모순으로 점철된 이 땅에서 '비정규직 철폐'를 외치며 자신의 몸을 불살랐다.

사랑하는 어머니와 결혼할 사람을 두고, 가족들, 친구들, 동지들을 남겨둔 채, 비정규직의 문제는 곧 전체의 문제이며, 이 사회 체제로 해결될 수 없음을 깨닫고, 깨닫지 못하는 조합원들과 노동자들에게 온몸으로 알리려 했던 것이다. 또한, 자본과 정권에 대한 경종이자 항거였던 것이다.

유서에도 나와 있듯이 그는 일순간의 치기로 분신을 한 것이 아니었다.

그의 삶을 보아도 준비없이 행동하는 사람이 아니었다. 노동조합 활동에 모든 것을 바쳤다는 것은 그가 노조 활동을 시작했던 2003년 6월 이후 정기적으로 만났던 친구들조차도 그를 볼 수 없을 정도로 전념했던 것이다. 섬 친구들의 모임에도, 친한 학교 친구들도 노동조합의 생활이 시작된 후 그를 본 사람은 아무도 없었으며, 어렵게 연결된 통화도 바쁘다는 한마디로 정리했던 그였다.

치열하게 살아온 30여 년의 인생보다 6개월의 시간에 생을 바친 이용석 열사!

말보다는 실천으로 보여준 그가 바로 이 시대의 가장 아름다운 청년 노동운동가 이용석이었다.

광주 망월동 고인의 묘비에 새겨진 백기완 선생님의 글대로 영원의 꽃이 되어 우리의 열사로 함께 할 것이다.

영원의 꽃이 된 젊음아

백기완

한점 불씨만 있어도
이눔의 썩어 문드러진 이눔의 세상
왕창 지를 수 있다고 수근만 댔었는데
네가 바로 그 불꽃이었구나

좌절과 방황의 한숨만 지었었는데
이론이 아니라 한마음 나발이 아니라 온몸으로 길을 낸 용석아
앞서가는 이는 외로워도
역사가 따르는 것이니

아, 단 한 때박(순간) 한꺼번에 피어
영원의 꽃이 된 젊음아

※유서

조합원 동지들께

집행부를 믿고 적극적으로 결의를 다져주신 동지들께 감사드립니다. 그동안 각 지부 순회, 대의원대회, 총회 등을 통해 동지들과 함께 했던 많은

얘기들, 동지들 얼굴들이 하나하나 떠오릅니다. 파업을 준비하며 사측의 많은 부당노동행위들을 보면서 우리의 싸움이 얼마나 힘들까 가슴이 메어 옵니다.

동지 여러분! 오늘 참석치 못한 동지들을 저의 희생으로 너그러이 용서해주십시오. 파업에 참여하지 못한 조합원들도 우리와 같은 마음으로 함께 하고 있습니다. 사측의 회유와 압박, 탄압을 뚫고 여기 온 동지들의 결의가 우리 집행부를 이만큼 설 수 있게 만들었습니다. 동지 여러분! 우리가 모인 이 자체가 노동자로서 승리입니다. 직원을 탈피한 진정한 노동자로서 삶이 이루어진 것입니다. 이 자리 함께 하지 못한 동지들의 몫까지 우리가 싸워야 합니다.

노예 문서같은 비정규직 관리세칙을 파기하고 고용안정을 외치는 우리의 요구는 당연한 것이며 마땅히 쟁취해야 합니다. "나 하나쯤이야"하는 생각을 버리고 "나만, 우리만 함께 한다면 반드시 우리는 승리할 것입니다. 오늘 이 모인 자리를 자축하며 즐겁게 투쟁합시다. 동지 여러분! 우린 정말 순수하고 자주적으로 일어섰습니다. 지금 투쟁은 매년마다 할 수 있지만 기본 없는 노동조합은 결국 쉽게 어용화 될 수밖에 없습니다. 오늘 우리가 함께 선 이 자리 이 시간들의 의미를 잃지 않기를 부탁드립니다. 짐을 챙겨 떠날 때 그날 어머님이 시골에서 오신다는 말을 듣고도 차마 얼굴을 뵙지 못한게 미안합니다. 파업을 앞둔 공공연맹 사무실이 무척이나 조용하네요.

동지 여러분! 하나가 모여 둘이 되고 둘이 모여 넷이 되듯, 모든 것을 한꺼번에 이루려 해서는 안 될 것입니다. 100이 되지 않더라도 정당한 길을 간다면 그 뜻을 이룰 것입니다. 오늘 다 함께 하지 못함이 내일을 바라볼 수 있는 기약이라 생각하십시오. 오늘 동지들이 모여 있음이 자신과의 싸움에 승리하였음을 알아야 할 것입니다. 우린 정당하고 새로운 길을 찾았음이 꼭 승리하였습니다.

2003. 10. 26. 03시
이 용 석

위원장님께, 집행 간부님들께

32년 평생(일생)동안 우리 공부방 어린 학생들이 어려운 환경 속에서 희망을 잃지 않은 내 삶의 스승이자 등대였습니다. 내 어두운 미래나 긴 터널 속에서 나를 빛으로 깨우게 한 나의 동반자였습니다.

동지 여러분! 그 희망과 빛으로 6개월 시간을 동지들과 함께 하였습니다. 정종우 위원장님, 정혁준 부위원장님, 이상엽 서울본부장님, 현수원 부산본부장님, 신순호 대구본부장님, 채경자 사무차장님… 동지들의 이름을 하나하나 불러봅니다. 그 흔한 단체사진 하나 없네요.

수개월동안 동거 동락한 기억과 추억과 감동 속에서 아무런 상의도 없는 제 행동을 너그러이 용서를 바랍니다. 10월 9일 중앙집행위에서 파업을 결의하였을 때 이미 오늘을 예고하였습니다. 참여하지 않은 조합원, 깨어나지 않은 조합원에게 몸으로써 느끼게 해주고 싶었습니다. 그들의 몫을 제가 다하고자 합니다.

정종우 위원장님, 서울본부장님, 여러분께 감사드립니다. 제 마음을, 간절한 마음을 받아주십시오. 부탁입니다. 이 말이 무엇을 뜻하는지 아실 줄로 믿습니다. 짐을 꾸리기 위해 목포서 내려가는 버스가 유난히 과속을 하네요. 자주 흐르는 눈물을 주체할 수는 없지만 이를 악물고 울지 않을 것입니다. 무책임하고 무모한 행동이라 욕하며 비웃어주세요. 어머님 얼굴 뵙지를 못하고 가네요.

2003. 10. 23.
심야우등버스 안에서
이 용 석

※조사

고 이용석 동지 영전에

한없이 따뜻하고, 우리를 부끄럽게 만든 사람. 그러나 이제는 불러도 대답 없는 이름 이용석 동지.
당신께서 32년 삶을 마감하는 결단의 순간마다 수없이 떠올렸다가 지웠을 동지들은 이렇게 여기에 모여 있습니다. '하나가 모여 둘이 되고, 둘이 모여 넷이 되듯, 모든 것을 한꺼번에 이루려 해서는 안 된다. 100이 되지 않더라도 정당한 길을 간다면 그 뜻을 이루리라'던 당신의 뜻 그대로, 남은 자들은 이제 승리를 향해, 절망의 유혹과 싸우며 나아가고 있습니다.

동지여. 하지만 아직도 앞길은 험난하지만 합니다. 여전히 동일노동을 제공하고도 '인간'이 아닌 '재료' 취급을 받고 있습니다. 자본의 논리는 아직도 비정규직 노동자에 대한 차별을 당연시하며, 동지가 염원했던 인간의 삶을 쉬 허용치 않고 있습니다. 수술을 하고 치료가 덜 끝났어도 언제 쫓겨날지 두려워 붕대를 어깨에 감고 출근해야 하는 비정규직의 신세가 얼마나 한스러우셨습니까. 계약해지 위험을 무릅쓰고 노동조합을 만들었을 땐 희망도 보였겠지요. 요지부동, 철옹성처럼 굳게 닫힌 대화의 문을 열고자, 주린 배를 움켜쥐며 정부청사로, 공단본부로 내달리면서 '아무도 얘기를 들어주지 않고, 누구도 제대로 말해주지 않는' 현실의 벽에 또 얼마나 좌절하셨습니까. 그러나 그 순간 순간의 좌절은 아직도 계속되고 있습니다. 저들은 아직도 인간과 인간, 노동자와 노동자 사이에 차별이 있을 수 있다는 그 야만의 주문을 거두려 하지 않고 있습니다. 혹시나 하는 마음에 "제발 저의 고민을 들어달라"고 대통령에게 애원도 해보셨지요. 그러나 동지여, 당신이 한 가닥 희망을 걸었던 그 대통령은 "분신으로 투쟁하는 시대는 지났다. 자살로 목적이 달성되는 일은 없어야 한다"고 당신의 가슴에 못질을 하였습니다.

동지여. 남은 우리도 당신 앞에 죄인이긴 마찬가지입니다. '참여하지 않은 조합원, 깨어나지 않은 조합원에게 몸으로써 느끼게 해주고 싶었다'고 하셨습니까. 아닙니다, 동지여. 당신이 한없이 사랑했고, 때로는 실망을 안겨주기도 했던 그 조합원들은 동지의 뜻을 따라 이렇듯 굳세게 싸웠고, 흡족하진 않지만 당신의 뜻을 조금이라도 이루어냈습니다. 아닙니다, 동지여. 비정규직 차별이 없는 세상, 정규직으로 거듭나는 세상을 만들어야 한다고 생각하면서도 제대로 싸워오지 못한 민주노총이 당신을 죽였습니다. 저들이 쳐놓은 분할지배의 그물에 갇혀 연대하기를 주저했던 우리 정규직이 당신의 결단을 재촉했습니다. 왜 조금만 더 일찍 비정규직도 인간다운 노동자로 살 수 있는 세상을 만들지 못했던가 통한이 사무칩니다.

'어머님이 시골에서 오신다는 말을 듣고도 차마 얼굴을 뵙지 못했다'던 당신.

'인간의 평등함과 더불어 살아가야 한다'고 가르쳤던 공부방 아이들의 초롱초롱한 눈망울을 힘겹게 지워냈을 당신. 그리하여 가슴이 무너져 내리고, 천근만근 무거운 발길을 돌려야 했을 동지여. 아무리 몸부림쳐도, 혼자 힘으로는 어찌할 수 없었던 '비정규직 없는 세상'의 염원을, 남은 우리가, 당신이 몸을 살랐던 그 비장한 결의로 이루어낼지니…

동지여. 그 무거운 짐 그만 내려놓으시고 이젠 편히 쉬십시오.

2003년 12월 8일
전국민주노동조합총연맹 위원장
단 병 호

미치도록 미운 사람아
살아 있음을 부끄럽게 만들어 놓고 가버린 사람아.

32살의 족적이 너무나 아름다워 불혹과 지천명의 나이도 고개 숙이게 한 사람아. 저는 당신이 밉습니다. 미치도록 밉습니다. 감당할 수 없는 투쟁의 과제를 우리에게 던져주고 가버렸기에 동지의 빈자리는 밤새워 쓴 소주를 마셔도 대성통곡을 하여도 채워지지 않았습니다. 무엇을 해야 할지 난감하기도 했습니다. 산자에게 한을 남기고 가신 동지여. 함께 투쟁하자고, 노조도 만들고 투쟁복도 만들고 파업도 하자고 했는데 어찌 먼저 가십니까? 동지가 외친 '비정규직 차별철폐',목숨을 바칠 만큼 어렵게 느꼈습니까? 함께 하는 우리들이 미덥지 못했습니까? 동지여! 보소서, 당당하게 파업투쟁을 전개하고 동지 앞에 선 근로복지공단비정규직 동지들을, 바로 동지가 만들었습니다.

동지의 뜻을 받아 열심히 투쟁했고 앞으로도 투쟁할 것입니다.

이용석 동지! 그곳에는 부당노동행위로 탄압하는 사용자도, 교섭을 회피하는 사용자도, 비정규직의 차별도 없겠지요. 전태일 열사는 만나 보셨는지요. 전태일 열사 이래 40여 분이 스스로 목숨을 끊고 항거하셨으니 외롭지는 않겠지요. 열사들에게 전해주소서. 열사들의 뜻을 이루지 못해 죄인 된 자들의 게으름에 채찍을 내려 달라구요. 어머님과 형, 누이들 그리고 사랑하는 사람을 남겨두고 가신 열사여. 이제 고이 잠드소서. 열사는 가셨지만 이제 열사와 함께 하는 동지들이 어머니의 아들, 딸이 되고 형제, 자매가 되어 지켜드리겠습니다. 열사가 남기신 뜻을 받들어 '비정규직 차별철폐' 아니, 인간이 인간을 차별하지 않는 세상을 만들기 위해 투쟁하겠습니다.

'정당한 길을 간다면 그 뜻을 이룰 것'이라 하셨지요. 동지가 남긴 뜻은 근로복지공단비정규직노조 동지들의 가슴속에 1,300만 노동자의 가슴속에 살아 숨쉬고, 동지의 몸에 당긴 불은 800만 비정규직 동지들의 횃불이 되어 영원히 활활 타오를 것입니다. 또한 동지의 뜻은 동지의 삶을 지탱해 주었던 공부방 학생들의 자랑과 삶의 지표로 자리매김할 것입니다. 준비되지 않은 투쟁 속에서 우리는 작으나마 동지 앞에 단체협약서와 정규직 추서, 고용안정 협약서를 바칩니다. 죽은 후에 정규직이라니 기가 막힙니다. 그러나 산자들의 오기와 미안함이니 기꺼이 받아주소서.

동지여! 열사여!

차디찬 냉동고 속에서도 우리와 함께 투쟁하신 열사여! 부족하지만 이제는 당당한 노동자 되어 주체적으로 살기를 각오한 우리의 동지들을 보살펴 주시고 이후에도 비정규직 철폐를 완수하도록 독려해 주시기 바랍니다.

밉지만 미워할 수 없는 큰 사람, 이용석 동지! 살아있음을 부끄러워하며 동지의 명복을 빕니다. 편히 잠드소서…

2003년 12월 8일
전국공공운수사회서비스노동조합연맹 위원장
이 승 원

이제 그만 죽여라!!

삼가 정해진 열사의 명복을 빌며, 고철환 동지의 쾌유를 기원합니다.

2003년 근로복지공단비정규직노동조합의 이용석 열사가 분신한 이래 열네 분의 비정규직 열사가 줄을 이어 생겨났다. 최근 잇단 분신은 열사정국이라 명명되었던 역사의 반복은 아닐까? 하는 공포와 불안감으로 엄습해오고 있다. 자신의 목숨을 바칠 수밖에 없는 절망의 상황은 누가 만든 것인가? 노무현 정권의 5년은 취임 초 두산중공업 배달호 열사로부터 이제 임기 말 정해진 열사로 마무리 지으려 하고 있다. 노동자들의 죽음으로 시작과 끝을 채우는 정권, 얼마나 노동자들이 견디기 힘든 정국이었음을 여실히 보여 주고 있다.

특히 비정규직의 눈물을 닦아 주겠다던 노무현은 자신이 책임져야 할 공공부문의 비정규직 확산을 주도하였고, 비정규직보호법이라고 내놓은 법은 비정규직을 고착화시키고 더욱 양산하는 자본의 법임을 증명하고 있다. 이랜드-뉴코아의 투쟁, 코스콤, 광주시청 등 수많은 투쟁이 바로 그 증거이다.

노무현 정권은 노동자를 그만 죽여라!!

비정규직의 눈물을 닦아 주기는커녕, 그 눈에서 피눈물이 나게 하고 스스로 목숨을 끊게 한 주범은 바로 노무현 정권이며, 정권의 비호 아래 불법적 행위를 하며 자신의 부를 축적하는 것에만 혈안이 된 자본이다. 양심이 없는 자본과 정권에게 공허한 메아리일 수밖에 없겠지만, 이제 그만 죽여라!!

열사의 뜻을 이어받는 투쟁을 조직하자!

직접적인 가해자인 유해성을 즉각 구속해야 한다.

그러나 더 나아가 건설노조 인천지부 전기원분과 투쟁의 원인을 제거해야 한다.

불법적인 다단계 하도급에 시달리고 원청인 한전과는 아무런 노사관계가 없는 현실, 노동기본권조차 인정받지 못하고 용역 깡패에 짓밟혀야 하는 치욕, 노동부 관료들의 사용자 비호. 이것이 우리 노동자들이 처한 현실이다. 70년대 노동현실과 무엇이 다른가?

우리는 정해진 열사의 외침을 이어받아 지금의 노동현실을 바꾸는 투쟁을 전개해야 한다. 그래야 제이, 제삼의 열사들이 만들어지는 악순환의 고리를 끊을 수 있을 것이다.

추모와 체념에서 벗어나 투쟁의 전선을 확대하자

건설노조 차원의 투쟁이 아니라, 비정규직 법안 폐기, 노동3권 완전 보장, 비정규직 철폐, 책임자 처벌을 걸고 전국적인 대책위를 꾸리자. 대선 정국을 표를 구걸하는 선거가 아닌 비정규직 철폐를 관철 시켜내는 투쟁의 장으로 만들자. 열사를 추모하는 마음을 결의와 투쟁의 장으로 전환시켜 내자. 이 투쟁에 민주노총이 중심에 서야 한다. 정규직도 이 투쟁을 제대로 해 내지 못한다면 비정규직의 문제는 나에게 부메랑이 되어 돌아온다는 것을 명심해야 할 것이다. 할 수 있는 모든 투쟁을 통해 노동자의 희망을 만들자. 그것이 곧 열사의 정신을 계승하는 길일 것이다.

조사 弔詞

올곧게 저항하며 살아온 고 박동진 열사 영전에

박동진 동지!
자기 몸의 병마도 아랑곳 않고 지켜온 정신이 무엇이었습니까?
자신의 몸을 돌보며, 쉽게 사는 길이 무엇인지 알고 있었을 것인데···
왜 그리도 미련스럽게 저항하셨습니까?
우리는 압니다.
누가 알아 주지 않아도 이것이 옳은 길이며,
노동자가 가야 될 길이라면 앞장서 가셨던 동지라는 것을요.

히말리야를 등정하고, 마라톤 전 코스를 완주하던
그 강인한 체력도 권력의 탄압 앞에 견디기 어려웠나요?
아닙니다.
썩어빠진 공단과 범죄의 주범 박태영에 대한 정당한 투쟁을
수배, 해고, 구속으로 탄압하고,
오히려 범죄자를 비호하는 정권에 대한
분노와 억울함이 동지의 몸을 상하게 했습니다.

동지와 사회보험노조의 동지들이 왜 투쟁했는지···
이제 박태영의 비리가 온 사회에 다 알려졌고, 우리의 정당성이 확인되었지만, 부패와 속물근성으로 점철된 이 사회는 범죄자 박태영을 비호하고 수사조차 안 하고 있습니다.
국민의 건강을 책임진다는 국민건강공단의 이사장직을 이용하여
인사·구매 비리를 저질러 그 더러운 돈으로 전남도지사에 당선되고,
자신의 비리를 감추기 위해 노조 탄압을 일삼아 온 박태영은

아직도 당당하게 살아가고 있는데,
민주노조 사수와 비리 척결을 위해 앞장서신 동지는 이렇게 가시다니요.
할 말이 없습니다.

그러나, 동지여!
동지의 죽음은 결코 헛되지 않았습니다.
우리에게 저들의 탄압과 회유에 굴하지 않는 노동자의 정신을 남겨주셨고,
우리에게 구속·수배자와 해고자들에 대한 원상 회복과,
박태영 구속 처단이라는 분명한 투쟁 과제를 주셨습니다.
동지의 죽음이 헛되지 않도록 반드시 쟁취할 것을 맹세합니다.
죽음을 뛰어넘는 동지에 대한 사랑과 남기신 신념으로
반드시 이루겠습니다.

박동진 동지!
많은 동지들이 동지의 죽음을 애달아 하지만, 남기신 가족보다
더 할 수야 없겠지요.
동지도 마지막 숨을 거두시며, 사랑하는 가족이
가장 힘드셨을 겁니다.
2년이 넘는 수배 생활 가운데 보고 싶어도 보지 못했을 가족들···
8개월의 구속 기간 직후 혼인한 사랑하는 아내와 어린 딸,
아직 세상의 빛도 보지 못한 5개월 된 태아를 남기셨으니,
어찌 편히 눈감을 수 있었겠습니까?
동지여!
그러나, 동지의 자랑스런 가족은 동지를 자랑스런 남편으로
아버지로 기억할 것입니다.

이제 고단하고 힘들었던 이 세상에서의 삶과
못다 하신 것들 살아 있는 우리에게 맡기시고, 편히 잠드소서···

노동자의 참 삶과 투쟁을 온몸으로 실천하신
참 노동운동가 박동진 열사의 명복을 빕니다.

2004. 2. 17일
민주노총/전국공공운수사회서비스노동조합연맹 위원장 이승원

2005년 조합원 교육용

민주노총 사태 어떻게 봐야 하나?

최근 기아자동차노조의 인사 비리건을 비롯하여, 민주노총 대의원대회의 폭력(?)사태 등을 각 언론이 부각시키며, 노동운동 진영을 부도덕한 집단으로 매도하고 있다. 또한, 대규모노조의 이기주의를 비판하고, 비정규직의 문제를 정규직의 고임금 때문에 발생된 것인 양 호도하고 있는 실정이다. 아울러, 최근 발생한 민주노총 대의원대회에서 발생된 사태에 대해 왜 그러한 일들이 벌어졌는지에 대한 분석은 없이, 결과적으로 외연화된 부분만을 부각시키며, 민주노조운동의 개혁을 서슴없이 주장하고 있다.

언론과 정권, 자본이 합작한 폭력 앞에 민주노총과 산하 조직들, 그리고 피땀으로 투쟁했던 선배들과 많은 동지들은 어이없는 현실 속에 무력감을 느끼고 있다. 그러나, 사태의 본질은 분명히 밝혀야 하며, 현장의 동지들과 함께 공유하며 실천할 때, 우리의 소중한 것들을 지킬 수 있을 것이다.

1. 사회적 교섭을 통해 자본이 원하는 본질은 무엇인가?

우리나라의 짧은 자본주의의 역사를 돌이켜보더라도, 자본의 힘이 우세할 때 저들이 노동자에게 휘둘러온 폭력과 착취의 현실이 어땠는지 쉽게 알 수 있다. 자본과 권력이 연합한 탄압의 세월을 수많은 선배열사들이 역사의 흐름에 앞장서 피흘리고, 몸을 불사르며 저항하며 지금의노동자들이 누리고 있는 현실 세상이 만들어 왔다. 이런 역사인식 속에서, 왜 자본과 정권이 노동에게 사회적 주체로서 교섭에 참여하라고 강권하는지 다시 한 번 숙고할 필요가 있다.

그 의도는 지난 김대중 정권의 노·사·정 위원회 합의에 대한 처리과정에서도 밝혀졌듯이 노동시장을 더욱더 유연화 - 정리해고를 더 쉽게, 비정규직의 확대를 넘어 일반화 - 하고, 노동자들의 투쟁성을 거세하려는 것임을 쉽게 짐작할 수 있다. 지난 10년간 이 땅의 노동자들의 대표 조직으로 투쟁을 이끌어왔던 민주노총을 다시 한 번 사회적 교섭이라는 틀로 끌어들여, 1석 100조의 효과를 얻어내려는 것이다.

지난 1998년 IMF를 극복하기 위한다는 명목으로 만들어진 노·사·정 위원회에서 고통분담의 정신으로 정리해고제에 대해 합의를 해주었지만, 우리 노동자들에게 돌아온 것은 무엇이었던가? 가진 것도 별로 없는 노동자들은 정리해고의 칼날에 거리의 노숙자로, 신용불량자로 전락하다가 목숨까지 버릴 수밖에 없는 처지로 내몰렸건만, 가진 저들은 어떠했는가? 더 많은 부를 축적하고, 더 많은 권력을 가져가고도 엄살을 떨고 있지 않은가. 결국, 노동자들은 1998년 그때 현찰(정리해고제)을 주고, 휴지쪼가리가 될 부도 어음(전교조 합법화, 초기업단위 노조 인정, 실업자 노조가입 등)을 받은 꼴이 되어버렸다.

실제 사회적 교섭을 이야기하고 있는 나라 - 네덜란드, 남아공 등 - 들의 사례에서도 알 수 있는 것처럼 강력한 노동자정치세력이 존재할 때만이 대등하고, 지켜질 수 있는 사회적 합의가 만들어진다는 것을 알 수 있다. 그랬던 그들마저도 노동자정치세력이 약화된 현재는 사회적 교섭의 틀을 용도폐기하고 있다. 그런데 겨우 10명의 국회의원을 배출한 민주노동당을 노동자정치세력으로 가지고 있는 우리나라에서, 사회적 교섭의 결과가 노동자들에게 어떤 의미가 있는 것인가? 우리 노동자들에게 불리한 것은 바로 통과시키고, 노동자에게 유리한 것들은 모두 부결시켰던 쪽수 싸움장의 정수인 국회를 그들만으로 변화시킬 수 있을 것인가? 아무리 합의해도 입법 과정에서 저들의 뜻대로 정리되는 현실에서의 사회적 교섭은 참여 할 의미조차 없는 것이다.

2. 그래도 '교섭'은 해야되는 것 아니냐는 주장에 대해

이것은 단위노조에서의 교섭과 사회적 교섭의 차이를 인식하지 못하는 사람들의 그릇된 생각일 뿐이다. 노·사 당사자간의 교섭은 노동조합의 요구로부터 출발하여, 사측(자본)과의 합의가 이루어지면 사규나 관련법규보다 우선되는 조건이 되는 것이다. 그리고, 그것을 위반할 때는 처벌을 할 수 있는 처벌규정도 존재한다. 또한 합의점을 찾지 못할 경우에는 노동자들이 (파업을 비롯한)단체행동을 보장하고 있는 것이다.

사회적 교섭은 기본틀이 노·사·정 삼자로 구성되며, 의제 선정과 교섭 결과에 대한 합의 방법을 만장일치로 택하고 있다. 겉으로 보이는 모습만으로는 합리적인 것으로 생각할 수 있다. 그러나 우리가 이미 한 번 겪었던 것처럼, 다수결에 의한 민주적 결정방식이라는 가면을 벗겨내면 다수(자본+정부)가 자신들의 뜻만을 쪽수로 관철시키려는 검은 속내가 존재하고 있다. 자신들에게 필요한 것들은 '민주적 결과물'이라는 탈을 씌워서 얻어내고, 노동자에게 약속한 것들은 국회에서 '민주적인(?) 절차'를 거쳐 부결시켜버리면 그만이라는 속내가…

그런 지키지도 않을 합의를 만들어낼 것이 뻔한 곳에다 노동을 '들러리'로 포함시킴으로써, 노동계에 '민주적인 합의'라는 덫을 씌우려는 것이 바로 그들의 목적임을 우리는 한 번 겪어보지 않았던가. 예를 들어, 경영상의 이유일 때만 제한적으로 할 수 있도록 제한된 정리해고를 지금 경제가 어렵다고 언제고 상시적으로 할 수 있도록 바꾼다면, 노동자들은 민주노총을 중심으로 전체가 힘을 모아 투쟁하고 저항할 것이다. 반면에 노·사·정 위원회라는 사회적 교섭의 틀에 노동이 참여를 하게 된다면 1998년 그때와 같이 또 속수무책으로 당하고야 말 것이다. 합의의 주체이기 때문에 투쟁의 깃발도 올릴 수 없고, 탈퇴할 경우는 배신자라는 언론의 인민재판을 감당해야 하는 덫에 또 한 번 걸리고 말 것이다.

그러므로, 사회적 교섭이 노·사교섭과 동일하다는 논리로 교섭참여를 주장하는 것은 사회적 교섭의 속성을 제대로 인식하지 못하는 무지이며, 노동자들을 다시 한 번 기만하는 행위이다.

3. 민주노총 대대의 폭력(?) 논란에 대해

민주적인 회의 진행은 다수결의 원칙만을 강조해서 되는 것이 아니다. 예전의 국제연합의 경우 만장일치제를 채택했다가 가결되는 것이 힘들다는 이유로 다수결로 전환한 사례도 있지만, 다수결의 원칙의 폐해는 51%의 지지만 있어도 100%의 권한을 행사하는 문제가 제기되고 있다. 현재 우리나라의 정치판에서도 그 폐해가 여실하게 드러나고 있지 않은가? 선거에서 과반수 이상의 의석을 차지한 정당의 맘대로 모든 밀어붙인다면 국회라는 제도의 존재이유에 대해서 다시 한 번 생각을 해봐야 할 것이다.

폭력은 한 사람이 다른 사람에게 가하는 물리적인 폭력만이 폭력인 것은 아니다. 원칙이라는 틀만을 강조하면서 소수의 의견을 묵살하는 것 또한 심각한 폭력이라고 할 수 있다. 바로 이번 민주노총의 대의원대회도 지지 세력(?)의 쪽수를 믿고 '의사진행 발언의 묵살, 성원 확인 없는 표결'을 강행하려고 한 의장과 지도부의 폭력적인 의사진행도 폭력인 것이다.

물리적인 폭력 행위를 정당화시킬 수는 없겠지만, '충분한 토론과 올바른 의사진행'을 요구하며 지도부의 폭력적 의사진행을 물리적으로 막을 수밖에 없었던 상황에 대해서도 충분한 분석과 원인 규명이 필요할 것이다. 그것이 없이는 앞으로 '민주노총'에서 '민주'라는 단어를 빼야 할 것이다.

4. 노동자들의 현실은 어떠한가?

자본과 권력의 유연화 전략으로 발생된 비정규직의 문제를 정규직 노동자들의 노동귀족화 때문이라고 호도하며, 노동운동의 정당성을 희석시키고, 기업하기 좋은 나라(자본가의 나라)를 외치며 노동자들을 다 죽이려고 하고 있다. 800만 명에 달하는 비정규직, 이주 노동자들에 대한 착취, 상시적인 구조조정의 희생양으로 거리로 내쫓기는 노동자들… 고용 불안, 노동3권조차 보장하지 않는 악법들, 30대 후반부터 명퇴를 고민해야 하는 현실, 비정규직 보호가 아닌 확산을 조장하는 비정규 관련 법안의 제정 기도, 그나마 유일한 노후 보장책인 국민연금의 개악 등 실로 깝깝한 현실이다.

5. 민주노총 사태 어떻게 바라보며, 어떻게 해야 하나?

지난 10년간 이 땅 노동자들의 희망으로 투쟁하였던 민주노총을 끝장내거나, 아니면 사회적 교섭이라는 명분으로 끌어들여 굴복 시키고자 하는 저들의 의도는 분명하다. 언론과 배신자 -과거 노동운동을 하다가 보수 정당으로 자신의 출세를 찾아 간 사람- 들, 자본과 정권, 그리고 시민단체들까지 동원하여 노동계의 총체적인 위기의식을 조장하고 있다.

무엇이 위기인가? 혹자들은 투쟁력이 떨어졌다고 이야기 한다. 그러나, 투쟁의 주체인 노동자들의 투쟁력을 함부로 평가할 수 있는 것은 아니다. 조직의 위기는 투쟁이 안 되는 것이 근본적인 문제가 아니라, 투쟁이 안 된다고 노동운동의 기본원칙을 무시하고 편법을 쓰고자 할 때 오는 것이다.

특히, 총연맹은 어려울 때 일수록 원칙에 입각한 노동운동을 해야 한다. 그것이 이 땅 노동자들에게 희망을 주는 길이며, 앞으로 나아가는 운동인 것이다. 민주노총의 사태에 대해 우리를 둘러싸고 있는 자본과 정권의 의도를 분명히 깨닫고, 사태의 본질을 파악해야 할 것이며, 현장으로부터의 토론을 조직하고 적극적 의견 표명을 하며 흔들리지 않는 원칙들을 세워 나가야 할 것이다.

오히려, 지금은 비정규직의 문제와 같은 자본과 자본의 시녀를 자청한 정부의 공세에 적극 대응해 나갈 투쟁을 수행해 나가야 할 시기이다.

정보통신노조의 제반 문제에 관하여

새해에 결심했던 일이 불과 한 달만에 원위치 될 때 좌절도 느끼지만, 새로운 희망을 위해선 좌절도 극복해야 할 산인 것 같습니다. 새해 복 많이 쟁취하지 못하신 동지들께선 설날을 기해 새해의 복 많이 쟁취하시기 바랍니다.

이 글을 쓰는 목적은 논쟁거리를 만들고자 함이 아니라, 반복될 문제들을 발전적으로 해소하고자 하는 것이라는 것을 이해해 주셨으면 합니다. 정보통신노조는 명칭 변경 및 데이콤 지부 설립 이래 노동절 기념 마라톤대회의 회수 문제, 창립기념식 일자 등의 문제로 중집 단위에서 논란이 있어 왔으며, 결국 어정쩡한 상태로 현재까지 오고 있습니다. 언제인가는 해소되고 정리되어야 할 문제이며, 금년 4월이 되면 노동절 기념 행사로 또다시 논쟁이 될 사안이기도 합니다. 그래서 근본적인 문제가 무엇인지부터 어떻게 해야 될지 까지를 고민해 보았으면 합니다.

첫째, 산별노조에 대한 인식의 문제입니다. 규모 면에서나, 조직 형태상 산별노조라고 이야기하기 어렵지만, 우리는 소산별노조라고 이야기합니다. 정확히 말하면 산별노조나 소산별(업종)노조가 아닌 초기업단위노조일 것입니다. 규약 제7조(조직대상)을 보면, 업종이나 산업에 해당되는 노동자를 가입대상으로 하고 있지 않고, 3개(데이콤, 에스큐티, KIDC)사업장의 노동자와 그 사업장이 출자한 사업장의 노동자로 한정되어 있습니다. 과거, 현대그룹노조총연합(현총련), 대우그룹노조협의회(대노협), 기아, 쌍용, 한진 등의 그룹별노조 연합이 조직발전에 성공하지 못한 것도 개별 자본가에 대응하는 조직일 뿐이지, 산별이 아니라는 관점에서 해산과 함께 민주노총의 산별연맹으로 흡수된 것입니다.

그리고, 기업별지부 형태가 산별노조의 형태로 인식하는 경향성이 있는데, 우리나라의 과기노조나 연전노조 등이 기업별지부로 출발하여 그것을 좇아가고 있지만, 유럽의 산별노조들은 철저히 기업이 아닌 지역을 중심축으로 세워져 있습니다. 우리나라도 금속노조와 같이 제대로 된 산별노조들은 지역을 지부로 구성하고 있습니다. 기업별 지부의 형태는 5.16군사쿠데타 이후 박정희에 의해 강제된 관제산별의 조직체계가 그러했으며, 최근 '무늬만 산별'이라는 비판 속에 조직의 미래에 대한 고민에 빠져있는 소산별들이 그러합니다. 물론 노동조합의 조직형태가 어떤 것이 정답이냐고 한다면, 자주적인 결정 사항이라고 하겠지만, 우리보다 먼저 산별을 경험하고 실천하고 있는 사례를 보고 바람직한 형태로 가야 할 것입니다.

그렇다면, 불완전한 산별을 극복하기 위해 시도되는 것들이 무엇인가? 그것은 바로 단일노조 건설이다. 산별 전환까지의 과도기 형태로 기업별노조를 극복하고 참다운 노동자 정신을 갖기 위한 노력들이 단일노조 건설인 것입니다. 물론, 산별의 기본은 단일노조입니다.

지금의 정보통신노조의 상황은 산별 건설보다는 단일노조의 정착이 맞을 것입니다. 철도와 한전노조가 한국노총에서 마치 산별연맹처럼 직가입되어 있었습니다. 한국노총이 어용이어서가 아니라, 한전과 철도는 일제시대부터 해방후까지 산별 조직이었습니다. 전력 회사와 철도는 일제 때부터 지역별 독립 회사였으며, 노동조합이 산별노조로 먼저 조직을 만들고, 차후에 회사가 하나로 된 형태입니다. 비슷한 노조가 지금의 사회보험노조입니다. 처음에는 지역의료보험 240여 개(정확한 숫자는 기억이 안 남)가 다 독립된 보험공단이었습니다. 이를 노동조합이 기업별노조를 깨고 10년의 투쟁 끝에 하나의 노조를 만들었고, 회사도 뒤이어서 하나의 조직으로 되고, 직장과 지역까지 통합한 국민건강보험공단이 창립된 것입니다. 그러나, 사회보험 5천여 조합원 중 어느 누구도 내사랑 사회보험노조라고 하지, 지부의 소속을 이야기하거나, 지부의 기념식을 하지 않습니다. 이것이 단일노조인 모습인 것입니다. 그리고, 지역의료보험노조를 사회보험으로 바꾸었다고 해서 그 날을 기념하지도 않습니다. 도리어, 이제는 외부에서 사회보험노조를 산별노조라고 하지 않습니다.

그럼, 무엇을 고민해야 하나, 어떻게 하면 단일노조(하나의 노조로)로 정보통신노조를 만들것이냐는 고민 가운데 산별강화의 고민을 해야 할 것입니다. 냉정하게 이야기하면 현재 규약상의 조직대상으로는 정보통신노조는 산별노조가 아니기 때문입니다.

둘째, 논란의 핵심은 정보통신노조로의 전환이 조직발전에 의한 전환이냐? 명칭 변경이냐?의 논란입니다. 만일 조직발전에 의한 전환이었다면, 당연히 새로운 조직의 건설인 것입니다. 그럼 모든 것을 새롭게 시작해야 하는 것입니다. 바람직한 형태가 아닐지라도 현실적으로 어쩔 수 없이 기업별 지부 형태로 간다면, 정보통신노조를 설립한 날, 데이콤지부만 새로 시작하는 것이 아니라, SQT와 KIDC도 새로운 시작이 되어야 하는 것입니다. 산별연맹은 단위노동조합이 주체이기 때문에 가입. 탈퇴를 단위노조가 선택하지만, 단일한 산별노조는 노조가 주체인 것입니다. 데이콤노조 SQT지부에서 정보통신노조 SQT지부가 되었으므로, 지부의 역사도 새로 시작되는 것입니다.

법적으로는 노조의 명칭 변경이지만, 실제적으로는 조직 변경이었다면, 새로운 조직에 걸맞는 운영이 되어야 할 것입니다.

셋째, 새로운 조직 건설의 요건은 합법성 문제는 이차적인 문제이며, 내부의 절차 민주주의의 이행과 대중적 동의의 절차였는가 하는 것인데, 크게 두가지가 갖추어져야 합니다. 하나는 규약의 제정이고, 두 번째는 지도부의 선출입니다. 노동조합을 처음 만들 때와 다르지 않는 것입니다. 실제 진행된 것은 규약의 제정이 아닌 개정으로, 연속성 있는 조직 체계를 유지하였다는 것이고, 지도부의 선출이 진행되지 않아 새로운 조직이 현 체제를 그대로 승계했거나, 현 조직의 명칭만 바꾸었다는 결론에 이르는 것입니다.

넷째, 정보통신노조가 산별연맹(곧 기업별노조의 연합체)이 아니라, 단일한 산별노조라면 '노동조합 및 노동관계조정법' 제17조에 따라 대의원은 조합원의 직접·비밀·무기명 투표에 의해 선출해야 합니다. 지금과 같은 지부로부터의 파견대의원 제도는 단일노조로서는 결격 사유에 해당됩니다.

이상의 이유로 정보통신노조의 출범일(명칭개정)이 노동조합의 창립기념일로 하기에는 무리가 있으며, 이제 정보통신노동조합이 선택해야 할 것은 타 노조와의 통합 과정을 거쳐 제대로 된 산별체제를 만들던지… 지금 논의한 가입 대상의 문제 등 단일산별노조 체계에 맞는 규약 개정 및 지도부 선출 일자의 변경 등 실제적인 단일노조 체제로의 전환을 추진하던지 해야 할 것입니다.

저의 주장을 기술했다고 생각하시고, 무엇보다 함께 고민했으면 하는 것은 산별(단일)노조를 추진하는 목적은 노동자들의 종업원 의식(기업별의식)을 노동자 의식으로 발전시키고, 기업별노조의 문제를 해결해 보자는 데 있다는 것입니다. 산별의 그림이 기업별 조직을 강화하는 형태로 나타난다면, 바람직하지 못하다는 것입니다. 지부 강화가 아니라, 노조를 강화하는 밑그림과 정공법이 필요한 시기가 아닌가 생각합니다. 실제적으로 사측에 위협적인 산별이 아니라면, 어떤 사용자도 노조의 명칭에서 기업의 명칭이 떨어지는 것을 바랄 것입니다. 읽어주셔서 감사합니다.

학습 모임 과정에 대한 조언

학습 모임은 여러가지 형태가 있을 수 있는데, 제일 중요한 것은 참가자들의 수준과 학습 모임을 통한 목표가 무엇인지를 명확히 해야 하는 것입니다. 그리고, 소그룹 학습 모임은 일방의 강의보다는 세미나 형식을 통해 스스로 학습하는 방법을 터득할 수 있다는 장점이 있습니다. 학습 과정에 있어서도, 어떤 목적을 갖고 일방적으로 짜 놓은 일반적인 강좌의 단점을 극복하고 자신들의 필요에 따라 다양하게 선택할 수 있습니다.

또한, 고려해야 할 것은 리더가 있느냐의 문제입니다. 지식적인 부분보다는 경험의 부분입니다. 지식이 많은 사람이 가르치려고 한다면 학습 모임의 취지와는 다르게 진행 될 소지가 큽니다. 잘 모르겠으면 어떻게 하나, 먼저 읽어 보고 고민하고 함께 토론하고, 그 다음에 조력자의 조력을 받는 것이 학습 효과를 극대화할 것입니다. 자주 만날 수 없는 상황에서는 모든 성원들이 발제자가 되어 분담하여 발표하고 토론을 해서 한번의 모임에서 책 반권 또는 한권을 정리 하지 않으면 감당하기 어려울 것입니다.

여러분들의 목표 수준이 조합원이나 초급 간부의 수준을 넘어서는 활동가로서의 기초를 다지는 것이라면, 조금 무리가 될 지라도 기초 부터 중급의 수준까지 계획하여 과정을 꾸리는 것이 좋을 듯 합니다. 가장 기본적인 부분은 노동자의 철학, 정치.경제, 역사, 노동조합의 조직론일 것입니다. 처음에는 깊이 있는 내용보다는 전반적인 흐름을 파악해야 합니다. 추천하고 싶은 것은 봉건제로 부터 자본주의로의 이동이 어떻게 되었나를 파악하고, 자본주의가 무엇인지를 이해해야 합니다. 그 다음에 '정치경제학 원론'을 학습하고, 병행하여 철학을 청년 맑스의 철학, 독일이데올로기 - 실천적 유물론과 역사 유물론 정도 이겠지요. - 정치경제와 철학의 학습이 될 경우 '공산당 선언'을 보시면서 함께 토론하면 될 것입니다.

그 다음은 역사의 문제인데요. 정치경제(자본주의 이해까지), 철학, 역사는 서로 맞물려 있습니다. 동시에 하시면 될 것 같구요. 근현대사를 중심으로 개괄적으로 보시고, 시기별 심화학습(역사는 노동운동사만 하면 남는게 없구요. 시대적 상황과 함께 보아야 할 것입니다. 그리고, 한국의 근현대사와 노동운동사는 철학이나, 정치경제학에 비해 그리 어렵지 않습니다.)을 하면 될 것입니다. 심화학습은 시기별로 책을 다 보기보다는 전문가들의 추천을 받아 논문이나, 각종 잡지에 실렸던 글들을 가볍게 순차적으로 보며, 토론하는 것이 좋을 것입니다. 다만 전평같은 경우에는 노동조합의 선언, 강령, 조직형태 등 고민할 것들이 많으니, 해방이후를 할 때 발간된 책을 중심으로 심도있게 하면 좋을 것입니다. 그리고, 세계노동운동사는 특강 형태로 혁명적 상황의 주요한 것만 짚어 보심이 무난할 것 같습니다.

처음에는 의욕적으로 하지만 공부 좋아하는 사람 별로 없습니다. 그리고, 노동자가 공부 한다는 것은 진짜 어려운 문제입니다. 그래서 과정 중간에 소설류를 첨가하여 보면 활력이 생길 것입니다. 이왕에 시작한 거 좀 고되더라도 제대로 하셨으면 하는 바램입니다. 단, 무리한 교재를 선택해서 좌절하시는 일이 없기를 바랍니다. 쉬운 책으로 부터 기초를 쌓고 점진적으로 실력을 쌓아가는 것, 누가 가르쳐 주는 것에 기대는 것이 아니라, 스스로 학습과 토론을 통해 열사람의 지혜를 자기의 것으로 만드는 것이 학습 모임의 묘미가 아닐까 싶습니다.

조이화 동지가 고민하길래 제가 몇 자 적어 봤습니다.

추천하고 싶은 책은

〈자본주의의 이해〉는 리오 휴버번이 쓴 『자본주의 역사 바로 알기』(책벌레)는 제가 고1이 되는 딸에게 선물할 만큼, 아주 이해하기 쉽고 읽기도 쉬운 책입니다. 가장 먼저 추천하고 싶습니다. 그 다음은 피에르 잘레가 쓴 『자본주의란 무엇인가?』(책갈피)전체적인 흐름과 정치경제학과 철학, 자본론 등에서 닥치게 될 용어에 대해서도 잘 정리되어 있습니다. 이 정도를 가볍게 하시고 〈정치경제학 원론〉에 도전하시기 바랍니다. 교재는 김수행교수님의 『알기 쉬운 정치경제학』(서울대학교출판부)을 추천하고 싶은데(김수행 교수님, 강의도 잘하시지만 글은 더 잘 쓰시거든요. 제가 공부할 때는 『정치경제학 원론』(한길사) 밖에 없었는데 요즘은 『21세기 정치경제학』(새날), 노동자용의 『알기 쉬운 정치경제학』 등 많이 쓰셨더라구요.) 알아서 선택하시면 될 것 같습니다.

철학은 『자본주의란 무엇인가?』를 한 후, 실천적 유물론과 역사 유물론에 대해 『포이에르바하의 테제』와 『독일 이데올로기』로 공부하시기 바랍니다. 문제는 철학일 것입니다. 유물론자라고 유물론만 알아서 되는 것이 아니지요. 관념론에 대한 비판으로 부터 유물론이 출발하기 때문에 철학의 뼈대를 잡아줄 필요가 있습니다. 이때 철학 공부에 들어가기 전에 특강을 한번 배치 하심이 좋을 것입니다.

이 학습이 되면 『공산당 선언』을 학습합시다. 최근(저도 작년에 읽었는데) 나온 책으로 장석준 동지가 쓴 『레드를 위하여』(2003, 실천문학사)라는 책이 굉장히 쉽게 설명되어 있습니다. 물론 『공산당 선언』은 원문 번역이니까 그리 쉽지 않지만 설명이 아주 쉽다는 것입니다.

〈역사〉는 이미 소개했습니다.

〈매일노동뉴스〉, 2005년 4월 22일, 임지혜 기자

데이콤해고자, 2000km 80일 전국도보 순회투쟁

2000년 80일 파업관련 해고, 80일 도보로 쟁취할 것

정보통신노조(위원장 금지연) 소속 데이콤 지부 해고자 2인이 복직을 위해 오는 25일부터 2000km 80일 전국 도보 순회 투쟁을 벌일 예정이다. 이들은 25일 데이콤 의정부 지점을 시작으로 대전, 전주, 광주, 제주, 부산, 대구, 원주 등 데이콤의 전국 주요 사업장을 거쳐 7월 1일 데이콤 용산 사옥에 입성하는 일정으로 2000여km를 도보로 주파한다는 계획이다.

25일 의정부를 출발해 도보 투쟁을 진행하는 해고자 2인은 전 조합원 마라톤 행사가 열리는 오는 29일 데이콤 용산 사옥에서 공식 발대식을 가질 예정이다. 노조는 94년도부터 매년 4월 마지막 근무일에 노동절을 기념해 전 조합원이 참여하는 마라톤 행사를 진행해 왔다. 파업 당시 노조 위원장과 충청 지부장을 맡았던 이승원, 이학성 해고자는 2000년 80일간의 노조 파업을 이유로 2001년 7월 21일 해고된 바 있다.

이후 서울지노위와 중앙노동위원회를 통해 복직 판정을 받았으나 회사에서 노동위 복직 판정에 대해 행정소송을 제기, 복직 취소 판결을 받아내 지난해 10월 13일과 7월 16일 각각 재해고됐다. 노조는 고등법원에 항소를 한 상태이다.

노조는 "2000년 80일 파업을 이유로 해고된 것에 착안해 2000km 80여일 순회투쟁을 계획하게 됐다"며 "해고자 순회 투쟁을 통해 데이콤 사 쪽의 부당해고를 전국적으로 알려 내는 한편 조합원의 단결된 힘을 모아 해고자의 원직 복직과 임단투 승리를 쟁취해 나가겠다"고 밝혔다. 또 도보 투쟁을 결의한 해고자들도 "매일 40여km를 걸어야 하지만 기어서라도 돌아오겠다"고 각오를 밝혔다.

한편 데이콤은 해고자 복직 문제 등을 주요 요구안으로 내건 2004년 임단협을 진행 중이었으나 지난 13일 교섭 결렬을 선언하고 중앙노동위원회에 조정 신청

을 한 상태이다. 노조는 "해고자 문제를 주요 임단협 사항의 하나로 논의할 것을 제안했으나 회사는 해고자 문제는 논의 대상이 아니라며 교섭을 거부해 투쟁에 나설 수밖에 없었다"고 밝혔다.

〈매일노동뉴스〉, 2005년 6월 23일, 임지혜 기자

배낭 하나에 2개의 깃발, 한 걸음 한 걸음 '변화' 보인다

이승원 데이콤노조 전 위원장 2,000km 전국 도보 순회 투쟁

도로에 수상한 사람이 나타났다. 덥수룩한 수염에 흰 머리 길게 휘날리며 배낭 하나 맨 사람이 무작정 도로를 걸어 다니고 있다. 이 사람의 정체는 무엇일까? 그 뒤를 따라가 봤다.

묵직해 보이는 배낭 뒤에는 2개의 깃발이 휘날리고 있다. '비정규직 차별 철폐'와 '원직 복직'.

이 사람은 다름 아닌 데이콤 해고자 이승원 전 데이콤노조 위원장.

이 전 위원장은 지난 2000년 11월8일, 단협 개악안 철회와 데이콤의 독립경영

체제를 요구하며 벌인 80일간의 파업으로 2001년 7월21일 해고됐다. 이후 중앙노동위원회로부터 '부당해고' 판정을 받고 복직됐지만 지난해 10월 회사에서 노동위 복직 판정에 행정소송을 제기해 '부당해고 무효' 판정을 받아 다시 해고됐다.

이에 이 전 위원장은 함께 해고됐던 이학성 데이콤노조 수석 부위원장과 함께 지난 4월 25일 의정부를 시작으로 2000km 80여 일 전국 도보 순회 투쟁을 시작했다. 그러나 700여km를 걸었을 때 이학성 수석 부위원장이 경추간판탈출로 인한 3주 요양 판정을 받아 도보 투쟁을 계속할 수 없어 현재는 이승원 전 위원장이 홀로 도보 투쟁을 진행 중이다.

이번 도보 순회 투쟁의 목적은 비단 원직 복직뿐만이 아니다. 이 전 위원장은 자신의 원직 복직보다 비정규직 차별 철폐를 더 힘주어 말한다.

"데이콤의 전체 직원이 1,500명가량인데 이 중 비정규직이 440명 정도예요. 정규직과 동일 업무를 하는데도 임금은 정규직의 55~60% 정도밖에 안 돼요. 그래서 현재 진행 중인 임단협에서도 비정규직 1년 단위 계약을 다년 계약으로 전환하고, 정년과 노조 활동을 보장하는 것을 주요하게 내세우고 있고 이를 조합원들과 공유 중입니다."

파업 뒤 위축된 조합원 사기 충전

지난 20일, 1,380여km를 걷고 수안보에 도착한 이 전 위원장을 따라 무작정 길을 나섰다. 오늘의 목표는 수안보에서 데이콤 충주 지점까지로 약 22km 거리다. 22km면 50리가 넘는 길. 그 까마득한 거리에 벌써부터 기자는 머리가 어질어질한데, 이 전 위원장은 그런 마음을 아는지 모르는지 "오늘은 가뿐해서 부담이 없네요. 보통 30, 40km를 걷는데…"라고 말한다. 기자는 40km를 걷지 않게 된 것을 다행으로 생각하며, 좀 더 가벼운 마음으로 첫 발을 띠었다.

보통 오전 8, 9시부터 도보를 시작하지만 이 날은 조합원 한 명이 5일간의 휴가를 내고 같이 걷겠다고 해 조합원이 도착한 오전 10시, 수안보 터미널을 떠났다.

배낭에서 휘날리는 깃발에서 말해주 듯 이 전 위원장은 해고자 복직과 비정규직 차별 철폐를 위해 걷고 있지만 다른 '목적'도 가지고 있었다.

"2000년 파업 뒤 현장이 많이 죽어 있고, 조합원들이 심리적으로 많이 위축돼 있어요. 그래서 도보 투쟁을 하면서 조합원들을 만나 조직화하려는 목적이 있죠. 다행히 조합원들 사이에 많은 변화가 오고 있어 뿌듯합니다. 처음에는 회사 쪽 눈치 보느라 만나는 것도 꺼려하던 조합원들이 지금은 사무실에서도 당당히 일어나 인사하고, 지난 파업을 평가하면서 이대로 밀려선 안 된다고 얘기하기도 해요. 조합원들이 예전의 단결된 의식으로 돌아오는 것 같아 보람을 느낍니다."

보람도 있지만 힘든 일도 있을 터, 이 전 위원장은 '외로움'이라고 답했다. 땡볕 아래서 아스팔트 길을 혼자 걷다 보면 힘들어도 의지할 곳이 없는 것.

힘든 일은 이것뿐만이 아니다. 도보 투쟁을 시작한 지 4~7일째 되던 날은 발 이곳저곳에 물집이 잡힌 것은 물론, 찢어지고 피가 나 걸을 수 없는 지경까지 됐다. 그럼에도 짜여진 일정 때문에 걸을 수밖에 없어서 쉬지 않았다. 또 도착하는 곳에 집회가 있으면 빠짐없이 참석해 연대를 해주기도 했다. 광주에서는 민주노총 주최로 열린 '5월 정신 계승 전국노동자대회'에도 참석했고, 부산에선 한솔 교육 집회 등에 참석해 투쟁사를 하기도 했다.

비정규직 철폐 해달라던 '장충동 족발' 사나이

두 달여 동안 서울, 경기도, 충청도, 전라도, 경상도 등 전국 각지를 돌며 36개의 데이콤 지사와 지점을 방문했다. 뭔가 특별한 일이 있을 법도 한데, 아니나 다를까, 부산 송정 해수욕장을 지날 때 '장충동 족발'이라고 쓰인 다마스 차량 앞에서 어떤 사람이 '비정규직 꼭 철폐해야 합니다'라면서 봉투를 건넸다고 한다. 무슨 사연이 있는 것이냐고 물었더니 그 '장충동 족발' 사나이는 '자세한 건 묻지 마라. 그저 비정규직 노동자일 뿐이다'라고 얘기했단다.

이 전 위원장은 “이 땅의 노동자가 가지는 생각들이 다 같은 것이라는 걸 느꼈어요. 그 사람은 노조 활동가나 조합원도 아니고 정말 저와는 아무런 관련도 없는 사람인데 선뜻 투쟁 기금을 전달하는 것을 보니 자꾸 기억에 남네요”라며 “힘들더라도 이 투쟁을 멈출 수 없는 이유입니다”라고 말했다.

이외에도 이 전 위원장에게 힘을 실어 준 사람들은 많다. 걷다가 마주치는 화물연대 조합원들은 경적을 울리며 응원하기도 하고, 차를 멈추고 인사를 나눈 사람들도 있었다.

하동의 북촌면을 지날 때는 동네 노인들이 냉커피를 타다 주며, 비정규직이 뭐냐고 물어서 30, 40분간 설명회를 진행하기도 했단다. 얘기를 다 듣고 난 노인들은 비정규직이 문제가 있다면서 자식들 얘기를 꺼내며 구조조정의 의미를 묻는 등 관심을 나타냈다고 한다. 용어만 모를 뿐이지 비정규직과 구조조정 등의 문제는 이미 노인들도 다 알고 있는 것에 놀랐다고 한다.

한 시간 가량 지나 말을 건네기도 힘이 들어 조용히 걷고 있는데, 이 전 위원장이 “안개가 낀 걸 보니 오늘 오후는 많이 덥겠네요”라고 말을 건넨다. 아무래도 일기에 따라 걷는 것에도 지장을 많이 받을 것 같았다.

“비가 오면 체력소모가 2배 가까이 들어요. 우비를 입는다고 해도 비가 스며들어서 옷은 무겁고, 가지고 있던 MP3는 이미 고장 났고, 휴대폰도 제대로 작동을 안 하네요.”

다음 주부터는 장마가 시작된다는데, 이 전 위원장의 도보 투쟁이 더 힘들어지지는 않을까 걱정이 앞선다.

그러나 이 전 위원장의 도보 투쟁이 하루하루를 더해 갈수록 조합원들의 사기도 많이 진작되고 있다. 이와 더불어 사측에서도 이 전 위원장의 도보 투쟁이 신경이 쓰이는 모양이다.

회사 쪽 탄압에도 조합원은 오히려 ‘똘똘’

첫 시작이었던 의정부에서는 조합원들이 모두 나와 도보 투쟁 현수막 앞에서 기념사진을 찍었는데, 대다수 조합원들이 근무시간에 이 사진을 찍었다는 이유로 관할 지사장이 문책을 당했다고 한다. 이후 인천 지사에서는 아예 출입문을 봉쇄당해 들어갈 수조차 없었으나 노조가 항의 집회를 개최해 3시간여 만에 겨우 인천 지사에 들어가 조합원들을 만났다.

"소극적인 지사장 같은 경우는 영업이나 점검을 나가라고 직원들을 아예 밖으로 보내 버려요. 그래서 가는 길목에서 기다리거나 전화를 걸어 격려해 주는 조합원도 있고 그랬어요. 임단협 교섭에서 회사 쪽은 해고자 문제를 수면에 가라앉게 하라고도 얘기했다고 하더라고요."

2시간 정도를 걸어 음식점에 도착했다. 충주까지 남은 거리는 12km. 이날은 다행히 적절한 시간에 음식점을 찾을 수 있었지만 국도를 따라 걷다 보면 음식점을 찾을 수 없어서 제때 음식을 먹지 못하는 것은 물론 점심을 굶고 걸을 때도 있었다고 한다.

먹을 것과 관련된 고충은 또 있다. 고생한다고 조합원들이 하나씩 챙겨 주는 음료수나 간식거리 등이 그대로 짐이 돼 도보를 더 힘들게 하는 것. "조합원들의 성의를 생각해 안 받을 수는 없고 짊어지기도 힘들고, 말은 못하고 고민한 적이 많았죠"라고 실토한다.

점심을 먹은 뒤 오후 1시 30분께 다시 길을 재촉했다. 오전까지는 선선하던 바람도 오후가 돼서는 뜨거운 공기로 바뀌었고 아스팔트에서 전해져 오는 복사열이 걷기를 더 힘들게 한다. 더위와 목마름 등으로 기운이 다 빠져 버려 걸으면서 진행되던 인터뷰는 중단되고 무작정 걷기를 반복했다. 1시간당 걷는 거리는 평균 5km, 10~15분간 휴식을 취하고 나면 2km 정도까지는 걸을 만하다. 지나가는 화물차에서 화물 노동자가 손을 흔든다. 그것을 보니 다시 힘이 솟는다.

충주 지점에 도착했을 때는 오후 4시 30분께, 이 전 위원장은 조합원들의 고충을 묻고, 현 임단협 교섭 상황과 비정규직 문제를 해결해야 한다는 등 이야기를 풀어 갔다. 그렇게 하루가 저물었다.

다음달 12일께 용산 사옥 앞에서 해단식을 가질 예정인 이 전 위원장은 현재까지도 쉬지 않고 매일 30, 40km를 걷고 있다. 22일 현재 600여km를 앞두고 있는 이 전 위원장의 힘찬 걸음에 손 한번 흔들어 줘야 할 시기인 듯싶다.

비정규직(계약직) 조직화 추진에 관하여

〈생각해 보자〉 2년에 걸친 비정규직 조직 사업이 여러 가지 노력이 경주되었지만 답보 상태에 빠져 있다. 원인에 대한 이야기를 하면 주체(계약직)들의 소극적인 태도, 집행부의 체계적이지 못하고, 효과적이지 못한 사업방식 등 여러 가지 지적이 있겠지만, 정보통신노조의 비정규직 사업이 비정규직들의 주체적인 조직에 의해 시작된 것이 아니라, 전 집행부로부터 현재에 이르기 까지 노동조합이 주체가 되어 진행되었다는 점에서 주체들의 문제는 비정규직에 있는 것이 아니라, 노동조합 집행부에 있음을 인정해야 할 것이다.

지난 2년간의 문제를 당사자인 비정규직의 입장에서 생각해 보아야 한다. 입장을 한번 바꿔보자. 누구든지 노조에 가입할 때는 지금보다 나은 근로조건과 신분의 안정 등 많은 요구를 갖고 하게 된다. 그럼 지난 2년간(정확히 1년 6개월 정도인 것 같은데..) 비정규직 개개인에게 돌아간 것이 무엇인가? 정규직 노조였다면 지금까지 가입하고 기다릴 것인가? 전집행부에서 2/3 이상의 조건을 내세워 아무 성과없이 하나의 이벤트로 보고서 하나 내놓은 것은 당사자들에게는 이미 좌절감을 준 것이다. '2/3 이상이 안 된 것은 너희 계약직들의 문제이다. 난 할 만큼 했다.'라면, 가입한 사람들은 대체 무어란 말인가? 신규 노조의 결성시 이런 문제가 발생했다면 경험상 최소 3~5년은 노조 결성 못하는 것이 통례이다.

이러한 상황에서 금년의 비정규직 조직은 어떻게 해야 했나? 지난 집행부에서의 문제점이 무엇인가 하는 철저한 분석이 있어야 했었다. 그리고 단시간 내에 교섭 등 가시적인 성과를 보여 주며 조직화를 추진해야 했었다. 그런데 지금의 추진은 가입은 언제까지 그 이후 교섭 추진 등 너무 늘어지고, 숨을 헐떡이는 물에 빠진 사람들에게 준비운동 하라고 하는 것과 똑같은 사업 방식이다. 서두를 것과 하지 않아도 될 것을 정확히 구분하지 않으면 대중은 칼같이 돌아서게 되는 것이다. 특히, 비정규직 조직을 말하려면 그들의 인생(최소 10년은) 중 일부를 책임지겠다는 책임감과 실패하면 내 인생이 실패라는 비장함이 없이는 그것은 서로에게 비극인 것이다.

어찌되었건 이번 비정규직 조직화에 실패하면 정보통신노조에서 이후 비정규직 사업은 없는 것이며, 진정한 산별은 말 뿐인 공염불임을 간부들이 자각하지 못한다면 어떤 비법도 없음을 전제로 이제부터라도 좀더 과학적이고 비정규직에 대한 온정이 아니라, 본인이 비정규직이며 이번에 성공하지 못하면 정규직도 모두 비정규직이 될 수밖에 없음을 인식한 가운데 최우선 사업으로 배치하여 모두 전념해야 할 것이다.

〈교섭에 대해〉 우리 노조의 2005년 교섭은 처음부터 통일교섭을 요구하였다가, 대각선 교섭으로 전환된 상황이다. 그리고, 비정규직의 경우 데이콤지부의 교섭과 같이 할 경우 사측과의 여러 가지 마찰(노조 불인정, 현 단협 개악 등)에 대한 문제와 비정규직의 요구와 정규직에 의해 묻힐 수 있다는 우려가 있어, 별도의 교섭으로 진행해 왔다. 우여 곡절 속에 비정규직 교섭안이 마련되었고, 사측에서 정규직 교섭과 병합하여 하자는 제안은 긍정적으로 보아야 할 것이다. 물론 우려 사항이 완전히 해소된 것은 아니나, 이미 정규직 단협에 대한 사측안이 나온 상태이고, 사측이 비정규직의 교섭을 받겠다는 의미는 첫째, 정보통신노조를 초기업단위 노조로 인정(정규직 단협 개악안으로는 초기업단위 노조를 인정하고 있지 않음) 했다는 것이며, 둘째로는 비정규직의 노조활동에 대해서 어느 정도 인정하겠다는 것이다. 비정규직 동지들이 가입을 주저하는 이유는 가장 큰 것은 신뢰의 문제인 것이다. 최소한 노조활동 보장, 조합비 공제, 노조 활동으로 인한 불이익 금지, 가시적으로 금년에는 전계약직 자동 연장 등을 9월초에 확보해야만 근로조건과 고용안정 부분이 조금 더디어지더라도 조직 사업이 될 것이다.

결론적으로 계약직의 재계약 평가가 얼마 남지 않았고, 사측이 이렇게 나오는 것은 해고자 문제의 부각(그룹보고를 안하려고 했는데 그룹에서 먼저 알고 있었다고 함), 파워콤 전적자 문제로 경영진 입지 약화, 금년도 노사문제를 원만히 풀지 못할 경우 합병시 데이콤 경영진 생존 불투명, 현 집행부와의 협력 가능성 등으로 빠르게 정리 하고자 하는 것으로 판단되며, 시기를 놓치면 진짜 우리가 우려했던 계약직에 대한 탄압(계약 해지 등)과 노사 갈등으로 전화될 가능성이 높다.

그러므로, 사측의 제안을 적극적으로 받아들이고, 빠른시간 안에 쟁점(교섭사항 중 20개 이내의 쟁점으로 압축하여 조합원들이 쟁점이 무엇인지를 정확히 알게 해야 함. 특히 9조,

30조가 마치 쟁점인 것처럼 선전되어 있는데 호도된 감이 없지 않음)을 발려내, 집중적인 투쟁 시기를 잡아야 한다. 투쟁을 이야기 하면 파업을 생각하는데 요구쟁점을 정확히 하고 집행부의 농성이라도 배치하면 상당한 압박과 조합원을 하나로 묶는 역할을 할 것이다. 사측의 대표이사가 박운서가 아니라 정홍식임을 상기하고, 김영수 혼자 맘대로 하는 것은 물론 아님도 잊지 말아야 한다.

〈비정규직 조직에 대해〉

① 조직 책임을 명확히 하고, 통일된 관점을 가져야 한다.

; 도보 투쟁 중 만난 지회장 중에는 비정규직은 없애야 하므로 조합 가입도 받으면 안 된다(과거 데이콤노조 시절에는 비정규직 채용을 반대하는 투쟁이 우선 배치되었음)는 관점을 아직도 갖고 있는 동지들이 있었다. 그리고, 어떤 사람은 무조건 가입만 받으면 된다고 생각하고, 누구는 의식화가 우선 되어야 한다고 생각한다. 그리고, 서울도 다르지 않다고 생각하는데 비정규직에 대해 어떤 도구로 접근하고 궁극적으로 어떻게 의식 변화를 가져올 것인가 하는 고민들이 없는 것 같다.

② 비정규직은 단일하지 않다. 세심하게 접근해야 한다.

; 비정규직은 직종/지역/숙련도/부서에 따라 다양한 생각과 입장을 가지고 있다. 물론 요구의 수준도 다르다. 이에 대한 세세한 분석과 통계를 통해 접근 방식을 다르게 적용해야 한다.

③ 교섭의 개시를 조직 확대의 호기로 삼아야 한다.

; 대대적인 선전과 함께 이제 부서단위별 소그룹으로의 만남을 계획하고 최소 300명 가입 확보 작전을 펼쳐야 한다. 메일 등의 방법이 효과는 있었겠지만, 이제 그물은 그만 치고, 실제로 만나서 조합비를 받아오고, 가입원서를 받아오는 영업사원으로 간부들의 자세를 바꿔야 한다. 8월말까지 조합비는 독려 수준, 가입은 목숨을 걸고 받되, 총괄은 금 위원장(지부장)이 실무 책임은 데이콤 지부가 총력을 다해 추진해야 한다.

8월 말까지 순조롭게 되면 9월은 남은 100명을 상대로 협박해야 한다. 앞선 계약직 동지들과 먼저 가입한 동지들에 대한 배신 등의 문제로 정리…

④ 비정규직 조기 소식과 교섭소식을 2주 단위 소식지로(메일로) **정기적으로 발송하여 조합 가입자들과의 유대와 관심을 높인다. 300명이 넘어가면 명단을 공개하고 비정규직 지역별 대회 또는 신입 조합원 환영회를 대대적으로 개최한다.**

⑤ 최종 쟁점(노조활동, 근로조건, 고용안정)**이 남으면 비정규직 전국대회 등을 개최하여 의견을 수렴하여 교섭을 마무리 단계로 접근해 간다.**

2005년 '원직 복직, 비정규직 철폐' 전국 2000km 도보 투쟁의 경험을 정리한 글이다. 글을 쓴 시점에는 철도노조 해고자들도 도보 투쟁을 앞두고 있었고 이에 도움이 되기 위한 목적으로 작성되었다.

도보 투쟁에 대하여

1. 도보 투쟁이란?

단식, 3보 1배 등과 같이 인간의 한계에 도전하는 투쟁으로 체력도 요구되지만 그보다는 정신력을 요하는 투쟁이다. 반면에 걷는다는 것 자체는 3보 1배 등과는 달리 누구나 할 수 있는 것으로 인식되어 뚜렷한 목표가 없이는 성과를 거두기 어렵다.

2. 왜 걷는지가 분명해야 한다.

어디에서 어디까지 걷겠다는 것은 기본이나, 더 중요한 것은 왜 걷느냐는 것이다. '해고자 복직', '비정규직 철폐', '구조조정 저지', '고용안정 쟁취' 등 여러 가지 목표가 있을 수 있는데 해고자 자신들의 목표보다는 조합원 전체의 문제나 노동자 계급의 당면 과제를 목표로 선정하는 것이 좋다.

3. 걷는 것만으로는 2% 부족하다.

사람이 수백km를 걷는다는 것은 인내와 의지를 요구하는 것은 분명하다. 그러나 그냥 걷는 것은 다른 사람들에게 아무런 감동도 줄 수 없다. 걷는 것과 함께 목표 달성을 위한 사업들을 함께 배치해야 한다. 예를 들어 주 1~2회 정도의 '조합원 함께 하는 구조조정 저지 도보 투쟁'이나, 주요 역에서의 집회, 해고자들의 현장 순회 등을 배치하고, 걷는 것보다 더 중요한 것이 선전임을 명심해야 한다.

현장에서 벌어지는 일들과 해고자 투쟁의 소식이 전국적인 화제가 되도록 만들어야 한다. 투쟁 경과와 그날의 중요 소식들을 알릴 수 있도록 홈페이지 고정란 신설, 전국의 현장에 포스터 부착, 각 현장에서의 조합원 대상의 선전전(유인물 배포), 플래카드 게시 등의 선전 활동이 병행되어야 한다.

4. 준비 사항

1) 구체적인 계획이 필요하다

남자 성인이 걷는 거리는 시간당 4-5km 정도를 걷는다. 하루에 걸을 수 있는 거리는 이론적으로는 32-40km(8시간 기준)이나 매일 그렇게 걸을 수는 없다. 물론 여름철이라 하루 14시간 정도(오전 6시에서 저녁 8시까지)를 활동할 수 있으나, 휴식 및 밥 먹는 시간, 무더위라는 점을 감안 할 때 하루에 실제 걸을 수 있는 시간은 순수하게 6시간 정도를 보면 된다. 그럼 최대로 잡았을 때 24~30km정도를 보면 된다. 또한 현장 순회 투쟁 등이 배치되면 하루의 도보 거리는 실제 5~10km 밖에 안 되는 경우도 있으므로 일자별로 구체적인 계획이 필요하다.

계획을 세울 때는 사람은 고속도로나 자동차 전용도로를 걸을 수 없음(차가 다니는 길의 거리와 사람이 걷는 길의 거리는 다름)과 숙소의 문제를 고려하여 정확한 일자별 경로 및 투쟁 계획을 수립해야 한다. 숙소의 문제 때문에 하루에 30km이상을 걸을 수도 있을 것이다.

2) 조직적인 사전 준비 사항

- 슬로건의 결정 : 투쟁에 걸 맞는 슬로건 선정
- 포스터, 유인물, 차량, 깃발, 물, 소금, 지도, 의약품(상비약, 테이프, 스프레이 파스, 게토톱, 바세린 꺼즈, 가위, 핀셋, 붕대, 반창고 등), 비상 식품(쵸코렛, 사탕 등) 등
- 하루 일과에 대한 계획 : 기상 → 세면 → 출발 준비(짐 꾸리기) → 출발 → 아침 → 걷기 → 휴식 → 걷기 → 점심 → 오침 → 걷기 → 현장 방문 → 걷기 → 저녁 → 걷기 → 숙소 도착 → 휴식 및 개인 시간
- 단 둘이 걸어도 조직이 필요하다. - 조별 지도부 구성(조장 - 부조장 - 총무), 노동조합 집행부 중 책임자가 가게 되면 총무는 별도로 없어도 될 듯…

3) 개인 준비물

- 운동화 : 트레킹화 또는 바닥이 단단한 것이 좋음(아스팔트 길임을 명심), 가벼운 신발 또는 샌달 준비)
- 양말 : 두꺼우면서도 통풍이 잘되는 것으로 준비(하루에 2개 정도를 쓰고 빨래 주기를 생각하여 준비하면 됨)
- 팬티는 반드시 기능성으로 준비할 것, 상.하의는 기능성 등산복으로 준비하되, 긴팔, 긴바지로 준비하는 것이 좋음.
- 모자, 스포츠 타월
- 배낭, 렌턴, 선크림, 선그라스
- 목실, 바늘(중간 것)
- 물통, 우비

5. 걸을 때의 주의 사항

○ 올바른 주법 - 허리를 바로 세우고, 가슴을 펴며 발뒤꿈치부터 걷는다.

○ 물집의 처리 요령 - 터지지 않게 하고 실을 맨 바늘로 물집 중 살에 가장 가까운 쪽으로 관통시켜, 물을 빼고 실을 묶어둔다. 실은 물집 잡힌 살이 완전히 말라서 저절로 떨어질 때까지 둔다. 물집이 터졌을 경우에는 화상 처리 요령으로 처리한다.

○ 걷는 속도 및 거리의 조절은 맨 처음 출발자(가장 많이 걸은 사람)를 기준으로 한다. - 나중 결합자나 연대 단위가 체력의 우위를 과시하여 전체적인 패턴을 망칠 수 있다.

○ 일사병 등 긴급 사항에 대한 조치

○ 우천시 대책

○ 졸음 도보, 교통사고 등에 주의

6. 결론

철도노조 해고자들의 계획은 그리 무리한 일정이 아니기 때문에 큰 우려는 없으나, 일단 전국을 걷는다는 것은 쉬운 문제가 아니다. 무엇보다 중요한 것은 참가자들의 자신감과 의지이다. 그리고 조합원들의 호응과 지지가 있을 때 성공할 수 있다. 또한 체력으로 하는 것이 아님을 명심해야 할 것이다.

시작해 보면 이것이 얼마나 고행의 길임을 알 수 있다. 일주일 정도라면 체력으로 버틸 수 있지만 한 달이 넘는 투쟁을 그렇게 할 수는 없다. 걷는 것을 즐기시라고 권하고 싶다. 건강을 생각하면서 한다면 더 좋은 결과를 얻을 수도 있을 것이다.

서울에 입성하여 대대적인 환영 행사와 결의대회를 치루면 자신의 삶에 있어 아주 보람찬 순간을 맞이할 것이다.

한 10일이 지나면 물집의 고통으로부터 벗어날 것이다. 그러나 그 후에는 사람에 따라 다르지만 발목, 무릎의 통증이 유발될 수 있다. 오늘 들은 주의사항을 잊지 말고 실천토록 해야 한다. 페이스 조절이 가장 중요함을 인식하고 과욕을 부리거나 자만하지 말아야 한다. 나를 기준으로 하지 말고 대오에서 가장 힘들어 하는 사람을 기준으로 모든 계획을 잡고 실천하면 된다.

1987년, 그때 나는 어디에 있었나?

이승원(데이콤 해고자)

87년 노동자대투쟁 20주년을 기념하기 위해 노동자교육센터에서 기획한 87 노동자대투쟁 20주년 기념 역사문화기행은 2007년 8월 31일 구로를 시작으로 울산 - 마산·창원 - 거제를 순회하며 9월 2일 늦은 11시까지 2박 3일간 진행되었다. 일상에서 2박 3일의 시간을 뺀다는 것이 다소 부담스러운 일정이었지만, 벌써 20주년인가? 하는 생각에 소회도 들었지만, 몇 번 가본 곳도 있었고 특별한 것이 있을까 하는 생각에 큰 기대 없이 합류한 기행이었다. 그러나 세월의 무게 때문이었나? 그 이름조차 낯선 '가산디지탈단지역'에 내리면서 긴장할 수밖에 없었다. 언제 가리봉역이 이렇게 바뀌었을까? 이름뿐이 아니라 거리 자체가 변해 있었으며, 집결지인 대우어패럴 자리에는 오렌지 아울렛이라는 창고형 유통센터가 자리잡고 있었고, 효성물산 자리에는 마리오 아울렛이 아니 네거리 전체가 휘황찬란한 네온사인과 함께 생산의 거리에서 소비의 거리로 변해 있었다.

그 긴장감은 함께 떠날 25명의 동지들이 모여 자기 소개를 하는 자리에서 심각하게 죄여 왔다. 이번 역사문화기행에 지도하시기 위해 함께 하신 박준성 선생께서 자기 소개는 1987년 20주년의 의미를 살려서 '그때 나는 몇 살이었고, 무엇을 하고 있었는지를 이야기하고 현재 하는 일을 소개하자'고 제안하셨다. 87년 그때 나는 어디에 있었나?' '팔칠년 칠팔구 투쟁을 동지여 기억하는가' 〈총파업가〉로 시작된 87 노동자대투쟁 역사문화기행은 우리의 시간을 20년 전 분노의 함성으로 일어섰던 노동자들의 시간대로 돌려놓았다.

한국전쟁 이후 최초의 노동자연대 파업이었다는 1985년 구로동맹파업과 87 노동자대투쟁에 대한 개괄적인 설명을 박준성 선생으로부터 들었다. 대우어패럴 간부 구속에 항거하며 연대파업과 지지 투쟁에 돌입하였던 85년 6월 24일부터 29일까지의 대우 어패럴, 효성물산, 가리봉전자, 선일섬유, 부흥사, 남성전기, 세진전자, 롬코리아… 동지들의 투쟁은 단지 우발적인 투쟁이 아니었다. 전두환 정권의 유화기로부터 노조 결성과 노조 민주화 투쟁을 전개하며 노동조합 간의 연대 활동들이 전개되었고, 70년대 노동조합들의 개별화된 투쟁으로 결국 실패한 역사적 교훈을 통해 동맹파업을 결행하게 된 것이다. 대우어패럴 동지들이 플래카드를 내걸고 투쟁했던 난간과 창문은 색깔만 바뀌었을 뿐 그대로 있었다. 구사대와 공권력의 탄압에 죽음의 공포에 떨어야 했던 동지들이 투쟁했던 자리는 상가들로 변해 있었으며, 그들이 생활했던 벌집들은 이제 이주노동자들의 삶의 공간으로 변해 있었다. 구로동맹파업이 87년 울산, 마창, 거제에서 다시 구로로 이어져 온 투쟁의 역사를 생각하며 금요일의 교통 체증을 생각하여 부랴부랴 버스를 탔다. 서두른다고 했지만 울산 숙소에 도착한 시간은 새벽 3시였다.

잠깐의 눈을 붙이고 부슬비를 맞으며 도착한 현대중공업 정문 앞에는 행사가 시작되기도 전에 경비들이 사진 촬영을 못하게 하고 시비를 걸어와 현재의 노동조합의 상황을 적나라하게 보여 주는 행태가 나타나기도 하였다. 노동운동의 메카라는 울산에서 20년 전 무슨 일이 있었나? 20년 전 현대중공업 민주노조 쟁취위원회 11인 대책위의 한 분 이셨던 정병모 동지의 설명으로 1987년 7월 5일 현대엔진노조의 결성에서 현대중공업과 현대자동차의 전개된 투쟁을 양상과 현대그룹노조협의의 결성, 현대중공업 휴업 및 교섭 무시에 대응하여 8월 17일 현대중공업 정문에서 남목 고개를 넘고, 18일에는 현대중공업 정문에서 울산공설운동장까지 가두 시위의 생생한 설명과 그 이후 9월 정국에서의 현대중공업의 투쟁과 수습 과정 등을 듣고, 투쟁의 현장이었던 남목 고개를 걸어서 넘었다. 길옆 공원에서 노옥희 선생으로부터 그 당시 울산 전반에 대한 설명을 듣는 시간도 가졌다. 과거에서만 헤매던 시간은 현대자동차 노동조합으로 이동한 후 열린 간담회를 통해 현재의 문제들이 들춰졌다. 역사라는 과거의 기억은 현실의 체험과 결합할 때 미래를 만들어 가는 힘으로 바뀔 수 있다고 했던가? 현대자동차노동조합에서 이루어진 울산 지역 간부들과의 간담회는 비정규직의 문제와 대공장 노조들의 역할에 대해 열띤 토론과 질의응답이 오고 갔다. 결론이 쉬운 문제들이 아니었기에 아쉬움을 남긴 채 일어나야 했으며, 양봉수 열사의 분신 장소를 화단으로 가려버린 현대 자본의 치졸함을 목격하며 창원으로 향했다.

이승만 독재정권을 무너뜨린 4·19혁명의 시발이 되었던 3·15 부정선거에 항거했던 김주열 열사, 박정희 군사독재정권을 무너뜨리는데 직접적 계기가 되었던 부마항쟁의 주역들, 87년 노동자대투쟁에서 가장 폭발적인 투쟁을 보여준 마창… 역사적 순간마다 항상 주역으로 섰던 마산에 들어오니, 역동적이던 투쟁의 현장을 쉽게 보여주기 싫어서인지 빗발이 거세지고 있었다. 자료집을 통해서 알게 되었지만, 마창은 6월 항쟁 때부터 계속되는 투쟁이 진행되었고, 8월 10일, 11일의 창원대로에서의 가두 시위는 혁명적 상황이라 할 것이었다. 가두로 진출한 동지들이 트랙터, 콤바인, 지게차 등의 중장비를 앞세우고 가두로 진출하여 연좌 시위를 벌이고 경찰과 격렬한 싸움을 벌였다. 우리는 창원대로 통일, 로템 등 그 당시 창원대로 투쟁의 중심 사업장들을 돌아보고 창원대로 현장을 둘러보았다. 박정희가 은퇴하면 살겠다고 만들었다는 기획도시 창원의 창원대로를 활보하며 해방구를 만든 노동자들의 투쟁은 생각만 해도 전율이 느껴졌다. 시간관계상 마산수출자유공단은 가보지 못했지만, 마수원(마산수출자유지역)과 공창원(창원공단)의 만남은 마창노련이라는 전노협의 근간이 되는 지노협 건설의 성과를 낳았다. 『내 사랑 마창노련』을 쓰신 김하경 선생님과 통일중공업노조 위원장과 금속노조 임원을 역임한 신천섭 동지가 마창에서의 투쟁에 대해 2시간에 걸쳐 설명과 질의응답에 응해 주셨으며, 특히 신천섭 동지의 87부터의 자기 역사는 진짜 감동적인 내용이었다. 이 땅의 노동자로 산다는 것이 어떤 것을 의미하고 어떻게 사는 것이 진정한 노동자로 사는 것이냐는 것을 보여준 사례였다. 마창의 투쟁은 87 당시의 투쟁 뿐 아니라, 투쟁의 성과를 대통령 선거 이후의 탄압국면을 예상하여 마창노련 건설로 발전시킨 것과 이후의 투쟁에 있어 1988년 구사대 추방 및 마창노련 의장 석방 투쟁에서 1989년 봄 창원대로 대투쟁까지의 투쟁도 모범적인 투쟁이었다. 간담회를 통해 많은 이야기가 오갔지만 김하경 선생님의 '마산에 내려와 『내 사랑 마창노련』을 쓰고 자료도 모았지만, 찾아오는 이들은 논문 쓰는 사람밖에 없다'는 한탄에 다시금 반성할 수 밖에 없었다.

빗길을 뚫고 거제로 12시경에 도착하여 둘째날 밤을 보내고, 거제 대우조선으로 향했다. 대우조선 현민투 동지들의 환대와 금속연맹 위원장을 역임한 백순환 동지의 쉬운 설명과 격의 없는 대화는 예정 시간을 넘기면서도 지속되었다. 거제 지역의 특성(포로수용소가 있었다는 것, 김영삼의 모친의 공비 사살 사건 등으로 굉장히 보수적이고 빨갱이 논리가 통한다는 점)과 이로 인한 노동조합 창립의 어려움, 노동조합 결성 노력과 상고문 사건과 해고자들의 투쟁, 어용노조 민주화 투쟁, 사측과의 투쟁과 기만적인 경찰의 탄압으로 인한 이석규 열사의 사망, 열사 장례식에 버스 120대가 동원되었는데 시신을 탈취한 사측과 경찰의 만행 등 생생한 투쟁의 내용을 도무지 글로 표현할 수 없는 한계를 느낀다. 이어진 대우조선노조 출신 시의원과 현장 조합원들과의 대화는 현실적인 고민들을 함께 나누는 좋은 자리가 되었다. 다시 들어도 새로운 내용이 나오는 것이 사람이 직접 하는 구술인가 보다. 삼천포로 빠지는 듯하지만, 들어보면 새로운 사실들을 이야기하고 있는 구술자들을 보면서 역사는 누가, 어떻게, 어떤 시각에서 보냐에 따라 다른 부분이 있음을 알게 된다.

진행 과정에서는 지치고 힘들고 너무 하는 것 같기도 하지만, 마무리할 때는 항상 아쉬워서일까? 돌아오는 버스 안에서 참여자들은 박준성선생의 총평 시간 강요에 한숨을 쉬었지만, 마이크를 받자 준비된 사람들처럼 소감을 이야기하기 시작하였다. 대부분 이 기행을 통해 깨달은 사항들을 이야기하고 향후 자신들의 결의를 밝혔다. 이 행사를 책임지고 준비하고 진행한 노동자교육센터의 김진순 대표는 전노협 시절을 회상하며 목이 메어 눈물을 흘려 분위기를 숙연하게 하였다. 일요일(2일) 밤을 꽉 채운 역사문화기행은 이렇게 대단원의 막을 내렸다.

20년이 지난 한국 노동자들의 현실은 약간의 의식주가 좋아졌는지는 모르겠으나, 다른 것이 없는 것 같다. 20년 전에는 구사대를 했던 관리직과 생산직이 있었다면 지금은 정규직과 비정규직이 있고, 이주노동자들이 있다. 그리고 자본의 노동자 분리 통제는 과거보다 좀 더 세련되어졌고, 20년 전 노동자대투쟁 당시와 같은 폭발적 힘을 노동자들에게 주려고 하지 않는다. 노동자들끼리 갈등과 반목하게 하고 이미 총액 임금 차원에서 자신의 이익은 침해 받지 않도록 정규직과 비정규직이 싸우고, 하청 노동자의 임금을 후려치는 등 그 방식 또한 치졸해져 있다. 우리는 역사를 통해 무엇을 배울 것인가? 20년 전 팔십칠 칠팔구의 대투쟁을 그리워하는 과거에 매몰되는 것이 아니라, 그들이 무엇을 위해 목숨바쳐 투쟁 했는가?를 분명히 되새겨 봐야 할 것이다. 그것은 노동해방! 바로 인간답게 살고 싶다는 인간해방!의 절규였을 것이다. 그렇다면 지금도 그 절규는 다르지 않음을 인식하고 나아가야 할 것이다.

해고자에 대한 의견

조합원 동지들께

'해고자'란 권력과 자본(사용자)에 맞서 투쟁하다가 사용자로부터 해고를 당한 사람들을 지칭하는 용어입니다. 우리나라 뿐 아니라, 자본주의 체제가 생기고 이에 대항하는 노동자들의 조직이 생긴 이래로 전 세계 노동조합에서 발생되는 문제가 구속, 수배, 해고, 징계의 문제였습니다. 사용자들이 노동조합의 간부와 조합원들을 해고하는 것은 해고의 사례를 만들어 너희들 까불면 해고 시킨다는 무언의 협박을 하고 있는 것입니다. 그러므로 해고자의 문제를 해결하지 못한다면 그 조직의 노동조합 활동은 위축될 수밖에 없습니다.

미국의 노동 운동사를 보면 조합비를 걷게 된 것도 바로 해고자들의 임금을 주기 위한 것이었습니다. 우리나라의 노동조합들도 규약/규정에 정하여 해고자들이 복직될 수 있도록 투쟁하고, 복직 전까지 희생자구제를 위한 기금을 지급하고 있습니다.

'해고자'들에게 최상의 것은 자신이 일하던 곳으로 돌아가는 것입니다.

그것을 위해 중요한 것은 조합원동지들이 '해고자'의 문제는 곧 우리 조직 전체의 문제이고, 나의 문제라는 인식 속을 갖고 투쟁하는 것입니다. 해고자가 복직하는 형태는 두가지가 있습니다. 하나는 법에 의해 복직하는 것입니다. 부당해고구제신청을 지방노동위원회-중앙노동위원회-지법-고법-대법원(행정)-민사(지법)-민사(고법)-민사(대법)을 통해 소송을 통해 이기도록 노력하는 것이고, 두 번째는 노사협상을 통해 해고자를 복직시키는 것입니다.

우리나라와 같은 상황에서 법에서 이기기는 대단히 어렵습니다. 물론 이기는 사람들도 있지만 전체적인 확률에서는 아주 낮은 편입니다. 법에서 졌다고 해서 끝나는 것이 아니라, 노동조합이 존재하는 한 해고자의 문제는 계속되는 것입니다. 철도노조, 서울지하철노조, 사회보험노조, 대한항공조종사노조, 발전노조 등 우리 연맹내의 많은 해고자가 있는 조직들도 노사합의에 의해 많은 해고자들이 복직했습니다.

'해고자'가 그 조직에 존재한다는 것은 노·사간 평화가 정착하지 않았다는 것을 의미합니다. 노동조합은 해고자의 복직을 노·사간 평화유지를 위해서도 반드시 해결해야 할 문제로 요구해야 할 것이며, 조합원들도 힘을 모아야 합니다. 우리 연맹 내에 100명이 넘는 해고자들이 있지만, 단위노조, 상급단체의 간부로, 지역 등 연대단위의 역할을 맡아 활동하고 있으며, 가장 중요한 복직을 위한 투쟁을 전개하고 있습니다.

사용자에게 우리는 해고자를 반드시 복직시킬 것이며, 그날까지 우리가 책임진다는 인식을 심어주는 것이 가장 중요할 것입니다.

2007. 9. 12.

공공운수연맹 공공부문해고자복직투쟁위원회

수석부위원장 이 승 원(서명)

조합원 동지들께

오랜만에 연락을 드리는 것 같습니다.

노동 강도 강화와 실적 압박, 구조조정의 자료가 될 업무최적화 등 숨 막히는 현실 속에서 고통 받고 계신 조합원들을 생각할 때마다 아픔과 분노가 치밀어 오르지만, 함께 할 수 없는 고통이 더 큰 것 같습니다. 저는 공공부문해고자복직투쟁위원회에 파견되어 최선을 다하고 있습니다.

우리 노동자들은 권력과 자본의 하수인으로 기능하는 사법부의 판정에 별로 기대하지 않고, 노사협상과 투쟁을 통해 해고자의 복직을 추진하여 왔습니다. 최근에도 KT에서 2명의 해고자가 복직을 하였고, 사회보험(건강보험공단)은 3명 이상을 복직(11월말까지)시키기로 노사간 합의를 했고, 철도공사에서도 해고자의 문제가 교섭의 가장 중요한 안건으로 올라가 있는 상황입니다. 저 또한 대법원의 판결을 앞두고 큰 기대를 하지는 않았으며, 단체협약 갱신(2008년 1월 만료)에 어떻게 맞추어 투쟁을 할 것인가가 고민의 거리였습니다.

그런데 최근 신길운수(고법 해고건) 등에서 승소하는 상황들이 전개되어 주변의 동지들이 기대해 봐도 되지 않겠느냐고 했는데, 꿈같은 일이 현실이 되었습니다. 9월 6일 대법원에서 고법의 판결(해고가 정당하다는)을 파기하고 사건을 서울고등법원으로 환송한다는 판결이 내린 것입니다.

이는 법률 소송을 담당한 금속법률원 변호사들의 노력도 있었겠지만, 저는 2000년 신념을 갖고 함께 투쟁하였던 동지들의 의지와 끝까지 포기하지 않고 해고자의 문제를 자신들의 문제로 인식하고 함께 해 준 조합원 동지들 때문에 생긴 결과라고 생각합니다.

또한 판결문의 내용은 사측이 주장한 불법의 문제를 불식하고 파업이 정당한 투쟁이었음을 판시하고 있어 중요한 의미를 갖고 있습니다.

판결문의 내용을 살펴보면;

- 해고의 사전합의 조항을 단체협약에 두었다면, 합의 절차를 거치지 아니한 해

고처분은 원칙적으로 무효로 보아야 한다는 것입니다.(대법원 1993. 7. 13. 선고 92다50263 판결 등) 다만, 노동조합이 사전 동의권을 남용(노동조합측의 중대한 배신행위가 있거나, 피징계자가 위법행위를 하여 막대한 손해를 입히고 비위사실이 징계사유에 해당함이 객관적으로 명백할 경우, 회사가 성실히 사전 합의를 노력 했음에도 노조 측이 무작정 반대하여 합의에 이르지 못한 경우)하거나 노조 스스로 합의권을 포기한 경우, 사용자의 해고권 행사가 가능하다.

- 대법원에서는 ① 징계사유인 업무방해에 대해서는 노사합의에 따라 취하했으나, 벌금형을 선고 받았고, 그 외 징계사유들은 따로 형사처벌을 받지 않은 점, ② 회사가 입었다는 손해는 거의 대부분 파업 때문에 발생한 것이라 노조에만 책임을 물을 수 있는 것이 아니며, 직접 손해와 기물 파손은 이 사건 쟁의행위의 규모와 양상, 발단과 종료 과정을 볼 때 회사 경영에 타격을 가져올 정도의 손해로 보이지 않는 점, ③ 일부 일탈행위는 조합원 개인의 일탈행위로 보이며, ④ 합의 후 상호 고소.고발.소송을 취하하고 쟁의행위 관련자 징계를 사면조치 하였고, '노사평화대선언'과 2001년, 2002년 임단협 합의 후 상당기간이 경과한 후에 징계에 회부되었다는 점, 그리고 노동조합의 해고 반대 이유 등을 종합하여,
- 해고 사유가 중대하여 참가인(해고자)을 해고하여야 함이 명백한 때에 해당한다고 보기 어렵고, 노동조합 또한 단체협약의 사전합의 조항만을 내세워 참가인에 대한 해고를 무작정 반대하였다고 볼 수도 없어, 노동조합이 단체협약상의 사전 동의권을 남용하였다고 단정할 수는 없다고 판결하였습니다.

물론 중앙노동위원회에서 이겨서 복직(2004. 4월)한 후, 행정소송 1심에서 패소하여 재해고된 사례도 있어, 고등법원의 판결을 기다려 봐야 할 것이지만 판결문의 구체성 등을 본 대부분의 법조인들은 고등법원에서 뒤집기는 어려울 것으로 판단하고 있습니다.

무엇보다도 중요한 것은 우리 투쟁의 정당성을 가장 보수적이라는 사법부조차도 인정하였다는 점입니다. 또한 개인적으로는 해고와 조합원에 대한 탄압을 가한 사측이 얼마나 무리한 짓을 했는가를 입증하는 판결이었다고 생각합니다. 사측은 2004년 복직이 되었을 때, 그만 둬야 했던 송사를 여기까지 끌고 왔습니

다. 공공운수연맹의 성명서에서도 지적되었듯이 사측은 고법의 판결을 기다릴 것이 아니라 즉각 복직 조치를 해야 할 것입니다. 고등법원의 판결까지 기다린다면 소송비용과 지불해야 할 인건비의 부담만 커질 것입니다. 쓸데없는 비용만 키우지 말고 과감한 결단을 촉구합니다.

조합원 동지 여러분···

저와 함께 해고된 이학성 동지에 대해서도 애정과 관심을 가져주시고, 우리의 단결된 힘으로 반드시 현장으로 복귀시켜야 할 것입니다. 여러분의 건강과 다시 만날 날을 기대하며 두서없는 인사의 글을 마칩니다.

하루 빨리 동지들의 곁으로 돌아가길 기대하며···

2007. 10. .

해고자 이승원 올림

예술특강 '사랑이란 무엇인가?'

지난 10월 24일 흥사단 강당에서 열린 백기완 선생님의 예술특강 '사랑이란 무엇인가?'는 처음 이야기가 시작 될 때부터 익숙하지 않은 말뜸(화두)이었다. 시국관련 강연을 주로 하셨던 백 선생님이 이런 특강을 하신다면 반응이 어떨까? 사람들의 반응은 대부분 '재미있겠는데?'라는 것이었다. 민주노총 대표자수련회 때문에 일자를 조정하고 투쟁사업장들의 눈치 보느라고 일정도 쉽지 않게 잡았는데 여러 가지 사건과 투쟁으로 날짜가 가까워지자 과연 사람들이 올까하는 걱정이 앞섰다. 특히 이번 특강은 할당에 의한 조직보다는 많은 사람들에게 이 특강의 취지와 안내를 알려 선생님의 강연을 듣고 싶은 분들이 오도록 추진하다 보니 사람들이 얼마나 올 지 가늠할 수가 없었다.

우려와 달리 시작 10분 전에 자리가 다 차고, 깔개를 깔고도 다 들어오지를 못했다. 백발의 노인부터 20대 초반의 학생까지 연령층도 다양했고, 부산과 대전에서 올라온 분들…. 연일 되는 투쟁에 힘들었을 텐데 바닥에 앉아 들었던 코스콤동지들…. 10월 말의 차가운 날씨였지만 흥사단 강당의 창문을 모두 열어야 했던 열기였다.

자본주의 문명이 우리가 사는 벗나래(세상)를 망가뜨리는 것은 물론이요. 사람과 사람 사이의 사랑까지도 병들게 하였음을 조목조목 설명해 주셨으며, 참사랑이 무엇인지? 예를 들어 설명해 주셨다. 제국주의의 수탈과 사생활도 자본주의의 개인소유로부터 출발하는 문제임을 일깨워 주셨으며 '나네'와 '버선발'의 사랑으로 강연을 마무리 하셨다. 결국 남녀간의 은밀한 사랑까지도 병들게 한 자본주의 체제의 극복과 파괴 없이는 희망을 없음을 분명하게 말씀해 주셨다.

장소가 워낙 좁은 탓도 있었지만, 최근 볼 수 없었던 열기가 가득했던 특강이었다. 100여분이 넘게 뒤풀이에 함께 하셔서 연구소 재정에 영향을 끼쳤지만, 돈 때문에 함께 한 동지들과의 한잔을 무서워 할 통일문제연구소가 아니기에 늦은 시간까지 뒤풀이가 진행되었다. 전체가 함께 이야기할 기회가 없었던 아쉬움은 있었지만, 모두가 즐거운 시간이었다.

안녕하세요.

'사랑이란 무엇인가' 라는 제목으로 백기완 선생의 예술특강이 아래와 같이 열리기에 알려드립니다.

왜 그런 제목으로 말을 하려고 하느냐. 쫄이타는(급한) 문제도 많은데 제목부터가 시시콜콜하고 통속적이라고 하실지 모릅니다만 저희들은 그렇게 생각하질 않습니다.

현대문명, 다시 말해 자본주의 문명은 사람의 사람됨뿐만 아니라 우리 사람들이 살고 있는 벗나래(세상)와 함께 이 땅별(지구)까지 쌔코라뜨리고(망가뜨리고) 있어 걱정입니다만, 그 문명의 잘못은 요즈음 보시는 바와 같이 땅불쑥하니(특히) 참된 사랑을 일그러뜨리는 탈끼(증상)로 드러나고 있습니다. 이 때문에 사람과 사람 사이가 야릇해지고 애들에게는 가르침이 안 되고, 나아가 사람의 사랑이 곧 거짓과 등빼기(배신), 심지어는 사람의 역사, 그 나아감까지를 곤두박질시키고 있는 기막힌 상황입니다.

그렇습니다. 이때야말로 사랑이란 무엇이냐? 어떤 것을 참사랑이라고 할 수가 있는가. 그런 문제들을 입때껏 백기완 선생님이 겪은바 대로 이야기를 듣는 늘참(시간)을 갖고자 합니다.
우리 모여서 귀를 열어봅시다.

썅이로구(도대체) 무슨 이야기가 터져 나오려는지,
비록 좁은 마당일망정 오순도순 모여서 다함께 참사랑을 더듬어 보았으면 합니다.

□ 제목 : 사랑이란 무엇인가?
□ 때 : 2007년 10월 24일 (수) 저녁 7시30분
□ 곳 : (대학로)흥사단 2층 강당
□ 주최 : 통일문제연구소 민중예술분과위원회
□ 문의전화 : 02-762-0017

통일문제연구소 민중예술분과위원회

과거로부터 미래를 보는 철도노조

이승원(노동자역사 한내 사무처장)

1987년 8월, 내가 일하던 사업장에 노동조합이 처음 만들어졌을 때 철도노조 본조와 우리 노조와는 직선거리로 200미터 정도였다. 옛날이야기지만 그 당시 철도노조는 한전, 체신노조와 함께 한국노총을 대표하는 어용노조로 군림하고 있었다. 맞은편에 있는 태평양화학 본사에 노동자들이 점거 투쟁을 하고 주변 노동조합이 파업을 해도 철도노조는 아무런 반응도 없었다. 1996·1997노동법개정 총파업투쟁 때에도 조합원들과 종묘공원에 가는 지하철을 타기 위해 걸어가며 바라본 철도노조의 모습은 별로 존재감이 느껴지지 않았다. 오히려 종로3가역에서 "집회에 온 노동자들은 여기서 내리라"는 안내방송과 함께 게이트를 열어 무임승차를 도와준 서울지하철노조와 그 조합원에게 더 큰 감동을 받았던 것 같다. 그때는 어용들의 행태와 민주파들에 대한 탄압, 1988년 기관사파업, 1994년 전지협 파업 그리고 역사속의 이야기들만 알고 있었지, 철도 내부의 세세한 이야기는 알 수 없던 시절이었다. 개인적으로 몇몇 철도 동지들을 알았을 뿐 주체들의 투쟁만 바라볼 뿐이었다.

그러나 1999년 3월 통합공공연맹이 출범하며, '철도노조민주화추진위원회'가 한 조직이 되었다. 민주노조를 열망하는 활동가들의 의지와 신념, 헌신성은 어느 조직과도 비교할 수 없는 것이었다. 어용과 권력의 탄압으로 해고되고 생계가 어려워 트럭 운전을 하고, 세차를 하며 투쟁했던 동지들…. 어떤 탄압 속에서도 서울역 광장에서, 전국의 철도역에서, 현장에서 투쟁의 깃발을 놓지 않았던 동지들… 지금은 민주노조의 곳곳에서 투쟁하며 살아가고 있을 것이다. 힘든 시기였지만 굴하지 않는 투쟁가운데 민주노조 쟁취는 삼중간선제를 폐지하고 직선제 쟁취로 구체화되었다.

어용노조의 몰락이 가시화되던 시기, 나는 소속노조인 데이콤이 LG그룹에 매각(김대중의 빅딜정책)되어 2000년 8월 연맹을 떠나 단위노조로 갔다. 그리고 LG그룹을 상대로 한 80일 파업과 구조조정에 맞선 1년여 투쟁을 벌이게 된다. 아무 정신없이 소속 사업장 투쟁에 묻혀 지내는 사이 철도노조가 민주화 되고 철도·가스·발전 3개 노조의 사유화저지총파업 투쟁이 전개되었다. 발전노조만 남아 투쟁하였고 노동계에 합의서 파문까지 일으켰던 씁쓸한 기억이지만 이후 철도노조는 민주노조의 중심으로 자리매김했다.

2003년 내가 연맹 위원장에 당선되었을 때 첫 번째로 철도노조의 민주노총 가입 문제가 등장했다. '총연맹에 직가입 할 것인가? 공공연맹으로 가입 할 것인가?'의 문제로 쉽지 않은 것이었다. 철도노조는 전평 시절에도 16개 산별 중 하나로 있었고, 한국노총에서도 직가입하였던 역사적 경험을 가지고 있다. 거기에 의무금 등 얽혀있는 문제들을 풀기가 쉽지 않았다. 민주노조를 세운 의지와 지혜로 이런 문제들을 슬기롭게 풀고 공공연맹에 가입함으로써 철도를 중심으로 서울지하철, 부산지하철, 대구지하철 등 전국의 궤도가 공공연맹으로 모두 모이게 되었다. 철도노조는 공공 부문의 중심사업장으로 우뚝 섰다. 민주노총 소속으로 안착한 철도노조는 2003년 4·19투쟁으로 단체협약을 이뤄내고 민영화는 일단 유보하는 성과도 이뤘으나, 정권의 합의서 불이행으로 두 달 후 총파업에 돌입하여 불법적인 공권력에 의한 폭력으로 침탈당한다. 이후에도 해고자들의 투쟁과 KTX 여승무원 투쟁, 새마을 승무 외주화 저지 투쟁 등 철도노조 이름에 걸맞는 투쟁들이 전개되었다.

철도노조의 역사에 대한 글을 부탁 받으며 개인적인 기억들을 나열해 보았다. 철도 동지들에게 하고 싶은 말은 두 가지이다.

하나는 철도노조 안에 갇혀 있지 말자는 것이다. 철도노조가 이 사회와 노동자계급에서 차지하는 비중이 크다 보니 기대감도 크고 사업장을 초월하는 전체 노동자를 위한 일에도 앞장서 줄 것을 요구한다. 민주노총과 공공운수노조준비위의 대표도 철도 동지들이 맡고 있으니 더더욱 기대가 클 것이다. 철도 조합원들에게 이런 부담은 불만일 수 있다. 철도가 얼마나 중요하며 내부 조직을 위해 할 일이 얼마나 많은가? 철도가 국민의 발이 되어 편익을 제공하기 위해서도 철도노조 문제에 모두 함께 해주기를 바랄 수 있다. 그러나 갇혀 있지 말자. 1988

년, 1994년 투쟁을 통해 철도 노동자가 민주화 투쟁을 하고 있음을 알리고 전체 노동의 문제에 앞장서며 어깨를 나란히 했던 동지들이 있었음을 잊지 말자. 함께 가는 것이 노동이고 그래야만 이길 수 있다는 것이 역사적 교훈이다. 그 속에서 어용노조를 민주노조로 바꾸었다. 정권의 사유화 책동과 구조조정, 끝없는 노동강도의 강화로 지치고 힘들지만 조금만 더 힘을 내 주변을 돌아보자.

둘째 철도노동자의 역사성을 잊지 말자. 철도는 일본 제국주의가 이 땅을 침탈하고 수탈하는 도구로 전국 방방골골에 확장되었다. 그래서 1905년에는 일제에 대한 투쟁으로 철도 파괴 투쟁이 전개되기도 하였다. 바로 현장의 노동자들의 투쟁은 일제로부터 우리의 철도를 지키기 위한 투쟁이었고 3·1운동에도 철도노동자 차금봉이 중심이 되어 앞장서 투쟁하였다. 해방 이후 전평 산하의 철도노조는 조합원뿐 아니라 전체 인민의 쌀 배급을 위해 투쟁했다. 지금의 철도노조에 세워진 민주노조는 단지 10년의 역사가 아니다. 이 나라 노동의 역사와 함께하는 철도노동자들의 투쟁과 역사적 숨결이 녹아 있는 것이다. 이를 간과하지 않았으면 좋겠다.

철도노조 간부들과 조합원들의 건강성에 대해서는 믿어 의심치 않는다. 다만 손해라는 생각보다는 좀 더 전체 노동자와 운동에 대해 고민하고 앞장서는 조직이 되었으면 하는 바람이다.

철도노조가 민주노조 10년의 역사를 정리한다는 이야기를 듣고 너무 기뻤다. 역시 철도노조구나 하고 벅찬 가슴으로 기획(안)을 보았다. 기록하고 기념하는 것! 현재의 투쟁보다는 못하겠지만 간과해서는 안 된다. 대부분의 국민들이 1987년 6월 항쟁은 기억하지만 7·8·9 노동자대투쟁은 기억하지 못한다. 그 당시 정권과 자본이 벌벌 떨던 그 투쟁의 기억들을 저들은 말살하고 우리 또한 현재의 투쟁과 사업 속에 방치하고 없애버리기 때문이다. 1996~1997 노동법개악 날치기에 맞섰던 총파업투쟁 주체들이 기념이라도 했다면 노동을 무시하는 자본과 권력의 폭력이 이렇게 난무할 수 있을 것인가? 기록하고 기억하지 못하는 역사는 반복하는 것이다. 최근 10년 뿐 아니라 철도노조의 전체 역사를 재조명하고 미래의 방향으로 삼는 철도노조가 되길 바란다. 어용의 역사도 잊지 말아야 한다. 그 당시 어떠한 일이 벌어졌고 어용이 어떻게 조합원들과 민중들에게 고통을 주었는지를 분명히 구체적으로 밝혀야 철도노조의 앞날에 어용노조는 존재하지 않을 것이다.

부담스럽고 듣기 좋지 않은 이야기를 했지만 철도노조는 누가 뭐래도 민주노조의 전통을 만들어가는 소중한 조직이며 건강한 노동자들이다. 이제까지의 10년을 거울삼아 승리하는 10년을 만들어가는 동지들이 되기를 진심으로 바란다.

기록한다는 것, 미래를 위한 작업

돌아보지 않았던 과거의 사건들이 다시 떠오른다.

99년 3월 13일, 통합공공연맹인 '전국공공운수사회서비스노동조합연맹'의 창립에 우리들의 바람과 목표는 있었지만, 이 사회발전에 어떤 영향과 성과를 낼지 어느 누구도 정확히 예측할 수 없었다. 긴 이름만큼이나 복잡한 과정과 논의 과정을 거쳤던 조직 건설… . 창립 직후 서울지하철을 필두로 정권의 구조조정에 맞선 투쟁들… . 감당하기 힘들었던 현장의 투쟁과 이어진 조직발전 논의들…. 지난한 과정이었고, 굴곡의 연속이었다. 공공부문의 정의를 자본의 관계에서 노동의 관계로 전환시키고, 공공서비스로의 연대 확장 과정이었다.

조직이 해산되고 5년 만에 연표집과 자료집이 나왔다.

이러한 작업을 해 본 사람이라면 이 작업이 얼마나 고통스런 작업인지 알 것이다. 기록을 남기기 위해 고생한 동지께 감사드린다. 기록되지 않는 역사는 결국 사장될 것이며, 기억에 따라 왜곡되기 쉽다. 이렇게 가장 기초적인 연표와 자료들이 묶여 나온다는 것은 공식적인 기록들이 정리된다는 의미이다.

그러나 공식적인 기록만으로는 역사의 진실과 속사정을 알기 어렵다는 것이 이러한 자료집을 볼 때마다 드는 아쉬움이다. 이제 이 기록들을 바탕으로 역사를 정리해야 한다. '기억하지 못하는 역사는 반복한다.'는 말이 있다. 조직을 건설할 때, 투쟁할 때? 우리는 왜 똑같은 시행착오를 반복할까? 과거를 잊기 때문이다. 아니 기억할 자료가 없기 때문이다. 그래서 기록하는 일은 과거가 아니라 미래를 위한 작업이 되어야 한다. 서고 속의 장식용이 아니라 살아 미래의 길을 비춰주는 기록으로 활용되길 바란다.

통신사업의 구조조정 과정과 현재의 모습

1. 한국의 초기 통신사업

- 한국의 통신사업은 우편과 함께 전신·전화를 주력으로 한 전화의 보급이 중심 사업이었으며, 전기·전매·철도사업 등과 같이 국가가 운영하는 사업이었다.
- 70년대 말을 기점으로 제3의 물결이 예견되기 시작하였고, 81년에 개인용 컴퓨터가 생산되고, 유·무선 통신기술의 발전이 점차 가속도를 내기 시작하였다.
- 그 당시 정보통신사업의 주도권 경쟁은 정부 부처인 과기처, 체신부, 상공부 간에 치열하게 전개되었고, 정부는 전기통신공사를 1982년 1월 1일 공사형태로 출범시키고, 1982년 3월 데이터통신 전문업체로 한국데이타통신(주)를 전기통신공사의 자회사로 창립하였다. 무선통신분야는 1961년 8월, 80명의 이용자에게 민간용이동전화를 서비스한 이래 기술발전 추세에 따라 차량전화 및 무선호출을 전담할 한국이동통신(주)를 1984년 3월 29일 전기통신공사의 자회사로 설립하였다.
- 그래서 한국의 1980년대 통신사업은 음성통신분야 전기통신공사, 데이터통신분야 한국데이타통신(주)[데이콤의 전신], 무선통신분야 한국이동통신(주)[SK텔레콤의 전신]로 분야별 독점으로 출발하게 되었다.
- 정보통신사업은 분야별 독점영역에 대한 서비스 보급 및 가입자 확대로 비약적인 발전을 거듭하게 되고, 수익성도 점차 확장되었다. 물론 기술의 발전도 컴퓨터의 성능 확장 및 통신속도 증가(56K/64Kbps → T1급 1.544Mbps)로 통신서비스의 시장은 나날이 확대되었다.
- 그 당시만 해도 통신사업은 공익사업으로 추진되었고, 국민복리 증진에 기여하고자 하는 사업 목적을 가지고 국가의 기간산업으로 자리 잡고 있었다. 그래서 독점영역이 보장되었고 지배적 사업자는 정부의 규제를 받고 요금 조정도 정부의 승인이 나야 가능한 구조였다. 정부는 사업자에게 보편적 서비스의

의무(원가에 관계없이 전 국민에게 동일한 조건으로 서비스 제공)와 수익규제(투자보수율 등) 정책을 통한 서비스요금 안정화 등 대국민 편익 증진을 도모하였다.

- 민간이 사업에 참여하고 싶었으나 기간통신 사업자의 영역은 설비산업으로 막대한 자금이 소요되어 응용분야(이메일, 경비업체 등)에 집중되거나 회선 분할을 통한 차익을 사업화 하는 것에 그쳤다.
- 자가통신망을 소유한 업체들(한전, 철도청, 도로공사, 국방부 등 6개 정도)도 국가기간통신망통합정책에 따라 설비 대여는 하지만 서비스는 제한되었다.

2. 통신사업의 구조조정

1) 1차 통신시장 구조조정

- 한미통신회담으로 한국통신시장의 개방 압력이 증대하자 정부는 1990년 7월 13일 제1차 통신시장구조조정 방침을 발표한다. 방침임은 '선 국내경쟁 도입 후 개방'이었다.
- 1990년 9월 데이콤이 국제전화서비스의 개시로 경쟁을 도입하고 점차 시외전화로 확대한다는 것이었으며, 1992년 상반기에 이동통신사업을 다수의 사업자 경쟁체제로 전환한다는 것이었다.
- 1991년 12월 국제전화서비스를 데이콤이 시작함으로써 경쟁체제에 돌입하였고, 1992년 무선호출시장에 지역사업자들이 지역별로 선정되어 참여하게 되었다.

2) 2차 통신사업 구조조정(1994. 6. 30)

- 유무선의 구분 폐지, 일반 및 특정 사업자의 단일화, 지속적인 경쟁체제 도입 등을 골자로 진행.
- 1994년 제2셀룰러 사업자인 신세기통신 설립. 1996년 데이콤 시외전화서비스 개시.
- 1996년 PCS사업자로 KTF, 한솔PCS, LGT이 선정됨.

※ 제2이동통신사업자 선정 과정에서 재벌기업들의 지나친 참여 경쟁으로 정치

적인 문제가 발생하자 이건희 회장의 사저인 승정원에서 이동통신사업에 참여하고 있던 기업들의 회동이 있어, 포철이 적극 참여하고 동양은 데이콤 인수 의사를 밝히는 등 재벌들이 한국의 통신사업을 난도질하는 일이 발생하여 사회적인 문제가 됨.(정경유착의 사례로 보도됨)

※ 2차 사업구조조정 까지도 통신사업은 공정경쟁을 위해 설비(단말기 제조업체)업체의 통신서비스 지분 참여를 제한하여 사업의 수직적 결합을 배제하고 있었으며, 주요 재벌사가 통신기기 제조에 모두 참여하고 있었기에 통신사업에 지분 참여는 가능했지만 주도적 사업자로서의 경영은 불가하였다.

3) 통신시장의 변화

- 2차에 걸친 사업구조조정을 통해 한국 사회 통신사업자는 난립하는 상황에 이르렀다. 유선 사업자만 KT, 데이콤, 하나로, 온세 등이 이동통신 사업은 이동통신(선경그룹이 인수), 신세기, KTF, LGT, 한솔 등이 있었으며, 약 30여 개의 사업자들이 난립하는 상황에 이르렀다.
- 신규 사업자의 선정은 정권의 재계의 이권과 맞물려 나눠먹기식이 될 수밖에 없었고, 결국 PCS 사업자들은 과당 경쟁과 적자구조에 빠지는 상황에 직면하게 된다. PCS 사업자들의 과도한(매출액보다 많은) 단말기 보조금은 가입자 증가와 매출 증가에도 적자가 날 수 밖에 없는 상황을 만들었다.
- 또한 기술의 발전과 사업자의 양산은 중복·과다투자를 불러와 설비 중심이었던 통신서비스가 인력에 대한 구조조정과 인건비 축소가 경쟁에서 살아남는 방식으로 경영체제가 재편되었다.

3. 시장경제하에서의 구조조정

1) 사업자간 구조조정

- 2000년대에 돌입하며 통신사업자들은 자체 생존이 불가하고, IMF 이후 한국 자본들의 이윤율 하락에 정부가 통신설비업체의 통신서비스 진입규제를 풀어주는 가운데 자발적인 M&A가 진행되었다.

- 선경그룹에 인수된 이통동신은 SKT로 되어 신세기이동통신을 인수하였고, KT는 한솔PCS를 인수하고 무선업체인 자회사 KTF와 합병하게 된다. 또한 SKT은 유선 사업자인 하나로텔레콤을 인수하고 LG그룹은 데이콤을 인수하기에 이른다. 데이콤에는 한전의 통신망을 운영하던 인력이 중심이었던 파워콤도 자회사로 있어 자연적으로 LG에 편입하게 된다.

2) 여타 사업자들의 정리

- 한때 지역 사업자로 수익력 부분에서 굉장히 알짜였던 무선호출서비스(012)는 무선전화의 발전으로 사양산업화 되면서 시장에서 퇴출되게 되었고, 시티폰의 실패 등으로 자연스럽게 퇴출된 기업들도 상당수 되었다.

3) 사업환경의 변화

- 개인·가정 대상의 인터넷서비스는 시장 환경의 변화를 초래하였다. 케이블TV업체와 통신업체간의 구분이 모호해진 것이며, IPTV 분야 등 완전한 경쟁체제로 돌입한 것이다. 이는 방송과 통신의 통합으로 나타나고 있다.
- 거대 통신 사업자와 지역케이블 사업자 간의 경쟁은 일정 부분에 있어서는 지역 사업자가 원가 구조에서 더 유리한 면이 있었다. 이에 대한 대응체제가 무리한 구조조정으로 나타난다.

4. 통신사업자들의 구조조정

1) 통신사업자들의 구조조정

- 인수합병을 통한 중복인력의 발생과 중복투자 및 기술발전에 따른 인력구조조정 필요성이 대두하였다. 정부의 무분별한 사업자의 양산과 재벌의 이윤율 확대를 위한 정책들이 문제를 발생하였지만 결국 노동자들의 구조조정으로 귀결되었다.
- 이로 인해 2000년 초 KT, 데이콤, 한통계약직의 파업투쟁이 있었고 통신사업에 비정규직들이 양산되는 계기가 되었다.
- 사업주들은 정규인력의 구조조정 일환으로 대리점, 지정점, 협력업체 등의 이

름으로 희망퇴직(또는 강제퇴직 프로그램)하는 직원에게 인력파견업 또는 현장업무의 일부를 떼어주거나 하도급 업체로 이직하게 하는 방식을 주로 채택하였다.

- 이렇게 구조조정 되어서 나간 사람들의 수익은 하도급 업체 직원들의 인건비 착취에서 발생한다. 또한 도급을 받은 사람들이 이 분야 전문가가 아니며 단지 사업(지역 독점)만 갖고 있는 경우가 많아 재하도급이 이루어지는 것이 다반사이며, 온전한 기업이 운영되기 어려우므로 대부분 건당 도급제로 운영하는 형편이다.

2) 통신사업의 문제점

- 이러한 중층적 하도급 체제의 업무는 개통, 장애처리, A/S, 창구영업 등이다. 그러나 장애처리 등은 도급 업체의 직원들이 처리하지만 개통은 건당 도급제로 운영하는 경우가 일반적이다.
- 특히 도급제는 가정통신서비스가 대부분이다. 사실 통신서비스의 특성상 도급제는 말도 되지 않는다. 개통이든 장애처리든 망과 연계해서 처리되어야 하기에 결국 망의 통제를 받아야 하는 것이고, 현장과 밀접한 관계가 있어야 한다.
- 기업통신서비스는 수익 뿐 아니라 장애발생시 문제 등 여러 가지 이유로 도급제는 별로 도입되지 않고 있다. 가정통신서비스(인터넷 등)에 집중된 도급제는 서비스의 질적 저하 및 노동력의 착취가 발생하고 있는 것이다. 지역케이블 업체와의 경쟁에서 원가를 더 낮추려는 것이다.
- 이제 3개 거대 사업자(KT, SK, LG)로 집중화된 통신사업은 막대한 이익을 창출하고 있다. 그러나 이는 불법적인 단말기 보조금으로 인한 수요의 창출, 지나치게 높은 통신요금, 현장 노동자들의 중층적인 도급제에 의한 착취에 기반하고 있다.

5. 착취 구조 개선을 위한 제언

- 한국의 통신사업자는 이제 빅3으로 정리되고 있다. 그러나 향후 무선기술 의

발전과 방송과 통신의 융합 등으로 이후 어떻게 진행될 지는 미지수이다. 이 와중에 KT는 대대적인 인력조정을 실행하고 있다. 한국 경제에 미칠 파장은 만만치 않을 것이다. 본체의 인력 구조조정이 진행되면 필연적으로 따라오는 것이 비정규직의 확대와 노동조건 저하이다.

- 이후 통신사업은 무선 통신 중심으로 발전하게 될 것이다. 그러면 현재의 유선통신의 비정규직 문제는 사회적인 문제로 확대될 것이다. 근본적인 개선이 필요하다.
- 통신선로의 공급을 통신사업자별 가입자선로 제공이 아니라 사업자와 가정간에 선로(가입자 선로)만을 제공하는 지역독점 사업자를 지정하는 방식을 제안한다. 향후 가입자선로 자체도 무선화 될 경우 소형 기지국을 설치·제공하는 역할을 담당하면 될 것이다.
- 통신 사업자는 백본망만 갖고 서비스를 제공하고, 지역 사업자는 통신 사업자와 고객(가입자) 간의 선로를 제공하여 설비의 중복투자도 최소화하고 그들의 권익도 보호하는 장치를 마련하는 것이 어떨지?

『변혁정치』(12호, 2015년 11월, 사회변혁노동자당)

1930년대 혁명가가 꿈꾸었던 사회

이승원(노동자역사 한내 사무처장)

1. 사회적 생산력이 고도화되어 극히 적은 양의 사회적 노동으로 생산된 풍부한 생산물을 각자의 희망에 따라 사회적으로 소비하게 된다. 이러한 생산노동은 예술화되어 피로를 느끼지 않게 된다. 그곳에서는 착취도, 공장주도, 착취를 위한 사유재산도 없기 때문에 모든 사회구성원은 높은 수준의 물질생활을 평등하고 자유롭게 영위한다.

2. 사회적 생산이나 높은 수준의 사회적교육이 모든 구성원에게 실시되어 지배와 피지배, 억압과 피억압의 관계가 없어진다. 따라서 억압적 국가권력은 필연적으로 사멸되며 단지 그곳에는 사회구성원의 자유의지에 의한 필요한 정치적위원회가 있을 뿐이다. 그곳에는 억압도 법률도 징역도 없기 때문에 진정한 인간의 자유, 평등, 평화를 누리는 생활만이 계속된다.

3. 예술과 과학의 고도화로 미신과 종교가 소멸되어 버리고 모든 사회구성원은 보다 나은 생활을 위해 자연을 정복하기 위한 여러 가지 연구와 발명에 총동원 될 것이다. 이리하여 지금까지의 인간과 인간의 투쟁은 소멸하고 인간과 자연의 투쟁이 전개됨으로써 진실로 새로운 인간의 역사가 시작될 것이다. 그들은 피곤할 때에는 가장 고급스런 예술적 생활을 자유롭게 선택하여 행복하게 즐길 것이다.

4. 특히 사회구성원으로서의 남녀 사이에는 생산, 정치, 그리고 모든 연구발명과 그 밖의 문제에서도 차별이 없다. 따라서 그곳에서는 단지 성적대립자로서만 존재하게 된다. 모두 확고한 개성이 사회화된 남녀이기 때문에 진정한 자유와 평등에 의해 물질, 정신, 예술 및 그 밖의 무든 생활의 통일과정으로서의 남녀의 연애가 끊이지 않는다. 진정한 일부일처제의 엄격함이 있다. 진실한 자유, 평화, 평등, 행복의 부부생활이 비로소 인류역사에 나타날 것이다.

위 글은 1937년 이재유가 감옥에서 자술서 형식으로 쓴 「조선에서의 공산주의 운동의 특수성과 그 발전의 능부」(신주백 편저, 『1930년대 민족해방운동론 연구 Ⅰ』, 새길, 1989, 74~75쪽)이다. 진정한 공산주의 사회 이미지를 그리고 있다. 80여 년이 지난 오늘을 보면 생산력은 고도화되고, 과학기술도 발전했지만 아직도 장시간 노동에 착취와 사유재산, 지배와 억압이 존재하는 사회이다. 생산력은 기반이 되었지만 자본의 이윤 극대화에 희생당하며 노동자·민중은 불행한 나날을 보내고 있다. 노동이 저항과 투쟁으로 생존의 발버둥을 치지만 한 치 앞도 전진하기는 쉽지 않은 상황이다. 조선의 독립과 공산주의 혁명을 위해 일생을 바친 이재유는 이미 그 시절 공산주의 사회가 되면 어떨 것이라는 구체적인 상을 제시하고 있다.

이재유는 1905년 함경남도 삼수에서 화전민 가정에서 출생하였다. 1944년 10월 26일 해방을 10개월 앞두고 옥사할 때 그의 나이 40이었다. 일제 하 서울 지역을 중심으로 한 혁명적 노동운동에서 신화적 존재로 평가받았던 이재유는 17살에 서울로 와서 40에 죽기까지 13년을 감옥에서 지냈고, 학업 시기를 빼면 활동 시기는 7~8년이 채 되지 않는다. 짧은 기간이었지만 공산주의 운동과 서울 지역을 중심으로 한 공장과 학교 등에서 대중적 노동 운동을 전개하여 일제로부터 원흉이라고 지목되기까지 하였다. 1934년에는 서대문경찰서를 탈주해 혁명적노동조합 조직과 조선공산당 재건을 위해 노력하였다. 1936년 12월 체포 이후에는 6년 형을 언도 받고 복역하였으나 옥중에서도 조선어 사용 금지 반대, 수감자의 대우 개선, 간수들에 대한 사상 고취 등의 운동을 전개해 공주 형무소로 이감되었다가 형기 만류 이후에도 전향을 하지 않았다는 이유로 석방되지 않았다.

죽을 때까지 자신의 사상적 순결을 지키며 감옥에서도 운동을 포기하지 않았던 이재유가 꿈꿨던 사회는 어찌 보면 유토피아일 수도 있다. 그러나 자신의 삶을 송두리째 바칠 만한 사회라면 그 정도는 되어야 하는 것 아닌가? 노동운동 활동가들에게 묻고 싶다. 자본과 정권의 공세 속에서 현실적인 문제에 허덕여 우리가 지향하는 미래를 잊은 것은 아닌지? 포기한 것은 아닌지? 일제 강점기 어려운 조건 속에서도 자신이 만들어가는 사회의 모습을 구체적으로 제시했던 이재유처럼 이제 노동운동도 새로운 사회에 대한 비젼을 대중들에게 제시해야 할 것이다.

『변혁정치』(17호, 2016년 2월, 사회변혁노동자당)

조선노동조합전국평의회(전평)의 결성

이승원(노동자역사 한내 사무처장)

일본의 패망으로 해방을 맞이하게 된 한반도는 건국준비위원회를 결성하여 해방 직후 과도기의 국내 질서를 자주적으로 유지하는 것 등을 목표로 활동하였다. 건준은 1945년 9월 6일 조선인민공화국 수립을 선언하였고 이에 따라 건국준비위원회 지방조직들은 인민위원회로 조직을 개편하였다. 인민위원회는 각 지역 실정에 맞게 조직을 갖추고 일본군 패잔병의 횡포를 막기 위한 치안과 행정 안정에 주력하였다. 하지만 조선인민공화국 수립 바로 다음 날 미 극동군사령부가 군정 실시 방침을 발표하였고, 미군정은 인민위원회를 공산주의 계열의 조직망으로 인식하고 이를 대체할 세력으로 과거 일제 식민지 시대 때 활동했던 군·경찰·관료들을 대거 등용하였다. 이는 새로운 국가 건설을 열망하던 민중에게 큰 혼란과 좌절을 맞게 하였다.

한편 노동자들은 자주적인 노동자 전국조직을 1945년 11월 초에 결성한다. 이렇게 빠른 시간에 건설이 가능했던 것은 일제 강점기 일제의 탄압 가운데서도 인적 토대를 확대 재생산하며 저항하였던 혁명적 운동가들의 노력이 있었기 때문이다.

8·15 직후부터 노동자들은 다양한 활동을 통해 자본과 국가의 계급정치에 대항하였다. 노동자들의 활동은 노동현장으로부터의 '탈출', 공장 관리 운동과 해산(퇴직금, 생활보장금) 수당 요구 운동, 노동조합의 조직과 활동(사업장 및 지역 수준)으로 나타난다. 그러나 이러한 계급정치 행위는 개별 공장이나 회사, 나아가 지역사회로 한정되는 한계를 나타냈다. 통일적인 전국단위 조직 건설에 대한 문제

의식을 느낀 노동운동가들이(주로 조공 소속의 노동운동가) 1945년 9월 중하순 간담회를 개최하여 전국적 통일지도기관을 만들어야 한다는 공감대를 형성하고 9월 26일 경인 지방을 중심으로 전평 결성을 위한 '전평 준비대표자회'를 개최하였다. 준비대표자회에는 금속·화학·교통·섬유·운수·철도 등의 9개 산업 부분 노동자 대표 51명이 참여하여 준비위원회를 결성하고, 전형위원 7인을 뽑아 준비위원을 선출하고 30일에 준비위원회를 개최하였다. 준비위원들의 역할은 결성대회에 제출되는 일반행동강령, 선언, 결정서, 규약 등의 초안 작성, 노동자운동의 일반 방침, 조직 방침, 공장관리 문제, 실업자 문제 등에 대한 토의문 작성, 노동조합 조직, 지방 정세, 노동자들의 생활상태 조사 등 이었다. 이러한 과정을 거쳐 1945년 10월 26일부터 11월 4일까지 20만여 명의 조직 노동자들을 대표한 대의원들이 서울로 올라와 16개 산업별노조와 1개의 합동노동조합(직업별 평의회)을 결성하고 11월 5~6일 서울 중앙극장에서 남북 40여 개 단체와 노동자 대표들, 515명의 대의원, 내빈이 참가한 가운데 조선노동조합전국평의회 결성대회를 개최한다. 전평은 16개 산업별 노조(금속·철도·교운·광산·토건·화학·통신·식료·전기·섬유·출판·일반봉급자·목재·어업·조선·해원항만)와 합동노조 1개, 215개 산업별 지부, 1,194개의 분회, 소속 조합원 21만 7천 73명으로 조직되었다. 전평은 결성된 지 1, 2개월 후 전국적으로 55만여 명의 조합원이 가입한 미군정기 최고의 노동조직이 되었다. 그 당시 전국의 노동자가 212만여 명으로 전평의 조직율은 최대 25%가 넘는 수준이었다.

전평은 노동자 자주관리 운동과 산업건설 운동을 제시하고 노동운동을 주도했다. 최저임금제 확립, 8시간 노동제 실시, 유급휴가제 실시, 완전고용제(해고와 실업을 절대 반대한다), 14세 미만의 유년 노동 금지, 단체계약권, 언론·출판·집회·결사·파업·시위의 자유, 노농동맹, 인민공화국 지향, 자주독립, 노동자계급의 국제적 연대 등을 내용으로 하는 일반행동강령을 채택하였다.

전평의 1945년 11월에서 1946년 3월까지의 운영자금을 보면 90%가 조합비와 조합의 의연금이고 8.6%가 부채였다. 전평은 자금 운영에 있어 자본과 국가로부터 자주적이었다. 조합 운영은 민주적인 의사결정을 통해 결정된 사항에 대한 집행을 위해 다시 조합원들에게 지시한다는 점에서 민주집중제적이며 상하향식이었다. 다만 지금과 다른 것은 총회와 대의원대회 의장이 별도로 있으며 [집행]

위원장은 집행만 책임진다는 점이다.

미군정에 대해서는 초기에는 미국이 우리의 우방이며, 2차 세계대전의 승리로 우리에게 해방을 가져다 준 연합국의 일원이었다는 점에서 우호적으로 협력하고자 했으나, 점차 미군정의 본질이 드러나자 치열하게 투쟁하였다. 1946년 '9월 총파업', 1947년 3월 22일 '24시간 총파업', 1948년 2월 7일 '구국총파업', 5월 8일 '단선단정 반대 총파업' 등을 주도했으며, 노동자·민중의 인간다운 삶을 위해 노력하였고, 미군정의 탄압과 이승만 정권의 단독정부 수립으로 공개적인 활동을 못하고 지하화하였다. 6·25전쟁 발발 직후인 1950년 7월 5일 전평은 복구된 서울시인민위원회에 '정당·사회단체 등록 신청서'를 제출하여 지상에 잠시 나타나기도 하였지만 다시 복구되지는 못하였다.

『변혁정치』(18호, 2016년 3월, 사회변혁노동자당)

1946년 9월 노동자총파업

이승원(노동자역사 한내 사무처장)

1945년 11월 5일 자주적으로 결성된 전국적인 노동자조직인 조선노동조합전국평의회(이하 전평)는 미군정을 상대하여 노동자들의 권익을 위해 투쟁하였다. 전평은 인천동방노동쟁의의 조정을 계기로 1946년 6월 13일 이후 노동자 대표단체로 위상과 역할을 미군정 노동국으로부터 인정받게 되었다. 이는 전평과 산하조직이 단체계약권과 단체교섭권을 가지게 되어 노동문제에 대해 군정청 노동국과 교섭을 할 수 있게 되었다는 의미였다. 따라서 전평도 미군정과 노동정책에 대해 협력하려고 하였다. 그러나 전평은 미군정 중앙노동조정위원회에 의한 인천동방 노동쟁의 조정 과정과 그 결과, 현장에서 산하 노조가 경험하는 현실을 통해 미군정 노동국에 의해 승인받은 단체대표권·단체계약권·단체교섭권은 실질적인 효력이 없음을 깨달았으며, 미군정의 노동정책(법령 97호)의 기만성과 허구성도 알게 되어 심한 배신감과 분노를 느끼게 되었다.

전평은 미군정 노동정책에 대해 협력에서 투쟁으로 점차 전환하게 되었다. 철도노조는 미군정과 식량배급과 임금인상 문제, 해고 감원 반대 투쟁을 전개하며, 지난한 교섭의 과정을 거쳤으나 별 성과가 없자, 1946년 9월 24일 09시부터 경성 철도공장이 전면적인 파업에 돌입하였다. 25일 '남조선 철도 종업원 대우개선 투쟁위원회'는 파업에 관한 일체의 권한을 전평 지도부에 위임한다.

전평 지도부는 총파업을 남조선 출판, 교통, 체신, 식품, 전평 등 전평에 속해 있던 전체 산업 부분으로 확대.발전시킨다. 26일에는 '남조선총파업투쟁위원회' 명의로 [총파업 선언서]를 발표하여 노동자와 민중에게 생존을 위해 궐기하자고 호소한다. 호소문은 민중의 쌀 부족과 물가폭등, 해고와 노동조건 열악화로 격증하는 생활고에 대해 성토하고 민주적 인사에 대한 탄압사례를 폭로하고 있으며 노동자, 민중의 인내가 한계에 도달했으며 이에 단호히 싸움을 택하였음을 알리고 다음과 같은 요구를 첨부하였다.

1. 쌀을 달라. 노동자와 사무원, 모든 시민에게 3홉 이상 배급하라.
1. 물가등귀에 따라 임금을 인상하라.
1. 전재민과 실업자에게 일과 집과 쌀을 달라.
1. 공장폐쇄, 해고 절대 반대
1. 노동운동의 절대 자유
1. 일체 반동 테러 배격
1. 북조선과 같은 민주주의적 노동법령을 즉시 실시하라.
1. 민주주의운동 지도자에 대한 지명수배와 체포령을 즉시 철회하라.
1. 검거, 투옥 중인 민주주의 운동자를 즉시 석방하라.
1. 언론, 출판, 집회, 결사, 시위 파업의 자유를 보장하라.
1. 학원의 자유를 무시하는 국립대학교안을 즉시 철회하라.
1. 해방일보, 인민보, 현대일보, 기타 정간 중인 신문을 즉시 복간시키고 그 사원을 석방하라.

전평의 통계에 의하면 최대 472건의 파업에 17만 3천 404명이 참여하였다. 그 당시 전평 산하에는 남조선만 735개 분회, 31만 5천 100명의 조합원이 있었다. 전체 분회의 64%, 조합원의 약 55%가 참여한 총파업이었다. 노동자들의 폭발적인 총파업 투쟁을 9월 30일 김두한이 이끄는 우익단체와 경찰이 합동으로 무력 진압하였다. 사망자 3명, 중상자 수백 명, 1,700명이 검거되면서 총파업 기세는 한 풀 꺾였고, 10월 중순 대부분 마무리 되었다. 비록 탄압으로 총파업은 무너졌지만, 전국으로 퍼진 노동자들의 파업투쟁은 식량난에 시달리는 농민들과 결합하면서 10월 인민항쟁으로 이어졌다.

『질라라비』(154호, 2016년 6월, 전국불안정노동철폐연대)

함께 되살리는 노동자 민중의 역사

이승원(노동자역사 한내 사무처장)

역사 바로 세우기 일을 시작하게 된 계기

작년 한 해는 책 만드는 데 온힘을 쏟았다. 120년의 노동자역사를 사진과 함께 기술한 『알기』를 출판했다. 134건의 사건을 정리하면서 많이 참조한 책이 『전노협 백서』(전13권)였다. 전노협의 이야기를 넘어 1987년부터 1995년까지 한국사회 노동운동의 역사를 기술한 책이다. 처음 『전노협 백서』가 나왔을 때 그 방대함과 섬세한 기술에 놀랐지만 책장에 꽂아두기만 했지 솔직히 정독은 엄두를 내지 못했다. 참고용이자 진열용이었다. 그러나 최근 『알기』를 만들며 들춰보며 소중한 역사 기록임을 새삼 느꼈다.

내가 일하고 있는 노동자역사 한내 이야기를 하면서 『전노협 백서』 이야기를 꺼내는 것은 『전노협 백서』와 그 자료들이 한내의 근간이기 때문이다. 노동자역사 한내는 노동운동역사자료실에서 출발한다. 전노협 백서 발간팀장을 맡았던 김종배 동지가 1999년 8월 공공연맹 교육국장으로 교육 출장 중 순직하였다. 그의 유업을 이어 성수동에 노동운동역사자료실을 열고 정경원 동지가 상근하면서 『전노협 백서』 개정판 출판과 노동운동 자료 수집 분류, 역사 연구를 시작하였다. 그러나 역사 자료를 모으는 일 자체가 밑빠진 독에 물붓기였다. 감당할 수 없는 재정난에 시달렸다. 역사 문제가 중요함을 모르는 것은 아니나 일상에 쫓기는 활동가들에게 역사 문제는 후순위로 밀렸다. 결국 사무실 운영을 중단하고 투쟁백서 편찬 등의 일로 명맥을 유지하였다.

돌아보면 나 자신도 말로만 역사의 필요성을 이야기했지 실천하지 못한 사람 중 하나였다. 2004년 공공연맹 위원장을 그만두고 복직 투쟁을 하는 가운데 노동자교육센터 근현대사 강좌에서 만난 동지들과 후속 학습 모임을 하게 되었다. 안태정 선생님, 철도노조 김병구·황선용, 재능지부 유명자, 정경원 동지와 2년간 공부했다. 긴 시간이었지만 빙산의 일각을 본 것 같아 갈증이 생겼다. 더 크게 역사를 보고 싶었고, 나의 20년 활동을 돌아보고 싶기도 했다. 2004년 원직복직을 위한 2,000km 도보 투쟁을 하면서 내 인생과 운동에 대해 많은 고민을 했다. 반복되는 오류 속에서 운동은 앞으로 나아가기보다는 제자리걸음을 걷고 진정한 노동자 정신을 잃어버리는 현실을 보았다. 나에게 필요한 것은 절망보다는 미래를 위한 준비였다. 그 무기는 지배자의 역사가 아닌 노동자의 역사를 되찾는 것이며 올바른 역사를 정립하는 것이라고 생각했다. 그리고 역사를 과거의 문제가 아니라 미래의 열쇠로 만드는 것은 역사적 실천이라는 것을 어렴풋이 깨닫게 되었다.

생각해 보면 예전에는 역사 공부를 많이 했다. 역사책을 읽고 세미나도 했지만, 소설과 만화로도 접했다. 역사 공부는 내게 세상을 보는 눈을 만들어줬다. 물고기를 잡는 법, 지더라도 이기는 법을 알려준 것이다. 요즘은 그런 공부가 부족한 것 같다. 조합원, 간부 교육에서도 실무, 법 관련 교육에 밀리고, 역사 교육을 한다고 해도 사건을 확인하고 지나가는 정도다. 나의 실천은 여기서 시작되었다. 역사를 노동자의 삶과 투쟁 속에서 되살릴 수는 없을까. 묵묵히 자료를 정리하며 한 자리를 지켜온 정경원 동지를 비롯해 함께 공부하던 동지들과 우리가 한번 해보자고 뭉쳤다. 그리고 김종배 추모사업회의 결의, 발기인 모집 등을 거쳐 노동자역사 한내를 2008년 8월에 창립하였다.

노동자가 풀어내는 자기 역사

한내는 역사 대중화를 목표로 만들어졌다. 노동운동역사자료실을 기반으로 노동자 역사를 쓰고, 교육·출판 등 다양한 방법으로 확산하는 것을 사업으로 잡았다. 창립 후 5년 동안은 조직사·투쟁사 쓰기와 자료 수집, 전산화를 중심으로 일했다. 기록은 역사를 재구성하는 바탕이기 때문이다. 2014년에는 노동운동역사자료관을 건립하여 자료 보존을 위한 안정적 공간을 확보했다. 이제 자료를 수집, 보존하는 것을 넘어 후세대와 공유할 수 있는 전시관 건립을 향해 나아가고 있다.

2016년부터는 노동자 자기 역사 쓰기를 본격적으로 추진하고 있다. 한내 창립 때부터 내걸었던 사업이었지만 올해 첫 번째 책을 내게 되었다. 전교조 건설과 활동에 평생을 바친 원영만 황선희 노동자 부부의 세상 건너는 법 『동행』이다. 주고받은 편지, 일기 등을 기반으로 삶과 투쟁, 운동관을 담담하게 정리하였다. 노동자 자기 역사 쓰기는 후배들에게는 활동의 지표가 되기도 하고 본인에게는 인생 그 자체이며, 역사적으로 중요한 의미를 갖는 작업이다. 역사의 주인은 우리 아닌가. 『알기』를 만들면서 사진에 실린 이들의 이름 하나하나가 역사에서 불리는 날을 상상해 보았다. 수만 명의 노동자가 역사를 써서 역사의 주인이 되는 날을 기대해 본다.

발로 걸으며 만나는 노동자 민중의 역사

한내는 회원 사업으로 역사기행을 한다. 제주 4.3항쟁 역사기행은 올해로 다섯 번째고 사북항쟁 기행은 작년에 처음 했다.

제주 기행은 제주위원회 동지들이 직접 준비하고 안내한다. 희생과 항쟁의 역사를 노동자의 시각에서 보여주기 위해 연구하고 유적지를 찾아 수시로 답사를 다닌 결과가 축적되었다. 올해는 작은 안내책도 만들었다. 몇 해 진행하면서 프로그램이 탄탄해졌다. 처음에는 학살과 희생에 촛점을 두니 학살터, 잃어버린 마을 중심의 기행이었고, 어떤 해는 항쟁 지도부의 흔적을 찾다보니 무덤가를 헤매고 다니기도 했다. 이런 과정들을 거쳐 기행 참가자에 따라 다양한 프로그램을 만들 수 있게 되었다. 올해는 심화 기행이었다. 정부 수립을 둘러싼 시기 정치세력 분포와 대립, 계급투쟁의 현장을 돌아보았다.

제주 4·3항쟁 기행을 처음 참여할 때는 놀라고 가슴 아파하게 된다. 조금 더 나아가 항쟁지도부의 삶과 죽음을 통해 현재의 나를 돌아보기도 한다. 이제 더 나아가 이름 없이 항쟁에 참여한 이들을 되살리는 것이 우리의 과제로 남아 있다.

제주에서 살아보기, 제주 여행이 그야말로 열풍이다. 이주자가 늘면서 땅값과 아파트 값이 치솟고 있다. 제주는 그야말로 '대중적인' 여행지다. 그런데 진짜 제주를 가깝게 맞는 방법은 제주민중의 역사를 공유하는 일이다. 그중에서도 제주 4.3항쟁의 역사를 모른다면 제주라는 공동체를 온전히 이해한다고 할 수 없다. 한내의 역사기행은 제주를 가깝게 만들 것이다.

사북항쟁 기행은 2015년 처음 진행했다. 박정희 정권의 몰락 후 찾아온 민주화 시기, 사북에서 터진 노동자 항쟁이 지역 전체 투쟁으로 번져 승리했지만 그 의미가 제대로 조명되지 못했다. 석탄 산업의 쇠락, 지역적 고립의 어려움을 딛고 사북항쟁이 노동자 투쟁사에 다시 자리매김 되기를 바라며 프로그램을 준비했다. 이 기행은 제주와 마찬가지로 강원도 동지들의 힘으로 진행되고 발전되도록 만들어갈 예정이다. 한내의 역사기행에서 중요한 점 하나는 주체가 형성되도록 하는 것에 있기 때문이다.

노동자역사를 우리 손으로 되살리기 위하여

노동자 민중의 역사가 서린 곳에 자꾸 찾아가서 시끌벅적하게 하는 일 자체가 역사를 되살리는 일이다. 지금은 제주에 가면 유적지 표시가 잘 되어 있지만 10여 년 전까지만 해도 유적지 어디에도 표시가 없었다. 물론 특별법 제정으로 유적지 발굴 사업이 진행된 것이 큰 이유지만, 잊지 않기 위해 찾아다닌 이들의 공이 있었기에 가능했다. 그리고 자신들의 역사를 바로 세우기 위해 희생 유족들이 투쟁했음을 기억해야 한다. 백조일손지지가 대표적이다. 예비검속으로 학살당한 희생자 유족의 일부가 미국에서 끊임없이 문제제기를 해왔다. 희생자 유골을 발굴해 묘를 만들고 비를 세웠다. 국가에 의해 자행된 학살임을 새겼다. 그 비석은 5·16 쿠데타 이후 우익들에 의해 파괴되었다. 파괴된 비석은 새 비석 옆에 그대로 보존되어 있다. 자신의 역사를 되살리려는 주체들의 노력이 없었다면 4·3항쟁은 역사에서 사라졌을 것이다. 역사를 기억하고 복원하는 일은 우리 스스로 해야 할 일이다.

역사기행 프로그램은 조합원 프로그램으로도 활용할 수 있다. 현대자동차노조의 전 조합원 교육 프로그램 중에는 반나절 역사기행이 있다. 교육위원들이 공부해서 울산의 문화유적지를 안내하는 신선한 프로그램이었다. 철도노조, 정보통신지부는 사업장이 있는 용산 역사기행을 기획해 볼 수 있지 않을까. 용산은 예로부터 군사 시설이 들어왔던 곳이고 일제강점기 식민 통치의 핵심 지역이었으며 해방 이후는 미군 주둔지였다. 철도는 식민지의 상징이었기에 노동자 민중의 저항이 끊이지 않았던 곳이고 해방 후 전평·철도노조와 이승만 정권의 격돌 지역이기도 하다. 지금은 신자유주의 도시 정책이 적나라하게 드러나는 곳이다. 조합원들과 함께 그 길을 걸어보자. 참여자들은 역사기행을 하면서 옛 이야기를 회상하거나 사실을 확인하는 데 그치지 않을 것이다. 당시 상황 판단의 근거, 오류 등을 돌아보며 현재의 사건을 비춰보게 될 것이다.

어린이날 연휴에 후배로부터 이런 전화를 받았다.

"한내는 왜 역사기행을 조합원 대상으로만 하는 거예요? 어린이날을 맞이하여 어린이 노동자역사 기행 한번 해달란 말이에요."

아직 할 일이 많다.

『변혁정치』(34호, 2016년 11월, 사회변혁노동자당)

박정희 정권 경제정책의 이면

이승원(노동자역사 한내 사무처장)

십수 년 전 우리나라 청소년들이 가장 존경하는 인물로 박정희를 꼽은 시절이 있었다. 이유는 독재는 했지만 경제성장을 이룬 치적이 있다는 것이었다. 과연 그럴까? 민주화를 외치던 인사들에 대한 탄압은 물론이고, 박정희 독재정권의 경제성장에는 노동자들의 일방적인 희생과 헌신, 젊은 군인들의 피의 대가, 고향을 버리고 열사의 나라에 가서 피땀 흘린 노동자들의 고귀한 노력이 녹아 있는 것이다. 이번 호에는 박정희 독재정권의 경제정책의 내용을 파악해 보고자 한다.

4·19혁명의 여운이 전 사회를 뒤흔들던 시기 1961년 5월 16일 박정희 등은 3000여 명의 군인을 동원하여 쿠데타를 감행한다. 쿠데타 성공이후 박정희는 군사혁명위원회를 결성하여 의장에 장도영을 앉히고 자신은 부의장이 되었다. 이어 6월 21일 진보적 정치인, 학생, 노조간부를 대대적으로 검거하고 '혁명재판소 및 혁명 검찰부 조직법'을 제정하여 각종 정당, 사회단체, 노동조합을 해산하고 신문, 잡지들을 폐간하였다. 군사혁명위원회는 곧바로 국가재건최고회의로 전환하고 7월 장도영 등은 반혁명죄로 구속하고, 친정체제를 구축한다. 62년 3월에는 정치활동정화법을 제정하여 4,374명의 정치활동을 금지하였다, 박정희 정권은 노동조합 해산 후 8월 31일 한국노총을 산별조직으로 재편하였고, 16개 산별노조 위원장을 정부가 임명하는 관제산별을 시행하여 노동자를 통제하는 노총조직을 만들었다.

정치적으로는 통제와 억압적인 조치를 했지만 통치 기조를 '국가안보'와 '경제개발'을 내세웠기에 경제개발이 문제였다. 경제개발계획은 자유당 정권의 경제3개년 계획을 수정하여 만든 장면 정권의 「경제개발 5개년 계획수립요강(61년 4월)」을 차용하여 자신의 경제개발계획인 것처럼 내세웠지만 실천적인 부분에 있어서는 대안이 없었다. 그래서 '농어촌고리채정리법',부정축재처리법, 국가재건국민운동에 관한 법 제정, 10대 1로의 화폐개혁 등을 실시했지만 경제시책이 성과 없음이 확인되었다. 경제개발에는 자금과 노동력이 필수인데 이에 대한 해결이 급선무였지만 박정희는 자신의 대통령이 되기 위한 자금을 모으는데 더 혈안이 되었다. 대통령이 되기 위해서는 정당의 결성이 중요했는데, 공화당 창당자금을 조달하기 위해 4대 의혹 사건(증시 파동, 워커힐 사건-공사대금 횡령, 파친코 사건, 새나라자동차 : 관심 있는 분들은 찾아보기 바란다.)에서 부정한 방법으로 정치자금을 조달하여 1963년 2월 공화당을 창당한다. 그리고 박정희는 국민과의 약속을 저버리고 대장으로 예편하여 정치인으로 변신한다. 1963년 12월 17일 제5대 대통령으로 취임한다. 대통령이 되는 과정에서도 선거 자금을 위해 3분(밀가루, 설탕, 시멘트) 폭리 사건을 벌여 정치자금을 걷어 들였으며, 이 중 소맥(밀가루) 수입(호주, 일본에서 21만 5천 톤)은 곡가를 안정시키고 농촌경제가 피폐화되어 농촌인력의 이농현상이 발생하여 도시에 값싼 노동력을 양산하는 효과도 볼 수 있었다.

박정희는 경제개발 자금 문제를 민족의 문제인 한일수교를 통해 해결하였다. 학생, 지식인들의 거센 반대에도 불구하고 박정희는 그들의 저항을 군대를 동원하여 억압하고 1965년 한일수교협정을 체결한다. 그 조건으로 유상차관 2억 불, 무상차관 : 3억 불, 상업차관 1억 불을 받는다. 역사는 반복한다고 했나? 최근 한일간 위안부 협상의 결과 양국간 협정문의 해석이 다르듯이 지금 대통령의 아버지때도 한국은 청구권에 의한 보상, 일본은 독립축하금이었다. 더 잘못된 것은 그 당시 피해 개인의 개별 청구권도 합의조건이었다는 것이다. 그 당시 6억 불은 엄청난 돈이었다. 국가가 일본으로부터 보상을 받았으면 당연히 피해자에게 나누어줘야 하는데 그 돈을 경제개발의 미명 아래 재벌을 키우는 특혜금융으로 활용하였고, 재벌들에게 정치자금을 수수하는 관계를 형성하였다.

이제 남은 것은 노동력이었다. 밀가루의 교훈을 되새겨 저곡가 정책과 이농정책을 실시하여 도시의 빈민을 형성하고 저임금의 노동력을 양산하였다. 또한 노동운동을 어용 한국노총을 내세워 통제하고 저임금과 장시간 노동을 마치 미덕인 것처럼 포장하여 도시새마을운동을 통해 근면을 강조하고 새마을 노래 보급 등을 통해 사상적으로 세뇌하는 작업을 진행하였다. 그러나 노동자들이 목숨 바쳐 일해도 특혜 금융으로 생산보다는 투기에 혈안이 된 자본가들이 다수인 구조에서 경제성장은 요원한 일이었고, 외부적 요인(오일 쇼크, 외채 금리 등)까지 겹쳐 한국 경제는 빚만 쌓여 갔다.

1963년부터 발생된 베트남 전쟁에 미국이 개입하자, 박정희는 1965년 파병을 결정한다. 한국 군대가 미국의 용병이 되어 피 흘리며, 달러를 벌어온 것이다. 물론 베트남에는 군인만 파견된 게 아니었다. 한국전쟁 당시 2차 세계대전 전범 일본이 경제적으로 다시 일어설 수 있었듯이 베트남 전쟁에 노동자들이 파견되어 달러를 벌어들였다,

이것만이 아니라 외화벌이는 독일에 간호사와 광부 송출을 시작으로 중동에 건설인력 등 인력 송출에 위한 외화벌이에 혈안이 되었다. 최근 북한의 외화벌이를 조소하며 비웃고 있지만 60~70년대 우리의 자화상인 것이다.

이제까지 박정희의 경제 정책을 살펴보았다. 국가 경제는 정당한 방법으로 발전시켜야 구성원들의 자부심과 함께 사회발전에도 기여하는 것이다. 졸부들이 사회적으로 큰 문제들을 야기하듯이 정치권력도 마찬가지다. 박근혜의 창조경제가 박근혜-최순실 게이트로 결말나듯이 박정희의 경제정책도 내용적인 측면에서 검토해 보아야 한다.

『변혁정치』(35호, 2016년 11월, 사회변혁노동자당)

박정희는 왜 죽었나?

이승원(노동자역사 한내 사무처장)

며칠 전 버스를 탔는데 앉아 계시던 두 분 할머니의 대화를 들으니 이런 이야기를 하셨다. "박그네가 최태민에 미쳐서 아버지 이야기를 안들었고, 최태민을 조사했던 김재규가 자신의 조사결과를 박정희가 안 믿자, 박정희를 죽였다고 하더군" 아마도 종편TV에서 들은 이야기 같은데, 그럴듯하지만 어처구니없는 이야기다. 박그네가 국정을 농단하고 전대미문의 사건을 저지르자 그녀의 아버지 박정희가 역사적으로 재조명되고 있는 것이다. 그 결과 소리소문 없이 진행되던 '박정희 탄생 100주년 기념사업'의 실체가 드러나고, 3,400억에 달하는 기념사업 예산, 광화문에 동상건립 등 그들의 야무진 꿈들이 백일하에 드러나고 있다. 박그네의 행태는 이미 저 세상 사람이 되어있는 박정희를 부관참시(剖棺斬屍)는 꼴이 되고 있다.

박정희의 죽음은 최태민과 같은 희대의 사기꾼 때문이 아니라 18년간 독재정권에 억압과 착취 속에 신음하던 민중의 반격의 결과인 것이다. 비록 박정희의 측근에 의해 지배계급의 균열로 죽었지만 그 단초는 노동자 민중의 투쟁이었던 것이다. 박정희 독재정권의 경제정책은 민족문제(한일수교)와 젊은 피(지난 호 참조)를 대가로 지불하고 성장의 기초를 다져 갔지만 노동자의 일방적인 희생만을 강조하는 상황은 지속될 수가 없었다. 그 단초를 연 것이 1970년 11월 전태일의 분신이었다. 전태일의 분신은 독재정권에 억눌려 있던 이 사회 양심 있는 세력들이 움직이게 하였다. 이에 대한 박정희의 답변은 유신헌법이었다. 1972년 12월 유신헌법을 선포하여, 민중을 억압하고 자신의 권력을 유지하였다. 그 시절 세대를 표현하는 적절한 용어는 체육관대통령(통일주체국민회의에서 대통령 간선으로 선출), 막걸리 보안법(술자리에서 한 이야기를 근거로 국보법 및 긴급조치 위반 적용)이라는 이야기다. 70년대 초기에는 학생들의 투쟁이 있었지만 박정희는 위수령 발동과 강제징집 등을 통해 대학생들을 통제하고 서울시내 10여 개 대학에 군대를 상주시키는 만행을 저질렀다. 노동자에게는 한국노총을 앞세워 쿠데타 이후 만든 관제 산별체제로 철저히 통제하고 쟁의행위 자체가 불가능한 구조를 만들었다. 그러나 70년대 선배들은 억압적 분위기 속에서도 사업장내 투쟁이나 민주노조 쟁취를 위한 투쟁들을 이어갔다. 민주화 투쟁을 주도했던 분들에 대해서는 감시와 구속, 고문, 회유 등의 방법으로 탄압했으며 모임조차 할 수 있는 처지가 안되어 명동에서 결혼식을 위장하여 성명을 발표하는 등의 일까지 있었다. 이렇듯 철저한 감시와 탄압 속에서도 민중의 저항은 멈추지 않았다.

그런 가운데 1979년 8월 9일 YH무역 노동자들의 신민당사 점거투쟁이 시작되었다.

YH무역은 1966년 뉴욕 한국무역관 부관장직을 지낸 장용호(YH는 용호의 영문 이니셜)가 자본금 100만원으로 왕십리 콩나물공장을 빌려 가발공장을 세운 것이다. 장용호는 YH에서 번 돈으로 미국에서 백화점과 호텔을 경영하는 등 무리하게 사업을 확장하였고, 회화도피 문제로 위기에 직면하였다. 거기에 1978년 석유파동으로 수출이 부진해 부채가 늘어나자 위장휴업을 하고 1979년 3월 30일 폐업공고를 냈다. 장시간노동과 저임금에 시달이던 노동자들은 임금체불과 부당한 폐업에 맞서 투쟁하였다. 노동자들은 자신들의 문제가 단지 사장의 문제가 아니라 정치권력의 문제임을 깨닫고 제1야당인 신민당사 점거농성을 시작하였다. 박정희는 170여 명의 노동자 농성에 단전.단수를 하고 8월 11일 새벽 2시 정사복 1천 명을 동원하여 강제 진압하였고, 이 과정에서 김경숙 열사가 폭력경찰에 의해 돌아가셨다. 이 투쟁으로 헌정 사상 초유의 야당 총재(김영삼) 국회 제명사태가 발생되었고, 이는 부마항쟁의 촉발제가 되었으며, 10월 16일 부산대학교 학생들의 '유신철폐' 시위로 시작되었다. 시위는 격렬했다. 16일 파출소 10개가 부서지고 불에 탔으며, 17일 21개 파출소가 파괴되고 경찰차 6대가 전소되었다. 노동자민중은 '유신철폐' 구호로 시작하여 부가가치세 철폐까지 요구하였다. 주요 타격 대상은 공화당사, 경찰.파출소, 부유층, 세무서, 신문사, 방송국까지 지배권력과 그 하수인들 전체였다.

박정희는 10월 18일 0시를 기해 부산에 게엄령을 선포한다. 그러나 기대와 달리 시위는 마산대와 경남대로 확산되고 노동자와 고등학생들까지 합세하였다. 박정희는 마산에 위수령을 선포하였다. 시위는 진압되는 듯 했으나, '유신철폐', '민주화쟁취'의 요구는 전국적인 분위기로 확산되었다.

10월 26일 안가에는 박정희와 그의 심복 차지철과 김재규가 함께하였다. 병풍 뒤에선 심수봉이 노래를 부르고 만찬상의 주류는 '시바스 리갈'이었다. 당연히 부마항쟁과 시국상황이 대화의 중심이었고, 차지철이 부산마산 바다에서 가깝습니다. 지도에서 없애 버리시죠라고 했다고 전해진다. 민주화의 요구를 받아들여야 한다고 생각했던 김재규에게 이들은 미친놈이었고, 총으로 쏘았다. 결국 박정희는 민중들의 투쟁으로 자신의 심복에 의해 죽은 것이다.

이제 37년이 지난 현재 박정희의 딸이 권좌에 앉아 선택의 기로에 있다. 살까? 죽을까의 선택이 아니라, 어떻게 죽을까의 선택일 뿐이다. 욕심이 있다면 박그네 뿐 아니라 박그네에 충성하던 하수인들도 모두 함께 청소되고, 자본도 정신차리게 하는 계기였으면 좋겠다.

『변혁정치』(36호, 2016년 12월, 사회변혁노동자당)

박정희의 죽음과 신군부의 등장

이승원(노동자역사 한내 사무처장)

1979년 10·26일 18년간 군부독재정권을 누려왔던 독재자 박정희가 한 방에 갔다.

필자는 그 당시 고등학교 2학년 이었는데, 이제 모든 것이 바뀌는 줄 알았다. 독재정권의 원흉이 죽었으니 모든 것이 제대로 돌아갈 것이라는 기대가 있었다. 그러나 그 기대는 어린 학생의 순진한 기대였을 뿐 세상은 민중의 생각대로 바뀌지 않았다.

2016년 12월 9일 박근혜 탄핵안이 국회에 상정되었다. 축제를 방불하게 하는 200만이 넘는 촛불행진을 주말마다 보여주고 있지만 박근혜가 물러난다고 이 사회가 바뀌지는 않을 것이다. 박근혜가 물러나고 대통령을 새로 뽑고 나면 곧바로 후회가 오고, 또다시 촛불을 들어야 할지도 모른다. 왜냐면 이 투쟁은 계급투쟁이 아니기 때문이다. 세상을 근본적으로 바꾸는 민중권력 쟁취 투쟁이 아니라, 자본주의 질서마저 훼손한 박근혜 정권의 심판 투쟁이기 때문이다. 언론이 기획했다는 설도 있지만 투쟁의 양상이 점차 의제가 확대되고, 폭발력이 증가하자 종편은 박근혜 퇴진에 집중하게 하려고 안간힘을 쓰고 있다.

다시 1979년 말로 돌아가, 박정희의 죽음은 이 나라 민중에게 절호의 기회였고, 희망이었다. 그러나 18년간 권력을 누려왔던 군부는 권력 찬탈을 위한 시나리오를 작동하기 시작하였다. 10·26직후 계엄사령관으로 임명된 정승화를 박정희 살해 공범여부를 조사한다며 압박하였고, 최규하를 대통령에 취임하게 하였다. 정승화가 보안사령관 전두환의 야심을 눈치 채고 보안사령관 교체하려는 시도를 하자 전두환은 12월 12일 계엄사령관 정승화를 군대를 동원하여 정승화를 구속하였다. 정승화의 후임으로 이희성을 계엄사령관에 앉힌 전두환은 헛개비 대통령에 실질적인 권력을 행사하며 5월 집권계획을 추진해 나갔다. 그 힘의 주축은 육사 11기, 12기가 중심이 된 하나회였다. 하나회가 중심이 된 신군부는 정치적인 방어세력 제거, 군병력 국회 주둔, 정권 장악 등 집권을 위한 준비를 진행해 나갔다.

이 시기 이 나라 민중들에게는 희망과 불안감이 공존했던 시기였다. 각 대학가에는 진정한 봄이 왔다. 제적되었던 학생들이 복학되면서 학원에는 활기가 넘쳤으며 비상계엄 해제, 정부 주도 개헌 기도 중지, 해직 기자 복직 등을 요구하며 투쟁을 준비하였다. 노동계는 한국노총을 점거하며 노총 민주화를 요구하였으며, 신생 노조들이 속속 결성되었다. 노동자 민중의 요구는 봇물 터지듯이 나왔지만 정국이 어수선하여 시기만 저울질하고 있었는데, 강원도 사북이라는 고립된 탄광지역에서 노동자들의 투쟁이 일어났다. 막장인생이라는 사북지역의 동원탄좌 광산노동자들이 어용지부장 사퇴와 임금인상을 요구하며, 전면적인 투쟁에 돌입한 것이다. 4월 21일 이었다. 그 당시 언론에는 광산노동자들이 폭도로 묘사되고 폭동이 일어났다고 보도되었다. 그러나 동원탄좌 노동자와 지역 주민들까지 합세한 투쟁은 사북지역을 해방구로 만들었으며 노동자 스스로 질서유지를 해서 아주 평온 했다고 전해지고 있다. 신군부는 강제 진압을 위해 공수여단을 원주까지 이동시켰으나, 탄광지역의 특성상 다이나마이트와 총기류가 있다는 점이었다. 그것들을 노동자들이 통제하고 있으며, 그것이 사용될 경우 미칠 영향 등을 고려하여 강원도지사를 내세워 협상을 하였고, 노동자들의 요구사항을 대부분 수용하였다. 전두환은 탄광 노동자들에게 감사의 표시로 대통령이 된 후 사북 탄광을 방문하였고, 샤워시설 개선, 대통령 하사품(방한복)을 지급하였다.

사북항쟁은 1980년 봄의 노동운동 흐름에 적지 않은 영향을 미쳤다. 사북항쟁이 끝나자마자 일신제강·인천제철·부산파이프 등 중화학공업 노동자들의 파업투쟁이 격렬한 형태로 터져 나왔다. 4월 들어 봇물처럼 터져 나온 노동자들의 투쟁은 학생시위와 더불어 신군부의 권력 장악 프로그램을 위협했다.

한편 학생들은 5월 들어 본격적인 투쟁의 전면에 나섰다. 학원의 휴교령으로 한내 집회가 불가능해지자, 5월 13일 연세대를 필두로 가두 투쟁을 벌였다. 5월

15일에는 서울역에 10만 명이 모여 경찰과 대치하는 상황이 벌어졌다. 다급해진 신군부는 노동자.학생들의 투쟁에 대처하기 위해 고심하고 있었는데, 서울대 총학생회장(심재철 : 현재 새누리당 의원)이 계엄령 선포 위험성이 있다며 철수를 경정하여 투쟁의 열기는 삽시간에 가라앉았다. 이를 '서울역 회군'이라 이름 한다. 서울에서의 투쟁열기가 가라앉자 신군부는 5월 17일 24시를 기해 전국 계엄령을 확대하였고, 18일 전남대 정문에서 등교하는 학생들을 진압봉으로 구타하고 연행하자 이에 맞서 싸우며 5·18항쟁은 시작되었다. 27일 새벽까지 광부 민중을 살육하며 신군부는 정권을 장악하였다. 광주 항쟁을 진압한 신군부는 이어 삼청교육대, 직장정화위원회 등 집권방해 세력의 정리를 진행하고 국가보위비상대책위원회(국보위)를 설치하고 무력화된 국회대신 국가보위입법회의를 만들어 각종 악법을 만들었다. 1980년 12월에는 노동을 통제하기 위해 노조설립은 기업별로 발기인 30명, 제3자 개입금지법 등을 통과시켰다.

1980년 봄의 희망은 신군부의 집권으로 군부독재 시대로 다시 돌아갔다. 2016년도 박근혜 퇴진 이후가 어떻게 될지 걱정이다. 노동자. 민주의 권력 쟁취를 위해 진일보하는 사회를 되기를 기대해본다.

『변혁정치』(40호, 2017년 3월, 사회변혁노동자당)

한국전쟁 이후 최초의 정치파업 - 구로동맹파업

이승원(노동자역사 한내 사무처장)

구로공단은 1960년대 박정희의 수출주도 경제정책으로 조성된 곳으로 낮은 임금과 풍부한 노동력을 기반으로 섬유, 봉제, 가발, 전기전자 제품을 생산하여 수출하는 기업들로 구성되었다. 1980년대 광주민중의 학살로 정권을 탈취한 전두환은 국회의원 총선거, 아시안게임과 올림픽을 앞두고 1983년 학원자율화 조치를 비롯한 유화정책을 내세웠지만, 노동자들은 이러한 정책에 순응하기보다는 자본과 정권에 맞서 싸웠으며 이를 위한 조직을 만들었다.

공장의 담을 넘어 노동자는 하나

구로공단의 노동자들도 공단이라는 특성에 맞게 일상적인 연대사업을 통해 동료의식을 높이며, 함께 하였다. 1984년을 전후하여 노동조합을 결성한 구로지역의 노조들은 1970년대 민주노조운동이 사업장 안의 활동에 제한되었던 방식을 극복하려는 의식적인 노력을 하였다. 이 과정에서 노조설립 자체가 정부의 노골적인 탄압대상이 되었던 상황도 영향을 미쳐 기업별 노조틀에 대한 비판의식도 확산되었다. 연대활동은 위원장들의 교류에서 출발했는데 이는 정보교환과 자문에서 시작하여 노조운동 방향을 공유하는 것으로 발전했다. 또한 노동조합의 부서간 교류는 탄압사례의 공유, 조합원들의 노동자로서의 동질의식을 향상시키고 공동대처 방안을 찾게까지 만들었다. 나아가 지역 연대활동은 노조의 각종 기념행사와 문화행사에 품앗이로 참여하기도 하고 미팅, 축구시합 등을 통해 노동자는 모두 한식구 라는 공감대를 갖게 하였다.

경찰의 불법 연행, 구속

사건의 발단은 1985년 6월 22일 오전 10시에 임금인상 투쟁 중이던 대우어패럴노동조합에 경찰이 진입하여, 김준용 위원장과 강명자 사무국장, 추재숙 여성부장 등을 연행하여 노동쟁의조정법, 집회 및 시위에 관한 법률, 폭력행위 등 처벌에 관한 법률, 언론기본법 등 위반혐의로 구속하고 조합간부 8명을 불구속 입건하였다. 지난 5월 3일 회사 측이 노조간부 12명에 대해 임금인상 투쟁 때 두 차례 철야농성을 주도 했다고 남부지청에 고소장을 낸 일이 있었지만 이 건은 이미 남부서 조사를 다 받았고 회사와 마찰도 없었기에 당혹스런 일이었다. 정권의 민주노조운동에 대한 탄압이 시작된 것이다. 이에 핵심조합원 100여 명이 사측에 항의 방문하고 6월 23일 11시경 위원장 집에서 임시대의원대회를 열어 파업을 결의하였다. 노조는 구속노동자 전원 석방, 노동운동 탄압 중지, 악법 철폐, 노동부장관 사퇴를 요구하며 24일 아침 체조를 마치고 바로 현장을 장악하며 파업에 돌입하였다.

한국전쟁 이후 최초의 정치파업

대우어패럴노조의 파업을 시작으로 효성물산, 가리봉전자, 선일섬유 노동자들이 동맹파업에 돌입하였다. 3개 사업장에서는 「노조탄압 저지 결사투쟁 선언」이라는 공동투쟁 선언문이 낭독되고 배포되었다. 28일에는 부흥사노조가 동맹파업을 하였고, 세진전자, 롬코리아, 청계피복, 남성전기 등이 중식거부 투쟁, 파업지지 농성투쟁을 전개하였다. 이들의 연대투쟁은 강제해산으로 끝나는 듯했으나, 사업장에서 신민당사로 노동부사무소 농성으로 투쟁을 이어나갔다. 또한 사업장별 해고반대나 폐업반대 투쟁, 개인들의 현장 투쟁, 가두시위, 지역조직활동, 구속자들의 재판과 감옥투쟁, 가족들의 투쟁 등 여러 가지 투쟁으로 확산되었다. 6일간의 연대투쟁에 참여한 노동자는 2,500여 명으로 노동운동 탄압에 맞선 정치파업이며 아름다운 연대였다.

사업장을 넘어선 구로동맹파업은 자본과 정권의 강제해산으로 주춤하는 듯 보였으나. 불과 2년 후 1987년 노동자대투쟁으로 가는 도화선이 되었다.

이승원은 공공운수노조의 2016년 총파업백서 『아름다운 동행』을 만들기 위해 공공 부문 노사관계의 특징을 정리하던 중 사고로 운명하였다.

공공부문 노사관계의 특징

노동과 자본의 본질적 관계는 공공과 민간이 다르지 않다. 그러나 노사교섭과 사용자 관계에 대한 부분을 보면 공공부문의 노사관계는 일반적인 형태와 다름 부분이 있다.

첫째, 공공 부문의 사용자는 법적으로는 회사측의 대표이사이지만 노사관계에 있어서는 실제적인 권한이 아무것도 없다. 그냥 정부의 대리인일 뿐이지 독자적인 결정은 한정된 권한 내에서 행사할 수 있다. 대한민국 정부수립 이후 노사간 자율적인 교섭으로 진행된 것은 몇 년이 되지 않을 것이다. 정권이 집권하면 전체적인 로드맵을 결정하고 노동정책에 대한 부분도 결정된 방향에 따라 압박해 들어오는 것이다. 그래서 공공 부문의 노사간 교섭은 아무런 결정도 못하고 이미 방향이 정해져 있기 때문에 노조가 수용하거나 아니면 분쟁이 발생할 수밖에 없는 구조이다. 교섭 자체도 형식일 뿐이지 실효성은 거의 없다. 그것은 공기업 대표의 임명권을 실제적으로 대통령이 행사하며 이후 신임 문제도 거의 일방적으로 행사하여 정부의 방침대로 움직일 수밖에 없다. 공기업의 대표는 전문성보다는 집권세력과의 관계에서 결정되기 때문에 번번히 낙하산 인사 문제가 불거지고 회사 경영에 큰 관심이 없는 대표들도 볼 수 있었다. 심하게는 국회의원 선거 낙선자의 경제적 지원 및 휴식 장소로 제공되는 사례도 종종 있다.

둘째. 임금 등이 이미 정부의 법과 지침에 의해 결정되어 있다는 점이다. 우정사업 등 정부 내 기업조직에 대해서는 법으로 정해져 있으며, 공기업 및 준정부기관에 대해서는 매년의 예산집행지침을 기획재정부에서 작성하여 가이드라인을 제시하고 임금에 대해서는 그해의 집중관리사항 및 총액상승률을 제한을 제시하여 자율성을 거의 주지 않는다.

셋째. 사용자가 국민이라는 이데올로기를 유포하여 노동조합의 투쟁을 무력화하려고 한다. 공공부문의 노동자들이 생산하는 재화나 용역이 대부분 공공재라는 특징을 이용하여 공공서비스를 향유하는 국민들이 마치 사용자인 것처럼 위장하여 노동자들의 불만이나 정당한 권리행사를 제한하려는 행태를 자행하는 것이다. 최근에 불거진 국민의 당 이언주 의원의 학교비정규직 노동자들에 대해 '아이들의 급식을 제한하지 않는 범위에서의 권리행사 운운'은 바로 공공서비스에 대한 왜곡 및 반 노동자성에서 출발하는 발언인 것이다. 학교비정규직 노동자들의 권리행사는 자신들이 제공하는 학생들의 급식을 중단하는데서 출발하는 것이다. 공기업은 필요에 의해 정부가 기업을 설립 또는 출자·출연하여 운영하는 것으로 서비스의 수혜자가 국민이라 하여도 사용자는 분명하게 정부인 것이다. 특히 공기업들은 국민들의 공공서비스 차원에서 꼭 필요한 사업이나 민간이 감당하기 어려운 부분에서 출발하여 독점적인 서비스 제공은 대부분 보장되나 국민들의 재정적 부담과 경제에 미치는 영향 등을 고려하여 수익성은 높지 않은 것이 정상이었다. 하지만 최근 들어 공기업의 경영목표가 공공성 확보보다는 수익성에 집착하여 공공성을 훼손하는 사례까지 등장하고 있다. 이는 기존 시장에서 자본의 수익성이 점차 감소하자 독점분야인 공기업의 공공서비스에 눈독을 들이게 되고, 이것이 공기업 민영화 정책이라는 포장으로 덮여 추진되었는바, 민영화 시 최대의 걸림돌이 민간으로 넘어가면 서비스 요금이 오른다는 정설(통신의 경우 민영화 이후 요금 증가)이 등장하여, 민영화 전 공기업 개혁이라는 미명 아래 선 구조조정 및 요금 현실화 등을 추진하고 있다.

넷째 노·사관계 개악의 실적으로 대표가 평가 받는다. 민간 부분의 회사 대표들은 대규모 노사분규가 발생하지 않는 한 노·사관계에 의해 평가받거나 짤리는 경우는 거의 없다. 대부분 사장의 평가는 경영성과에 의해 좌우된다. 그러나 공공부문의 경우 노·사관계에 대한 정부의 방침을 얼마나 관철시켰느냐가 평가의 항목에 큰 요소가 되고, 심지어는 구성원들에게 성과급 또는 인센티브를 제공하는 경우도 볼 수 있다. 과거에는 공공부분이 임금 교섭을 선도하기 위해 정부의 안대로 1월 중 교섭을 타결하면 '조기타결 인센티브' 100%를 지급하는 사례가 있었다. 인센티브로 공기업의 노동자들을 유혹하고 공기업의 노동조합이 조기 타결하면 이를 민간 부문에도 확대하는 정책을 통해 노동자의 임금을 억제

했던 시기였다.

이러한 특징에 근거하여 역사적으로 공공부문 노동운동을 살펴보면, 공공부문 노동조합은 해방 이후 잠깐의 경우(전평 시절)를 제외하고는 이승만 정권부터 대부분 어용이거나 노사협조주의 집행부였다. 특히 공공부문 노동자들의 보수성은 1960~1970년대를 지나오며 공공 부문의 노조의 어용성을 기반으로 노동자들을 통제하는 기관으로 한국노총이 군림하였다. 대표적인 어용노조인 체신, 철도, 전력노조가 한국노총의 중심 노조이자 공공 부문의 중심 노조로 자리잡고 주도해 왔다. 여기에 한국투자, 도로공사 등 정부투자기관 및 출자기관들의 노조가 협조적인 노사관계를 유지해 왔다.

1980년대 중반 들어 사회민주화 투쟁이 촉발되고 1987년 노동자대투쟁 과정에서 서울대병원, 서울지하철, 정부출연기관 등 공공부문의 새로운 노조가 등장하고 전투적 조합운동이 전개되면서 공공 부분의 새로운 분위기가 형성됐고, 많은 공공 부분의 노조들이 민주화 되는 과정을 겪었다. 한국통신노조와 철도노조의 민주화, 2000년 전력산업 구조조정으로 어용 한국전력이 7개 회사로 분리 등은 공공부문 민주노조운동의 기폭제가 되어 금속과 함께 노동운동의 중심축으로 등장하였다.

이제까지의 공공 부문 노동운동은 수세적이고 방어적인 투쟁이었다. 가장 많이 싸운 투쟁은 반 민주화 저지 투쟁이었으며, 정권 각종 지침과 개악에 맞선 투쟁이었다.

사용자가 교섭 권한이 없어 노동조합은 줄기차게 노·정교섭을 요구해 왔다. 실제로는 정부와의 교섭이 아니라 실질적인 권한이 있는 사용자와의 교섭을 요구하는 것이다. 이는 민주노총이 노동 정책과 현안 문제를 갖고 노·정교섭을 요구하는 것과는 본질적인 차이가 있다.

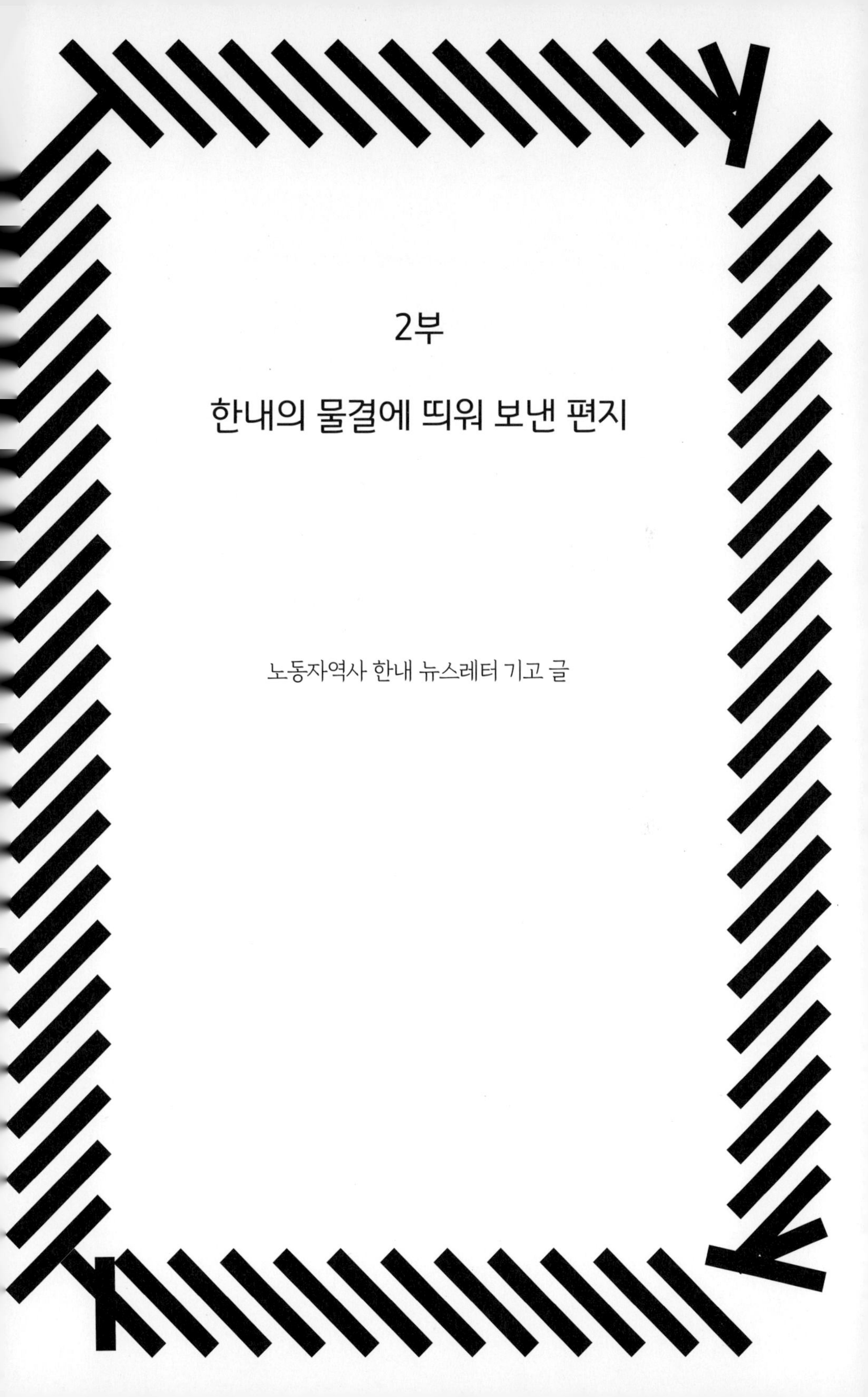

2부

한내의 물결에 띄워 보낸 편지

노동자역사 한내 뉴스레터 기고 글

한내 월간 뉴스레터 2008년 12월호(4호)

역사 교과서 논쟁 - 노동의 관점에서 어떻게 보아야 하나

'관점이 달라지면 역사가 달라진다.'고 한다.

유신독재 시절 대학입시 필수과목이었던 국사는 예비고사 25점 배점으로 비중이 컸다. 국어, 영어, 수학 각 50점이었으니. 윤리 과목의 반공 정신과 함께 유신 찬양을 위해 '국난극복' 중심의 현대사를 기술하고 있었다. 1980년대 초반 대학과 사회에서 알게 된 노동과 민중의 역사는 전혀 새로운 역사였다. 제도권의 국사교육이 식민사관의 관점에서 기술되었고 독재정권의 자기 정통성을 위한 내용임을 깨달았을 때 시험을 보기 위해 외웠던 역사는 나에게 연대기 외에 어떠한 의미도 없게 되었다.

최근 뉴라이트 계열의 '교과서 포럼'이 『대안교과서 한국근현대사』를 출간하면서 역사교과서 논쟁이 시작되었다. 11월 들어서는 서울시교육청이 일선 고교 교장과 학교운영위원들을 대상으로 특정 출판사 교과서 불매를 유도하는 연수를 실시하였고, 뉴라이트 계열 학자들을 중심으로 강사진을 구성하여 '우리 역사 바로 알기' 특강을 실시하기로 했 다.

교과부에 이어 서울시교육청까지 나서서 하려는 역사 왜곡의 내용은 무엇일까? 그들의 의도는 대한민국 정통성 살리기이다. 남한 단독정부 수립 사건을 대한민국 건국이라는 역사적 의미를 부여하여 모든 것을 재해석 하고자 한다. 그래서 뉴라이트 학자들의 주장은 '한민족'이 아닌 '한국인'을 한국사의 주체로 설정하고 있으며, 식민지 시기의 정치와 경제를 분리하여 일제의 강압적인 통치와 경제개발이 동시에 존재했다고 주장하고 있다. 아울러 김옥균 등의 개화파와 이승만-박정희 독재 정권의 재평가를 비중 있게 다루고 있다. 이들의 노력이 서구식 근대화 달성에 기여했다는 것이며 일제식민지 시절의 경제성장, 이승만의 건국, 박정희의 산업화 업적 등이 '성공한 대한민국'의 역사를 만들었다는 것이다.

이러한 뉴라이트의 역사인식에 대해 보수언론은 좌-우파의 대립으로 부각시켜 현재의 교과서가 대단히 좌편향 되어 있으며, 대한민국의 역사적 의미를 왜소화하고 있는 것처럼 부풀리고 있다. 그래서 뉴라이트에 반대하는 입장에서는 다분히 민족주의적 사관과 민주화의 관점에서 기술되어 있는 현행 교과서를 지켜내기만 하면 되는 것처럼 인식되기도 하고, 관심과 고민이 없던 사람들에게는 이러한 관점도 존재한다는 식의 논리로 쉽게 뉴라이트의 관점이 먹혀 들어갈 빌미를 주기도 하는 것이다.

그러나 노동자 민중 입장에서 보아야 할 것은 바로 실종된 우리의 역사다. 우리는 뉴라이트의 경제주의적 관점에서의 천박한 역사인식을 지지할 수 없다. 또한 민족주의 사관과 역사발전의 주체를 지배층과 시민의식으로 묶어 두려는 현행 교과서의 내용에 동의하기도 어렵다.

우리 노동자 민중이 가져야 할 입장은 사회 변혁과 발전의 주체인 노동자 민중의 역사가 사실대로 기술되고 평가되어야 한다는 입장이지만 자본주의 지배계층의 힘의 논리로 제대로 평가 받기 어려운 현실속에서 역사적 사실이나마 왜곡, 축소되지 않고 기술되었으면 하는 바램인 것이다. 이러한 교과서 논쟁을 바라보면 정권이 바뀌고 지배계층의 관점과 힘에 의해 뒤바뀌는 역사가 아니라 차라리 해석하지 말고 객관적인 사실만을 가르치는 역사 교육이 더 바람직하지 않을까 하는 생각이 들기도 한다.

노동자의 입장에서 본다면 현행 교과서의 왜곡과 편향성, 고의적인 누락은 이루 말할 수 없이 많다. 총론적으로 보더라도 '노동'이라는 단어 자체가 적고, 노동자가 아닌 근로자로 표현되고 있으며, 일제강점기 원산총파업, 조선공산당이 주도한 6·10만세운동, 혁명적 노동조합 운동, 해방 후 전평의 활동과 투쟁, 10월 인민항쟁, 전평의 총파업 요구와 투쟁, 전평의 남한 단독정부 수립 반대 5·8총파업과 제주 4·3항쟁의 의의, 70년 전태일열사의 분신, 1970년대 민주노조운동과 1985년 구로동맹파업, 1987년 7,8,9 노동자대투쟁, 1996년 노개투 총파업 등의 역사가 아예 언급조차 안 되거나 축소, 왜곡 해석되고 있다.

이제 근현대사 역사교과서의 문제에 대한 노동자 민중의 분명한 입장을 가질 필요가 있다. 이러한 사태가 발생된 것도 매시기 중요한 투쟁의 선봉에 섰던 노동자 민중이 역사 기록에 있어서는 무관심했고 등한시 한 것이 하나의 원인이기 때문이다. 자신의 역사를 기록하는 것은 자신만을 위한 것이 아니다. 역사의 도도한 흐름에 주역으로 당당히 나서는 것은 진실된 역사를 기록하고 평가하고 발전된 사회를 만들어 가는 과정이다. 노동의 역사를 만들어 간다는 것은 곧 자본과 대립되는 노동을 통해 이 사회체제의 변혁과 발전을 만들어 가는 것임을 잊지 말아야 할 것이다.

우리는 현재의 교과서 논쟁에서 어떤 입장을 가져야 할 것인가?

첫째 뉴라이트와 자본가 집단의 역사 왜곡과 경제 교과서 도입에 적극적인 반대를 조직해야 한다. 현행 교과서 사수가 아니라 전면적인 재편이며 노동의 역사를 되찾는 투쟁으로 전개되어야 한다.

둘째 우리의 역사를 찾고 남기는 사업에 노동조합과 관련 단체들은 인력과 재정을 할애하고 역사적 소명감을 갖고 추진해 가야 할 것이다.

셋째 노동운동사 교육도 근현대사 교육으로 확장하여야 할 것이다. 노동자는 근현대사의 중심에서 사회를 발전시켜온 주체였음을 현장 조합원과 함께 읽어가야 할 것이다.

이를 통해 미래의 노동자인 중고생을 위한 진정한 역사교과서를 만드는 작업도 가능해질 것이다. 뉴라이트는 치밀한 계산속에 싸움의 구도를 만들어가고 있다. 민족주의와 경제주의와의 싸움 속에서 노동의 역사가 실종되는 것은 아닌지 심히 우려스럽다. 역사는 남의 이야기가 아니라 사람들의 의식을 통해 우리의 정당성과 존재 가치를 부여해 주기 때문에 찾고 기록하고 인내심을 갖고 싸워나가야 할 과제이다.

한내 월간 뉴스레터 2009년 5월호(9호)

4·19 묘지의 단상(斷想)

4·19혁명 49주년이 얼마 전 지났다.

이제는 4·19국립묘지라고 명칭이 바뀌었지만, 나에게는 4·19묘지가 더 익숙하고 4·19의 의미도 묘지라 불릴 때가 더 나았던 것 같다. 내가 4·19묘지를 알게 된 것은 초등학교 2학년인 8살 때 우리 집이 4·19묘지에서 세 정거장 떨어진 곳으로 이사 하면서부터였다. 지금은 재개발이 되어 벽산아파트가 들어섰지만, 1970년 그 시절에 그 동네는 개미굴(한번 들어가면 길을 찾기 어려운 미로 같은 지역)이라 불렸다. 여름이면 부엌에 들어찬 물을 밤새 퍼내야 했고, 마땅한 놀이터 하나 없었던 꼬마들에게 4·19묘지는 입구에는 내가 흐르고 연못과 나무들 그리고 탑과 상징물들이 많은 천혜의 요새였다.

그 당시 내 기억 속의 4·19묘지는 입구에는 다리가 있어 내를 건너 입구에 들어서면 우측으로는 원혼 때문에 매년 한사람씩 죽어 나간다는 연못이 있었고, 입구와 연못부터 상징탑이 있는 계단까지는 굵은 자갈이 깔려 있었다. 어린 시절에 의미도 몰랐던 상징탑은 높기만 했고 까만 사람의 형상을 한 조형물은 무섭기만 했었다. 이를 지나면 4·19영령들이 누워 있고 맨 위로는 봉안소가 자리 잡고 있었다.

철없던 시절 나와 친구들은 4·19묘지를 진지 삼아 북한산 일대를 뛰어 다니며 놀았고, 겨울이면 연못에서 스케이트와 썰매를 타고, 한여름에는 야밤에 봉안소로 와서 서로의 담력을 시험하기도 하였다. 그 시절 우리를 가장 힘들게 했던 것은 연못부터 깔려 있던 자갈이었다. 걷고 뛰기도 힘들었지만 걸을 때 나는 소리 때문에 관리소 아저씨에게 들켜 쫓겨나기가 일쑤였다. 왜 자갈을 깔았을까 궁금했던 나는 아버님께 묻게 되었고, 휴일 날 내 손을 잡고 4·19묘지에 가신 아버님은 이렇게 말씀하셨다.

"승원아 자갈을 밟으면 사람들은 고개를 숙이게 되고, 자신이 밟은 자갈의 소리 때문에 발걸음을 조심스럽게 떼게 된단다. 이곳은 독재에 맞서 민주주의를 쟁취하기 위해 목숨을 바친 숭고한 분들이 계신 곳이란다. 어떤 누구도 이들 앞에서는 겸손하고 경건한 마음을 가지라는 뜻이란다."

그 당시 초등학교 4학년에게는 이해하기 어려운 내용이었다. 다만 4월이 오면 대학생들이 시낭송회도 하고 데모도 하곤 했는데, 한번은 쫓겨 달아나는 대학생들에게 정릉으로 넘어 가는 길을 안내한 일이 있었는데 그때 자갈의 진정한 용도를 알게 되었다. 무자비한 폭력 앞에 최소한의 방어를 위해 필수적인 것이었다.

세월이 흘러 박정희가 죽고 1980년 봄이 왔을 때 난 아직 고등학생이었지만 세상이 변하는 줄 알았다. 그것은 박정희가 죽었다는 것과 그해 4월 4·19묘지에 모인 그 많은 사람들을 보며 세상은 바뀌어 질 것이라는 확신이 있었다. 그러나 세상은 바뀌지 않고 광주대학살이 일어났다. 1980년대 초반부터 4·19가 되면 그 지역 사람들은 가게 문을 닫고 외출을 금지해야 했고, 4·19묘지에 가면 집이 바로 앞인데도 집에 갈 수 없는 상황들이 전개되었다. 그러던 중 전두환은 4·19 묘지의 자갈들을 걷어내고 시멘트로 발라 버렸다. 학생들이 자갈로 투석을 해서 안 된다는 것이다. 아니 전두환은 자갈의 경건함이 싫었고, 4·19의 영령들이 싫었던 것 같다.

1985년 나의 7개월간의 실업시절, 4·19묘지는 독서실이었고, 휴식처였다. 따사로운 햇살을 받으며 출근해서 책도 보고 무명 노동자의 묘비도 보며, 잠도 잘 수 있는 평화로움이 나를 아주 평안하게 해 주던 장소였다. 자갈도 없어졌지만 등나무는 남아 나에게 그늘과 평화로움을 주던 장소였다.

민주주의 쟁취를 위해 목숨을 바쳤던 이들을 생각하며 노동조합의 동지들과 4·19기념 참배와 등산도 하며 내가 느꼈던 어린 시절의 느낌을 전해 주고 싶었지만, 쉽지 않았다. 김영삼이 대통령이 되면서 4·19묘지의 국립묘지화가 진행되었고, 주차장을 만들고, 연못은 없어지고 대리석에 땡볕이 내리쬐는 곳으로 만들고 산책로를 만들었다. 물론 기념관도 만들었다. 외형은 화려해졌으나 그 정신은 어디에도 보이지 않는 명소가 되었다.

49주년 4·19에 명박이도 다녀(참배만 하고 감)가고 각 정당대표들도 참석하는 기념식도 진행되고 구청이 주관하는 음악회 등 다양한 행사들이 진행 되었다. 더 이상 4·19는 현재의 문제가 아니라, 과거가 되고 있다. 혁명의 정신은 박제화되고 4·19국립묘지의 기념관에 모셔진 먼지 쌓인 유품으로 전락하는 것이 아닌가 싶다. 4·19도 5·18도 화려한 외형의 기념, 추모가 아닌 살아 숨 쉬는 정신으로 세상을 바꿀 원동력이 되길 바라는 건 너무 과한 생각인가? 노동자의 투쟁도 과거형으로 바뀌고 있지 않는지 심히 우려스럽다. 과거를 통해 당면 문제의 해결책을 찾고 실천하는 운동이 절실한 상황이다.

한내 월간 뉴스레터 2010년 12월호(26호)

제주 4·3(?) 평화공원

제주 4·3평화공원은 2000년 4·3특별법 공포로 제주 4·3항쟁에 대한 공동체적 보상의 하나로 이루어졌다. 아직 전체 공사가 완료되지 않은 상황이며 3단계 중 2단계의 공사가 완료되어 2008년 3월 28일에 개관하였다. 제주시 명림로 430(봉개동 237-2)번지에 220,394㎡ 면적으로 자리 잡은 평화공원은 4·3평화기념관, 위령제단, 위령탑, 상징조형물 등으로 꾸며져 있다.

평화기념관의 전시내용은 총10관 중 1에서 6까지는 4·3에 대한 테마를 표현하고 있으며, 10관은 영상관, 7, 8, 9는 무장대와 토벌대에 의한 학살을 각각 나타내고, 제주의 공동체적 상징장소를 표현하고 있다.

1에서 6관까지의 테마는 제1관 프롤로그에서는 긴 터널을 통과하도록 하여 지하에 묻혀 있던 역사적 진실을 찾아가는 과정을 상징하고 있으며 원형의 천창 아래 누워 있는 '백비(비문없는 비석)'가 놓여 있다. 백비는 4·3이 아직도 정명(正名)되지 못한 역사임을 상징하고 있다. 제2관 '해방과 좌절'은 '전쟁-해방-자치-미군정-3·1발포사건-탄압'의 순으로 전개된다. 제3관 무장봉기와 분단 거부는 1948년 4월 3일 일어난 무장봉기와 5·10단선, 단정반대투쟁을 중심으로 당시의 역사적 상황을 연출하고 있다. 제4관 초토화와 학살은 초토화 작전과 민간인 대량학살, 그 이후 한국전쟁 기간 형무소 재소자의 학살까지를 다루고 있다. 제5관 후유증과 진상규명 운동은 복구와 정착, 그리고 후유증, 진상규명운동으로 나뉘어 4·3의 상처와 아픔, 그 회복과정을 보여 주려하고 있다. 제6관 에필로그는 4·3의 아픈 기억을 통하여 평화와 인권의 소중함을 생각하게 하는 공간으로 꾸며져 있다. 전체적인 흐름은 투쟁 - 탄압과 학살 - 후유증 - 진상규명 - 회복(사과와 용서) 순으로 그려져 있다.

그러나 이러한 시나리오와는 다르게 해결되지 못한 숙제들은 여전히 있다. 가장 큰 문제는 제주 4·3항쟁에 대한 명칭이 정해져 있지 않다는 것이다. '백비'에서 표현하고 있듯이 제주 4·3항쟁은 그냥 제주 4·3일 뿐이지, 항쟁도 투쟁도 아니라는 것이다. 물론 사건이나 반란도 아니다. 좌·우의 타협점은 아무것도 붙이지 않는 것이다. 이것은 굉장히 예민한 문제로 현재로는 휴전의 상태인 것이다.

한내에서 기획하고 있는 화보집과 관련해서 4·3평화기념관에 사진협조를 받으러 방문하였고, 협조하겠다는 답변을 받았으나 4·3뒤에 사건 또는 아무것도 붙이지 말 것을 강요받아 결국 사진을 포기하고 말았다. 이것은 제주 4·3에 대한 현재의 상황을 잘 보여주는 단면이다.

또한 제주 4·3에 대한 시나리오가 회복(사과와 용서)으로 끝을 맺고 있는 점이다. 누가, 누구를 용서하고 용서받는 것인가. 역사의 진실이 다 밝혀지고, 그에 대한 가해자와 피해자는 분명해졌는가. 가해자는 응분의 처벌은 받았는가. 피해자에 대한 보상은 이루어졌는지 따져 봐야 할 것이 너무나도 많은데 무슨 용서와 화해인가? 때마침 전시되고 있는 중·고등학생들의 시화전 내용이 천편일률적으로 역사적 사실에 대한 분노와 놀라움 - 피해자들에 대한 애도 - 대통령이 사과했으니 용서하고 화해해야 한다는 내용이었다. 놀라운 역사의 왜곡이다. 교육의 효과일 것이다.

제주 4·3항쟁의 진실을 밝히기 위해서는 부족하고 내용상의 문제가 있는 기념관이다. 그리고 4·3항쟁의 주제가 왜 평화인지? 3시간에 가까운 관람에서 끊임없는 반문이 일었다. 왜 '평화'지?

한내 월간 뉴스레터 2011년 6월호(31호)

기록하고 남겨서 노동교육꺼리로 만들어보자

며칠 전 기록학을 공부하는 H대학교 대학원생들이 대학원 수업으로 한내에 방문하여 견학 겸 자료관리 방법을 공부하고 갔다. '노동자역사 한내'라는 이름으로 문을 연지 3년이 채 되지 않았지만, 그런대로 많은 사람들이 다녀갔다. 교수와 논문을 쓰는 학생들이 제일 많았는데, 대부분 기록학과 사회학을 하는 사람들이다. 기록학 분야에서는 한내 사례를 들어 2개의 논문이 나왔다. 그 다음으로 방문자 중 많은 사람들이 외국에서 온 방문객이다. 한국의 노동운동에 관심을 갖고 온 분들(미국, 일본, 호주 등)이 다녀가는 곳이 되었고 나름 입소문도 났다. 최근 일본에서 온 법정대학 교수는 작년에 다녀간 일본 오하라연구소 소장께서 한국에 가면 꼭 가보라는 추천으로 왔다고 한다.

그러나 정작 한국의 노동자들은 일이 있어 오는 사람들을 제외하면 거의 없다. 물론 한내에서 견학을 적극 권장하지 않은 점도 있지만, 노동운동이 현안 문제에 올인 할 수밖에 없는 현실을 반영하고 있는 것이 아닐까? 역사성을 상실한 운동은 미래가 없다는 것을 고민해야 할 시기인 것 같다.

한내의 상근자들은 외부에서 견학을 온다고 하면 걱정부터 앞선다. 이유는 크게 두 가지다. 첫째는 방문자에게 설명과 지원을 담당할 사람이 없다는 점과 자료가 넘쳐나 방문객이 앉아 차 한 잔 할 공간도 쉽지 않다는 것이다. 방문자가 있으면 일을 중단하고 설명하지만 방문자가 만족할 정도로 세세하게 챙기기 어려운 조건이다. 특히 자료를 찾으러 온 연구자에게는 자료에 대한 설명도 해주면 좋은데 조건상 쉽지 않고, 차분하게 앉아서 자료를 볼 공간을 제공하지 못하니 미안하기까지 하다.

둘째는 소규모로 만든 간이 전시 공간에 대한 부끄러움이다. 소장하고 있는 박물의 10%도 공개하지 못하는 좁은 공간이라 박물을 통해 노동운동 역사를 간추려 보여주기에 한계가 있다. 노동운동에 대해 아는 사람이 아니면 여간해서는 설명을 들어도 그 흐름을 파악하기 힘든 상황이다. 이런 악조건 속에서도 감동했다고 하고 후원까지 하고 가는 사람들을 보며 어깨가 더 무거워진다.

최근 금속노조 현대차지부 울산 조합원들과 의료연대 서울지부 서울대병원분회 조합원 교육에 참여한 적이 있다. 그래서 관심을 갖고 몇몇 노동조합의 조합원 교육을 살펴보니, 강의 중심이었던 교육이 실제 조합원들이 체험할 수 있는 교육으로 전환하고 있었다. 예전과 달리 많이 변했다.

울산에서는 내가 맡은 강의를 마치고 시간이 남아 조합원들과 같이 견학을 갔는데, 선사시대 유물 전시관, 유적지 가보기, 옹기마을 체험 등 재미 있고 유익한 것이 많았다. 진행하는 교육위원의 수준도 상당하여 박물관 학예사가 따로 필요 없을 정도였다. 교육을 위해 노력한 흔적들이 보였다. 몇몇 노동조합들의 테마여행 프로그램도 역사 유적지를 중심으로 조합원들이 흥미롭게 가족과 함께 참여할 수 있는 프로그램들이었다.

아쉬운 것이 있다면 단협에 의한 조합원 교육 시간과 조합의 재정으로 진행되는 테마여행들에 노동이 없다는 점이다. 노동의 역사를 찾아 가는 것이 아니라 권력과 자본의 홍보관과 전시관, 유물을 보고 있는데, 이것을 벗어나지 못한다면 곤란한 것 아닌가? 물론 민중들의 생활사라면 가서 보는 것이 나쁘지는 않을 것이다.

예전에 노동자 교육 문제로 고민을 많이 했던 시절이 있었다. 그 당시 참 다양한 대안들이 나왔다. 한 15년 전에는 방법론이 제일 문제가 되었던 것 같다. 골방에서의 학습 형태가 민주노조 쟁취로 양성화되고 공개되면서 일방적인 강의 방식은 교육 효과가 없다는 문제의식이었다. 영상교육, 슬라이드, 토론식 교육, 분임토의 방식 등 많은 발전들이 있었지만, 교육방법은 돈의 위력 앞에 자본을 앞지를 수 없었다.

심지어 시공을 초월한 사이버 교육까지 등장 했지만, 왜 오프라인 교육이 필요한지, 사이버교육의 한계가 드러나고 있다. 사이버교육의 한계를 안 자본은 이미 교육방식을 바꾸기 시작했다. 자본이 직무교육을 비롯한 다양한 교육에 사이버교육을 도입한 것은 오래전인데, 자본은 결국 현장의 노동강도에 지친 노동자들이 내용의 습득보다는 '클릭질'로 형식적인 이수만 하고 있음을 깨달은 것이다. 그래서 새로운 통제 방법을 강구하고 도입을 시도하고 있다. 이제는 교육

방법론(교수법)을 뛰어 넘어 근본적인 내용과 형식의 문제까지 새로운 것을 실험하는 단계에 이른 것 같다.

대학에서도 변화는 마찬가지다. 해당 분야 일을 하는 사람을 수업 특강 강사로 세우거나, 학생들에게 주제를 주고 직접 현장을 방문해서 리포트를 쓰게 하는 등의 방법을 도입한 지는 이미 10여 년이 넘었다. 최근에는 아주 수업을 현장으로 옮겨 진행하는 방식까지 도입하고 있다. H대학 대학원생들이 교수와 한내를 방문한 것도 정식 수업을 진행한 것이다.

노동 진영에서 하는 열사교육 중 독특한 것으로 '열사묘역 교육'이 있다. 일종의 현장 교육이다. 나도 지난 몇 년간 10여 번의 강의를 모란공원 열사묘역에서 진행한 적이 있다. 그러나 이제는 별로 하고 싶지 않다. 누워 있는 열사묘역에서 열사의 사상과 투쟁을 이야기 하는 것이 너무 죽은 교육이 아닌가 싶어서다. 묘역이 아니라 열사가 투쟁하고 분신했던 장소에서의 교육이 더 생동감 있고 살아 있는 교육이 아닐까.

열사뿐 아니라 노동 교육을 '교실 없는 학교', '현장 교육' 중심으로 전환하려는 노력이 필요하다. 그렇게 하려면 노동조합과 활동가들의 관심과 노력이 필요하다. 4·3항쟁, 4·19혁명, 5·18항쟁이 저절로 기록되고 남았던 것이 아니다. 1987년 노동자대투쟁을 기억한다면 울산의 동지들이여! '남목고개'에 안내문이라도 세우자. 여의도와 종묘, 명동성당에 1996·1997 노개투 총파업의 기록이라도 남겨보자. 곳곳에 투쟁의 흔적들을 남기고, 거기서 교육하고 이 땅 자본들에게 똑똑하게 기억하라고 경고하자. 묻히고 사라진 역사는 다시 반복한다. 지역이나 중앙이나 노동의 역사를 위한 인프라를 구축하는 일에 나서야 한다. 이것이 될 때, 교육도 연구 정책도 제 기능을 발휘할 것이다. 현재를 기록하고 놓친 과거가 없는지 꼼꼼하게 챙겨야 한다. 그것이 침체돼가는 노동운동의 미래를 조금이라도 밝게 해 줄 것이다.

한내 월간 뉴스레터 2011년 12월호(36호)

이성적인, 너무나 이성적인

동지들의 죽음을 놓고 투쟁하는 동지들이 있다.

쌍용자동차 노동자들이 정리해고 이후 발생한 19번째 죽음에 이제 죽음의 행렬을 멈춰야 한다고 절규하며 사생결단 하고 있으며, 희망연대노조는 KT공대위와 함께 KTcs지부 고 전해남 지부장(50세)의 분신에 △이석채 KT 회장과 김우식 KTcs 사장의 사과 △강제사직 강요한 책임자 처벌 △부당한 전환배치-일방적 임금 삭감 철회 등을 요구하며 투쟁하고 있다. 또한 철도노조 해고자이자 노동조합 간부였던 고 허광만 동지가 스스로 목숨을 끊자, 철도노동자들은 사측의 사과와 복직을 요구하며 투쟁하고 있다. 세 조직 간의 연대 투쟁도 진행되고 있다.

안타까운 것은 쌍용자동차, KT와 KT의 자회사들(KTcs 전직자 중 21명이 죽고 그 중 5명이 자살함)에서 죽음의 행렬이 계속되어져 왔다는 것이다. 철도도 수많은 산재 사망자와 길거리로 내쫓긴 해고자들을 생각한다면 죽음이 이번에만 생긴 일회적 일이 아니라는 것이다. 죽음의 행렬이 이어지고 있지만 우리 사회는 너무 냉정하다. 수많은 사회문제들이 TV토론과 시사 방송에서 다뤄지기는 하지만 아무도 책임지지 않고, 방송매체의 많은 시간들은 한나라당 수습책과 민주당을 위시한 야권 통합에 할애되어 있다.

노동자의 죽음은 일회성 뉴스에 국한되고 있고, 그냥 안타까워 혀를 차는 정도이고 조문하는 정도이지 어느 누구도 해결에 나서려고 하지 않는다. 더구나 이 죽음들을 책임져야 할 자본과 정권은 당당하다. 자본의 이윤을 위해서는 노동자들 몇 사람 죽는 거야 관심 꺼리도 아닌 것이다. 당사자들만 심장을 도려내는 아픔 가운데 한을 품으며 투쟁을 이어가고 있다.

자본과 권력이 노동자들의 죽음을 애도하고 슬퍼한 적은 없다.

다만 그 죽음이 몰고 올 여파에 대해 고민하고 무서워했을 뿐이다. 노동운동의 목표가 무엇인가? 노동해방의 참된 의미가 무엇인가? 죽음 앞에 무슨 논리와 법이 필요한가? 노동자들이 죽음을 택하는 세상이라면 그 운동도 한계에 다다른 게 아닌가? 우리의 과거에는 열사정국이라는 것이 있었다. 앞이 깜깜하고 다들 두려움에 떨고 있을 때 열사들이 나섰다. '나의 죽음을 딛고 일어서…' 라고, 동지의 죽음 앞에 물불을 안 가리고 일어서 어깨동무하던 노동자들이 열사들과 함께 세상을 바꾸어 왔다.

2003년도 열사 정국이 있었다. 연초 배달호 열사로부터 하반기 김주익, 이해남, 이현중, 이용석, 곽재규 열사의 죽음 속에 전국노동자대회에서 몇 년 만에 꽃병과 파이가 등장하였다. 여론이 안 좋을 것이란 걱정과 달리 여론은 '오죽했으면 그랬겠냐'고 했다. 그러나 지금은 너무 조용하다. 사회적인 사안이 너무 많다는 점을 감안하더라도 너무 조용하다.

이성적이고 논리적인 노동조합의 간부들과 노동자의 모습보다는 감성적인 모습을 보고 싶다. 이렇게 가다가는 다 죽는다는 생각이 들어야 할 때 아닌가? TV 오락 프로에서 이야기 하는 '나만 아니면 돼?'인가? 몇몇 정규직 노조에서는 전임자 임금 때문에 돈을 쌓아 두고도 사업과 연대를 안 한다고 한다. 참 안타까운 일이다.

정책 노조, 법을 잘 아는 노조, 정치적인 노조…. 필요할 수도 있다. 그러나 노동운동이 인간애와 동지애로 뭉친 감성적인 문화에서 출발했음을 잊지 말자. 지금 시기라면 민주노총에서 전국노동자대회라도 열고 노동자들의 죽음을 해결하기 위한 비상시국임을 선언하고 투쟁해야 이 죽음의 행렬을 지연이라도 시키고 진정한 희망을 갖게 할 것이다.

한내 월간 뉴스레터 2012년 1월호~2013년 2월호(37~50호) 노동자와 건강 연재

노동자와 건강

스스로 몸을 알고 대처해야 한다

자본주의 체제에서 사는 사람들의 큰 고민은 먹고 사는 문제와 함께 건강의 문제이다. 자녀 교육 등 여러 가지 문제가 있지만 무엇보다도 건강은 목숨과 관계되는 것이기에 모두 신경을 쓴다. 젊을 때 건강을 안 돌보고 무리해서 일을 하는 경우도 있지만, 그건 건강에 대해 믿는 구석이 있거나 자신감에서 생기는 것이지 나이 들고 몸에 고장이 나기 시작하면 그것이 얼마나 미련한 짓이었는지를 깨닫게 된다.

사실 건강은 건강할 때 지키라는 말이 있다. 맞는 말이다. 그러나 건강을 잃었다고 자포자기해야 할 필요는 없다. 나에게 건강한 삶이 필요하다고 느낄 때 제대로 방법을 찾으면 된다. 이 글을 쓰고 있는 저도 20-40대에 웬만한 병은 다 앓아 보았다. 양약도 많이 먹어 보았고, 병원 신세도 많이 졌었다. 최근에는 감기약부터 진통제, 치료약에서 거의 해방되었다는 것이 가장 큰 기쁨 중의 하나이다. 몸살림운동과 우리나라 전통 의술에 대한 귀동냥으로 우리 몸을 제대로 알고 병의 원인과 대처법을 이해했기 때문이었다. 물론 직접 체험이 가장 중요한 것이었다. 깊은 지식은 아니지만 제가 알고 있는 건강하게 사는 법을 한내 회원분들에게 이 지면을 통해 알려드리고자 한다.

우리는 아프면 병원을 간다. 내가 아픈데 전문가라는 남에게 내 몸을 맡긴다. 사람에게 맡기는 것도 아니고 첨단 의료 장비의 검사 결과에 따라 울기도 하고 웃기도 한다. 꾀병 환자가 되기도 하고 하루아침에 중환자가 되기도 한다. 그런데 검진 결과 수치도 결국 통계 치에 불과한 것이다. 우리가 알고 있는 정상체중의 범위도 질병이 적고 사망률이 낮은 사람들의 키와 체중의 관계를 나타내는 것이지, 절대적 수치는 아닌 것이다. 최근에는 동양 사람은 현재 기준의 과체중

이 정상체중이라는 논문이 발표되어 논란이 되고 있기도 하다. 물론 건강한 사람들의 통계에 맞으면 좋을 것이다. 그러나 그 수치에서 벗어났다고 해서 원인 규명도 없이 그 수치부터 낮추는 서양 의학이 과연 최선의 방법인가는 되짚어 봐야 할 것이다.

서양의술을 대증요법이라고 한다. 증상에 대처하여 약을 처방하고 수술을 하는 방식이다. 인체를 종합적으로 보기보다는 국소적이고 부분적으로 본다. 그래서 병원에 가면 진료과가 복잡하고 세분화되어 있다. 그러나 우리 인체는 하나이고 복합적으로 구성되어 있다. 인체를 조각을 내어 볼 수는 없는 것이다. 조각을 낸 순간 이미 그 인체는 살아있는 생명이 아닌 것이다. 병은 조각을 내어 파악하면서 약은 같은 것을 쓴다. 두통, 치통, 생리통의 원인이 다른데 약은 같다. 다 진통제를 처방하는 것이다. 결과적으로 통증의 원인은 제거되지 않거나, 저절로 낳은 것이지 약을 먹고 난 것은 아니다. 진통제나 당뇨, 고혈압 등에 쓰는 증상 완화제는 다른 부작용을 낳아 수십 알의 약으로 생명을 연장하는 악순환을 반복하고 있는 것이다.

이제 남에게 자신의 몸을 의탁하는 삶을 바꾸어야 한다. 스스로 자신의 몸을 알고 병의 원인을 알아야 해결책이 보인다. 자기 몸을 제대로 이해하는 것에서부터 출발해야 한다. 앞으로 몇 회가 될지 모르겠으나 우리 몸의 원리, 병원 원인, 대처 방법, 질병 예방법, 올바른 체조, 건강한 식습관 등의 순서로 설명해 보겠다. 여기에서 이야기 하는 것이 회원들이 가지고 계신 의학 지식과 많이 다를 수 있다. 기존의 고정관념을 벗어나 몸의 원리라는 근본적인 의문에서 생각하고 토론해 보자.

건강에 대해 고민하는 분들이 스스로 해결책을 찾는 계기가 되기를 기대하며 한 가지 오해와 편견은 버렸으면 한다. 운동을 많이 하면 건강하다는 생각이다. 과유불급(過猶不及) - 지나치면 모자람만 못하다. 지나친 운동은 건강을 해치고, 죽도록 하면 죽을 수도 있다. 나중에 자세히 이야기 할 것이지만 현대의 노동은 건강의 적이다. 노동시간 단축도 일자리를 나누는 문제 뿐 아니라, 건강을 위해 실제 노동시간을 줄여야 한다. 한국사회 노동자들에게 가장 절실한 사항이다.

내 몸에 대해 알아보자

지난 호에 이야기했지만 바쁜 생활을 하는 노동자들은 의학이라는 것을 전문 분야로 생각하고 아프면 전문가에게 자신의 몸을 의지한다. 그러나 조선시대 그 바쁜 왕들도 자신의 몸을 위해 관련 분야 공부도 하고 독살 당하지 않기 위해 탕약을 직접 처방하거나 어의와 토론을 하기도 하였다. 인체의 원리는 그리 어려운 것이 아니다. 의학이 어려워지는 것은 어려운 용어들과 일반인이 알 수 없는 분자식을 읽어내는 것이지, 조금만 신경 쓰면 인체의 구조와 원리는 중고교에서 배우는 생물보다 쉬울 수 있다. 이번 호에서는 우리 몸의 구조를 알아보고자 한다.

먼저 우리 몸을 서양 의학적으로 살펴보면, 외적 형태로는 두부(머리), 체간(몸통), 사지(팔과 다리)로 구분하며, 구성 요소는 원소로는 우주의 구성원소와 같이 존재하고 있는데, 10대 원소는 산소, 탄소, 수소, 질소, 칼슘, 인, 칼륨, 유황, 나트륨, 염소이고, 마그네슘 이하는 소량이 함유되어 있다. 분자로는 물, 탄수화물, 단백질, 지방, 소금+유기,무기 화합물이다. 물론 인체를 계통별로 나누어 골격, 근육, 소화, 순환, 호흡, 비뇨, 생식, 내분비, 신경, 감각계통, 중추신경계로 구분하기도 한다. 이렇게 서양의학에서는 우리 몸을 보는 방법은 분석적으로 나누어서 보고 있다. 그러나 중요한 것은 뼈와 간, 심장 등이 하는 역할이 다 다르지만 우리 몸은 하나라는 것이다. 유기체로 종합적으로 움직이는 우리 몸을 그대로 이해하고 파악하는 것이 중요하다. 가장 중요한 것은 인체를 화학적으로 접근할 것이 아니라 살아있는 생명체로 종합적으로 파악해야 한다는 것이다.

인체는 뼈, 신경, 근육으로 구성되어 있다. 뼈는 우리 몸의 골격을 유지하게 해주고 근육과 함께 우리를 움직이게 하는 주체이다. 신경은 뼈와 근육사이를 지나가며 정보를 전달하는 역할을 하며 근육은 뼈를 감싸는 한편 몸 내부에서는 장기(臟器, 五臟六腑)를 이룬다.

가장 기본이 되는 것은 뼈대이다. 우리는 뼈에 큰 충격을 받아 부러지거나, 금이 가지 않는 한 뼈의 중요함과 고마움을 잘 모른다. 뼈와 뼈를 연결해 주는 관절은 고장도 잘 나고 힘들게 하는 경우가 종종 있어 신경 쓰지만 뼈 때문에 고민하는 경우는 별로 없다. 그러나 인체에 있어 뼈는 대단히 중요하다. 인체에는 206개(아기일 때는 209개)의 뼈가 있으며 발뼈부터 머리뼈까지 탑처럼 쌓여져 있다. 척추뼈는 경추(목뼈) 부터 시작되어 머리와 연결되어 있고 천추와 미추(꼬리뼈)로 끝나며 좌골(엉덩이 뼈) 연결되어 있다. 골반과의 연결 부위에 엉치뼈가 있다. 이렇게 인체는 척추를 중심으로 머리에서 발끝까지 연결되어 있으며 발뼈부터 차곡차곡 쌓여져 있는 형태이다. 그림에서 보듯이 좌우 균형이 딱 맞는 형태이다. 뼈와 뼈 사이에는 관절이라는 연골 조직이 있어 우리가 몸을 움직이는 운동을 할 수 있게 해준다. 손목은 자유자재로 움직이지만 팔꿈치는 돌릴 수 없는 것도 각 부위별로 운동 범위와 회전 방향이 정해져 있기 때문이다. 이를 무시한 운동이나 노동이 몸을 해치는 것이다.

뼈의 역할은 여러 가지가 있다. 기본적으로는 골격을 유지하여 우리가 서있게 해주고 근육과 함께 움직이게도 해준다. 그리고 우리 몸에 중요한 것들은 모두 뼈가 감싸고 있다. 팔,다리 등은 뼈위에 근육이 붙어 있는 형태이다. 그러나 머리, 가슴, 골반을 보면 뼈가 무엇인가를 둘러싸고 있다. 머릿속에는 뇌가 있고, 가슴우리뼈 안에는 심장, 폐, 간 등 중요한 장기가 있다. 골반에는 생식기가 있다. 생명과 관계된 것들은 모두 뼈가 보호하고 있는 것이다. 뼈 속에는 혈구세포를 만드는 골수라는 조직이 있는데, 여기서 끊임없이 혈구세포를 만들어 피 속으로 내보낸다. (피를 만드는 공장) 또한 인간이 살아가기 위해서는 칼슘, 인산, 마그네슘, 나트륨 등의 무기물이 필요한데, 뼈는 이를 저장해 두었다가 필요할 때 녹여서 내보내는 저장소 역할을 하기도 한다.

뼈 중에서도 척추는 인간 뿐 아니라 동물에게 있어 가장 중요한 부분이다. 인간이 척추동물임을 누구든지 다 안다. 그러나 척추의 중요성은 잘 모르는 경우가 많다. 우리 몸은 척추뼈 중 흉추 1-7번 사이에 들어있는 척수 신경에서 시작되어 위로는 뇌로, 아래로는 흉추와 요추로 진화되었다. 생명과 관련되었다고 뇌와 심장을 중요하게 생각하지만, 컴퓨터와 비교하면 척수는 중앙처리장치(CPU)이고, 두뇌는 하드디스크인 것이다. 실증적으로 요추가 손상되면 하반신이 마비가 되고, 척추의 부위가 손상되어 신경의 통로가 끊어지면 운동능력과 감각을 잃는 것이다.

척추뼈는 경추(7개), 흉추(12개), 요추(5개), 천추(1개), 미추(1개)로 26개가 있는데 여기에는 뼈와 뼈 사이에 관절(디스크)이 있고, 척추뼈를 타고 신경이 나와 뇌, 눈에서 발끝까지 연결되어 있다. 우리 몸의 오장육부와도 연결되어 있다. 그렇기 때문에 뼈와 관련이 없어 보이는 장기의 질환이나 감기 등도 척추와 밀접한 관계를 갖고 있는 것이다.

질병의 원인 중 큰 것이 바로 뼈와 뼈를 연결하는 관절 부위의 이상에서 오는데 디스크나 무릎 통증 등 관절 자체의 이상보다도 신체 전체 부위의 이상이 상당 부분 척추뼈가 틀어지거나 이상이 와서 생기는 문제이다. 척추뼈에 이상이 있을 때 나타나는 증상들을 보면 경추 변위는 현기증, 두통(편두통), 이명 등이 나타나며, 손발 저림, 신경쇠약, 건망증 같은 증상이 나타난다. 자고 일어날 때 심한 통증이 수반되고 어깨가 아프고 목도 뻣뻣해져 잠자리가 불편해 진다. 심하면 손이 저리기도 하고 기침을 제대로 할 수 없게 된다. 가슴이 답답하고 두근거리는 등 호흡 순환기에 이상 징후가 발생하며 흉추 1,2,3번 주변 근육 및 신경까지 저리는 증상이 나타난다. 흉추가 틀어지면 순환기부터(흉추 1,2,3), 위, 간, 내분비(3,4,5번 위산, 여성호르몬 계통)기관의 기능이 떨어지고, 흉추 3,4번이 틀어지면 급체나 위경련, 흉추 7번, 11번 췌장, 소장, 대장 기능 약화, 아랫배 가스(흉추 9번), 배설 기능(흉추 10번)도 떨어진다. 12번은 요통, 습진, 종기 등과 관련 있으며, 천추에는 양쪽에 5개의 선골이 있는데 이는 모두 다리 쪽 근육과 연결된 신경으로 좌골신경통에 걸리면 발뒤꿈치까지 찌릿찌릿한 증상이 바로 신경이 연결되어 있기 때문이다. 고관절이 틀어지면 골반이 틀어지고(생식기 및 비뇨기에 이상, 생리불순이나 변비, 성기능 감퇴, 습관성 유산 등) 치골까지 틀어지면 자근근종 등이 발생하며, 요추가 틀어지면 디스크가 발생한다.

그래서 척추를 바르게 하는 것이 가장 쉽게 건강을 유지하는 지름길인 것이다. 다음 호에서는 우리가 생명을 유지하는데 필수적으로 섭취하는 것들을 인체가 어떻게 처리하는가에 대해 이야기 하고자 한다.

인체는 원래 만들어진 대로 무리 없이 사용하며 적절한 수분과 음식, 맑은 공기를 통해 영양분을 공급하고 신진대사에 문제가 없으면 자신의 수명대로 살 수 있는 것이다. 쉽게 이야기 하면 잘 먹고, 잘 자고, 잘 싸면 아무런 문제가 없는 것이다. 오늘 인체의 구성에 대해 알아보았으니 다음에는 몸의 내부 기능들에 대해 알아보겠다.

우리 몸의 내부 기능은 어떻게 작동되나

지난 호에 우리는 몸의 구성에 대해 알아보았다. 뼈-근육-신경으로 만들어진 인체는 뼈가 틀어져 근육이 경직되고, 신경을 압박하면 그것이 신경을 눌러 통증을 느끼게 하고 곧 병에 걸리게 된다. 우리 몸 내부에서 각자의 역할을 열심히 하고 있는 오장육부(五臟六腑)도 사실 근육으로 만들어져 있다. 근육은 항상 부드러움과 탄력을 유지해야 하는데, 그것이 깨져 굳어지거나 벌겋게 달아오르면 염증이 되고, 기능이 저하되는 것이다. 물론 필요한 영양분이 공급되지 않아서 생기는 병도 있을 것이다. 그러나 한국사회 사람들은 과잉으로 생기는 질환이 훨씬 많다.

오장육부(五臟六腑)는 오장은 간장, 심장, 비장, 폐, 신장을 말한다. 특징은 꽉 채워진 근육이라는 점이다. 육부는 위장, 소장, 대장, 쓸개, 방광, 삼초를 일컫는다. 개별적인 장기에 대해서는 다 아는 것들이겠고, 삼초(三焦)는 해부학상의 기관은 아니고, 인체를 상초·중초·하초로 나누어 호흡기관, 소화기관, 비뇨생식기관으로 나눈 것을 의미하는 것이다. 장, 부는 창고를 의미하는데, '장'은 꽉 찬 것을, '부'는 비어 있는 것을 뜻한다. 장(臟)인 심장, 간장들은 속이 차있는 장기이며, 부(腑)인 위, 소장 등은 음식물이 들어오면 차 있지만, 자신들의 역할을 다하면 비어 있는 장기인 것이다. 이러한 장기들은 인체 내에서 어떤 작용을 하는지 알아보자.

인간에서 필요한 것은 공기과 음식(영양분)이다. 음식(飮食)은 식도를 통해, 공기(空氣)는 기도를 통해 받아들인다. 숨을 쉬지 못하거나, 음식을 섭취하지 못하면 사람은 죽는 것이다. 대부분은 암이 대단히 무서운 병으로 알고 있다. 그러나 암 환자의 대부분은 굶어 죽거나, 폐를 공격당하여 죽는다. 그렇다면 인간에게 가장 중요한 장기는 위와 폐인가? 물론 그렇지는 않다. 각자의 역할이 다 있는 것이고, 한 가지 장기의 기능이 세다고 건강한 것은 아니기 때문이다. 서로 조화가 맞아야 한다.

공기를 흡입하는 기도는 인체의 앞쪽에 위치하여 폐와 연결되어 있다. 폐는 촉촉한 상태로 공기청정기의 역할을 한다. 폐가 건강하면 외부의 오염된 공기로부터 자신을 지킬 수 있는 것이다. 음식은 입을 통해 들어오면 식도를 거쳐 위

(胃)에 이르게 되는데, 그냥 위로 들어오는 것은 아니다. 식도와 위 사이에는 분문(噴門)이 있는데 이것이 음식물이 위로 들어가는 것을 조절해 준다. 우리가 체했다고 느끼는 대부분은 과식으로 분문에 음식물이 걸린 상황을 의미한다. 식도와 분문을 통과하여 위로 음식물이 들어가면 위의 역할은 믹서기의 역할을 한다. 1차적으로 입안에서 침과 이로 분쇄작업을 완료한 음식물을 암죽을 만드는 과정이다. 암죽이 만들어지면 이것을 소장으로 보내는데, 소장의 맨 처음이 십이지장이며, 위와 십이지장 사이에 유문(幽門)이라는 근육조직이 있어 음식물의 이동을 조절한다. 소장(小腸)은 넘어 온 대부분의 음식물이 섭취·흡수되는 곳이다. 소장은 길이는 약 6.7~7.6m이고 둘둘 말려 있으며 복강(腹腔)의 중앙과 아랫부분에 있다. 연동운동은 소화중인 물질을 소장을 따라 움직이게 하는 반면, 율동성 분절이라고 하는 휘젓는 운동은 음식물을 기계적으로 부수고, 췌장·간·소장벽에서 나오는 소화효소와 음식물을 완전히 섞으며, 음식물을 흡수표면에 접촉하게 한다. 사람의 경우 음식물이 소장을 통과하는 데 보통 3~6시간이 걸린다. 소장을 거치면 대장으로 가는데 그 첫 번째 관문이 맹장(盲腸)이다. 소장으로부터 소화가 덜 된 음식 찌꺼기를 받는 대장(大腸)의 제일 첫 부분이다. 맹장·결장·직장·항문으로 되어 있으며 결장이라는 말이 대장 전체를 뜻할 때도 있다. 결장은 상행, 횡행, 하행, S자 결장으로 구성되어 있다. 대장은 소장보다 더 넓고 길이가 짧으며 부드러운 내벽을 가지고 있다. 사람의 대장은 길이가 약 1.5m이다. 대장의 가장 중요한 기능은 소화된 찌꺼기로부터 수분과 전해질을 흡수하고(약 24~30시간 정도 걸림) 배변할 때까지 대변을 저장하는 것이다.

이러한 과정에서 흡수된 수분은 신장을 거쳐 여과과정을 거쳐 영양분을 걸려내고 수분을 재활용하기도 한다. 과다하거나 불필요한 부분들은 방광에 저장하였다가 소변으로 배출한다. 흡수된 영양분은 중등기화 작용을 통해 심장으로 보내져, 폐에서 만들어진 청기와 함께 온몸을 돌게 된다. 동맥을 통해 돌기 시작한 혈액은 모세혈관을 통해 온 몸 곳곳으로 갔다가 정맥을 통해 다시 돌아오는데, 올 때는 이산화탄소 등 인체 내에 불필요한 것들을 가져와 폐순환을 통해 정화시킨다.

대강 인체가 소화 작용을 통해 온 몸으로 영양을 공급하는 원리를 알아보았다.

결론적으로 우리 인체에는 먹는 것이 가장 소중하다는 점이다. 히포크라테스가 한 말을 최근 많은 사람들이 인용한다. "음식으로 고칠 수 없는 병은 의사도 못 고친다."는 말이다. 현대의학에서 약을 주어도 먹는 약은 먹고 소화해 내어야 환부에 도달하는 것이다. 물론 주사약은 인체의 소화 과정에서 상당 부분을 생략하고 직접 혈관에 주입하는 방법이다. 하지만 그렇게 살린 환자도 지속적인 영양의 투입이 없다면 살아있는 생명일 수 없다. 결국 대사기능을 살려내야 한다. 그러므로 현대에도 히포크라테스의 말은 진리로 인용될 수밖에 없을 것이다. 음식물의 섭취, 좋은 물과 공기 아주 중요한 요소일 것이다. 노동자들의 건강도 이러한 조건을 유지한다면 직업병의 발생도 아주 극소화 할 수 있을 것이다. 그러나 작업 현장에 가면 방진마스크를 쓰고 방진복을 입고 근무를 한다. 사람이 근무할 수 없는 조건인 것이다. 또한 반복된 동작과 잘못된 자세를 유지해야 하는 노동이 대부분이다. 섭생과 자세의 문제도 심각한데, 도시화로 인한 환경의 오염은 감당하기 어려운 부분이다. 이러한 도시화는 인간의 면역력 자체를 파괴하고 있기 때문이다. 생산만을 위한 축산이 어떠한 결과를 인간에게 가져왔는지 분명하게 알게 되었지만 해결책이 쉽지 않다. 너무 많이 온 것이다. 인간의 욕심이 부른 화이다.

다음에는 질병의 원인을 알아보고, 예방법에 대해 고민해 보겠다.

병의 원인

병(病)은 사전적으로는 '생물체의 전체 또는 일부분에 육체적, 정신적 이상으로 인해 고통을 느끼게 되는 현상"이라고 되어 있다. 전체 또는 일부분에 오며, 육체적, 정신적 이상으로 인해 고통을 느껴야 한다는 뜻이다. 앞서도 이야기 했지만 인가에게 통증을 느낄 수 있는 감각이 있다는 것은 대단히 고마운 것이다. 통증을 느끼지 못한다면 팔이 부러져도 모를 것이고, 죽을 지경이 되어도 모를 것이다. 그래서 우리는 병을 쉽게 아프다고 표현한다. 그렇다면 아파지는 원인은 무엇인가? 쉽게 표현하면 어딘가가 정상이 아니라는 것이다. 정상 상태를 유지하지 못하는 원인을 찾아보면 우리 몸에 생기는 병의 원인을 알 수 있을 것이다. 여기서는 세 가지로 나눠 생각해 보자.

우리 몸에 생기는 병의 원인은 외부로부터 침입하여 생기거나, 우리 몸이 움직(운동)이며 잘못된 운동을 해서 생기는 부분이 있으며, 신진대사 과정에서 잘못되는 경우가 있을 것이다. 이 글을 순서대로 읽은 분들은 인체의 구성 원리를 이해하셨을 것이므로 병의 원인 분류도 이해 하셨을 것으로 생각된다.

첫째 외부로부터의 침입은 두 가지로 볼 수 있다. 하나는 병균이나 이물질의 침입이고, 한 가지는 외부적인 충격이다. 후자를 먼저 이야기 하면 쉽게 날카로운 것에 찔리거나 긁히는 경우이고, 강한 것에 맞거나 부딪히면 뼈가 부러지거나 금이 가는 상태가 된다. 물론 근육에 멍이 드는 경우도 있다. 또한 전자의 경우는 각종 피부질환이 있을 수 있으며, 가장 중요한 것은 우리가 살아가기 위해 필요한 것을 흡수하기 위해 생기는 병이다. 공기를 흡수하기 위해 인체는 방어막과 필터를 가지고 있다. 1차는 코털이고, 코의 점막, 기도, 그리고 폐의 폐포와 엽들이 산소를 흡수하고 이산화탄소를 배출하게 하는 역할을 한다. 음식물과 수분의 흡수는 입을 통해 식도를 거쳐 분문과 위를 거쳐 소장, 대장을 통해 영양분들이 흡수되는데, 이 또한 여러 번의 저항선을 거치게 된다. 우리가 흔히 걸리는 감기는 코감기의 경우 외부 균의 침투에 더 이상 저지하지 못할 때 균을 내 보내기 위해 재채기가 나고, 항상 축축해야 할 코 점막이 마르고 굳어 콧물이 흐르는 것이다. 목감기도 외부의 침입에 한계선이 오면 인후부가 붓고, 편도선까지 붓는 현상이 나타나는 것이다. 비슷하게 동반해서 오는 몸살의 경우는 조금 차이가 있다. 외부의 침입에 저항하다가 발생하기도 하지만, 우리 몸을 과도하게 써서 한계에 도달하면 발생하는 것이 몸살이다. 우리 몸의 적신호가 몸살인 것이다. 그래서 이에 대한 대처 방법은 휴식과 보양 밖에는 없는 것이다. 진통제를 먹으며 무리하면 큰 병으로 발전하는 것이다.

음식물을 먹다가 체하는 것도 식도와 위 사이에 분문이 있는데, 과도하게 위로 음식물이 들어가는 것을 방지하고 조절하는 기능을 하다. 너무 많은 음식물이 들어오면 분문이 닫혀 음식물이 얹히게 된다. 위장의 기능이 떨어지는 현상과는 달리 음식물에 의한 부작용은 외부로부터 오는 것이다.

두 번째로 많이 오는 병이 잘못된 움직임으로 오는 병들이다. 노동 현장에서 많이 생기는 근골격계 질환도 무리(정상적이지 못한)한 동작을 반복적으로 해서 생기는 것이다. 그러한 질병은 주로 관절에서 발생한다. 인체는 몸을 움직이고 노동을 할 수 있도록 뼈와 뼈 사이에 관절이 있다. 그런데 이 관절들은 자신들에게 맞는 운동반경이 있다. 목의 경우 좌우 회전(아이들에게 시키는 도리도리), 어깨, 팔목, 무릎 등도 다 제한적인 운동반경이 존재하는 것이다. 그것을 벗어날 때 우리는 삐었다고 하거나, 겹질리기도 하고, 틀어지기도 하는 것이다. 관절의 틀어짐으로 발생하는 문제는 단지 삐거나 틀어진 것으로 끝나는 것이 아니라 몸의 균형을 깨트려 각종 질병들이 발생하게 한다. 비근한 예로는 디스크, 골반이 틀어져서 생기는 각종 부인질환, 허리 통증, 오십견 등을 볼 수 있으며, 오장육부에 생기는 질병도 상당수가 있다. 특히 오장육부에 생기는 질환은 척추와 오장육부간에 연결된 신경이 막혀 발생되는 경우가 많다. 척추 뼈는 26개의 뼈와 뼈가 이어져 있으며 각 뼈와 뼈 사이에 추간판(연골조직)이 있고, 그 사이로 신경 조직이 머리에서 발끝까지 연결되어 있다.

세 번째인 몸의 신진대사 이상으로 오는 질환은 모든 장기에 오는 질환과 성인병 들… 그리고 암도 일종의 변종세포로 구성되므로 해당된다고 할 수 있을 것이다.

이렇게 병의 원인을 세 가지로 구분해 보았지만, 이는 단지 형태에 따른 구분일 뿐, 몸에 이상이 발생하는 것은 딱 두 가지 원인이다. 하나는 무리하게 몸을 쓰거나 몸이 틀어진 것이고, 둘째는 몸의 면역력이 저하된 것이다. 사실 면역력의 저하도 몸의 균형이 깨지는 것에서 시작된다고 보면 병의 원인은 '무리하게 몸을 쓰거나 몸이 틀어진 것에서 온다.'고 할 수 있을 것이다.

그러면 건강하려면 어떻게야 하나? 몸을 바로 세우고, 적당한 운동과 좋은 것(물과 공기도)을 먹으면 될 것이다. 잘 안 되는 것이 좋은 공기와 물, 음식일 것이다. 외부적인 요건이 안 된다면 내 몸의 면역력을 극대화 시키는 노력이 필요할 것이다. 다음 시간에는 몇 가지 질병사례를 통해 원인을 알아보고자 한다.

구체적인 병의 원인을 알아보자

이제까지 4회에 걸쳐 몸의 구성 원리와 병의 원인에 대해 알아보았다. 오늘은 구체적인 질병의 원인에 대해 알아보자.

요즘 사람들이 가장 많이 호소하는 질병은 소화기 장해를 제외한다면 허리, 어깨, 손목, 무릎 등에 발생하는 통증의 호소일 것이다. 늘어나는 병원들도 성형

외과 못지않게 정형외과들이 늘어나고 있는 추세이다.

허리, 어깨, 손목, 무릎, 발목, 손가락 등에 주로 발생하는 질병들은 관절염, 류마티스관절염, 퇴행성관절염, 디스크, 오십견, 엘보 등이다. 주로 뼈와 뼈 사이의 관절에 오는 질병으로 몸을 움직이기 위해서는 꼭 써야하는 부분이다.

서양의학에서는 이러한 질병의 원인을 유전적요인과 많이 쓰거나 바이러스의 원인으로 생기는 것으로 분석하고 있다. 그러나 동양의학과 몸살림운동에서는 이러한 질병의 원인은 잘못된 자세와 인체의 원리에 역행하는 무리한 동작 때문에 발생한다고 본다.

예를 들어 디스크는 용어 자체가 척추뼈와 척추뼈 사이의 연골을 말하는 것인데, 고관절이 틀어지고, 이로 인해 골반이 돌아가고, 척추가 기울어지면 척추뼈 사이에 있는 추간판(디스크)이 기울어진 쪽으로 압박을 받게 되고, 추간판의 원반이 밀려나와 척수신경을 압박하여 통증을 유발하는 것이다. 디스크는 척추에 다 생기는 것 같기만 등뼈와 연결되어 있는 흉추에는 디스크가 잘 오지 않는다. 대부분 지지대가 없이 척추뼈가 홀로 서야 하는 경추(흔히 목뼈라 하는 것, 7개)와 요추(5개)에 오는 경우가 대부분이다.

우리 몸은 뼈로만 지탱되는 것이 아니라 뼈와 비슷한 '건'이라는 근육부터 아주 말랑말랑한 근육까지 다양한 근육으로 지탱되고 있다. 그래서 쉽게 몸이 틀어지거나 다치거나 하지는 않는다.

그러나 잘못된 자세와 동작이 지속되고 몸에 통증이 느껴진 상태가 되었다면 쉽게 돌아오지 않는다는 것도 이해해야 한다. 특히 최근에는 태어나서 스스로 몸을 뒤집고 일어나 걷기 전에 부모들이 보행기를 태워, 고관절에 충분한 힘이 없이 걷기 시작하는 아이들이 많고, 컴퓨터 등 어린 시절부터 자세를 망치게 하는 환경이 조성되어 디스크나 관절에 이상을 호소하는 환자는 더욱 증가할 것이다. 우리나라 청소년의 60%가량이 척추 측만에 해당된다는 통계만 보더라도 지금 자라나는 세대들이 겪어야 할 질환이 어떠하리란 것은 짐작하고도 남는다.

디스크 뿐 아니라 다른 질환도 마찬가지다. 흔히 테니스엘보라는 병도 무리한 운동에서 발생하는 것이다. 원인은 대부분 손목과 어깨에 있다. 만져 보면 알겠지만 팔꿈치는 접을 수밖에 돌릴 수 없도록 견고하게 뒷부분이 이어져 있다. 빠질 수가 없게 되어 있다. 무리하게 손목을 쓰면 손목이 경직되고 손목의 이탈을 방지하기 위해 팔꿈치까지 경직되는 것이다. 팔꿈치엘보를 고치려면 원인인 손목 또는 어깨의 문제를 해결한 후 팔꿈치의 근육을 풀어줘야 한다.

관절염은 나의 경험을 이야기 하는 것이 이해가 쉬울 것 같다. 2005년도에 나는 '원직복직'과 '비정규 철폐'를 위해 전국에 있는 내가 소속한 사업장(전국에 47개의 사업장이 있었음)을 걸어서 방문하여 조합원들을 만난 적이 있었다. 약 2,000Km를 걷는 장정이었다. 다녀와서 살은 좀 빠졌고, 다리는 모터를 단 것처럼 걸을 수는 있는데, 통증을 참을 수가 없었다. 병원과 한의원에 갔더니, 왼쪽 무릎은 퇴행성관절염이 왔고, 오른쪽 발목에는 관절염이 왔다고 했다. 사진을 20여 장 찍고 물리치료도 받았고, 침도 한 두 달은 맞았던 것 같다. 별로 차도가 없었다. 사실 무릎과 발목 때문에 몸살림운동을 알게 된 것이다.

관절이란 뼈와 뼈 사이를 말하는데, 그곳에는 쿠션 역할을 하는 연골조직이 있다. 퇴행성관절염은 통상 관절(연골)이 닳아 뼈까지 손상을 준 상태를 이야기 한다. 그러나 연골은 그렇게 쉽게 닳아 없어지지 않는다. 죽어서 50년이 지나도 썩지 않고 미이라에서도 발견되는 연골이 그렇게 쉽게 없어지겠는가? 연골조직은 뼈와 뼈 사이의 완충작용을 하기 때문에 아주 부드럽다. 뼈와의 충돌을 없애기 위해 뼈가 틀어져서 원래의 방향이 아닌 다른 방향으로 충격을 가해오면 그냥 밀려버린다. 이를 사진으로 보면 연골의 한쪽이 없어진 것처럼 보일 수 있다. 틀어진 무릎뼈를 제대로 맞추면 연골도 돌아온다.

필자가 그 이후 아직까지 무릎과 발목에 이상이 없는 것을 보면 그렇게 심각한 상황은 아닌 것이다. 물론 괴사 증상이나 단지 뼈가 틀어진 것이 아닌 류마티스 관절염 같은 경우에는 쉽게 접근해서는 안 될 것이다. 류마티스 관절염은 우리 몸의 면역체계의 문제인 것이다.

다음 시간에 류마티스관절염과 오십견, 그리고 두통, 잇몸 질환, 갑상선 등에 대해 알아보겠다.

질병의 이해

구체적인 질병의 원인에 대해 알아보고 있다. 우리가 어디가 아프다고 하는 것은 통증을 느끼기 때문이다. 통증을 느끼게 해 주는 것은 신경인데, 우리 몸에 더 심각한 질병은 통증을 느끼지 못하는 질병이다. 대표적으로 암을 이야기 하는데, 암으로 통증을 느낄 상태가 되면 이미 가망이 없는 상황인 경우가 많다. 특히 인체의 외부에 발병하면 쉽게 알 수 있지만(자각증상), 보이지 않는 내부에서 발병하는 경우에는 원인을 알기 어려운 상황인 것이다.

지난 시간에 관절에 발생하는 병에 대해 알아보았다. 오늘은 오십견과 류마티스 관절염, 두통, 잇몸질환, 갑상선 등의 원인에 대해 알아보겠다. 최근 뉴스에 어깨질환자가 늘었다고 보도되었다. 증상도 인대파열에서 근육경직 현상까지 다양하다. 그러나 그것은 결과일 뿐이다. 실제 원인은 어깨에서 팔이 이탈할 정도의 과도한 노동이나, 반복된 동작으로 근육 사용의 불균형에서 오는 현상인 것이다. 염증은 무리한 운동을 자제하고 쉬면 나을 수 있다. 또한 파열은 심하지 않거나, 조직재생이 어려운 노인이 아니면 시간의 문제지 다시 재생될 수 있다. 어깨질환의 대부분은 어깨뼈와 위팔뼈의 이격을 바로 잡아주고, 근육운동을 해주면 나을 수 있다. 오십견도 마찬가지로 어깨에서 팔뼈의 이탈을 잡아주던 근육이 나이 50이 넘어 노화되면 경직되어 팔을 들 수 없게 되는 것이다.

류마티스 관절염은 병증은 관절에 나타나지만, 연골이나 관절부위의 문제가 아니다. 류마티스 관절염은 척수신경으로부터 공급되어야 할 활액이 연골 조직에 공급되지 못해서 나타나는 현상이다. 심하게는 손가락이 비틀어지고 많은 통증을 호소하지만, 물리치료나 교정 등은 위험하다. 이런 분들은 척추가 대부분 틀어져 있다. 척추를 바로 새우고, 신경을 원활하게 틔어준 이후에 운동법 등을 써야 한다.

두통이나 틱 장애 등 안면장애의 경우는 척수신경이 경추를 통해 올라오는 신경에 문제가 발생할 때 오는 증상이다. 척추뼈 중 경추는 제일 가늘며 약하다. 쉽게 틀어지기도 하지만 쉽게 돌아오기도 한다. 잠을 잘 못자도 목을 돌릴 수 없게 굳어버리는 것이 경추(목뼈)인 것이다. 경추가 틀어지면 목이 가늘고 약하기 때문에 경추 주위의 근육이 경직된다. 굳은 근육이 신경을 누르면 신경이 원활하게 통하지 못하고 통증을 수반하는 것이다. 머리는 두개골이 보호하고 있어 외부의 충격으로부터 외상을 입기는 하나, 쉽게 부서지거나 하지는 않는다. 그러나 조심해야 하는 것은 머리에는 뇌와 이목구비에 연결되는 신경이 많은 곳이다. 특히 얼굴로 가는 3가지 신경은 ① 얼굴·목·두피의 표면근육(일괄하여 얼굴표정 근육이라고 알려진 심층근육의 운동섬유), ② 혀의 앞쪽 2/3 부분에 있는 미각세포에서 오는 신경충격을 전달하고, 혀와 인접해 있는 조직으로부터 오는 일반적인 감각 충격을 전달하는 감각섬유, ③ 눈물샘과 침샘을 지배하는 신경절(신경세포집단)로 가는 부교감섬유(자율신경계의 일부분)가 있다. 이런 신경이 원활하게 소통되지 못하고, 막히게 되면 틱 장애가 발생하거나 안면 근육의 떨림 등이 발생한다. 10여 년 전 발병하면 수술이 유행하였던 갑상선항진(저하)증의 경우에도 갑상선 호르몬의 과다(과소)에 따른 각종 부작용이 병의 내용인데, 그 원인은 의외로 간단하다. 사람의 앞면 목밑에 나비 모양으로 있는 갑상선이 경추가 틀어져 근육이 굳어 호르몬 샘을 자극(막거나 눌러서 비정상적인 호르몬이 나오는 현상)하는 정도에 따라 항진 또는 저하증이 되는 것이다. 물론 수술 요법으로 굳은 근육을 제거하면 갑상선 호르몬은 정상적으로 나오게 된다. 하지만 경추를 바로 맞추고, 근육을 풀어주면 그렇게 수술까지 하지 않아도 되는 것이다. 찬바람을 맞으면 온다는 풍의 일종인 구안와사도 안면신경의 마비로 오는 것인데, 양방보다는 침을 통해 혈을 잡아 마비된 신경을 풀어주는 것이 효과적인 것이다.

마지막으로 잇몸질환에 대해 알아보자. 사실 우리가 이가 아프다고 하는 것은 대부분 잇몸으로부터 출발한다. 물론 턱관절이 밀리거나 틀어져 발생하는 질병도 있다. 그러나 이 자체가 문제가 되는 경우는 극히 드물다. 문제가 발생하는 것은 바로 잇몸이다. 이는 단단한 상아질로 되어 있어(이는 뼈의 여분이다.) 부러지거나 깨지지 않는 한 병이 생기지 않는다. 썩는 경우도 잇몸에 문제가 발생해서 뿌리부터 썩는 것이다. 이 자체는 세균이나 음식물의 침입으로 썩거나 통증을 유발하지 않는다. 그래서 양치질의 개념도 바꾸어야 한다. 이를 닦는 것은 이 사이에 끼인 음식물을 제거하고 이의 미백 효과를 위해서는 좋을지 모르나, 건강한 이를 위해서는 이를 닦기보다는 잇몸 안의 살균에 주력해야 한다. 이와 잇몸 사이를 자극하여 잇몸 안의 소독효과를 극대화 하여야 한다. 동의보감에 소개되어 있는 고치법(叩齒法 소금으로 양치하고, 두발을 모아 뒤꿈치를 들고 이를 부딪치며 뛰는 방법)이나 몸살림운동의 '이를 꽉물어라' 등은 거의 비슷한 이의 건강법이다.

다음에는 소화기와 폐질환, 심장에 대해 알아보겠다.

병의 원인

지난호에 이어 심장과 폐질환, 소화기의 질환에 대해 알아보고자 한다.

심장의 가장 큰 역할은 온 몸에 신선한 피를 공급하는 것이다. 심박동에 의해 동맥을 통해 피가 전신에 돌게 하고 모세혈관을 타고 전신의 곳곳에 이르렀다가 사용한 피를 정맥을 통해 다시 심장으로 돌아오게 한다. 이렇게 심장에는 심장 자신이 쓸 피와 전신에 보내 줄 피가 있게 된다. 심장이 쓸 피가 부족할 때는 심장 자체의 질병이 오게 되며, 다른 곳에 이상이 발생한 경우에는 혈압에 이상이 발생하게 된다. 혈관이 좁아지거나 어느 곳에 상처가 났다던가, 장기에 이상이 생기면 더 많은 피를 빠르게 보내기 위해 혈압이 높아지게 된다. 혈압에 이상이 생기면 신체의 어느 곳에 이상이 있는지를 체크해 보아야 한다. 몸이 쇠약해지거나 근육량이 적어지면 혈압에 이상이 올수도 있다. 심장의 박동만으로 동맥을 타고 나간 피가 모세혈관을 거쳐 정맥을 통해 되돌아오는 것은 대단히 힘들다. 여기서 제2의 심장 역할을 하는 것이 근육이다. 또한 정상적인 심박동을 유지하기 위해서는 척추에 연결된 신경이 정상적이어야 한다. 부정맥 등의 영향은 심장이 제대로 뛸 수 있는 공간의 확보와 신경의 원활한 소통에 있다.

폐질환과 소화기는 외부로부터 들어오는 것들을 통해 몸에 영양을 공급하고 걸러내는 장치이다. 폐는 코와 입을 통해 들어 온 공기를 기도를 통해 받아들여 걸러내고 좋은 청기를 만들어내는 역할을 한다. 소화기는 입을 통해 들어온 음식물을 식도를 통해 받아들여 위에서 암죽을 만들어 소자에서 영양분을 흡수하고 대장에서 수분을 흡수한다. 음식물은 특별한 이상이 없으면 입을 통해 되돌리는 경우가 적으나, 공기는 들이쉬었다가 내뱉는 일을 반복하게 된다. 그래서 외부로부터 들어오는 공기가 문제를 일으키는 것은 호흡기, 기관지, 폐 등이고, 간혹 아토피처럼 피부에 나타나기도 한다. 공기에 의한 질환의 원인은 나쁜 공기를 걸러내는 기능이 떨어져서 발생한다. 코에 있는 털, 기도의 섬모, 폐의 섬모들은 다 필터의 역할을 한다. 코털을 함부로 제거하거나 하는 행위는 일차적인 저항선을 스스로 무너뜨리는 것이다. 그리고 궁극적으로는 좌우에 있는 폐가 활동할 수 있는 충분한 공간을 확보해 주는 것이 가장 중요한 것이다. 무엇보다 허리를 펴고 가슴을 쫙펴야 하는 이유가 여기에 있다. 특히 현대사회처럼 공해와 같이 살아가야 하는 환경에서는 바른 자세를 통해 폐의 활동 공간을 확보해 주는 것이 무엇보다도 중요하며, 척추신경을 원활하게 해 주어야 한다. 나이가 먹으면 척추가 구부러지고, 자세가 구부정한 사람들이 호흡도 가빠지고 기침도 시원하게 하지 못하는 경우가 많다, 바로 구부정한 자세가 양쪽의 폐를 압박하고 공간을 좁게하여 폐의 기능을 떨어뜨리고 척추신경과의 소통을 방해하여 폐의 기능을 저하하는 원인이 되는 것이다.

인간의 장기 중에 가장 중요한 것이 무엇이냐고 한다면 모든 장기가 다 중요하지만, 무엇보다도 소화기일 것이다. 암 환자의 대부분은 암 때문에 죽기보다는 굶어 죽는다. 그래서 히포크라테스도 '음식으로 고칠 수 없는 병은 의사도 고칠 수 없다.'고 한 것 같다. 우리는 배가 아프면 위에 탈이 났다고 생각하는 경우가 많다. 하지만 위는 염증이 생기고, 궤양이 생겨도 최선을 다해 자기 역할을 하는 장기이다. 사람들이 미련하게 많이 먹어도 위가 터지는 경우는 없다. 우리가 체했다고 느끼는 것은 식도에서 위로 들어오는 데 있는 분문이 위의 부담을 덜기위해 음식물을 막았기 때문에 느끼는 것이다. 사실 위는 들어오면 위산과 음식물을 혼합하여 버무려 암죽을 만드는 역할만 한다. 영양분은 소장에서 흡수하여 기화하여 피를 통해 돌게 심장으로 보낸다. 바로 분문과 위, 소장과 연결되어 있는 신경들이 척추에 있다. 물론 모든 시경이 다 척추와 연결되어 있지만, 분문의 신경을 자극해서 다시 자기 역할을 하게 하는 것은 위치만 바로 찾으면 아주 쉬운 일이라, 우리 조상들은 윗배가 아프고 얹힌 것 같다고 하면 척추를 바로 펴게 하고 등을 두드려 주었다. 조금 오묘한 일인데 호흡기와 폐의 문제는 자세와 척추를 바르게 함으로 예방이 가능하지만, 체하는 문제는 예방은 인간의 식욕과 관계되는 것이다. 물론 먹을 때도 바른 자세로 많이 씹어 먹는다면 체하는 경우는 거의 없을 것이다. 그러나 극도의 스트레스 속에 살아가는 우리에게 그런 행운은 없을 것이다. 이런 경우에 약에 의지하는 삶은 스스로를 망치는 길이다. 간단하게 해결할 수 있는 방법들을 익혀 자신의 몸에 있는 면역력과 치유력을 극대화 하는 것이 건강하게 사는 길일 것이다.

이제까지 살펴 본 몸의 질병이라는 것들이 결국 인간의 자세가 무너지고, 인간의 생활 방식의 문제에서 온다는 것을 알아보았다. 이제 어떻게 극복하고 건강한 삶을 유지해 나갈지 고민해 보아야 할 것이다. 다음 시간에는 어떤 방법으로 병을 극복하고 건강한 삶을 살 것인지 이야기해 보자. 먼저 서로 공감해야 할 것은 세상에 의학이 과학적이라고 주장하는 서양의학과 한의학만 존재하는 것이 아니라는 것이다. 증상에 대처하는 대증의학만이 아니라 복잡한 화학식으로 증명하지 않아도 수천 년 동안 경험에 의해 밝혀진 경험의학들이 분명하게 세상에 많다는 것이다. 다 장단점이 있는 것이지, 절대적인 선이 없는 것이다. 인간은 자신을 스스로 만들어 낸 존재가 아니기 때문이다. 건강하게 살다가 다시 자연으로 돌아가는 삶에 대해 받아들여야 하는 것이다.

건강하게 살려면

우리 몸에 대해 알아보고, 병의 원인까지 짚어 보았다.

중요한 것은 우리 몸은 면역력이 있어서 건강한 사람은 병에 걸리지 않는 것이 아니라 스스로 병을 이겨내는 것이다. 또한 명심해야 할 것은 체력이 좋은 것과 건강한 것은 반드시 비례하지 않는다는 것이다. 열심히 일하고 운동한 사람이 반드시 건강하게 장수하는 것은 아니다. 그것은 노동자도 마찬가지이다. 육체적 노동을 열심히 하고 굵은 팔뚝에 구리빛 얼굴이라고 꼭 오래 사는 것은 아니기 때문이다.

앞에서도 알아보았지만 사람은 외부에서 영양분을 공급받지 못하면 살 수 없다. 우리가 섭취하는 것이 우리 몸이 요구하는 영양소의 형태로 되어 있지 않아, 음식과 공기, 물을 섭취하면 오장육부가 역할을 해서 그 영양소가 혈관을 통해 온몸으로 공급되고, 불필요한 것들은 배설(땀, 대소변 등)하게 된다. 그래서 인간에게 가장 중요한 것은 음식물의 소화와 대사 작용이다. 이러한 인체활동 중 원활하지 못한 곳이 발생하면 그것이 병이 되는 것이다.

그럼 병에 걸리지 않고 건강하게 살려면 어떻게 해야 하나?

첫째는 몸의 균형을 유지하여 온 몸 곳곳에 무리한 힘이 들어가지 않고 편안한 상태를 유지해야 한다. 그런 자세는 옆에서 보면 S자를 이루는 형태이다. 고개는 들고(목이 C자가 되도록)가슴은 펴고, 허리는 세우는 자세(허리에 만곡을 이루는)가 척추동물인 인간에게 몸을 가장 편안하게 만드는 자세이다. 물론 다리는 두

다리가 좌우 대칭으로 평형을 이루어야 한다. 받침대의 역할인 다리가 기울어져 있다면 상체는 볼 것도 없는 것이다. 노동자를 괴롭히는 근골격계 질환도 결국 몸의 균형을 깨는 작업환경 때문에 발생하는 것이다. 구부정한 상태에서 진행되는 조립과정, 한 쪽 손목만 계속해서 움직이는 작업 등은 결국 근육의 경직 현상을 불러오고 장기의 압박 등으로 병에 이르게 된다.

둘째로는 섭생의 문제이다. 무엇을 먹으며, 무엇을 마실 것인가의 문제인 것이다. 특히 소화력이 있고 몸이 건강할 때는 음식을 통해 우리 몸에 필요한 것을 섭취하는 것이 가장 바람직하다. 인체 구조상 인간처럼 소장이 긴 동물은 육식보다는 채식이 적합하다고 한다. 특히 요즘같이 인간이 먹기 위해 생산하는 달걀과 우유, 고기는 동물들의 면역체계를 무너뜨리고(조류독감, 구제역 등의 원인도 집단 생산방식에 의해 면역력이 저하되는데 있음) 면역체계가 파괴된 고기와 계란을 인간이 먹고 있는 것이다. 결코 건강해질 수 없다. 물론 항생제로 키우다시피 하는 양식 어류도 인간에게 절대적으로 좋다고는 할 수 없을 것이다.

최근 단백질의 섭취에 대한 이야기들이 많은데 식물에서도 단백질은 얼마든지 섭취할 수 있으며, 채식이 체력이 약해진다는 속설도 사실무근이다. 중세 검투사들은 대부분이 채식주의자들이었으며, 영화에서처럼 근육질은 아니나 약간 비만형의 연성(부드러운)근육을 소유한 힘 있는 투사였다고 한다. 그러면 채소는 모두 좋은가의 문제가 제기될 것이다. 건강한 사람은 큰 문제가 없을 수 있으나 몸이 아픈 사람은 자신에게 맞는 채소를 먹어야 한다. 그렇지 않으면 독이 될 수도 있기 때문이다. 그리고 가장 조심해야 하는 것은 유전자조작식품(GMO)이다. 인체에서 어떤 작용이 일어날지 확인할 수 없다. 특히 가공식품들은 원료가 어떤 것을 사용했는지 알지를 못한다. 곳곳에 인간의 생존 환경은 나날이 척박해지고 있다.

물도 마찬가지이다. 성인 몸의 70%를 차지하는 물은 혈액의 80%를 구성하는 주요 인자이다. 좋은 물을 자주 섭취해 주어야 하며 특히 공복 시에 마시는 것이 좋다. 다만 음식물과 같이 섭취하는 것은 소화력을 떨어뜨려 별로 좋지 않다. 그러나 물도 환경오염으로 인해 심각한 지경에 이르고 있다. 돈을 주고 사서 마셔도 안심하기는 어려우며, 500미리에 1-2만원을 호가하는 물도 등장하고 있으니 점점 어려워지고 있다.

셋째, 공기의 문제이다. 인간은 당장 숨을 쉬지 못하면 사람에 따라 시차는 있겠지만 생명을 유지할 수 없다. 그리고 우리가 받아들인 공기는 폐를 통해 정화된 후 영양분과 함께 온 몸으로 보내 인간의 신진대사에 활용된다. 요즘 아이들에게 심각한 질병중의 하나인 아토피도 재생시멘트가 가장 큰 영향을 주었다는 설도 있지만, 재생시멘트를 포함하여 공기의 오염이 큰 영향을 준다. 역설적으로 아토피로 고생하는 아이들을 자연의 공간으로 이주 시키면 그것만으로 너무 좋아졌다는 사람들이 많다. 더 말할 필요가 없겠지만 인간이 환경의 문제를 신경 써야 하는 문제는 바로 나와 내 가족의 건강과 직결되는 문제인 것이다.

결론적으로 바른 자세의 몸을 만들기 위한 운동과 바른 먹거리와 물과 공기를 섭취하면 무병하게 살 수 있다. 바른 자세를 위한 운동은 다음번에 소개하겠지만 이외에 보충할 운동은 근력운동이다. 심장이 피를 동맥을 통해 보내서 모세혈관을 거쳐 온몸으로 간 후, 다시 정맥을 통해 되돌아오게 하는데, 혼자만의 역할로는 버겁기 때문이다. 심장에 무리를 주지 않기 위해서는 전신에 고른 근육운동을 통해 근육이 제2의 심장역할을 담당하기 때문이다.

특별한 보약을 먹거나 격한 운동을 하지 않아도 일상의 올바른 자세와 식습관을 통해 건강문제는 얼마든지 해결할 수 있다. 다음 달에는 위의 세세한 사항들을 모두 설명하기보다는 홈페이지나 카페 등을 통해 직접 접할 수 있는 방법을 알려드리고자 한다.

어떻게 살아야 건강한가

노동운동을 하는 사람이 이런 글을 쓰고 몸살림운동을 한다고 하니 주변 사람들이 묻는 질문이 있다. 이런 거 하면 오래 사느냐? 는 것이고, 먹는 것과 건강운동 중 어느 것이 더 중요하냐? 는 질문이다. 첫 번째 질문에 대한 답은 아니라는 것이다. 건강에 대한 노력과 운동을 하는 것은 건강하게 살다가 고생하지 않고 죽기 위해서이지 오래 살려는 것은 결코 아니다. 물론 남들 사는 만큼은 살고 싶은 것이 당연한 욕심일 것이다.

대부분의 현대인들은 건강할 때 열심히 살다가 기력이 쇠하고 병들면 병원과 약에 의지하여 생을 연장하는 삶을 살고 있다. 심지어는 중환자실의 의료 기구에 생을 맡기고 자신 뿐 아니라 가족들도 고통스러운 나날을 보내는 사람들도 있다. 특히 한국사회는 평균 수명이 늘어난 것이 경제소득이 늘어나고 현대의학이 발달한 덕분이라고 자랑들을 하지만, 자살률은 높아지고, 출산율은 바닥을 헤매는 지경에 이르고 있다. 사회복지는 비슷한 경제수준의 국가들에 비해 형편없이 낮아 수명 연장에 따른 노인인구의 증가가 사회 전체의 위기로 전화될 조짐까지 보이고 있다. 심지어 현대자본주의의 폐해는 정신질환의 증가, 묻지마 살인 등 사회안전 자체를 위협하고 있다.

'건강하게 살다가 편하게 죽는 것'_ 이 사회에서 인간이 추구해야 할 가치인 것이다. 만약 이 사회의 모든 사람들이 죽지 않고 산다고 하면 어떻게 될까? 전 우주적인 자원을 개발하고 영토의 확장을 통해 살아갈 길을 찾을지는 몰라도 현재의 추세대로 라면 끔찍한 세상이 될 것이다. 언제까지 살아야 인간이 만족할 수 있을까? 정답을 제시할 수도 없고 스스로 결정할 수도 없는 일이다. 사실 젊은 나이에 불치병에 걸리는 것이 안타까운 것이지, 평균 수명을 상회하는 나이에 불치병이 걸려 죽을 시기가 예고되었다면 과연 불행할까? 개인적으로 생각해보면 자신의 생을 정리하고 마감할 수 있다면 행복하지 않을까 싶다.

두 번째 질문인 먹는 것이 중요한가? 운동이 중요한가? 라는 질문에는 둘 다 중요하다고 답하고 싶다. 인간은 먹어야 살고, 또한 움직여야 살기 때문이다. 물론 먹어야 살기 때문에 먹는 것이 더 중요한 것이라 한다면 할 말은 없다. 그러나 지금은 건강하게 사는 방법을 논하기 때문에 두 가지가 다 중요하다.

내과, 외과, 소아과 등 여러 분야의 의사들이 있지만 인간의 수명 연장을 위해 가장 기여한 의사는 누구일까? 다양한 답이 나오겠지만 치과의사일 것이다. 인간이 영구치가 다 빠져도 의치를 넣어 음식물을 씹고 섭취할 수 있었기에 살아갈 수 있었던 것이다. 음식으로의 영양 섭취가 인간이 가장 건강한 삶을 누릴 수 있는 조건이기 때문이다. 그래서 골고루 잘 먹는 것이 건강에 좋다고 한다. 그렇다고 인간이 이 세상의 모든 음식을 골고루 다 먹을 수는 없다. 이 이야기는 인간이 섭취해야 할 영양소를 고루 섭취할 수 있도록 먹어야 한다는 뜻이다. 그러한 예는 현미식에서 찾아볼 수 있다. 최근에는 곡류의 섭취량이 줄어들었지만 과거에 우리나라 사람들의 주식은 쌀이었고, 곡류의 섭취량이 대단히 컸다. 많이 먹었기 때문에 중요한 것이다. 밥을 보면 현미식은 골고루 먹는 것이고, 백미는 편식인 것이다. 현미에는 인체에 필요한 10대 영양소가 필요량만큼 모두 들어있다. 반면에 백미는 10대 영양소를 다 갖추지 못하고 있다. 현미는 입에서 넘어가기에 달콤하지는 않지만, 많이 먹지 않아도 영양소를 다 보충해 주는 것이다. 예전 사람들은 밥에 푸성귀만 먹어도 건강했다는 것이다. 비록 체형은 지금보다 작았다고 하지만 건강은 크게 문제는 아니었던 것 같다.

대구의료원의 황성수 박사라는 신경외과 의사가 계신다. 이미 TV를 통해 많이 소개되었지만, 양의사(특히 외과)임에도 불구하고 서양 약에 대해 비판적인 분이다. 당뇨, 고혈압 등 내분비 계통의 질환에 관심을 갖기 시작한 것은 자신의 환자들이 신경계에 문제가 생겨서 오면 이미 손쓰기 어려운 지경이라, 추적해 보니 대부분 당뇨, 고혈압이 진행되어서 합병증으로 오는 것인데, 서양의학에서의 당뇨, 고혈압 약은 치료제가 아니라 강제로 일시적으로 수치를 정상화 시키는 약이라는 것이다. 황박사가 치료 방법을 고민하니 내분비 계통에 이상이 온 것은 대사기능이 비정상이 된 것이라 이를 정상화해야 하는데 그 방법이 현미식이었다. 그 병원에 가면 당뇨, 고혈압 약을 모두 압수하여 쓰레기통에 버리고, 계란, 우유, 유제품, 고기, 생선, 젓갈류까지 금하고 현미밥과 채소만을 먹게 한다. 많은 사람들이 효과를 보았다고 한다.

나도 현미식은 오래(10년 정도) 전부터 했지만, 육류를 안 먹기 시작한 것은 한 2년이 다 되어 간다. 생선류까지 끊으려고 하니 사회생활이 곤란한 것 같아 거기까지는 안하고 있는데 몸이 많이 가벼워지고, 피로감이 덜 느껴진다. 황박사는 자신이 직접 농사지은 곡식으로 생식을 한다고 알려지고 있다. 의학적으로는 인간같이 장의 길이가 긴 것은 초식동물이라고 한다. 건강할 때는 모르지만 대사기능에 장애가 오고 나이가 들면서 노쇠해 지면 먹는 것에 특히 주의해야 할 것이다.

그리고 적당히 움직여 주어야 한다. 결코 무리한 운동은 안하느니만 못하다. 적당하게 바른 자세로 하는 운동이 건강에 좋은 운동이다. 특히 현장에서 일을 하는 경우 틈틈이 몸을 풀어줘서 한 가지 동작으로 인해 근육과 관절이 굳어지거나 틀어지는 현상을 방지해야 한다. 물론 근육이 발달되고 유연한 2-30대에는 문제가 없을 수도 있지만 근육의 탄력이 떨어지는 4-50대가 되면 관절과 뼈가 그 부분의 하중을 받아야 한다. 그러면 오십견도 오고 목에 아이가 업혀 있는 것 같고, 허리도 휘는 것이다. 산업재해 예방을 위해 아침마다 체조를 하는 사업장이 많다. 그러나 대부분 국민체조, 에어로빅 등을 하는데, 그러한 운동이 그리 인체공학적이지도 않고, 산재예방에 큰 도움이 되지 않는다는 것이다. 심지어는 평소 움직이지 않던 에어로빅을 하다가 허리가 삐끗해서 산재를 당하는 경우도 발생한다고 하니 참 고민스러운 지점이다. 인체공학적인 바른 운동에 대해서는 다음에 소개하겠다.

또한 자주 받는 질문 중의 하나가 이렇게 살면 아프지 않느냐는 질문이다. 나도 몸살림운동을 한 1년 했을 때, 계절마다 걸리던 감기도 안 걸리고 해서 사람들에게 자랑하던 시절이 있었다. 참으로 우매한 짓이었다. 면역력이 증강되어 감기, 질병들이 과거보다 덜 걸리고 건강해지는 것은 사실이지만, 우리 모두가 인간이다. 그리고 감기와 몸살은 인간에게 주어진 선물이다. 스스로의 한계를 알고 휴식과 재충전할 기회를 준 것이다. 몸에서의 신호인 것이다. 그런데 약을 먹고 통증을 이겨가며 일을 하고 무리한다. 이런 상황이 건강에 가장 큰 적신호인 것이다. 결론적인 답변은 현대사회에서 노동시간도 자신이 스스로 조절하고 아주 잘 관리하면서 운동과 건강식을 한다면 모르겠으나 일상적인 생활을 하면서 무병하기는 거의 불가능하다. 내가 아무리 잘해도 현대사회는 타인에 의한 위험이 도처에 깔려있다. 스스로의 몸에 맞는 운동과 건강을 위한 먹거리에 신경 써서 큰 병에 걸리지 않고 살아가는 것이 현대사회에서 그나마 건강하게 사는 방법일 것이다.

다음에는 자녀들의 건강에 대해 알아보겠다.

어떻게 살아야 건강하나

이번에는 자녀들의 건강에 대해 알아보자. 자녀를 키우다보면 우리 아이가 남들보다 빠르기를 바라는 마음이 누구든지 든다. 그러면 안 되고 아이에게 좋은 것이 아니라고 생각하면서도 걷는 것이, 말하는 것이 또래의 남들보다 늦으면 은근히 화가 나는 것이 부모 된 마음일 것이다. 생각은 그럴 수 있지만 그런 불만을 아이에게 내색하고 실제 남들보다 빠르게 하기 위해 아이에게 별도의 방법을 동원하여 적용한다면 아이의 건강을 해치는 지름길이기 때문이다.

왜냐면 인간은 날 때부터 뛸 수 있는 동물이 아니기 때문이다. 사람은 태어난 순간에는 목도 가누기 쉽지 않다. 목을 가누고, 몸을 뒤집고, 기고, 일어서고의 과정이 자신의 몸을 진화시키는 과정인 것이다. 그 과정 속에서 뼈도 튼튼해지고 근육도 형성되는 것이다. 그러므로 이 시기는 아이들이 충분히 자신의 몸을 단련시킬 수 있도록 지켜봐줘야 한다. 성장기에 있는 어린 아이들이 척추가 측만인 원인을 보면 크게 세 가지로 볼 수 있는데, 컴퓨터 게임이나 학습시 잘못된 자세에 의해 되는 경우, 고관절이 약해 고관절이 틀어진 경우, 하체를 다쳐서 발생하는 경우 등이 있다. 사실 현대사회에서 아이들이 기거나 걷게 되면 더 큰 고민이 생기게 된다. 누워 있을 때에는 몰랐지만 움직이기 시작하면 아이의 주면에 있는 모든 것들이 위험물이다. 특히 기어 다닐 시기에는 무조건 입으로 가져가게 되고, 어른에게는 안전한 가전제품도 작은 아이에게는 생명을 위협할 수도 있기 때문이다. 각 가정의 시설이 많은 신경을 쓰지 않는다면 아이들에게 안전한 시설은 아니다. 계단에서 넘어진다든지 반복적으로 발목이 삔다든지 하는 문제들을 단지 파스 발라주고 진통제 먹여서 해결하다보면 발목, 무릎, 고관절에 이상이 생겨 척추에 이상을 가져오고 건강에 문제가 발생하게 되는 것이다. 고관절의 이상은 화장실도 양변기로 대부분 고쳐진 상황에서 단련할 수 있는 길이 없다. 아이들이 놀이를 통해 고관절과 하체의 힘을 기르도록 하면 조금 나을 수 있는데, 어린 시절부터 학교, 학원의 의자에 앉아 생활하고 집에 와서도 정적인 활동이 대부분인 경우에는 고관절이 약할 수 밖에 없다. 특히 아이를 빨리 걷게 하겠다고 보행기를 태우게 되면 아이가 빨리 걷게는 되겠지만 충분히 고관절의 근육이 형성되지 않아 발목, 무릎에 무리를 주게 되고, 고관절이 틀어지고 척추가 측만 되는 현상이 발생하는 것이다.

그럼 어떻게 해야 하나?

아이를 출산하게 되면 반드시 초유를 먹이고 되도록 모유를 먹이도록 한다. 이는 단순한 영양을 떠나 아이의 자생적인 면역력과 직결된 문제이다. 갓난아이에게 제일 중요한 운동은 부모와 주변 사람들이 만져주는 운동이다. 아이들에게 젖을 먹이면 그대로 누이지 않고 몸을 세우고 등을 다독여서 트림을 하게한다.

이는 소화만을 위해서가 아니고 이는 등을 쓸어주는 것이 아이에게 아주 좋은 운동이다. 척추의 신경을 자극시켜 주는 것이다. 신생아는 많은 시간 충분히 자야 하니까 좋다고 자주 하지 말고 먹고 났을 때 해주는 것이 아주 좋다. 그리고 기저귀를 갈아줄 때 마다 다리와 팔을 주물러 주는 것이 좋다.

다음으로 목을 가누기 시작할 때 좋은 운동은 '도리도리'이다. 부모가 마주보고 먼저 해서 아이가 따라하도록 하면 된다. 그리고 아이의 두발을 손으로 잡고 모둠발을 서도록 해주는 것도 다리의 힘을 길러주고 근육을 발달시키는 좋은 운동이다. 그 가락을 움직여 주는 '잼잼' 등을 해준다, 이렇게 기구를 사용하기보다는 맨손으로 부모와 직접 스킨쉽을 통해 하는 운동이 좋다,

그리고 지켜봐야 한다. 보행기에 태우는 것은 최악이다. 아이가 뒤집고 기어다니기 시작하면 관찰자가 되어 위험요소만 치워주면 된다. 스스로 하도록 내버려둬야 한다. 그리고 놀이를 통해 햇볕도 쬐고, 흙하고도 접하도록 해야 한다. 지나치게 위생을 강조해서 소독제를 쓰거나 외부 접촉을 꺼려하면 아이는 오히려 면역력이 약화되는 결과를 초래한다.

조금 더 상장하면 자전거를 많이 태우는데 잠깐의 놀이로 태우는 것은 좋으나 그리 성장기에 좋은 것은 아니다. 성장기에는 성장통을 겪을 만큼 몸이 완성된 형태가 아니다. 아이들이 자전거를 타는 모습을 보면 싸이클 선수를 흉내내서 허리를 잔뜩 숙이고 타거나, 핸들과 안장의 거리가 멀어 몸을 앞으로 내밀고 탄다. 사실 싸이클 선수들은 기록 때문에 공기의 저항을 덜 받으려고 상체를 숙이지만 결코 몸에 좋은 자세가 아니다. 자전거를 몸에 좋게 타려면 허리를 세우고 바른 자세로 타야 한다. 안장에도 각별하게 신경 써야 한다. 안장이 생식기와 항문사이의 근육을 지나치게 자극하면 중요한 근육과 혈관이 손상되기 때문이다.

결론적으로 건강한 아이를 키우려면 부모들이 욕심을 버리고, 관찰자의 자세로 기다려주고, 친구와 같이 놀아주는 것이 최선의 방법이다. 기구를 이용하기보다는 손과 몸을 통해 하는 운동을 시키고, 스스로 운동할 나이가 되면 걷기, 팔굽혀 펴기, 윗몸 일으키기 등을 시키는 것이 좋다. 운동을 아니지만 컴퓨터와 TV시청도 모니터와 TV화면을 아이의 눈으로부터 15도 이상 높은 위치에 놓아 아이의 몸이 굽는 것을 방지해야 한다. 조상들이 책을 보던 자세에서 배워야 한다. 아이들은 문제는 쉽게 고칠 수 있다. 수많은 육아와 건강정보가 홍수를 이루

지만 가장 간단한 방법을 통해 아이들을 괴롭히지 말고 건강하게 키우자.

잘 살아 보세

지난 1년간 이 지면을 통해 인체의 구성, 병의 원인과 진단, 대처 방법 등에 대해 알아보았다. 이제는 어떻게 하면 건강하게 사는지 정리해야 할 시간인 것 같다. 우리나라의 전통적인 의술을 비롯한 동양의술의 기본은 조화다. 어느 장기나 특정 부위가 강하고 튼튼하다고 해서 좋은 것이 아니고, 상호 균형이 맞아야 건강하다고 하였다. 오장육부가 균형이 맞고 혈관과 신경이 막히지 않고 소통이 잘되면 이상이 없는 것이다. 그러기 위해서 인체를 구성하는 뼈와 뼈의 연결부위인 관절이 바르게 놓여 있어야 하는 것이다.

그래서 우리의 전통 의술은 침·뜸·안마·섭생이었다. 침은 너무들 잘 아시니 설명이 필요 없을 것 같다. 침은 우리 몸의 신경에 분포된 혈자리에 전기적인 자극을 주어 치료하는 방식이다. 그래서 침은 철제로 만들어진다. 효과는 즉각 나타나지만 지속성이 떨어져 반복적인 시행이 필요하다.

뜸은 몸에 약한 화상을 입게 하여 화상을 입을 때 생성되는 히스톡신이라는 이종단백질이 면역력(저항력)을 증강시켜 주는 원리로 치료효과를 주는 것이다. 몸에 화상을 입힐 때 3년 말린 쑥을 사용하는 것은 쑥의 효능을 활용하는 것이 아니라 3년 말린 쑥의 발화 온도를 쓰는 것이다. 사람의 몸에 적당한 화상(부작용이 없는)을 입히려고 보니 경험상 3년 말린 쑥이 최대 60도 정도의 온도가 나오는 것이다. 뜸은 몸에 직접 화상을 입혀야 효과가 있으므로 말린 쑥을 말아 몸에 대고 직접 태워야 되는 것이다. 용기 등에 넣고 하는 뜸은 그리 효과가 없다. 몸에 화상의 흔적이 작게 나야 이종단백질이 생성되기 때문이다. 뜸은 급한 병에는 잘 쓰지 않는다. 오랜 병을 다스릴 때 쓰는 방법인 것이다.

그래서 구당 김남수선생의 경우에는 침과 뜸을 같이 사용하신다. 상호 효과를 극대화하는 방법이다. 면역력 저하에 의한 질환에 탁월한 효과가 있고, 뜸자리만 전문가의 도움을 받아 잡으면 본인과 가족의 협조로 아주 저렴하게 뜰 수 있는데, 의사가 아닌 사람이 가족이라도 본인 아닌 사람에게 해 주면 형사처벌 되는 한국의 의료법이니 권하기도 어렵다. 뜸은 자리만 알고 있다면 재정적으로도 부담이 없는 방법이다. 다만 쑥이 효능이 있거나, 간접구(용기 등을 써서 뜸을 뜨는 방법)방식이 큰 효과가 있는 것처럼 선전하며 고가의 상품으로 만들어 파는 제품에 현혹되지 말기를 바란다.

안마법은 몸으로 하는 건강법으로 의료의 혜택을 받기 어려운 스님들이나 서민들에 의해 전래되었으며, 인체의 원리를 이해하고 바른 자세와 체조법을 익히면 누구든지 할 수 있는 방법이다. 이런 건강법은 한국에만 있는 것이 아니라 일본에도 있다. 물론 차이는 있지만 근본적인 원리는 크게 다르지 않다. 한국에는 '몸살림운동'이라는 시민운동으로 보급되고 있지만, 새로운 것의 보급이 아니라 과거의 것을 재생하고 발전시켜 내고 있다고 이해하는 것이 올바를 것이다. 쉽게 이해하려면 과거 부모, 할아버지 세대들이 자식과 손자들에게 '바로 앉으라'고 혼내고, 척추를 세울 것을 강조하던 기억이 있을 것이다. 그리고 일을 많이 하시면 어깨를 두드리시고, 허리(정확히는 엉치뼈)를 밟아달라고 하시던 것, 체하면 등을 쓰다듬고 쳐서 내려주시던 모습이 바로 안마법의 일종이다. 그리고 그러한 방식을 선조들은 일상의 생활에 적응해서 살았던 것이다. 짐을 져도 양쪽에 균형 있게 분산시키는 지게를 지고, 봇짐도 어깨에 걸어서 하고, 어머니들이 아이도 등에 업고, 그 무거운 물동이도 머리에 얹어 옮기는 등 생활의 지혜가 바로 건강을 지키는 방법이었다.

몸살림운동은 이러한 운동법을 체계화하여 기본운동과 몸살림팔법체조를 내놓고 있다. 말 그대로 체조이다. 거기에 약간의 교정법이 있어 인체의 기본이 되는 뼈의 틀어짐(실제로는 관절이 틀어진 것임)을 바로 잡아 주는 방법도 선보이고 있다. 어린 시절 접골원이나, 교정원 등에서 볼 수 있었던 방법들이 보급되고 있다. 자세한 운동법은 다음시간에 소개하겠다.

마지막으로 섭생의 방법인데 이는 식물과 우리가 먹는 음식을 통해 건강한 몸을 만드는 방법이다. '일침·이뜸·삼약'이라는 말이 있다. 급한 병에는 침을 쓰고, 그래도 안 되거든 뜸을, 그것으로도 안 되면 약을 써서 체질 자체를 바꿔야 한다는 의미이다. 사실 약으로 치면 서양의학이 더 많이 쓴다. 그리고 많이 쓰는 만큼 부작용도 크다. 왜 그럴까? 약은 많지만 다른 약들을 쓰기 때문이다. 서양의학의 약은 화학약품이다. 해당 질환에 효과가 있는 화학성분을 추출하고 만들어서 농축한 것을 상품화한다. 어떤 곳이 안좋아서 치료를 받다가 보면 치료제 때문 다른 곳이 문제가 생기는 경우도 허다하다. 최근에는 화학성분으로 제조된 약이 아니라는 뜻으로 생약제재란 용어를 쓰기도 한다. 부작용이 적기는 하지만 원리는 크게 다르지 않다.

한의원에서 쓰는 약인 한약재는 약재를 말려서 그 약재가 가지고 있는 독성을 통해 병을 치료하는 방식이다. 그래서 한약을 복용하면 숙주, 무우, 돼지고기 등을 필수적으로 금한다. 한방에서 체질을 보거나 약재의 상극관계 때문에 금하기도 하지만 기본적으로는 위의 식품들이 해독에 탁월하기 때문이다. 한약을 먹었는데 해독을 시켜버리면 약을 먹으나마나 이기 때문인 것이다. 또한 한의가 우리의 전통적인 의술로 알고 있는 분들이 많지만 한의는 동양의술로서 우리와 비슷한 부분이 있지만 근본적으로는 중국의 의술인 것이다. 한의과대학에서 중국의 의서인 '본초강목'을 기본으로 배우는 것만 보아도 알 수 있는 것이다.

그럼 우리의 전통방식은 무엇인가? 그것은 청혈·해독을 기본으로 식물의 원액을 추출하여 복용하는 방식이다. 쉽게 이야기 하면 먹는 것이 곧 약이라는 것이다. 다만 특히 안 좋은 부분에 좋은 식물을 대량으로 중탕을 하여 즙을 내서 먹게 하는 방식이다. 부작용도 없고, 아주 과학적인 방식이다. 환자의 상태에 따라 식물의 뿌리, 줄기, 열매로 구분하여 처방하여 물을 넣지 않고, 중탕하여 식물의 액을 추출하여 먹는 방식이다. 의료법을 피하기 위해 건강보조식품으로 판매하는 방식들을 많이 사용하고 있는데, 의료법의 모순 때문에 사이비 건강보조식품들이 양산되는 결과를 가져와 사회적 문제가 되기도 한다.

오늘은 전통적인 방식의 건강법에 대해 원리를 중심으로 설명하였다.

16가지 질병이 있었던 내가 건강을 유지하는 방법도 위의 방법에 간단한 운동과 식이요법 정도이다. 다음 시간에는 안마법이 발전한 몸살림운동과 자연식물 섭생법에 대해 소개하겠다.

건강한 삶을 살자

건강은 건강할 때 지키라는 말이 있다.

사람은 건강할 때는 건강한 몸에 대한 고마움을 모른다. 어딘가 탈이 나고 불편해지면 일에 대한 의욕도 잃고 건강에 신경을 쓰게 되지만 쉽게 회복되지 않는 것이 건강이다. 이제까지 연재를 통해 계속 이야기하고 있지만 외부적인 충격에 의해 발생된 병이 아니라면 모든 질병은 자기 몸의 치유력을 회복하지 못하면 근본적인 건강은 회복되지 않기 때문이다. 약을 먹고 수술을 하고 하는 것은 응급적인 조치를 했다고 이해해야 한다. 수술과 약에 의한 치료 이후에 몸이 회복하는 과정이 몸을 원래의 건강한 상태로 돌려놓는 것인데, 이 과정은 몸의 세포를 재생하고 병마를 이겨낼 수 있는 힘에 있는 것이다.

또한 건강을 유지하는 것은 몸의 면역력을 극대화하는 방법이다. 몸의 면역력을 좋게 하는 것, 그것은 다른 방법이 있는 것이 아니라 인간의 생명을 유지하기 위해서 필요한 먹고, 움직이는 것이다. 생명을 유지하기 위해서는 사람은 물과 음식을 섭취해야만 한다. 그리고 숨을 쉬고 움직이지 않으면 살수가 없다. 운동을 하기 싫어하는 사람도 생명을 유지하기 위해서는 숨도 쉬고 화장실도 가고 밥도 먹으려면 움직여야 한다. 어떠한 운동도 하지 않고 하루에 필요한 움직임만 해도 소모되는 열량이 있다. 그것을 기초대사량이라고 한다. 건강한 사람은 특별한 운동을 하지 않아도 가벼운 산책을 하며 좋은 것을(비싼 것이 아니며 거칠고 자연에서 얻을 수 있는 것들) 먹으며 건강하게 산다. 이는 건강할 때 건강을 유지하는 방법을 선택해서 가능한 일인 것이다.

이 글을 쓰고 있는 저도 사실 몸이 망가질 대로 망가진 이후에 건강에 대한 관심을 갖게 되었고, 지금도 조금만 방심하면 몸에 이상이 생긴다. 나이도 들어가니 망가진 몸이 젊고 건강한 몸으로의 회귀가 안 되는 것이다. 그래서 건강할 때 몸을 챙겨야 하는 것이다.

건강하게 살려면 어떻게 해야 하나?

반복된 이야기지만 결론적으로 이야기 하면, 바른 자세와 올바른 먹거리이다. 바른 자세란 바르게 서고 움직이게 해주는 고관절을 비롯한 관절을 튼튼하고 부드럽게 하는 것이며, 척추를 바로 세우는 것이다. 척추동물인 인간은 척추를 통해 머리에서 발끝까지 신경을 연결하고 있으며, 오장육부와의 소통도 하고 있기 때문이다. 만곡을 이루는 척추는 몸의 힘을 최대화하는 자세인 것이다.

건강한 먹거리는 무엇인가? 사실 먹거리보다 더 중요한 것은 공기와 물이다. 인간에게 가장 밀접하고 필요한 것이 공기와 물이기 때문이다. 현대 사회에서 아토피에 시달리는 사람들(특히 아이들)이 많은 것도 제일 큰 원인이 환경의 문제이다. 과학적으로 분명한 원인을 규명하고 있지는 못하지만, 도시 생활자 중에서 공동주택 생활자, 그 중에서도 건축자재 품귀로 재생시멘트로 지은 아파트에 사는 아이들에게 많이 발생하고 있다는 점에서 환경 파괴적인 건축자재의 문제라고 볼 수 있다. 아이들의 아토피 문제로 도시 생활을 정리하고 자연 환경으로 돌아간 사람들을 보면 아토피 등의 피부 질환에서 좋은 결과를 얻게 된 것을 볼 수 있다.

공기와 물 다음으로는 하루 세 번씩 섭취하게 되는 음식인 것이다. 물론 하루 한 끼만 섭취하는 사람들도 있지만 보통은 하루 세 끼를 먹는다. 하루 한 끼가 맞는 지, 세 끼가 맞는지를 논쟁하고 싶지는 않다. 그것은 습관의 문제이기 때문이다. 다만 일정한 시간대에 정기적으로 섭취하는 것이 가장 좋으며, 하루 세 번에 나누어서 먹는 것이 가장 건강하게 사는 것이라는 경험에서 출발하는 것이다. 그리고 더 중요한 것은 한 번의 섭취량에 있다. 자기 위장의 8할만 채우는 것이 좋다. 넘치게 많이 먹는 것이 오히려 문제라는 점이다.

그럼 어떤 것을 먹어야 하나?

사람이 가장 많이 섭취하는 것은 주식으로 먹는 것이다. 한국 사람들은 밥일 것이다. 모든 영양을 골고루 섭취하기 위해서는 현미밥을 먹고 잡곡을 섞어서 먹으라는 것이다. 반찬은 편식 없이 고르게 먹으면 될 것이다. 다만, 몸에 이상 신호가 오면 육류와 유제품 등 동물성의 섭취를 제한하는 것이 좋다.

여기에 근력을 향상하는 운동을 적절히 하면 큰 도움이 될 것이다. 기본적인 운동은 바른 자세로 걷기운동, 척추 냉수마찰 등으로 면역력을 증강시키는 것이 좋다.

연재를 마무리하며 제가 건강을 회복하는데 주요하였던 방법을 소개하며 마치려고 한다.

첫째는 바른 자세를 위한 몸살림운동이다. 인터넷에서 몸살림을 치면 사이트가 나온다. 2-3개가 나오지만 뿌리는 같다. 바른 자세를 만들기 위한 운동법과 교정법을 통해 틀어진 몸으로 인해 오는 질병들을 치유할 수 있다.

둘째는 식물의 힘으로 면역력 증진과 병의치유를 연구하는 단체이다. 인터넷 다음카페에서 '예산 선생님과 함께하는 바이오마을 M.E.L 자연치유 힐링캠프'이다. 강원도 횡성의 폐교에 있는 바이오마을은 현대의학에서 포기하는 환자들이 많이 찾는 곳이지만, 병원의 치료를 받고 있는 사람들도 식물처방에 의해 원기를 회복하여 치료효과가 더 크게 나타나기도 한다.

셋째로는 김남수 선생의 침뜸을 소개한다. 만성질환에 시달리는 분들에게 뜸은 상당한 효과를 준다. 뜸자리를 잡기 위해서는 상당한 기간을 배워야 하지만 조금의 조력을 받으면 아주 저렴한 비용으로 뜸을 뜰 수 있다. 현행 의료법으로는 의사 아닌 사람들이 침뜸을 하는 것을 불법이라고 하지만 환자의 권리로 인정 되어야 할 것이다.

마지막으로 현미식에 대한 것은 대구의료원에서 25년간 진료하시다 최근 서울에 개원한 황성수 박사의 힐링스쿨을 소개한다. 네이버 블로그에서 찾으면 된다.

현대의학에서 처방하는 약의 사용법을 자세히 읽어보면 부작용에 대한 경고가 작은 글씨로 되어 있다. 그렇다. 약은 치료를 위해 농축된 성분으로 만들고 몸에 투여한다. 그 약이 우리 인체 전체에 미칠 영향에 대해서는 누구도 장담할 수가 없다. 신약을 만들었을 때 인체에 대한 실험은 그 해당 질병 환자들에 대해서와 건강한 사람들을 중심으로 이루어진다. 복합적인 질환을 가진 환자들에게 어떻게 나타나는 지는 장담하기 어려운 것이다. 몸에 이상에 생겼을 때 우리는 왜 이렇게 되었는지를 알아야 한다. 나의 생활 습관에 어떤 문제가 생겼는지? 먹는 것에 무엇이 문제인지? 살펴보는 것이 병의 원인을 찾고 근본적으로 해결하는 방법일 것이다.

노동자에게 건강에 있어 가장 큰 문제는 장시간의 노동과 부족한 휴식, 반복적인 노동일 것이다. 노동시간의 단축은 일자리를 나누는 남을 위한 것보다는 자신의 건강을 위해 반드시 해야 하는 것이다. 실제노동시간을 지속적으로 줄여나갈 때 노동자의 삶도 윤택해지고, 건강하게 살게 될 것이다.

한내 월간 뉴스레터 2012년 11월호(47호)

의료공공성에 대한 단상(斷想)

'노동자와 건강'이란 코너를 연재하다가 보니 문득 이런 생각이 들었다. '지금 상황대로 무상의료가 되면 어떻게 되지?' 지금과 같은 의료체계에서 무상의료가 된다면 우리에게 의료의 선택권은 없을 것이다. 무조건 건강검진 받고 통계치보다 나쁜 수치가 나오면 약 먹고, 이상 소견이 나오면 수술 받고, 치료라는 이유로 감금당하고 그러다가 악화되면 투석도 받고, 인공장기와 관절도 갈아 넣고 이식도 받으면서 삶의 끝을 생각하게 된다.

아직은 의료보험이 적용되지 않는 약과 치료항목들도 있고, 자비 부담률도 만만치 않고, 중한 병일수록 치료효과에 대한 신뢰가 높지 않으니 다른 방법들도 찾고 있지만 무상의료라면 어떻게 될까?

반성과 함께 이야기 하면 나야말로 1999년 3월 통합 공공연맹이 출범하며 초대 사무처장을 맡고 이 사회에 사회공공성이란 화두를 던지며, 무상교육·무상의료를 외쳤던 사람 중의 하나였다. 그러나 정작 건강에 관심을 갖고 지금의 의료시장에 대해 알수록 지금 상황에서 무상의료가 된다면 혜택을 보는 사람은 의료자본뿐이다. 고가의 의료기기들을 팔아먹고 치료만으로 이윤율이 확보되지 않자 예방의학을 이야기하며 검진용 장비로 많은 수익을 올리고 있다. 그러나 환자의 입자에서 본다면 건강하기 위해 검진을 받지만 방사능을 이용하는 X-ray 촬영, X-ray의 400배에 달하는 방사능에 노출되는 CT를 찍으면서도 과연 내 몸에 어떤 영향을 미칠지 고민도 못하고 있다. 암에 걸리면 당연히 방사선 치료를 받아야 하고 당뇨, 고혈압은 평생 약에 의지해서 살아야 한다. 두통, 치통, 생리통을 한 가지 약으로 해결하는 서양의학은 진통제의 오용으로 신경계통 질환을 유발시키고, 항생제의 남용은 슈퍼박테리아를 병원에서 만들고 있다.

우리나라에 들어온 지 200년도 안 된 서양의학이 독점적 지위를 확보하게 된 것은 어떤 이유인가? 최근에는 그의 딸이 대통령이 되겠다고 나와 그 망령이 다시 되살아나고 있지만, 군사쿠데타로 권력을 잡은 박정희가 의료법을 개악하여 의사와 한의사가 아니면 의료행위 자체를 못하도록 하면서 부터이다. 그래서 침사, 구(뜸)사, 접골, 안마법 등의 전통의술은 사장되고 병원과 한의원만 번성하고 있는 것이다. 심지어 전통적인 민방에 의한 생약들은 건강보조식품이라는 포장 외에는 판매할 수도 없게 되었다. 최근 제약회사 연구진들은 오지의 원주민들이 전통적으로 쓰는 약초를 연구하기 위해 많은 투자를 하고 있다. 경험의학을 통해 터득한 그들의 약들이 훨씬 우수함을 인정한 사례이다.

그래서 무상의료를 위해서는 의료행위의 독점부터 풀어야 한다. 법적 강제가 아니라 효과를 통해 건전한 경쟁이 이루어져야 한다. 이것이 의료비를 낮추고 음성적인 의료행위로 인한 피해를 최소화하는 것이다. 나날이 늘어가는 의료사고에 대해서도 언제까지 무대책으로 갈 것인가? 독점적 지위가 사라지면 안전한 치료법을 개발하고 환자 중심의 의료체제로 전환되어 갈 것이다. 어려서부터 자기 스스로 건강한 몸을 유지할 수 있는 면역력을 증강시킬 수 있도록 운동과 먹는 것 등을 교육하고 습득하게 해야 한다. 이런 것이 진정한 예방이고 의료비를 낮출 수 있는 길이다. 아픈 사람이 많으면 국민총생산이 증가하는 모순덩어리 자본주의 체제는 이제 바꿔내야 한다. 사람의 목숨을 갖고 돈을 버는 장사꾼은 없어야겠다.

12년 전 우리 딸이 초등학교 6학년일 때, 대안학교에 대한 고민이 있었다. 경쟁체제 속에 애가 받을 상처를 생각하니 제도권 교육을 믿기 어려웠다. 그러나 민주노총에서 결의한 공교육 정상화가 중심이어야 한다는 것과 학교운영위 참여 결의에 서명을 하고는 생각을 바꿨다. 그 결과 아이는 어버지 때문에 학교에서 심한 스트레스를 받아야만 했고, 힘든 학창시절을 보냈다. 그런데 언제인가 내 주변의 운동권 동지들이 자녀들을 대안학교에 보냈다는 사실을 알았다. 그들에게 그것이 잘못되었다고 이야기 하는 것이 아니다. 자기 자식이 소중하고 대안교육이 더 낫다고 생각한다면 민주노총의 방침도 바꾸라는 것이다. 교육도 자율화하여 제도권교육과 대안교육이 동등하게 경쟁할 수 있도록 요구해야 할 것이다. 공적인 결의는 공교육 중심이고 자기 자식은 대안교육이라는 이중성이라면 곤란한 것 아닌가? 특히 대중지도자들이 그런 모습이라면 대중은 누구를 믿을 것인가?

의료공공성의 문제도 마찬가지일 것이다. 의료보험 확대적용, 무상의료가 의료자본의 고수익만 보장하고, 노인요양보험이 현대판 고려장 같은 노인요양병원만 양산하여 병원운영자들의 배만 불린다면 현대사회의 비극 아닌가 싶다. 국가에게 건강과 치료 문제를 해결하라고 한다. 그러나 나는 내 건강을 국가와 자본에게 맡기고 싶지 않다. 나에게 올 혜택만큼 돈으로 준다면 더 좋은 방법을 선택할 수 있을 것 같다. 민주노총과 정치권도 이제는 교육과 의료에 대해 본질적인 문제를 토론해 보아야 할 것이다.

서북청년단 재건위, 치기인가? 망령인가?

지난 9월 18일 17시 (구)서울시청 앞 계단에서는 자칭 서북청년단 재건위원회가 창립발기인대회를 개최하였다. 참가단체들은 선진화시민행동, NLL수호국민운동본부, 엄마부대, 탈북자희망누리평생교육원, 대한민국바른사회시민연대 등 이름만 봐도 보수집단이라는 것이 명확하다. 그런데 이들의 무지인가? 아니면 진짜 의도가 있는 것인지 궁금하다. 사상적인 문제를 따지자는 것이 아니다. 시민단체라고 자처하는 사람들이 현행법에 저촉되는 범죄단체를 복원하겠다고 나섰으니 기가 막힐 따름이다. '서북청년단'은 이름만 들어도 제주 4·3을 겪은 분들이나 해방 직후 이 사회에서 살았던 분들은 치를 떨었던 조직이기 때문이다. 맨 정신이라면 내가 범죄조직을 결성하겠다고 자랑스럽게 공개하지는 않을 것이다.

서북청년단은 해방 이듬해인 1946년 11월 30일에 대한혁신청년회·함북청년회·북선청년회·황해도회청년부·양호단·평안청년회 등이 통합하여 종로 YMCA 강당에서 만들어졌다. 월남한 이북 각 도별 청년단체가 설립한 극우반공단체이다. 표면적으로는 '조국의 완전 자주독립의 전취, 균등사회의 건설, 세계평화에의 공헌'을 내걸었으나 내용적으로는 갈취와 약탈, 폭행, 강간, 살인을 하던 극우깡패조직이었다. 구성원 대부분의 성향도 일제강점기 누리던 경제적·정치적 기득권을 북에서 상실하여 남으로 피난 왔던 자들이었다. 1946년 11월 30일 결성이후 1947년 3·1절 기념식 후 시가 행진중 남대문에서 좌익단체에 폭력 행사, 좌익진영이 주도한 민족예술제를 저지시킨 부산극장 사건, 민주애국청년동맹의 사무실을 습격 갈취하여 자신들의 부산지부 간판을 건 사무실 점령 사건, 온갖 정치공작을 벌이는 등 단지 좌익이라는 이유 하나로 폭력과 살인을 저질렀던 조직이다. 실제 공산주의자가 아니라 하여도 이들이 처리하고 싶으면 공산주의자라고 규정하고 만행을 저지르기까지 했던 것이다. 제주 도민들이 치를 떠는 조직이 바로 이들이다. 1948년 제주 4·3항쟁에는 군인·경찰도 아닌 민간인이면서 진압에 앞장섰으며, 군인들을 통제하며 살인과 방화, 폭행, 강간을 서슴없이 저질렀다. 무장대에 협조했다는 이유를 달아 양민을 학살하였다. 심지어 백범 김구를 암살한 안두희도 서북청년단 종로지부 총무부장이었다. 미군정과 이승만의 비호아래 1948년 12월 19일 대한청년단에 흡수되기까지 이들은 제주도민을 포함하여 30만 명을 살육하였다. 단지 사상이 자신들과 다르다는 이유로, 맘에 들지 않으면 그런 사상을 가진 자로 '만들어' 독재정권의 폭력하수인 역할을 수행한 것이다. 지금 대통령의 아버지이자 군사독재정권으로 장기집권 한 박정희도 그 시절에는 공산주의자로 분류되었다는 것을 서북청년단 재건위는 아는지 모르겠다.

역사를 제대로 안다면 부끄러워해야 할 조직을 재건하겠다는 자들이 제정신인지 의문스럽다. 특히 제주 4·3항쟁에서 보여 준 서북청년단의 모습은 사람으로서는 도저히 할 수 없는 천인공노할 일이었다. 차마 구체적인 사례를 언급하기도 민망하다. 더욱 한심한 것은 이 나라의 정권과 공권력이다. 헌법과 형법에 위배되는 범죄조직의 재건을 공식적으로 선언했음에도 사법처리의 의지가 없다. 아니 이승만처럼 뒤에서 지원하는지도 모를 일이다. 많은 사람들이 우려의 목소리를 내도 침묵하는 언론이나 정권을 보면 의심이 간다. 서북청년단은 정권만의 문제가 아니었다. 그 시절 서북청년단은 친일반역자들의 이익단체였던 김성수의 한민당과도 밀접한 관계를 가지고 있었다. 이 문제에 있어 정치권들이 침묵하고 있는 이유를 알 것도 같다.

서북청년단 재건위원회를 자처하는 자들이 세월호 노란리본을 떼려고 시도했다고 한다. 이것은 시작에 불과할 것이다. 리본을 떼는 데 그치는 것이 아니라 평화로운 집회를 방해하고 폭력을 유발하며 노동자 민중의 투쟁을 깨고 정치공작과 폭력에 앞장 설 것이 자명하다. 우리의 동지들의 심장과 목을 노리고 달려들 것인데 어찌해야 할까? 자위권을 행사하여 무장하고 대응할 것인지, 이 나라를 떠나야 할지 심각한 고민이 생긴다.

백인우월주의자들의 살인집단인 KKK단이나 히틀러의 나찌당을 단죄하는 것은 그들이 갖고 있는 생각(사상이라 하기에는 너무 조악하다)의 문제와 그를 위한 폭력의 불법성 때문이다. 독일에서도 나찌당의 복원세력이 사회적인 문제가 되고 있다.

자신들의 입맛에 맞는다고 범죄조직인 서북청년단 재건위를 방관하고 비호한다면 결국 사회적인 혼란과 함께 정권의 종말이 온다는 것을 분명히 알아야 할 것이다. 최근 북한의 총격빌미를 주었던 대북삐라 살포 단체도 서북청년단 재건위에 소속되어 있다. 민간단체라서 정부가 어쩔 수 없다는 논리가 말이 되는가? 국가의 평화를 깨는 집단의 행동에 개입할 수 없다니 공권력은 왜 존재하는지 모르겠다. 우려가 현실이 된다면 우리도 그들에 맞설 준비를 해야 할 것이다.

한내 월간 뉴스레터 2015년 7월호(79호)

연구자들의 노조 결성과 연구전문기술노동조합협의회 결성

이번 파업이 단순히 임금인상투쟁이 아니라 '연구자율성보장을 위한 특별법안 제정투쟁'이라는 점을 거듭 강조했다. 즉 정부출연기관은 비록 정부로부터 예산을 받아 쓰지만 정부를 위한 연구를 하는 것이 아니라 연구기관의 자율적 판단에 따라 국민을 위한 연구를 해야 한다는 것이다…. 연구기관노조들이 이러한 생각을 갖게 된 것은 5공화국 시절 몇 차례 연구 결과가 왜곡되는 사례가 있었기 때문이다. (매일경제 1988.12.14)

1987년 7·8·9노동자대투쟁은 투쟁의 주체로 일어섰던 제조업 노동자 뿐 아니라, 사무전문직에서 일하는 노동자에게도 엄청난 수혜였다. 노동자대투쟁을 계기로 사무전문직들도 노동자임을 각성하고 민주노조의 깃발을 올리기 시작한 것이다. 노동조합의 불모지였던 정부출연 연구기관에도 노동조합 결성이 1987년 하반기부터 1988년 초까지 집중되었다. 정부출연 연구기관은 대부분 설립자가 박정희, 전두환이고, 최고의결기구인 이사회의 실권은 정부당국의 관료들이 차지하고 있었다. 연구기관의 책임자는 전직 정부관료 이거나, 기관장을 거쳐 관료로 임용되거나 하였다. 군사정권의 외국박사 영입은 그들의 아집과 권위주의에 위한 운영으로 비민주화 되었고, 정부의 입맛에 들지 않는 연구보고서는 폐기되고 정부치적의 홍보를 위한 연구에 치중하며, 제대로된 연구보고서는 말단관료의 책상서랍 속에서 썩어나가는 현실이었다.

인문사회계, 과학기술계 정부출연 연구기관들은 연구소의 민주화와 연구자율성 확보, 공익연구기관을 국민에게 환원할 것을 약속하며 노동조합을 결성하고, 연대 투쟁에 나섰다. 물론 자신들의 과거에 대한 철저한 반성과 관변어용으로 정권의 치적을 미화하고 봉사하는 연구를 중단하고 이후 연구소 운영의 주체로 국민을 위한 연구를 할 것을 결의하고, 실천하기 위해 투쟁하였다.

연구원 노동자들은 노동자 단결과 투쟁에 있어서는 전문직, 생산직 구분이 무의미함을 보여주었다.

출연 연구소의 노동조합 설립 자체도 엄청난 사회적인 파장을 불러일으켰다. 더구나 자신들의 마음대로 조종했던 산하 연구소에 노동조합이 설립되자, 정부는 노조와의 대화를 통해 근본적인 문제를 해결하기보다는 노조활동을 규제하고 노조의 투쟁을 내부 직급간 분쟁으로 호도하고 국민의 혈세로 집행되는 예산을 마음대로 동결하는 작태를 보이며 노조활동을 방해하였다. 연구소 기관장들은 노동조합을 인정하지 않을 뿐 아니라, 교섭에도 성의를 보이지 않았으며, 실권도 없었다. 한국과학기술원노조를 비롯한 개별 노동조합들의 파업 투쟁이 있었지만 정부와 기관장들의 태도는 변하지 않았다. 우리의 대상은 기관장이 아니라 정권임을 자각하고, 지금의 상황을 어용 한국노총의 산하 연맹들이 해결해 줄 수 없음을 인식하여 새로운 조직 건설을 추진한다. 단지 연구직 뿐 아니라, 이 나라 전문직에서 일하는 노동자들의 연대체인 '연구전문기술노동조합협의회'(이하 연전노협)를 1988년 7월 16일 한국데이타통신노동조합 강당(지금은 용산 LGU+ 건물)에서 45개 노조가 모여 결성하였다. 협의회 소속 노조들은 전국전문기술노동조합연맹으로 발전하여 지금은 공공운수노동조합에서 활동하고 있다. 참여한 노동조합은 교통개발연구원, 국토개발연구원, 기업기술지원센터, 산업연구원, 에너지경제연구원, 한국개발연구원, 한국과학기술원, 한국교육개발원, 한국기계연구소, 한국농촌경제연구원, 한국동력자원연구소, 한국소비자보호원, 한국에너지연구소, 한국여성개발원, 한국인구보건연구소, 한국인삼연초연구소, 한국전자통신연구소, 한국정신문화연구소, 한국화학연구소, 한국갤럽조사연구소, 한국생산성본부, 현대사회연구소, 금성통신공사, 동아컴퓨터, 대림엔지니어링, 대우엔지니어링, 대한지적공사, 럭키엔지니어링, 에너지관리공단, 정우엔지니어링, 한국가스안전공사, 한국광고표준협회, 한국기계공업진흥회, 한국기업평가, 한국데이타통신, 한국이동통신, 한국전력기술, 한국종합기술개발공사, 한국후지쯔, 한국핵연료, 고려무역, 대한무역진흥공사, 상공회의소, 중소기업협동조합중앙회, 한국무역협회였다. 조합원은 전체 3,339명이었으며, 의무금은 1인당 150원으로 결정하였다.

연전노협은 결성취지문을 통해 다음과 같이 결의하였다.

"이러한 탄압과 협박에 대응하여 우리 연구전문기술직노동조합들은 단위 노동조합의 한계를 체득하면서 노동조합간의 강력한 연대만이 이러한 도전에 승리할 수 있다는 것을 절실히 자각하며 연대성 획득을 위한 공동의 노력을 부단히 기울여 왔다. 이는 노동자의 보편성을 거부하거나 분파를 조장하는 것이 아니라 오히려 노동형태의 동질성, 유사문화의 유사성, 이해관계의 공통성을 기초로 밑으로부터 형성된 강력한 개별연대를 기반으로 할 때, 전 산업노동자들 간의 연대를 튼튼히 할 수 있다고 믿기 때문에 기존 노총이나 산별노련과는 별도로 연대를 추구하는 것이다."(결성취지문에서)

기존의 한국노총 체계를 거부하고 새로운 연대의 틀을 짜며, 대부분의 노동조합들은 서노협에서 활동한다.

연전노협은 간부 합동수련회, 연전노협신문 발간, 현사연노조 파업 지원 등 연대투쟁을 활발히 전개하였고, 공동투쟁본부를 구성하여 1988년 임투를 공동 대응하였으며, '연구자율성 보장, 민주적 운영 및 안정적인 재정 확보를 통한 공익연구기관 운영'을 요구하며 정신문화연구원, KDI, KIET, KAIST노조의 연대파업(12월 14일), 전자통신연구소노조 파업(12월 15일), 여성개발원노조 파업(12월 31일) 등으로 연대투쟁의 전형을 보여주었다. 특히 홍릉지역에 몰려 있던 출연연구기관들의 사업장 순회 연대집회, 동조철야농성, 등은 지역연대의 힘을 보여주었고 산업연구원과 KAIST노조 등은 파업 중 전산망 운영의 일부 중단 사태가 발생하고, 전면적인 중단을 검토하기까지 하여 500여 업체에 타격이 가는 문제로 언론에 소개되기도 하였다. 홍릉지역 노동조합 파업에서는 노조가 출입문을 통제하고 난방, 단전 등을 주도하여 연구소 관리자들의 연구원들이 어떻게 이런 물리적인 파업을 할 수 있느냐는 항의 성명이 발표되기도 했지만, 노동자의 투쟁은 전문직, 생산직의 구분이 없음을 분명하게 보여준 투쟁 방식이었다.

태극기 집회의 본질

탄핵반대(무효)를 외치는 무리들이 태극기를 들었다. 성조기와 함께… . 명확한 이유는 알 수 없지만 분명한 것은 태극기와 성조기에서 자신들의 정체성을 찾고자 함일 것이다. 민주주의 국가에서 집회결사의 자유는 보장해 주어야지만 공개적인 집회에서의 발언은 사실과 보편적 논리를 근거로 해야 함에도 불구하고 그들의 발언 수위는 도가 지나치다. 그런데 문제는 거기에 모인 사람들의 광적인 지지이다. 사람이 죽어도 또 모이고 정당을 창당하여 정치세력화를 도모하고 있다. 혹자들은 돈을 받고 동원되었다고 하기도 하고 특정 종교가 주축이라고도 하지만 과연 나이도 먹을 만큼 먹고 사회적 지위도 있는 사람들이 돈 몇 푼에 특정 정치인이 좋아서 동원되었을까? 태극기 집회에 모인 사람들에게는 분명한 이념과 사상이 존재하는 것이다. 그것은 바로 극우주의이다.

지금 한국사회에 끈질기게 이어져 온 극우주의는 독일 히틀러의 나찌정권과 유사하다. 나찌(Nazi)는 국가사회주의독일노동자당을 일컫는다. 인종본질주의를 내세워 아리아(고귀하다는 뜻)인, 게르만인 우월주의를 기본으로 민족주의, 반유대주의, 반공주의, 전체주의, 군국주의를 중점 정책으로 하였다. 이러한 극우세력은 자신을 지지하는 대중의 공적을 만들어야 하는데 이를 유대인으로 지목하고 3년에 걸쳐 600만 명의 유대인을 학살하였다. 열등한 민족으로 규정한 유대인을 학대하고 죽이는 것에 일말의 가책도 없이 집단적으로 행하였던 것이다.

마찬가지로 한국사회도 나찌정권과 비슷한 과정을 겪어왔는데, 이승만 정권은 해방이후 인종차별적인 한민족정신을 국민정신의 근간으로 삼아(수많은 외침을 겪은 우리나라에서 혈통주의가 가당치도 않지만) 인종차별을 자행해 왔으며, 자신의 지지기반의 공적을 빨갱이로 규정하고 죄의식 없이 학살을 자행하였다. 그리고 정권을 찬탈한 박정희도 같은 정책을 유지하였다. 한국사회의 극우주의는 단지 박사모의 문제가 아니라 이승만, 박정희로 이어지는 권력으로부터 탄생한 것이다. 이승만이 자신의 권력을 유지하기 위해 빨갱이란 이름으로 학살한 민중은 제주

4·3항쟁 3만여 명, 여순항쟁 1만여 명, 보도연맹 120만 명 등이며, 양민들의 소규모 학살과 자신의 정적들 또한 빨갱이로 몰아 제거한 수는 정확한 추산이 어렵다. 군사쿠데타로 권력을 찬탈한 박정희는 보도연맹 희생자 유족들의 진상규명 요구에 유족들의 노력으로 모은 자료를 태워버리고 유족들을 간첩으로 몰아 사형에 처했다. 물론 반공을 뛰어넘는 멸공사상으로 사회민주화 세력과 반대세력들을 빨갱이로 몰아 제거하였다.

우리는 태극기 집회를 통해 이 사회 극우주의자들이 얼마나 존재하는지 확인하였다. 이들은 자신들의 생각과 다르면 검찰도 헌재재판관도 모두 종북좌파이고 빨갱이다. 결론은 죽여도 되는 적으로 돌린다. 대통령이었던 박근혜의 눈에는 같은 생각을 가진 그들 외에는 국민이 아니고 불순세력이며 북의 조정을 받는 사람들로 보인다. 박근혜 정권을 끝으로 이 사회의 극우주의는 종말을 고했으면 했는데, 불행하게도 잔존세력의 뿌리는 이 사회 곳곳에 튼튼하게 뿌리 내리고 있다. 사회가 민주화 되면 그런 세력은 정리될 것으로 생각하지만, 나찌가 독일의 제1당이 된 것은 가장 민주적인 방식이라는 선거와 투표를 통해서였다. 태극기집회의 잔당들이 자유한국당도 성에 안차 새누리당을 창당하고 대통령 후보까지 내세웠다.

이제 대통령 선거가 끝나면 한국사회는 새로운 면모를 갖추기 위한 몸부림이 시작될 것이다. 정치지도자 잘 뽑는다고 사회가 변화 발전하는 것은 아니다. 현재보다 더 치열한 대립과 분열이 생길지도 모른다. 그러나 진정으로 이 사회의 민주적 발전을 생각한다면 피하지 말고 좀 더 치열하고 분명하게 저들에 맞설 수 있는 일상의 투쟁을 전개해야 할 것이다. 민주주의 원칙을 뿌리내리고 독선과 아집으로 뭉쳐진 극우세력을 정리할 수 있는 치열한 토론과 과거청산의 주체로 노동자·민중이 앞장서야 한다.

한내 월간 뉴스레터 2017년 6월호(101호)
6월 항쟁 유적지를 함께 답사하면서 한내 회원인 소요가 이승원을 인터뷰하고 쓴 글이다.

1988년생의 6월 이야기

소요(노동자역사 한내 회원)

환희의 끝

1987년 6월에 시작된 전 사회적인 민주화의 바람과, 같은 해 7·8·9월 동안 이어진 노동자대투쟁의 파고가 채 가시기도 전인 1988년 5월. 한 청년이 명동성당 교육관 5층 건물에서 몸을 던졌다. "양심수를 석방하라. 조국통일 가로막는 미국 놈을 몰아내자." 조성만 열사였다. 이 청년의 죽음은 한국 사회의 민주주의를 억압하고 있는 미 제국주의에 대한 저항과 울분을 상징하는 것이었다. 아마도 이 구호를 2017년의 상황으로 옮겨본다면, "한상균을 석방하라." "재벌체제 해체하라." 정도가 될 것이다. 그는 투신하기 직전 남긴 유서에서 언론의 자유와, 노동자·농민의 생존권, 참된 교육에 대한 열망을 강조하며 자신이 다가서고자 했던 죽음의 의미를 명확히 했다. 그리고 30년이 지난 2017년 3월. 노태우의 6·29선언을 연상하게 하는 '박근혜 탄핵심판'이 가결되자 사람들은 환호성을 질렀다. 그러나 과연 환호뿐이었을까. 환희 뒤에 남은 것들. 그 너무나 큰 환호에 파묻힌 절규들은 어디로 향했을까.

그때는 어땠어요?

1987년 1월 1일. 취업준비생이었던 이승원은 'LG 유플러스'의 전신인 데이콤(당시 한국데이터통신)에 입사했다. 참혹한 세상이었다. 유신체제의 군사 문화가 여전히 사회 곳곳에 녹아 있었다. 머리를 박박 깎은 아이들과 군사훈련을 받는 학생들. 쥐도 새도 모르게 잡혀가 죽임을 당하는 운동가들. 그렇게 '빨갱이'로 호명되는 수많은 적들이 있었고, 그 위에는 1980년 광주를 총칼로 짓밟고 선 위대한 독재자가 있었다.

"그래도 사람들 마음에는 울분이 있었지. 미안함이 있었고, 싸워야 한다는 소명이 있었어. 저들이 모르는 게 있는데, 사람의 마음은 이데올로기로도 조종할 수 없는 측면이 있다고 생각해."

이승원은 그때를 그렇게 추억했다. 먹고 사는 문제가 중요했던 시절이지만 평범한 사무직 노동자였던 그를 자꾸만 최루탄 연기가 자욱한 거리로 불러내는 어떤 것이 있었다. 아마 세월호의 아이들과 유성기업 노동자들의 외침이 사람들의 발길을 광화문의 거리로 조금씩 안내해 온 일과 마찬가지였을 것이다.

1987년의 학생과 시민, 노동자들은 틈만 나면 거리에 나가 파출소에, 전경버스에 돌을 던졌다. 길거리의 상인들은 손수건에 물을 묻혀 최루가스에 고통 받는 사람들에게 나눠주기도 했다. 눈앞의 거센 폭력에 사람들은 저마다의 돌멩이를 하나씩 움켜쥐지 않을 수 없었던 것이다. 호헌 철폐, 독재 타도. 자신 이외에도 지키고 싶은 것이 많았던 시절. 그렇게 민중들은 체육관 선거를 끝장내고 직선제를 쟁취했지만, 민주와 반민주의 투쟁은 끝난 것이 아니었다.

"역사가 전진해야 하는데 그러지 못하고 머무른 측면이 있다고 생각해. 그때도 그렇게 민주주의를 부르짖으며 싸웠는데, 이번에도 그랬던 거지. 돌아보면 시간이 왜 이렇게 빠르게 지났나 싶어. 명동성당 주변을 지나는 사람들은 다 그대로인데. 30년이나 지났다니."

응답하라 1987

1988년 노동자 대회에는 피로 쓴 '노동해방' 깃발이 휘날렸다. 노동해방. 이듬해 조성만 열사가 떠난 자리에서는 서울지하철노동조합의 거센 파업이 있었다. "너희들이 나를 잡아가도, 민주노조의 정신을 가두지는 못할 것이다."라고 부르짖던 정윤광 위원장의 외침. 이렇게 피와 땀으로 얼룩진 민주주의에 대한 염원은, 매년 6월마다 다른 얼굴을 하고 우리에게 찾아와 묻는다. 민주주의는 무엇입니까? 이 세상의 주인은 누구입니까? 최종심에서 징역 3년을 선고 받은 한상균 위원장. 회심의 미소를 날리며 법원에 출두하는 이재용 부회장. 그런 풍경들이 품고 있는 어떤 서늘함. 이 서늘함은 감옥에 갇힌 민주주의가 우리에게 구출을 요청하는 하나의 신호가 아니었을까. 지난 몇 년간 〈시그널〉이나 〈응답하라〉 시리즈가 큰 인기를 끌었던 것은, 우리 사회가 잃어버린 어떤 무형의 신호에 대한 향수로부터 비롯했을 것이다. 길을 잃었을 때, 가장 좋은 방법은 가던 길을 멈추고 온 길을 돌아보는 것이라고 했다. 이 격동의 시대에 우리가 진정으로 잃어버린 것은 무엇인지. 역사에게 물어본다. 타는 목마름으로 뒷골목에 몰래 쓴 그 이름. 민주주의. 민주주의는 언제쯤 해방될 수 있을까. 응답하라 1987.

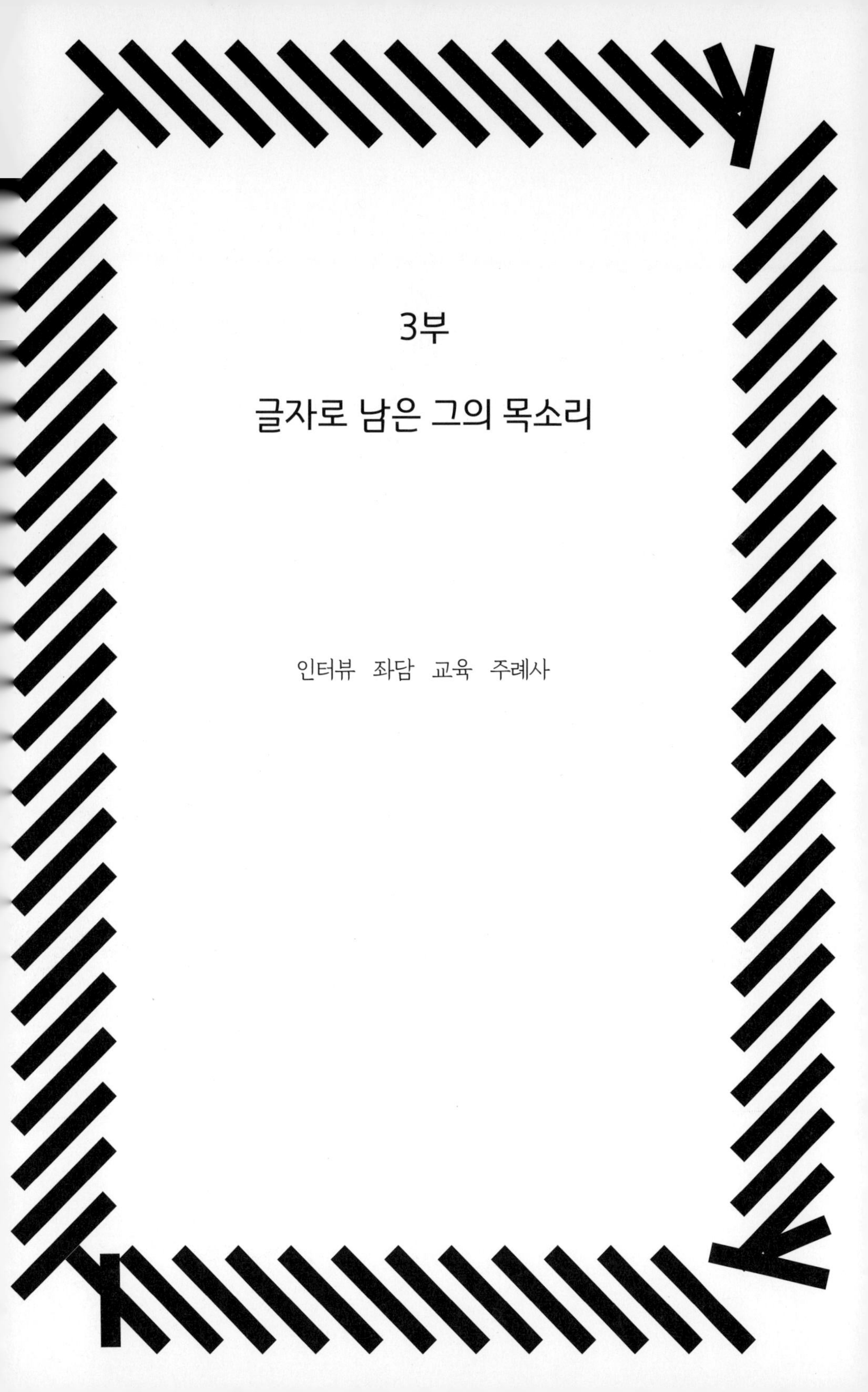

3부

글자로 남은 그의 목소리

인터뷰 좌담 교육 주례사

데이콤노조 생존권 사수 투쟁과 노동법개정 총파업 투쟁

데이콤노조 창립 10주년 기념 영상 제작을 위한 인터뷰 (1997년)

조합원들의 참여는 사실 관심이 굉장히 많은 사항이었고요. 조합원뿐만 아니고 비조합원들도 자신들의 진짜 고용과 관계된 문제이니까 굉장히 관심이 많았던 시기입니다. 그래서 결의대회장이 물론 뭐 집행부도 좀 노력을 했지만 사실 자발적으로 참여한 조합원들도 있었고요. 수도권에 있는 모든 조합원들이 참여해서 그 당시에는 이런 자리가 없었어요. 탁 터져 있었는데 그래서 여기 뭐 완전히 다 채우고 이층까지 다 차는 거의 뭐 조합원이 100% 참여했다고 봐야죠. 그렇게 참여를 했었고 그리고 동양그룹과의 단판 부분들에서도 스물 다섯 명 대표를 뽑는데 자원하는 조합원들이 뭐 엄청나게 많이 나왔고요. 그리고 저는 그 투쟁 과정에서 가장 중요시 여겼던 게 처음 투쟁이었고 우리가 패배할 수도 있다고 생각했습니다. 그리고 사측이나 외부에서 협박하듯이 집행부가 구속될 수도 있었다고 생각합니다. 불법적인 거고 중식집회라고 하지만 뭐 엄청난 시간을 소요하고 거의 파업에 관계된 거였고. 이미 상집 간부들은 각오가 다 되어 있었고요. 왜냐하면 문서 하나 던져서 상집위 열었다, 끝없이 열었다, 라고만 했지만 계속 파업 상태였거든요, 상집위도. 그렇지만 분위기 자체가 이것은 뭐 경영진이 없는 공백 상태와 같았어요, 거의 뭐. 그래서 이게 뭐 노동해방이 뭔지 잘 모르지만 진짜 노동조합이 모든 걸 끌어가는 그런 분위기였고 조합원들도 거기에 대해서 노조 지도부를 절대적으로 신뢰하는. 물론 신뢰성을 쌓기 위해서 결의대회 때 공개적으로 조합원들이 가장 의심을 가지고 있는 이 노조가 이 싸움을 이긴다고 할 때에 이것을 뭐 죽 쒀서 개 주듯이 현 사장에게 연임 구조를 주는 것이 아닌가, 하는 의구심을 공개적으로 사장한테 퇴진에 대한 입장을 밝히라고 조합원들 앞에서 규탄사를 했고요. 그리고 사장을 만나서도 분명히 입장을 밝혀라, 그러지 않으면 진짜 데이콤은 삼지사방 조각나고 말 것이다. 이렇게 경고를 했던 부분들입니다. 그러면서 조합원들이 많은 신뢰를 쌓게 되었고. 그리고 결의대회뿐만 아니고 계속적인 조합원 간담회 그리고 조합원 대의원 간담회 투쟁 이럴 때 하여간에 집행부가 방송만 한 번 하고 집행부가 이렇게 10분 만 띄우면 몇 시에 모여라 하면 착착 모이는 분위기였어요. 그리고 또 하나 중요시 여겼던 건 승리감을 주지 않으면 이 투쟁, 대중 투쟁은 앞으로도 상당히 성공하기 어렵다는 부분에서 정부하고의 싸움, 동양과의 싸움 이런 부분들을 하나하나 보고하고 정리하면서 이 투쟁의 의미가 결국 집행부의 싸움이 아니고 조합원들의 대중적 투쟁을 통해서 승리한 것을 각인시키고 또 설명하는 그런 자리를 계속 가졌습니다. 그러면서 조합원들이 이 투쟁은 마무리 짓자, 그리고 연임 부분에 대한 것들은 주총까지 한 달여가 남아 있었어요. 이 기간 동안에 우리가 계속 싸워 나갈 거고 집행부가 그리고 또 하나는 만일에 안 된다면 소액 주주권을 통한 주주총회 참가자격을 통해서 사장을 내쫓도록 하겠다. 그래서 투쟁을 마무리 지었고요. 집행부 내부에서는 이게 나중에 침탈이라든가 또 무슨 고발이 있을지 모르는데 이 상황에서 끝낼 수 있겠느냐. 그래서 상집간부들은 농성체제를 하면서 이 싸움을 계속 유지시켜 나갔죠. 그리고 마지막 싸움이 전경련과의 싸움도 있었고요. 근데 사측에서 전경련도 이제 발뺌을 하니까 투쟁을 종료해야 될 거 아니냐, 그러면서 노사 협의회를 열자라는 제안을 했고요. 그때 노조 생각은 단일해서 하려고 했던 경영참가권에 대한 부분을 이 부분들을 좀 정리할 필요가 있겠다. 그래서 부수적인 수입으로 경영참가 부분들을 회사 측에 얘기하게 된 겁니다. 노사협의에 경영이나 인사 부분을 얘기하면 이건 노사협의 사항이 아니라고 회사가 계속 주장해 왔고요. 하반기 투쟁에서 1994년도에. 그래서 그렇다면 너희들이 인정하는 거냐. 그렇다면 하고 안 하면 안 하겠다. 근데 워낙 주도권 자체가 노조에 와 있었기 때문에 회사는 빨리 이거를 마무리 지어야 된다고 생각하고 그래서 회사가 앞으로도 경영에 대한 부분을 노조와 협의하겠다, 하는 약속 하에 노사협의가 열리게 되었습니다. 그래서 데이콤노조의 경영참가에 대한 부분도 생존권 사수 투쟁에서 많은 부분을 따내게 되었고요. 그리고 그 의의라고 한다면 최초의 대중적 투쟁을 통해서 집행부만의 투쟁이 아니고 대중적 투쟁을 통해서 그분들을 승리로 이끌어내는 과정을 겪었다라고 저는 생각하고. 물론 주변의 여건도 좋았다, 라고 평가하는 측면도 있지만 어찌되었든 간에 조합원들의 결집된 힘이 없이는 싸우기 어려운 부분들입니다. 상당히. 그런 부분들의 경험을 노조가 가졌다는 부분이 가장 크고요. 그 부분들에 있어서 집행부도 큰 경험을 했고 조합원들도 상당히 큰 경험을 한 걸로 그렇게 됐습니다. 그리고 그 투쟁은 향후 임단투에도 한 1~2년간은 상당한 영향을 미쳤던 거죠. 그리고 회사가 생각할 때도 이번 집행부는 조합원들을 실제로 힘으로 엮을 수 있는 집행부다, 그래서 얘네가 교섭하는 것이 교섭할 때 우리 그러면 쟁의 발생하고 파업에 들어가겠다, 이것이 공갈이 아니다, 라는 그런 힘으로 남아 있습니다. 그 다음에 이루어지는 노조의 성과들도 그 당시 투쟁에서 많이 따온 부분들이 있습니다.

그래서 정리하면 투쟁의 의의는 가장 큰 부분들이 조합원과 간부들의 경험 부분에서 대중 투쟁이 무엇이고 노동조합은 이렇게 싸워 나가는 것이다, 하는 경험과 그렇게 했을 때 우리는 승리할 수 있다는 확신을 가졌다는 부분이 첫 번째 의의구요.

두 번째는 노조의 투쟁 부분들이 단지 근로조건이나 임금 이 부분뿐만 아니고 경영의 주체로서 또 그리고 회사의 노동자가 주인이 되는 모습 이런 것들을 나타내는 투쟁으로서 기록될 것이다, 라고 생각합니다. 그리고 세 번째로는 대중으로는 민영화 과정 속에서 이루어지는 재벌들의 기업 잡아먹기, 이런 데 있어서 어떻게 싸우는 것이 효과적인가 하는 부분들도 하나의 경험으로 노동운동사에 남겨 둔 거 아닌가, 라는 부분이 투쟁의 의의라고 하면 가장 큰 의의라고 생각합니다.

투쟁 의의를 다시 정리해 주십시오.

생존권 투쟁의 의의는 가장 중요한 부분들은 조합원들과 간부들의 경험 부분이라고 생각합니다. 물론 투쟁의 의의가 승리했으니까 됐지 않냐, 이렇게 얘기를 할 수도 있는데 분명한 것은 이 싸움을 통해서 조합원들이 아 이렇게 싸우는 거구나, 하는 경험을 느꼈고. 이렇게 싸우니까 이기더라, 노동조합이 이렇게 싸워나가는 거구나, 하는 생각을 가졌다는 것이 가장 큰 의의이고 또 데이콤노조에게 노조의 경험에 남는 일이라고 생각하고 그건 뭐 구체적으로 정리해서 세 가지 정도 의의를 찾자면 첫 번째는 결국 데이콤노조의 간부들이나 조합원들의 투쟁 경험과 그리고 투쟁의 방식 그리고 이렇게 싸웠을 때 승리할 수 있다는 확신, 그런 것을 가졌다는 것 이게 가장 크겠다고 생각합니다. 크다고 생각합니다.

두 번째는 노동조합의 투쟁이 단지 임금과 근로조건 이런 것에 국한되는 것이 아니고 바로 경영과 그 다음에 회사의 경영권의 구도 그리고 그 기업에 종사하는 노동자들이 주체가 되는 이런 투쟁을 할 수 있다, 그래서 결국은 이 기업의 주인은 자본가들이나 경영진이 아니고 노동자 자신이다, 하는 것들 그런 것들을 할 수 있는 부분이고. 노조의 영역을 넓히는 의의가 있었다.

세 번째는 바로 민영화 관련해서 투쟁하는 많은 사업장의 좋은 선례를 남김으로써 한국의 노동운동사의 역사에 한 부분으로 작지만 한 부분으로 기록될 수 있는 것이 아니었겠느냐, 이렇게 생각합니다.

생존권 사수 투쟁 본부 결성을 어떻게 하셨는지 말씀을 해 주십시오.

지역본부 결성은 5대 집행부의 공약 사항이었습니다. 그것은 뭐냐면 데이콤 노조가 유니온숍 때도요. 채용이 되면 조합원이 되고 지방에 있는 조합원들은 결국에는 노조 활동을 어떻게 할 수밖에 없냐면 자기가 조합비 내는 것과 집행부의 소식지나 노보나 이걸 보고 아 이런 일이 있었구나, 하는 정도 외에는 직접 참여할 수 있는 부분들이 없는 거죠. 그리고 현장 조직에서의 대응력이라는 것이 전혀 없는 겁니다. 사측에 대한. 전국적인 조직이기 때문에 집행부가 본조나 전체적인 것은 사측과 싸워낼 수 있을지 모르지만 지방에서 이루어지는 부분들은 이게 전혀 대응할 수 있는 조직이 없는 거죠. 그렇기 때문에 지역본부의 조직들 건설은 대단히 중요한 요소라고 생각했고요. 지방이나 서울이나 차별 없는 조합원들의 일체감 이걸 위해서 필요했고. 두 번째는 사측과의 대응 부분들 이것 때문에 두 가지가 가장 큰 이유라고 할 수 있겠습니다.

근데 지금도 자꾸 오해되는 부분들이 뭐냐면 지역본부를 만들었으면 본조가 뭘 해줘야 한다, 라고 자꾸 생각을 하는 게. 사실은 자생적인 부분들이 같이 키워져야 되는 거죠. 그래서 저는 5, 6대를 해오면서 직접 만들었고 또는 2년 동안을 운영을 같이 해 왔지만 지역본부가 주체적으로 일할 수 있도록 지원하는 체계 그리고 문제가 터졌을 때 그걸 책임져 주는 그러한 중앙집행부로서의 역할을 하려고 했지 사사건건 모든 것들을 컨트롤해 나가는 역할은 하고 싶지 않았어요, 사실은. 그런 부분에서 일부 조합원들은 오해도 있었던 걸로 알고 있습니다. 그러나 앞으로 잡혀갈 거고요. 그래야 돼야 맞다고 저는 생각합니다.

그 당시를 회상해 보면 지역본부, 그러니까 지역본부를 만들기 위해서 지방을 한 세 번 순회를 했어요. 그리고 고민도 많았던 게 공약한 대로 단계별로 만들어야 할 것인가, 아니면 일괄해서 만들어야 할 것인가. 이런 부분들을 많이 고민했는데 일괄해서 만드는 게 좋겠다고 판단을 해서 규약 개정이라든가 모든 작업을 해 놓고 실제적으로 이제 현장의 조합원들, 지방의 조합원들을 만나러 갔었습니다. 간담회을 해서 앞으로 지역본부를 어떻게 만들 것이며, 하는 부분을 좀 했었고요. 그 다음에 이차적으로는 총회, 지역본부 총회에 이제 참여했었고. 세 번째 출범식에 참여를 하게 되었는데. 사실은 총회, 출범식을 구분하고자 했던 목적도 그거였습니다. 그냥 총회에서 선출해서 그 집행부가 무슨 힘을 얻겠는가 하는 부분에서 좀 의구심이 있었고요. 지역본부의 사측의 지사조직에 대응하는 지역본부를 만들기 위해서는 확고한 집행부를 세워야 한다. 이런 부분에서 단체협약에서 지부장을 반(半) 전임을 땄지만 그 다음에 계속적인 싸움에서 실제적으로 조합원들이 결집되는 모습을 보여줘야 한다, 이래서 프로그램을 짜도록 했습니다. 출범식 프로그램을. 그래서 또 지역 연대의 중요성을 생각해서 지역에 있는 동지들을 초청해서 참여하고 그 다음에 풍물패도 지신밟기도 좀 하고 그리고 뒷풀이도 해내고 좀 하는 그런 부분들을 프로그램을 준비해서 조합원들한테 노조가 설립했다.

저는 돌아다니면서 그런 얘기를 했어요. 이것은 실제로 데이콤노조의 지부가 하나 설립했다, 이렇게 생각하는 의식보다는 노조가 하나 우리는 노조를 새로 하나 하고 있는 것이다, 라는 의식 하에서 출범해라. 그리고 뭐든지 기댈 생각이 아니고 자생적으로 자주적으로 할 생각들을 가져라. 그래서 예산도 일부 배정을 하고 그렇게 하는 것이기 때문에 그렇게 해서 끌어 나갔고요. 제일 기억에 남던 것은 진짜 힘들었어요. 여덟 개 지역을 갖다가 계속 순차적으로 돌아다니고 뒤풀이마다 참석하고 조합원들과 토론하고 만나고 하면서 그 마신 술이 사실 몸을 상당히 축나게 하기도 했고요.

진짜 어려웠던 부분들은 개인적으로는 그 당시에 부친상을 당했었는데 그 와

중에서도 계속 일정을 지연하긴 했지만 마무리해야겠다는 책임감으로 상복 입고 뛰어다녔죠, 사실은. 그것도 기억에 남고. 그리고 그쪽으로는 지역에 있는 조합원들을 그 과정을 통해서 본조에 있는 조합원들보다 더 잘한 관계들이 형성된 그런 부분들이 있었죠. 그리고 그 이후에 느껴진 건 연구소 지부의 투쟁부터 시작해서 투쟁들이 전개되어 나가면서 중간에 지역본부장이 교체되는 그런 시련도 겪기도 한 지부도 있지만 어쨌든 발전적인 과정으로 보고 있었고요. 이번 총파업까지 겪으면서 역시 지부 설치에 진짜 가장 큰 결실은 이 총파업에서 분명하게 나타났다, 그렇게 보여지고 있습니다.

지역 돌면서 들었던 생각은 뭐 한두 번 속은 게 아니기 때문에 별로 큰 의미는 없다고 생각했습니다. 그러나 한편으로 고민한 것은 민주노총이 이것을 전술로 잘 활용하면 이것을 사회적 이슈화 하면서 노동법 개정 투쟁을 힘차게 할 수 있는 한 모티브가 될 수도 있겠다, 라는 부분을 좀 가졌고요. 기대는 안 했어요, 전혀. 전혀 기대하지 않고. 저희 연맹 중집위원으로 연맹에서 이 토론을 했을 때도 회의를 했을 때도 한 얘기지만 기대할 건 없다는 거죠. 그러나 참여 자체를 거부하는 것이 그렇게 명분 축적이 유리하지는 않을 것이다, 라는 생각이었고요. 잘 활용해야 한다, 그러나. 그래서 노개투에 참여할 때 민주노총의 입장을 분명히 갖고 우리는 신노사관계가 아니고 노동악법 철폐라는 분명한 전제를 갖고 참여해서 전제조건으로 그런 걸 건다든가. 그래서 그 판을 깨더라도 밖에서 대중적 투쟁을 깨는 것이 아니라 참여해서 깨는 그런 전술을 갖고 대중적 투쟁으로 끌어 나가는. 그러니까 아주 상식적이거나 유치한 생각일 수도 있는데 우리 교섭적인 관행이 그런 거 아닙니까? 일단 교섭해 보다가 이게 아니면 깨고 그 명분으로 대중적 투쟁을 조직해서 싸우고 이렇게 나가는 것이 좋지 않겠느냐, 이런 생각을 좀 했었어요. 반론이 더 많았던 걸로 아는데. 저는 개인적으로 그렇게 생각을 했었어요.

다시 정리하면, 신노사관계 구상이 나왔을 때 김영삼 정권에 대해서 기대도 안 했을 뿐더러 어느 정권이라도 기대할 수준은 아니었다. 때문에 기대는 없었습니다. 그러나 이 부분들을 전술 단위에서 민주노총이 잘 활용한다면 전 사회적 이슈로 띄우면서 대중적 동력을 띄우는데 더 플러스가 되지 않겠느냐. 그래서 민주노총의 확고한 입장. 신노사관계가 중요한 것이 아니고 결국은 노동악법 철폐가 전제되어야 한다는, 그 부분의 입장을 얘기하고 그리고 우리가 외부에서 대중적 투쟁으로 신노사관계에 구성된 그런 것을 판을 깨는 것이 아니고 들어가서 우리 입장을 분명히 해서 깨고 그 명분을 갖고 대중적 투쟁을 동력하면 동력을 구성해서 노동악법 철폐투쟁을 가는 것이 맞지 않겠는가, 하는 개인적인 생각을 좀 했었습니다.

데이콤노동조합에서는 노개투 싸움을 위해서는 어떤 준비를 하셨습니까?

노개투 싸움을 위해서 저는 맨 첫 번째 질문에 관계된 답변을 드리게 될 거 같은데요. 지금의 연대 부분들은 연대가 아니고 한 조직 단위에서의 일상 과정이다, 라고 생각했고요. 민주노총과 연맹이 지침들이 있습니다. 그러니까 도리어 갈등이 없더라고요. 지침대로 하고 그 결과에 따라서 준비를 하니까. 구체적으로는 첫 번째 교육 부분이었죠. 홍보와 교육. 만화 책자를 조합원들한테 기존 부수보다 추가로 구입해서 조합원들이 다 볼 수 있도록 하고. 그리고 교육 시간을 활용해서 조합원들을 전부 교육을 하기 시작했습니다. 지방은 간부들을 보내서 순회 교육을 하고요. 그리고 서울은 강당에서 순차별로 교육을 하기 시작했습니다. 일차적으로 교육했고요.

그 다음에 간담회를 통해서 바로 11월 13일 노동자 대회에 사실은 노개투 싸움을 위한 노동법의 철폐라는 슬로건을 갖고 모인 노동자 대회에 참가단을 구성하기 시작했죠. 참가단 구성도 뭐 간담회 수차례 했고요. 조합원 안에 홍보하고 또 분위기를 띄우기 위해서 11월 13일은 여의도로 모이던 사무실마다 띠지를 붙이고 홍보를 하고 플래카드 게시하고 조합원들한테 계속 세뇌하고 또 조직별로 점검하고 그래서 가족을 포함해서 거의 60여 명이 되는 참가단들이 구성된 걸로 알고 있습니다. 그때 참여를 했고요. 거기 참여한 조합원들이 그런 동지애를 느끼면서 아 이게 중요한 거구나, 이 싸움을 우리가 피해서는 안 되는 거구나, 그런 의식을 갖도록 했고. 그 이후에 이제 구체적으로 간담회를 구성해서 노동악법 철폐 투쟁에서 대한 논의들을 시작하기 시작했죠.

저희 데이콤 노동조합은 교육과 홍보를 통해서 그리고 조합원들을 집행부가 직접 만나는 간담회를 통해서 조직화 사업을 준비했고요. 일차적으로 가장 중요한 부분은 교육이라고 생각해서 단협에 의한 교육 시간을 활용해서 전국에 있는 조합원들을 교육했습니다. 그리고 민주노총이 제작한 만화 책자를 통해서 조합원들에게 노동악법 철폐에 대한 부분들을 각인시켜 나가기 시작했고요. 그리고 11월 13일 노동자대회 참가단 구성을 통해서 이 노동자 대회가 결국 노동악법 철폐를 위해 대중적 힘을 보여주기 위해서 10만을 모으는 노동자 대회다, 라는 것들을 주지시키고 그 참가단 구성에 주력했습니다. 그리고 직접적인 간담회 사업을 통해서 노개투를 준비하기 시작했습니다.

그런데 12월에 총파업 준비, 이 부분들은 저희들도 사실은 자신이 없었어요. 총파업을 할 수 있을지 말지. 그래서 역시 뭐 현장의 조합원들과 부딪히는 게 제일이다, 해서 절차는 일단 중집위를 통과시켜서 총회에 부치게 되었는데 역시 현장 노동조합원들 다 만나 보고요. 간담회 하고 또 필요성을 중요하게 여겨서 총회 날짜 공고하고 총회 날짜 전에 바로 이번에 총력을 기울여서 조합원들의 의지가 보여야지만 노개투 하면서 우리가 승리할 수 있다, 라는 것들을 전임 간부를 비롯한 상집 간부들이 전부 부서 순회를 다 했습니다. 그래서 1분 스피치도 다 하고 그리고 그 다음 총회를 개최했고요. 그 총회에서 99퍼센트가 넘는 지지율로서 결국 총파업을 결의하게 되었습니다.

처음에 신한국당이 날치기 했을 때 한편으로는 허탈했고요. 진짜 분노가 일었죠. 뭐 이런 새끼들이 다 있나, 생각되었고. 김영삼이 미친놈 아닌가, 라는 생각이 들었고요. 날치기가 딱 되었을 때 진짜 연상된 것이 진짜 서울 시내를 전체 메우는 노동자들의 모습이 저도 모르게 떠오르더라고요. 그러니까 뭐 모든 노동자들이 분노할 수밖에 없고 그리고 김영삼이 대단한 실수를 한 것일 거다, 라는 생각이 있었습니다.

총파업 준비가 26일 하루가 아니었어요. 그 전 주부터 중앙집행 그때는 상집이었죠. 상무집행위원들은 철야 농성에 돌입해 있었고요. 거의 비상 체제를 가동시켜 놓은 상태입니다. 대의원 비상 연락망 모든 것이 다 짜여 있었고 그러나 저희들이 26일 날 날치기 이후에 곧바로 들어가지 못했던 부분들은 조합원들의 긴장감이 거기까지 돌지는 않았었어요, 사실은. 간부들의 긴장감은 어느 시점에 파업을 하게 될지, 일요일이냐, 며칠이냐, 이렇게 긴장스러웠는데. 조합원들은 그렇지 않았던 부분들이었고요. 과연 들어갈까? 이런 의구심들이 많았던 거죠.

그래서 26일날 총파업을 선포하고 들어갈 것이냐를 간부들하고 논의를 했는데 좀 어렵다 라는 판단이 좀 있었습니다. 그렇다면 현장 조직들을 다시 한 번 다잡고 들어가야 이 싸움을 지속적으로 할 수 있지 않겠느냐, 그리고 하루 이틀에 끝나겠느냐 이 싸움이. 그렇다면 잘 준비해서 가자, 이렇게 됐고. 그래서 연맹에 전화를 곧바로 한 게 데이콤노조는 오늘 들어가기가 어려운 것 같다. 내일부터 들어가겠다고 얘기를 했고요. 내일 자신 있느냐는 부분에서는 그거는 뭐 해봐야 되지 않겠냐, 라고 했고요. 그리고 중집위원들이 일단 다 빠져나와서 전국의 전부서를 순회하기 시작했습니다. 그래서 지역에는 27일 몇 시부터 파업에 들어간다는 것들을 계속 했고요. 그리고 부서 순회를 해서 왜 파업에 들어가야 하고 들어갈 수밖에 없는 사항에 대한 부분들을 설명하고 그리고 결국 총파업 준비를 하게 되었죠. 그래서 간부들은 회의를 끝내서 오전에 회의를 끝내고 내일 10시에 일층 로비에서 출정식을 한다, 이렇게 결정을 하고 모든 조합원들을 간담회를 통해서 만나서 10시까지 집합해라, 이렇게 설득하고 그렇게 했던 겁니다.

당시에 약 한 30%의 조합원들은 파업에 적극적이었다고 보고 있고요. 40%는 적극적이지 않았는데 날치기라는 거에 대해선 더 역사적 분노를 느끼는 그런 부분이었습니다. 그래서 당연하고 해야한다, 라는 것이 70%의 분위기였고 나머지 30%도 그런 분위기 속에서 그대로 쫓아오는 그런 분위기라고 보여집니다. 분위기 진짜 좋았습니다.

27일 날 오전 10시 집회하시면서 삭발 투쟁, 삭발하셨었죠? 저번에 연맹 작업하면서 26일 8시에 삭발식 있었는데 그때 안 하시더라고요.

저는 개인적으로 머리 깎는 거를 제일 싫어해요. 중고등학교 시절에서 머리 안 깎으려고 피해 다닌 사람인데 삭발 투쟁 얘기가 나왔을 때 우리가 또 간부들 구속 결단식도 하지 않았습니까? 조합원들에게 좀 더 결연한 의지를 보여줄 필요가 있고 이것은 어차피 지도부의 희생이, 그리고 완벽한 승리를 하지 않으면 지도부의 희생이 따를 수밖에 없다는 관점이라서 맞다고 생각했습니다.

그리고 제가 계속 연맹해서 주장했던 게 권영길 위원장님이나 연맹 위원장님이 명동성당에서 삭발식을 하는 건 맞다. 그러나 단위노조의 대표자들은 조합원들 앞에서 그 의지를 밝히고 그리고 그들을 책임지겠다는 이 싸움을 책임지겠다는 의지를 보여주는 것이 맞다고 판단해서 그때 안 하고 조합원들 앞에서 했습니다. 참 감회가 대단하더라고요. 진짜로 깎아 보니까. 처음 깎았는데. 군대 갈 때 외에는 진짜 처음 깎은 건데 전혀 다르고요. 그 의지가 진짜 힘들고 총파업 과정에서 힘들고 어려웠을 때 거울을 바라보면서 다시 의지를 다지고 조합원들이 함께 해주는 힘에 의해서 총파업 투쟁 끝까지 갈 수 있었던 것 같습니다.

여의도에서 삭발하고 중앙 연단에서 연설까지 했는데 그때 감회는?

사실 제가 개인의 성격 자체가 조금 돌다리도 두드리는 스타일이에요. 치밀한 계획 이런 걸 상당히 강조하고 이렇게 하던 성격인데. 총파업을 진짜 들어가고 나니까. 1분, 1초도 뭐 긴장이 풀어지는 시기가 없더라고요. 그래서 엄청나게 긴장감 속에서 진행되었고. 조합원들에 대한 문제 또 현장에서 또 뭐 사측과의 다퉈지는 문제들, 노사의 문제들, 또 대중 집회 투쟁의 문제, 그리고 가투 나갔을 때 조합원들 안전 문제, 나중에 연락이 안 되면 실제 4명이 연행된 사람도 있었지만 뭐 하나하나 신경 안 쓰인 부분들이 없었고. 그리고 초기에는 한편으로는 가슴 벅차기도 했고 힘들기도 했지만 두려움도 많았습니다. 그래서 그게 간부들 움직이는 모습이나 이런 거 쭉 조합들 봤을 때 내가 뭐 어떻게든지 이 싸움을 끝까지 가야 되고 약한 모습 보여줘서는 안 된다, 라는. 진짜 뭐 다른 사람들, 간부들도 그랬으리라 생각해요. 그러나 저는 진짜 하루하루가 진짜 살얼음판이었고 비장한 각오 속에서 진행됐었고. 가장 불안하던 시기는 사무실에서 아침을 맞이할 때 오늘 아침에 조합원이 몇 명 모일까? 하는 불안감들. 그거를 저는 뭐 지금 와서 후회하면 진짜 뭐 대중조직의 대표라고 하지만 대중에 대한 믿음이 좀 부족했던 것 아니냐, 라는 질책도 스스로 많이 해봤는데. 이 투쟁을 겪어보면서 대중은 현명하고 조합원들이 훨씬 더 나보다 낫다, 저는 그렇게 느낌을 가졌고요. 실제로 그렇게 느꼈어요. 뭐 그냥 하는 얘기가 아니고 진짜 집행부는 불안해 하기도 하고 갈등하기도 하고 서로 다툼도 있고 하루를 지내면서 매번 평가 회의를 하고 이러면서 서로 간의 잘잘못을 얘기하는 다툼도 있고 했지만 끝까지 흔들리지 않은 사람들은 조합원들이에요. 그리고 조합원들의 지도부에 대한 신뢰성도 저는 상당했다고 보고요. 그런 부분에서 이 투쟁은 그 당시에 의의를 찾자면 생존권 투쟁과는 또 다른 의미였다. 그리고 이런 노동자 전체에 대한 문제에서 역사적 소명 의식을 갖고 일어서는 노동자들, 특히 데이콤노조의 조합원들 진짜 멋있고. 이런 멋진 동지들을 위해서 일하고 있었다는 거 물론 우리 조합원뿐만 아니고 전체 노동자를 위해서 일하는 그런 운동을 하는 사람이었지만 이런 멋진 동지들에게 당선되어서 위원장을 했다는 것이 저는 사내 생활에 어떤 어려움의 과정도 다 씻은 듯이 넘어갈 수 있는 그런 벅찬 감동이었다고 생각됩니다.

데이콤 역사상 첫 총파업으로 정신없이 치러진 총파업이었습니다. 그래서 간부들 간에 좀 우왕좌왕하기도 하고 또 뭐 여러 가지 우여곡절도 많고 또 매일매일 하루아침에 눈 뜰 때마다 오늘은 진짜 조합원들이 올 것인가, 얼마나 올 것인가, 이런 갈등도 많이 했던 시기였지만. 그 조합원들이 자발적인 참여들을 바라보고 또 이 노동법이라는 자기 개인의 어떤 부분이 아니고 전체 노동자들에 대한 부분에서 역사적 소명 의식을 갖고 일어서는 조합원들의 모습을 볼 때, 아 난 4년 세월을 헛되게 보낸 것이 아니다. 그리고 이들이 뽑아 줬고 이들을 위해서 일했다는 것이 진짜 나는 4년 세월 동안 힘든 부분들을 다 씻을 수 있었고 그것이 벅찬 감동이었고 멋진 조합원들 그리고 멋진 동지들과 함께 할 수 있었다는 것에 대한 확신을 그리고 희망을 가졌습니다.

그러고 나서 29일 데이콤 내에서 송년 한마당 했고 30일 날 출근 거부 투쟁했어요. 송년 한마당이 분위기는 뭐 진짜 좋았어요. 강당의 의자를 다 치우고 바닥에 앉아서 꽉꽉 찼고. 조합원들이 제일 고통스러웠을 거예요. 그게. 즐겁다기보다도. 진짜 뭐 땀나고 한겨울에 땀나면 그게 얼마나 힘들겠습니까. 그런 과정이었는데 조합원들이 적극적으로 참여했고요. 그리고 송년 한마당은 계속 노사 합동으로 열렸었는데 그때는 파업 기간 중이었기 때문에 노조의 단독으로 열렸고요.

사실 송년 한마당은 취소했던 행사입니다. 안 하려고 그랬었는데 내부적인 싸움이 벌어졌어요. 회사가 노조 총파업을 저지하기 위해서 블랙리스트 작성 요령을 관리자들에게 뿌리고. 그래서 현장에 동요가 일어나서 조합원들이 조금 이탈이 되었죠. 그러다 보니까 나머지 조합원들이 이렇게는 총파업 못 끌어간다. 그래서 확실하게 사측하고 싸우고 정리하고 나가자. 이렇게 되었던 겁니다. 그 당시에 거기서 아침에 곧바로 규찰대 몇 명과 간부 몇 명이 사장실을 들어가서 점거해서 농성을 하기 시작했고요, 저랑. 그리고 조합원들이 1층에 모이는 대로 15층으로 올려서 투쟁을 전개했고 회사하고 약속을 받은 이후에 다시 내려와서 우리 오늘은 나가지 않는다, 그러고.

그 당시에 민주노총에 집회가 좀 분산되면서 뚜렷한 목표가 없었어요. 그래서 내부적으로 프로그램 어떻게 할까 했을 때 뭐 파업 프로그램 하나로 송년 행사하자, 이렇게 되어서 오후에 송년 행사를 하게 되었죠. 그래서 계속 참여도가 좋았고요. 그 과정 속에서 토론과 임시총회 열고 그래서 쟁의 기금도 결의하고 그리고 여러 가지로 의미를 찾는 프로그램이었습니다.

새해가 밝았는데 그동안에 좀 논의를 했었고 저희는 첫 주가 토요일 날이 쉬는 날이라 그냥 자연 파업이 유지되는 상태였어요. 그런데 간부들이 나와서 토론 가운데서 문제점으로 지적했던 게 1차 파업 때에 한국통신노조의 문제. 한통노조가 파업이 진행되지 않기 때문에 사측이 공격을 하기 시작하는 거죠. 경쟁사가 파업을 안 하고 혼자 해서 매출도 떨어지고 영향이 크고 결국 회사 말아먹는다, 이제 이런 논리였고. 그 문제에 대한 부분이 부각되었고요. 그리고 민주노총에서 공공 부문 파업을 유보하면서 조합원들의 동요가 일어나기 시작하는 거죠. 계속 노조 사무실로 우리 월요일부터 파업하는 거냐, 마는 거냐, 이렇게 됐고. 그러니까 서비스로 봐서는 공공의 성격이 있는 건데. 자본의 성격으로는 이제 민간으로 되어 있다는 거죠. 이 부분을 민주노총에서 정확하게 내리지 않는 가운데 사업장을 중심으로 내렸어요. 그러니까 뭐 병원 같은 경우는 사업, 그 자본의 성격이 아닌 서비스의 성격에 따라 병원노련 투쟁 계획을 잡지 않았습니까. 그러나 통신은 겨우 그냥 한통 중심 그 다음에 지하철 이런 식으로 사업장 중심으로 내리는 바람에 조합원들이 갈등을 일으키기 시작한 거죠. 그런 부분에서. 그래서 공공 부문 파업을 유보한다, 이런 얘기가 있고 그랬는데 우리는 하느냐, 이게 조합원들의 가장 이제 주요한 관심사였고요. 그래서 하루 파업을 한 이후에 집행부가 노조를 끌어가기가 어렵다. 이 문제를 정리해야 된다, 라고 얘기를 했고. 그래서 제가 양경규 연맹 위원장님과 권영길 위원장님을 만나 뵈었습니다. 이 부분에 대한 정리가 없으면 파업을 계속 유지하기 어렵다, 라는 부분을 말씀드렸고요. 저희 조합원들 입장은 정리해서 공공 부문이고 뭐고 다 들어가면 들어가겠다, 그런 입장이었어요. 조합원들 입장도. 그런데 공공 부문 빠진다고 그러니까 그리고 한통이 파업을 안 하니까 사측이 계속 그거를 가지고 빌미를 잡아서 한다는 얘기죠. 그래서 이제 그 부분을 상의하러 갔었고. 그 과정 속에서 한통이 투쟁이 좀 어려운 부분들을 그 얘기를 말씀하시면서 통신 사업장들의 공동 기자회견을 구성해서 지금 파업은 데이콤 파업을 중단하면서 한통하고 같이 들어가는 파업을 힘차게 좀 구성을 하는데 좀 노력을 하는 게 좋지 않겠느냐, 하셨고. 사실 그 부분의 노력으로 신세기 노조 지도부나 PC통신노조, 한통노조가 모두 만나면서 공동 기자회견을 구성했고요. 그래서 그 기간 동안은 15일 전면 파업 들어가기 전까지 한 6일간은 대의원들까지 부분파업으로 했고. 그때에 대의원까지 참여하는 부분파업을 통한 집회 참석 그 다음에 연맹 내의 투쟁 사업장들이라든가, 지원, 이런 쪽에 시간을 보내게 되었죠.

15일 파업은 다시 시작하는 기분으로 했고요. 그리고 사측의 공격은 계속 됐고. 좀 동력이 떨어지지 않을까 걱정이 많았습니다. 근데 15일에 지하철이 파업이 들어가는 것이 상당히 큰 힘이 됐고 조합원들이 역시 한결같은 마음으로 참석해 줘서 15일 파업은 아주 성공적이었습니다.

그날이 사실은 작년 연말 파업보다 더 감동적이었죠. 직접적으로 최루탄을 조합원들이 맞으면서 진짜 조합원들 다치지 않을까 하는 걱정도 했는데 대단하더라고요. 제가 보니까. 벌써 준비 다하고 집행부가 그런 철저한 준비를 못했는데 나름대로 뭐 마스크니 준비해 온 친구들도 많고 그리고 참 뭐냐면 종묘 집결했다가 다시 명동으로 그때 이제 하고 종묘에서 이제 막 터지기 시작한 거 아닙니까? 그래서 막 피해 가고 이렇게 했는데. 뭐 대단했고요. 종묘 집회 때 특히 이제 그 방어선을 뚫고 전문노련이 제일 앞에 선두에 서게 되었는데 저희 노조가 제일 선두에 서게 됐었어요. 그때 조합원들의 쫓아오는 모습들. 그리고 거기서 떨어진 조합원들이 다시 명동 가니까 만나고 신세계 가니까 만나고 참 감동의 연속이었고. 진짜 종로와 명동이 해방됐어요. 말로 표현하기가 참 어려운 그런 감동이었습니다.

그날 여기서 모여서 1호선 타고 갔어요. 여기서 집회를 하고 3단계 총파업 시작에 대한 부분들에 대해서 제가 조합원들에게 이런 얘기를 했습니다. 질 수도 있다. 그러나 우리 잊지 말자. 매번 투쟁했다가 분이 삭으면 잊어버리는 그런 우매한 짓은 하지 말자 그래서 이 날치기 주범인 신한국당과 김영삼 정권에 끝까지 철퇴를 내릴 때까지 금년 말 대선 때까지 잊지 말자. 굳게 얘기하고 출발을 하기 시작했습니다. 그리고 종묘에 갔고요. 저는 종묘 투쟁에서 거기 연맹에 선봉에 서 있었는데. 그 자리에 모인, 진짜 몇 만인지도 잘 모르겠어요. 사실은. 조합원 대중들의 노동자들의 발자국 저는 종묘, 종로, 종로가 종로 그 차도가 움직이는 느낌을 받았어요, 진짜. 그 움직일 때에 마치 그것이 이렇게 스펀지처럼 쿠션이 이렇게 들썩들썩하는 그런. 이것이 대중의 힘이구나. 이것이 뭐 저런 경찰들과 대치가 되겠느냐, 가자, 이렇게 해서 쭉 종로, 청계천을 거쳐서 명동까지 이렇게 가는 데 있어서 그리고 연도에 선 시민들의 박수, 거기에 진짜 뭐 목 놓아 외쳐 대고, 노동악법 철폐와 김영삼 정권 퇴진을 외치는 조합원들과 노동자들의 모습. 아, 이게 진짜 진정한 노동자들의 모습니다. 그리고 이런 힘으로 이 힘만 유지된다면 노동자들이 주인 되는 세상. 진짜 이룰 수 있을 것이다. 뭐 이런 진짜 감동, 벅찬 감동의 연속이었다고 생각합니다. 그래서 그걸 마치고 그 다음에 흩어져서 조직별로 흩어져서 가투로 그리고 다시 명동으로 이렇게 모이고 조합원들을 거기서 정리를 하고 내일 다시 본사 1층 로비에서 만나자, 이런 얘기를 하고 정리하고 간부들은 다시 사무실로 노조 사무실로 돌아왔을 때. 그 하나를 쭉 보면서 진짜 그 벅찬 감동은요? 그 다음날 아침에 모였는데 조합원들이 예전과 다른 모습인 거죠. 조합원들이 집행부가 정리하지 못할 만큼 시끄러운 거예요. 왜? 어제의 무용담을 얘기하기 위해서. 그 변해 가는 조합원들의 모습과 그리고 그런 과정 속에서 초기에 확신 없이 시작했던 조합원들도 얘기해 보면, 아 진짜 벅찬 감동을 느꼈다 그리고 이런 것이 힘이구나 집회 해 봤자 야 별거겠냐 했는데 수많은 노동자들이 모였을 때 이 힘이 있었구나, 뭐 이런 얘길 들었을 때, 아 진짜 보람도 있고 희망도 있고 그리고 승리할 수 있을 것이라는 확신도 가졌던 시기가 아닌가 생각됩니다.

민주노총 지도부에서 1월 18일 앞두고 15일 날 저녁에 수요파업 전환하겠다 했을 때 어땠는지요.

민주노총 중앙위원회에 참여를 했고요. 수요파업 전환 논의 때는 참여를 못했었는데. 그 과정 속에서 진짜 이거 뭐 잘못되었다, 라고 판단했습니다. 제 개인적인 판단은. 제가 1차, 2차, 3차 나눴을 때 실제 단일노조 현장 간부들 입장에서는 새로운 파업을 다시 시작하는 기분이었어요. 연속되는 과정들은 그리 힘들지 않았는데. 사실 끊었다가 다시 시작하기가 이게 새로 파업 시작하는 것만큼 힘들었던 부분들이었고. 또 조합원들도 자꾸 투쟁을 단절시켜 나가면서 어떤 생각이었냐면. 초기에 연말 파업 때 조합원들과 또 간부들이 조합원들에게 얘기했던 부분들은 승리를 장담 못하는 싸움이었습니다. 우리 끝까지 싸우자, 그리고 이거는 응징해야 한다, 이런 싸움이 아니고. 이게 여론이나 정부의 방향에 따라서 자꾸 단계적으로 이것들이 변해 가면서 갈등이 일어나기 시작하는 거죠. 마치 뭔가 얻은 거 같이. 그러면서 조직력이 자꾸 떨어지고. 그래서 이 단절 시기들이 상당히 위험한 시기였고요. 그래서 이걸 수요파업을 해라? 수요일마다 파업을 하는 거다. 진짜 새로운 파업을 여는 거다. 이걸 어떻게 힘들어서 하냐. 이렇게 생각이 되었었는데 어쨌든 지침은 떨어졌고 해야 된다고 생각했습니다. 그래서 했어요. 했고. 예상대로 실패했어요. 왜냐하면 거의 800~1000 대오를 이루는 대오와 여기 본사 건물에 들어온 조합원이 한 400, 지방마다도 계속 구성이 안 됩니다. 조직이 안 되고 깨졌다, 이런 얘기가 들어오고. 그런 갈등이 있었고. 그리고 그래 가지고 나가지 못한 거죠. 그렇게 해서는 못 나간다. 그래서 내부 규찰대 모으고 내부 정리 싸움도 끝났어요. 그리고 수요파업이 계속 확인을 했는데 우리만 실패한 게 아니고 딴 데도 그러면서 집회 구성이 잘 안되고 괜히 나가는 조합원들이 다칠까 봐 사실은 정리했던 부분들이 있고. 민주노총 지도부의 지침을 어겼지만 내부적으로 수요파업은 안 한다, 라는 원칙을 내부에 갖게 되었죠.

1월 26일 한국노총과의 연대 집회는 구성이나 의도는 좋았다고 저는 생각하는데. 현장 조합원, 참여한 조합원한테 대단한 실망을 비춰 주는 집회였다, 라고 생각되고요. 별로 좋은 평가는 못 받았어요. 저희 조합원들로부터 그래서 뭐 그런 갈등이 좀 있었고요. 또 4단계 파업을 준비하는데 그 과정 속에서 공격이 너무 컸고. 그리고 이전의 투쟁에 대한 정리가 제대로 안 된 부분이 있었기 때문에 다시 한 번 저는 평가서를 그 당시에 3차까지 평가서를 만들어서 전국적인 순회 간담회를 했습니다. 그래서 수요파업에 대한 부분들, 전술 부분의 미스도 분명히 이건 잘못되었다고 판단한다, 그리고 그것이 뭐 대세를 가르는 부분들은 아니고, 그런 거에 의해서 지도부에 대한 그러니까 뭐 단위 노조가 아닌 민주노총 전체 지도부에 대한 불신이나 의심이 없도록 풀어내는 과정 그리고 작년 연말부터 시작된 투쟁들을 성과와 이런 부분들을 정리하는 과정들을 좀 겪었죠. 그리고 완전한 승리가 아니기 때문에 우리 뭐 좀 얻었다고 해서 후퇴하지 말자, 그래서 끝까지 이 싸움은 이 4단계 파업도 있을 것이고 그리고 4단계 파업이 끝나면 장기적인 파업으로는 안 갈 것이다, 4단계 파업에서 성과가 나오면 그 부분으로 정리하고 그리고 임투와 그리고 대선으로 연결될 것이다, 이렇게 얘기를 했고. 우리 연말까지 그렇게 싸우자, 라고 하면서 정리를 하고 다녔습니다. 그래서 8개 지부는 제가 다 다녔고요. 서울은 분산해서 간부들하고 다녔고. 그러면서 4단계 파업을 준비했어요.

결국 4단계 파업 투쟁은 좋은 성과 없이 지나가고 3월 12일 합의 부분이 통과되었고 그 당시 노동법 통과가 된 다음에 조합원들의 반응 어땠는지, 위원장님 스스로 생각하기에 어떤 느낌을 좀 가지셨는지 말씀해 주십시오.

민주노총 중앙위원회에서 논의 구조도 그랬지만 총파업을 힘 있게 하자, 라는 측과 하루라도 해보자, 정상적으로 하자는 측과, 2월 28일로 마무리 짓고 자꾸 미루어 가는 그런 부분들이 있었습니다. 그래서 사실 제 개인적인 의견으로는 그렇게 질질 끌 바에는 안 하는 게 차라리 맞다, 라는 것이 그리고 새로운 투쟁의 방향으로 잡는 것이 맞다, 라고 생각을 했는데.어쨌든 대중적 논의를 통해서 중앙에서 결정이 됐고요. 거기에 충실하고자 노력했습니다.

그래서 마지막 종묘 집회, 종묘 집회, 비도 내리는 참 처량한 집회였는데 그때도 조합원들 한 4백 명 모였어요. 4백 명 모였고. 그래서 그때 당시에 민주노총도 그날 집회에서 번복됐지만 원래는 그것으로써 총파업 투쟁을 마감 하는 걸로 국회에서도 그때 통과될 것 같이 얘기가 됐고요. 그렇게 얘기가 됐었던 거기 때문에 여기에 집회에서 정리하겠다, 라고 얘기했어요. 파업은 마지막이다. 그래서 종묘에 가는 것도 강제하지 않겠다, 자발적으로 갈 사람 가자, 그랬는데 사실은 버스 4대가 와 있었는데 거의 250명이 넘는 조합원들이 모두 강요하지 않았는데 탔고. 종묘에 비 오는데 우산 받쳐 들고 집회에 참석했고 그때 좀 말끔했으면 민주노총이 임단투와 대선으로 이어지는 투쟁 방향을 이야기하고 오늘 투쟁을 정리하겠다, 라고 얘기했으면 더 깨끗하지 않았을까. 거기서 뭐 또 국회가 그거 됐다고 또 연기하는 바람에 상당히 이게 뭐냐 이렇게 얘기됐고. 지도부도 뭐 저도 조합원들이, 거기 참여한 조합원들이 위원장 끝내겠다고 했는데 왜 지도부는 계속 한다고 그러냐, 어떻게 된 거냐, 이렇게 얘기를 했고요. 그런 입장이었고. 3월 11일 날 어차피 우리가 총파업을 좀 더 승리를 끝장을 볼 수 있을 때까지 하지 못한 이상은 당연한 결과였던 겁니다. 그렇게 보고. 어차피 여야 합의에 의해서 제대로 된 악법을 철폐하고 개선된 노동법이 되리라고는 저뿐만 아니고 우리 조합원들은 아무도 기대하지 못했을 거예요. 그리고 그거는 뭐 당연히 우리가 싸운 만큼 얻은 거다. 그러니까 역사적으로 날치기를 노동자들 거를 날치기 했으니 이정도 수많은 날치기가 있었지만 이 정도 대가는 치뤄야 한다는 것들을 보여줬고. 그래서 그 날치기가 번복되는 그런 의의와 성과는 얻었지만 그 법을 개정시킬 만한 투쟁은 못한 거죠, 실제로. 그러니까 뭐 누구를 탓하기보다 주체적인 역량이 부족이었다고 생각합니다.

노개투 총파업 투쟁의 의미를 보자면 대단히 조합원들이나 조합 간부들이니까 자신들의 의지와 의식이나 이런 부분들이 선명해졌다, 라는 거죠. 사실 이런 투쟁을 겪고 나서 제가 당혹스럽기도 했지만 제일 먼저 눈에 띄는 부분들이 뭐냐면 열심히 참가했던 조합원들과 열심히 했던 간부들과 또 그렇지 않은 간부들과 그렇지 않은 조합원들 간에 구분 부분들 이런 것들이 대단히 선명해지는 겁니다. 그리고 노동조합이 나아가야 할 방향이라든가. 그리고 우리가 관심을 갖고 지켜봐야할 될 부분이 무엇들인가. 그리고 우리가 과연 이 시점에서 임금 1프로가 중요한 것이냐, 아니면 노동법에 대한 부분이 중요한 것이냐. 이런 좋은 교육의 장이 되었고요. 그리고 진짜 또 하나의 소중한 경험의 장이었다고 보여집니다. 그리고 아까 서두에도 말씀드렸지만 그런 노조의 선명성 부분들이 분명히 부각되는 기간이라고 보는 거죠. 그러니까 이미 뭐 사측이나 조합원들 중에서도, 쟤는 뭐 원래 그런 애야, 집행부 이 집행부는 그런 방향을 갖고 있는 거야, 라는 것들이 뭐 말로 되는 거 아니지 않습니까. 이 투쟁을 통해서 선명하게 보여지는 것들이죠. 실제로 이런 조합원들도 있어요. 집행부 너무 과격한 거 아니냐, 이런 사람들도 있지만 한편으로는 집행부가 행동하는 모습을 참 못 봤는데 이번 총파업을 통해서 나는 절대적으로 신뢰하게 되었다, 이런 조합원들도 다수가 생긴 부분이죠. 그리고 그 간의 의미는 이런 투쟁을 통해서 결국 조합원들 간에 동지애와 그리고 노동자 의식 그리고 집행부와 조합원 간의 신뢰성 그리고 가장 큰 성과는 민주노총이 조합원들에 개개인에게 각인되었다는 것. 이것은 10년 노동운동을 통해서도 얻지 못한 부분들을 사실 민주노총 건설 과정에서 건설 기금 1만 원씩 내자, 잘 안 내는 거 아닙니까? 그러나 이 투쟁을 통해서 민주노총 이거는 뭐 확고하게 굳혀졌다고 생각합니다. 결과적으로 데이콤노조의 이번 선거에서도 상대편 후보나 연맹에 대한 부분은 얘기할 수 있을지 몰라도 감히 민주노총을 탈퇴하겠다든가 민주노총에 대한 부분들을 얘기할 수 없는 인정하는 그런 부분들이 있다는 것. 이거는 데이콤노조의 기틀이 잡혀지고 어떤 민주노총이 현장의 조합원들의 가슴과 머릿속에 각인되는 중요한 결정이었다, 기회였다고 저는 생각합니다.

데이콤노조 파업 기간 전 조합원 교육

데이콤노조는 LG자본에 맞서 80일간 파업했다. 파업투쟁이 한창이었던 2001년 1월 4일, 노조 위원장으로서 이승원은 전 조합원 교육을 한다. 교육 내용은 자본과 정치와 노동자에 관한 원론적인 내용이다. 파업이 장기화되고 매순간 조합원을 흔드는 거짓 정보들이 판을 치는 와중에 각 사안을 바라보는 노동자의 관점을 정립하기 위한 교육이었다.

동지들, 중앙노동위원회에 임시 조정에 대해서 기대도 많이 크셨을 거고 또 한편으로는 위원장과 지도부가 가서 형편없는 안과 타협해 오지 않겠나 하는 이런 우려도 많으셨던 걸로 알고 있습니다. 조정위원 세 명의 위원, 여러분이 잘 아시지만 저희는 그 한평생을 민주화를 위해서 민주화를 위해서 몸을 바치셨던 이화여대 법과대학장이신 신인령 교수를 추천했고 지금 입시철이라 정신없지만 그래도 강직하게 우리 편에서 얘기할 수 있는 분이 누굴까 논의하다가 그분밖에 없다 해서 신인령 교수를 모시게 되었어요. 사측에서는 노동부 노정국장을 거치고 청와대 사회복지비서관을 거쳐 중앙노동위원회 상임위원으로 와 있는 사람을 추천했고. 위원장은 임종률.

이 세 분이 결론적으로 낸 거는 뭐냐면, 어느 쪽 주장을 들어봐도 이 주장에 대해서 손을 들어주기 어려울 뿐더러 자기네들이 조정안을 내놓는 것이 중노위의 입장에서 더 부담스럽다, 라는 입장이었습니다. 그리고 실제로 저희 제일 마지막에 임종률 위원장까지 해서 만나 뵙고 나왔는데요. 사측에서 조정안을 받을 만한 자세가 별로 안 되어 있는 것 같다. 자기네들 안만 고집하고 그러기 때문에 저희가 조정안을 내게 되면 사측은 거부할 게 뻔하기 때문에 이 조정이 성립이 안 될 건데 그렇다고 해서 일방적으로 사측의 손을 들어서 안을 내기도 이 사안을 봤을 때 중노위들은 부담스럽다, 그래서 조정안을 결국은 내지 못하게 되고 미안하게 생각한다, 이렇게 하고 나왔고요.

할 수 없이 저희들도 수고해 주셔서 감사합니다. 중노위 입장에서 어느 일방의 손을 든다는 게 부담스러울 수 있다는 것을 이해하고 저희 조정을 마치고 나왔습니다.

오늘은 이후 투쟁 방향이나 전술 문제 그리고 이 중노위 조정안에 대한 자세한 배경의 문제들은 뒤로 미루고 좀 원론적인 얘기를 하겠습니다.

우리가 파업 58일째 왔습니다. 근데 실제로 원론적인 부분이나 지금 노동의 문제들에 대해서 고민도 많이 하시고 질문도 많이 하시는 것 같습니다. 그런데 파업 58일째 와서 이런 교육을 한다는 것은 별로 맞지 않는 내용 같아요. 모두 투사들이기 때문에 사실은 이런 얘기를 하면 나 그런 거 다 알고 있었다, 이런 얘기가 될 겁니다. 그래도 한 번 정리해 보려고요. 이론적인 부분들을 정리해 보고 지금 노동법이 어떻고 되어 있는지 잘 아시는 분들도 있지만 나는 이번 투쟁이 처음이다 그리고 그런 내용을 한 번 듣고 싶다 이런 얘기들을 많이 해오셨어요. 그래서 이번 시간 약 1시간 동안 진짜 우리 투쟁이 어떻고 지금의 노동법의 상황이 역사적으로 어떤 배경을 가지고 있으며 우리가 얘기하는 구조조정이라는 게 과연 노동의 시각에서 보면 어떤 일인가 하는 부분들 그리고 구조조정하면 이 사회는 무조건 사람 자르는 걸로 알고 있는데 과연 그런 것인가 하는 부분들을 같이 고민해 보는 시간들, 그러면서 굉장히 어렵게 얘기하면 신자유주의라는 게 본질적으로 뭔가. 자본가는 왜 그러는 것인가. 이런 부분은 좀 이해할 수 있는 시간이 되지 않을까, 라고 생각합니다.

자본과 노동, 그리고 노동법

200년 전으로 돌아가면요. 노동과 그 다음에 자본이 있죠. 노동과 자본이라는 것이 이 세상에 처음 탄생하게 되는 거예요. 그 역사적인 사건이 1800년대 있었던, 뭐죠? (산업혁명) 될 거 같습니다. 그 전까지는 사실은 집단적인 생산 체제가 갖춰지지 않았기 때문에 노동과 자본의 개념보다는 바로 유산자와 무산자의 개념인 뭐죠? 지주와 뭡니까? 바로 농경 사회가 지배되었던 사회죠. 그리고 가내수공업이 되었기 때문에 땅을 가지고 있는 지주와 거기에서 자기의 소작료를 내고 농사를 짓고 먹고 사는 농민의 신분으로서의 구분이 있었던 세상이었던 거죠. 이제 노동과 자본이라는 산업혁명 이후에 본격적으로 그 틀을 갖춰서 나타나는 부분이 발생하게 됩니다. 그래서, 먹는 거 해결하고 플러스 집세를 겨우 낼 수 있는 수준의 임금을 받고 일했다는 거예요. 노예 생활에서 겨우 벗어나는 정도의 생활을 하게 되었던 거죠. 그리고 거기다. 그리고 그 시절의 자본가 집단이라는 사람들은 사실은 지금의 자본가들보다 더 많은 부를 가지고 있던 세상입니다. 기록에 의하면 그 사람들의 생활은 다이아몬드로 이빨을 해 넣고 담배를 지폐에다가 말아서 피웠던 그래서 부를 과시했던 세상이다. 그래서 여러분 아시죠. 예전에 시계는, 자본가들이 차던 시계는 우리 같은 손목시계가 아니고 뭡니까 금장이 달린, 뭐라 그래요 그거를? 회중시계라고 그러나요? 전혀 본 적이 없어서 모르십니까? 우리는 전부 노동자의 후손이기 때문에 못 봤던 거죠.

그 노동자들은 누가 알려주지 않아도 우리가 요즘 얘기하는 노동3권이라는 것을 행사하기 시작합니다. 그래서 맨 처음에는 뭐하죠? 노동3권의 처음은 뭡니까? 잘 아시잖아요. 모자를 썼으니까 자꾸 주무시려고 하는 거 같으니까 모자를 다 벗으시고 뭐죠? 처음이? 단결권이죠. 그렇죠?

더 나은 사회를 만들기 위해서 한번 같이 투쟁하자 그렇게 모이기 시작하는 거죠. 그리고 뭐를 만듭니까? 요구안을 만들기 시작합니다. 이거, 이거, 이거를 요구하자, 저들에게. 그래서 요구했죠. 요구하면서 뭐합니까. 요구했으니까요 예, 교섭을 합니다. 그런데 그 교섭을 개별적으로 하는 것이 아니고 뭉쳐서 집단적으로 하기 때문에 이게 바로 뭐냐 하면 단체교섭이라는 거예요.

노동자들은 뭐 합니까 단체행동을 했던 겁니다. 이때는 법도 없었고 누가 가르쳐주는 것도 아닙니다. 자발적으로. 근데 이 당시 단체행동이 어떠했냐면 법이 없으니까 단체행동은 노동자들이 한 번 뭉쳐서 그 힘을 발휘하는 게 모두 단체행동이었습니다. 그래서 교섭이 결렬되니까 어떻게 합니까? 노동자들이 일어나서 생산에 썼던 도구들을 곧 자기의 투쟁 무기로 쓰기 시작합니다. 지금의 우리처럼, 머리띠와 조끼와 단체복과.

권력을 가지고 있는 사람들은 뭐냐. 노동과 자본만 이 사이에 존재하는 것이 아니고 정치권력도 분명하게 존재하는 것이죠, 그 시절에도. 왕조가 무너지고 만들어진 정치권력이라는 부분이 존재했을 때 그럼 과연 이들이 노동자들의 편이냐, 태생적으로 이들은 자본의 편일 수밖에 없는 겁니다. 왜냐하면 분배의 몫이라는 게 존재하기 때문에 이렇게 단체행동을 해서 자본가들을 죽인다고 할 때 이 정권은 그러면 존재할 수 있느냐, 자본가들을 무너트리고 그리고 이 사람들의 협조 없이 이 노동자들을 일방적으로 통제해 가면서 정치 행위를 할 수 있느냐, 할 수 없다고 판단해요. 그래서 역사적으로 바로 자본과 정권은 한목소리를 낼 수밖에 없는 구조를 가지고 있다. 이때 이렇게 몰아치니까 세상이 바뀌는 거죠. 혁명이 일어나고. 그래서 어떻게 합니까, 자본가들이 평화 선언을 합니다. 평화 선언을 하면서 한 것이 뭐냐면 바로 우리 법으로 하자, 그러면서 바로 그때부터 출현된 것이 바로 노동법이에요. 그래서 근로기준법이라는 것은 노동자를 쓰려면 최소한의 기준을 정해서 이거를 어기는 사용자들은 자본가들은 처벌을 받아라.

법이 노동자를 위해서 만들어졌다고 생각하는 분이 계시나요? 여러분들이 실제로 이번 투쟁을 통해서 경험해 보셨겠지만 전 세계 어느 나라도 노동법이 노동자들의 이익을 위해서 만들어진 곳은 없습니다. 개별적으로 근로기준법에서 보장하고 있는 근로시간이라든가 이런 것들이요, 다 노동자들이 투쟁해서 쟁취한 부분들을 그대로 법안에 반영시켜 준 거예요. 여러분이 90년대에 노동법 개악에 맞선 투쟁 기억하고 계시죠?

정권이 해준 것이 3월 10일에서 근로자의 날을 5월 1일로 고쳐 주고 그 명칭은 그대로 근로자의 날로 고집하고 있는 거죠. 그런데 노동절을 5월 1일로 하는 것을 이승만 정권부터 시작해서 이 땅의 정권들이 다 반대하고. 그리고 자본가들이 왜 싫어하느냐, 이 5월 1일은 미국의 노동자들이 지금으로부터 110여 년 전에 바로 하루 8시간 노동제의 쟁취를 요구하면서 헤이마켓 광장에서 시위를 벌이고 파업을 하면서 총에 맞아서 많은 사람들이 희생되었던 날이에요. 그날을 5월 1일로 기억하게 되면 노동자들의 생각 속에 그날이 될 때마다 110년 전에 우리가 지금 누리고 있는 8시간 노동제를 위해 총을 맞고 쓰러져서 죽어 갔던 그 사람들을 상기하고 그날이 바로 우리 투쟁의 날이고 우리에게 소중한 날이라는 것을 깨닫기 때문에 결코 그날을 기념하게 해서는 못하겠다, 이게 역대 정권들을 생각입니다. 군사정권의 생각입니다. 그리고 노동절이라는 이름보다는 근로자의 날이라는 이름으로 노동자들을 철저하게 통제하려고 했던 것이 이 사회의 문제였던 것입니다.

이승만 정권 때 노동법을 일본의 것을 많이 베껴서 가지고 왔습니다. 그 부분은 왜 그렇게 되었냐면 우리나라가 노동조합의 역사가 사실은 일제시대만 해도 사실 노동조합의 역사 그러면 식민지 해방 투쟁을 위해 가장 혁혁한 공로를 이 땅 안에서 했던 사람들이 바로 노동자, 농민, 그리고 학생들이었어요. 근데 해방 후 그 노동자들이 자주적으로 만든 전평을 미군정이 인정하지 않았다는 거죠. 그래서 빨갱이로 몰아서 전부 다 지하로 숨고 잡혀가고. 전평을 다 때려잡고 나서 이승만은 이제 노동자를 위한 조직을 만들어야 된다, 라고 얘기했습니다. 그건 무엇 때문이었냐면 외교의 귀신이었던 이승만이 미국에 갔을 때 한국이라는 나라는 노동자들을 위한 조직 하나 없는 나라다, 어떻게 인권을 보장할 수 있느냐, 이건 인권에 대한 문제다, 라는 얘길 들었고, 그래서 만들어야 된다, 이렇게 된 거죠. 그래서 이승만이 돌아와서 만들라고 얘기했다. 그 측근에서 아부하는 사람들이 한 번 만들죠? 이래서 만들었어요. 그래서 만든 것이 지금의 한국노총의 전신이었던 대한노총입니다. 그 대한노총이 3월 10일 창립됐어요. 그래서 근로자의 날을 3월 10일로 기록했던 겁니다. 여러분 옛날 직장 생활 오래 하신 분들은 3월 10일 날 쉬었죠? 예, 근로자의 날이었습니다. 그런 역사성을 가지고. 그리고 그때 초대 위원장이 누구였냐면 이승만이었습니다.

그런 역사적인 갈등 속에서 우리의 노동의 문제들이 출발했던 겁니다. 그러기 때문에 노동법도 없고 아무것도 없었기 때문에 그런 단체를 부랴부랴 정부가 만들고 노동법을 만들었어요. 베껴 만들었어요. 독일 것도 좀 가져다 베끼고 일본 것도 좀 가져다 베끼고 미국 것도 참조하려 했습니다. 그래서 법은 잘 만들었어.

근데 어떻게 해요? 현장에서 지키지 않는 겁니다. 그래서 전태일 열사는 70년대 초에 지키지 않는 근로기준법은 불태워 버려라, 라고 외치면서 자기 몸을 불살랐다고 합니다.

그러면서 많은 민주노조들이 탄생하고 그러면서 실제로 70년대 노동자 속에서 근로기준법을 지켜야 한다는 목소리가 사회적으로 이슈화되고 그리고 조금씩 지키는 사용자들이 만들어지게 됩니다.

실제 데이콤도 법대로 다 따져 보면 근로기준법을 다 지키고 있다라고 할 수는 없습니다. 사무전문직에서는 근로기준법대로 다 계산을 하면 너무 복잡해서 노무비용이 굉장히 많이 드는 그런 문제들도 발생하게 되는 거죠. 지금의 법이 현실이 그렇다라는 겁니다.

노동시간 단축

우리나라 법까지 살펴봤는데요. 그러면 우리가 지금 안고 있는 문제들을 무엇인가, 전체 노동에서 요구하는 게 과연 200년 전이나 100년 전 미국의 노동자들이 투쟁했을 때나 그리고 전 세계 노동자들이 투쟁해 가지고 한국의 노동자들이 투쟁한 것이 그때나 지금이나 달라진 것이 있는가, 달라지지 않았습니다. 여러분 한번 여러분의 생활 속에서 여러분의 하루 근로시간은 몇 시간이라고 생각하십니까? 나는 8시간 근로를 정확하게 하고 있다? 지금 파업 시간에 말고요. 일할 때, 한번 손들어 보세요. 나는 하루에 평균 10시간 정도 근로하고 있다? 없습니까? 그러면 하루에 평균 12시간 정도 하고 있다? 뭡니까 그러면. 하루 평균 7시간 한다?

실제로 어떠냐면 요즘 제조업 현장은 IMF 이후에 노동시간이 굉장히 아주 정확해졌습니다. 일거리 없으면 일 안 시키고. 정확하게 IMF 이후에 이렇게 되면서 하루 평균 근로시간이 약 9.23시간 IMF 때문에 실제로 하루 8시간이 안 되는 사업장이 많았습니다, 제조업장.

그런데 IMF 터진 다음에 사무전문직이 특성이 어떠냐면 근로시간이 고무줄이 된 거예요. 초과 근로 한 푼 없이도 10시간, 15시간 이렇게 시키는 거예요. 그러면 미국식 참 좋아하던데 미국식으로 따지면요, 미국의 근로기준법대로 따지면 점심시간도 근로를 위해서 먹는 것이기 때문에 점심시간도 근로시간에 포함되어 있어요. 그래서 영화도 나왔죠? 8시간 근로하는 미국의 몇 시부터 몇 시요? 나인 투 파이브. 계산해 보십시요. 9시부터 5시까지, 이게 8시간이에요. 그럼 그 사람들은 밥 안 먹고 일하냐 아니죠, 밥도 먹죠. 쉬기도 다 하고. 프랑스는 하루 근로시간이 작년부터 대기업은 35시간. 그리고 금년부터 중소기업들은 35시간 이렇게 정해져 있어요.

노동조합의 경영 참여

이 근로시간에 대한 문제는 제가 노동조합을 하다 보니까 정치권력에도 지대한 영향을 받고 있다고 얘기하고 있습니다. 노동자들은 노동시간이 길어야 되고 그리고 신문 보는 시간도 없어야 되고 지역사회나 정치 문제에 대해서 깊은 관심을 갖지 못할 뿐더러 계속 뺑이 돌려야 된다, 라는 거예요. 노동자들의 근로시간의 단축은 잘 안 되고 있어요. 전 세계적으로 공통적으로. 지역사회 문제 정치 권력 문제에 대해서 좀 배웠다는 사람들, 또 노동자들, 우리 노동자들 의식 수준이 굉장히 높아요. 여러분 제조업에 있다고 해서, 현대자동차 예들 들어 제조업의 노동자들은 제조업 분야에서 일하니까 좀 무식할 거다, 이런 생각을 하는 사람도 있죠? 천만의 말씀입니다. 요즘에요 현대자동차 같은 경우는 100프로 고졸 이상이거든요. 전문대졸 이상이 그 현장에 있는 노동자들 중에 80퍼센트였어요. 물론 거기 입사해서 자체 전문 기술대학이나 이런 데를 졸업한 사람들도 있습니다. 다 이렇게 교육 수준, 의식 수준이 높은 거예요. 이 노동자들의 관심사가 자기네들의 임금 문제, 자기네들의 노동문제로 국한되지 않으면 어떤 문제가 발생하냐면, 데이콤노조처럼 경영 인사권에 대한 문제 가지고 파업을 하면서 이 땅에 있는 자본가들하고 정권을 괴롭히는 놈들이 발생하는 거고 제일 싫어하는 겁니다. 그리고 정치권력에 있어서 노동자들의 정치 세력을 얘기하는 분들이 나타나는 겁니다. 노동자들은 그냥 먹고살기 힘들어서 투쟁을 해도 임금을 높여 달라 그 다음에 우리 근로조건을 개선해 달라 이런 투쟁만 해야 되는데 경영 참여 같은 게 조금씩 요구에 끼어들고 요구 사항들이 만족되지 않으면서 경영참여 문제를 적극 제기하고, 정치세력 문제를 얘기하니까 그걸 두고 보지 못하는 거죠. 우리 데이콤 투쟁은 이 땅의 정치가, 그 다음에 이 땅의 자본가들이 좋게 볼 수가 없는 수준이에요. 당연한 겁니다. 저는 그 부분에 대해서 모든 정치권력이 잡고 있는 이 보수 언론들이 우리 투쟁에 대해서 씹었을 때 우린 정당하다, 이런 자세만 가지면 되는 것이지. 분해 하거나 억울해 할 필요가 전혀 없는 것이라고 생각해요. 왜? 쟤네들은 원래 저런 애들이거든요. 우린 저런 애들과 맞서서 투쟁을 하고 있는 거예요. 우리 투쟁 내용에 대한 자부심은 여러분 마음속에 굳게 가지고 있으면 된다는 말씀이에요.

우리하고 생각이 똑같지는 않지만 그래도 이 나라 민중들이 만들었다는 한겨레신문은 그나마 조금 우리의 글들을, 우리의 요구 사항이나 우리의 얘기들을 그냥 객관적으로라도 실으려고 노력합니다. 나머지들은 어떻습니까? 중앙일보 사주가 누굽니까? 잘 아시잖아요. 누구예요? 삼성. 무노조 신화를 만들고 있는. 데이콤노조에 있는 애들 이야기를 기사로 받아서 데이콤노조는 참 열심히 잘 싸우고 있습니다, 맞습니다 여러분들의 주장이, 이렇게 얘기할 거 같습니까? 아닙니다. 다른 언론들도 마찬가지예요. 이런 놈들이 어떻게 언론인가. 이런 자괴감에 빠지시지 말라는 거예요. 이게 우리 투쟁에 있어서 가장 위험한 적인 겁니다.

그리고 아까도 말씀드렸지만 전 세계 어느 나라도 노동자들이 힘이 없으면 노동법이 유리하게 적용되지 않습니다. 우리가 쟁취해 내지를 못합니다. 결국 우리 선배들이 그랬고 우리도 그랬듯이 우리의 문제는 우리가 쟁취해 나갈 수밖에 없는 거다.

그리고 두 번째로 아까 말씀드렸지만 우리가 얘기하는 경영권, 인사에 대한 참여 부분 특히 경영 참여 부분은 전 세계적인 추세예요. 노동과 자본의 갈등이 첨예했던 때 유럽에서 노동자들의 힘이 세지면서 노동자의 경영 참여에 대한 법률들이 법안으로 통과돼서 법으로 보장받게 되어 있는 거예요.

그러면 실제 경영이 경영자들의 독점물이냐? 그렇지 않습니다. 중고등학교의 사전에도 나와 있듯이 노동과 자본이, 자본주의 국가라는 건 노동과 자본이 같이 결합이 되어서 회사를 운영하는 것, 그래서 생산물을 내는 게 그게 경영 활동입니다. 그래서 그건 일방의 것이 아닙니다. 자본가들은 돈을 대고 노동자들은 노동력을 제공해서 이것들을 잘 운영해서 그 운영하는 시스템이 경영입니다. 그래서 이것은 공동으로 경영해 나가고 그리고 서로 간의 의견들을 조율해 나가는 것이 가장 자본주의 체제에 맞는 얘기입니다. 언제부터인가, 초기부터죠, 노동의 힘이 약하다고 해서 자본이 독점해 버렸기 때문에 지금의 문제가 발생하고 있는 겁니다.

그래서 정부도 그것을 부정하지 못하는 것이 예전에 노사협의회법이라는 것을 참여 협력에 의한, 참여와 협력의 증진에 관한 법률로 개정되었습니다. 재작년에 개정되었죠. 그 법이 뭡니까. 노동자들은 경영에 참여하고… 이 참여라는 건 노동자들이 참여하라는 거예요. 그리고 협력은 뭡니까 노동자들에게 생산에 협력을 해라 대립적 관계보다는 협력을 좀 하고 그리고 자본가들도 경영자들도 경영에 노동자들이 참여할 수 있는 길을 열어 주고 그러면서 협력할 수 있는 방안을 만들자. 그래서 생산성을 향상시키자, 이게 정부가 내놓은 이데올로기를 법안으로 만들어 놓은 거예요. 지금 국회의원들이 의원입법을 하려고 준비하는 것들이 뭐냐면 노동자들의 경영 참가법입니다. 지금 우리 법이라는 것 자체가 너무 유명무실하기 때문에 이걸 좀 강화해서 조합원들이 노동자들이 경영에 참가할 수 있는 법을 만들어 내자, 이렇게 지금 얘기하고 있는 거예요.

구조조정이란

사업 청산을 시작하고 있는 것 같습니다. 들으셨어요? 그래서 지금 데이콤과 중복되는 사업에 있어서는 청산을 원칙으로 해서 아마 사업 구조조정과 인력 구조조정에 대한 문제를 마련하려고 진행하고 있는 것 같습니다. 사실은 안타까운 게, 가슴 아픈 일들이 벌어지고 있는 것 같습니다. 근데 청산이나 이런 얘기를 안 하고 구조조정이라는 표현을 많이 쓰거든요. 그러면 구조조정이 뭔지에 대해서 좀 얘기를 해보도록 하겠습니다.

저도 구조조정에 대해 잘 모릅니다. 학자들도 잘 모르고. 다만 저는 이런 문제가 닥칠 때마다 책을 보거나 사람들이랑 대화를 하면서 이 본질이 뭔가에 대해서 파악하려고 합니다. 그 과정에서 내가 소화할 수 있는 부분이 뭔가를 고민하는 게 중요하다고 봅니다.

자본주의는 끊임없이 성장을 해야만, 이윤을 확대해서 생산을 해야만 부가 증가가 되고 모든 사람들이 잘 살 수 있는 세상이 되는 겁니다. 근데 이게 됩니까? 안 되는 겁니다. 그래서 자본주의 국가에서는 실제 경제 싸이클이 어떻게 납니까? 이런 싸이클이 나죠, 그죠? 활황일 때가 있고 활황이 되면 불경기가 당연히 어떻게 됩니까, 도래할 수밖에 없게 됩니다. 그랬다가 저쯤이 되면 또 다시 자본주의 뭐가 생깁니까? 희망이 생깁니다. 그래서 어떻게 돼? 다시 올라갑니다. 근데 세계경제는 1945년 2차 세계대전 이후 완전 폐허 속에서 발전만 거듭하다가 1970년대 오일쇼크 이후로는 바로 자본주의 이치 때문에 이렇게 성장하는 것이 아니고 지금 완만한 성장을 유지하고 있습니다. 이래서 끊임없이 경기의 문제가 발생하게 됩니다. 그래서 뭐를 해야 된다고 얘기를 하냐면 산업 구조조정을 얘기해야 된다고 합니다. 구조조정이 얘기하는 건 바로 뭐냐, 자본가들의 부가가치가 큰 사업으로의 전이입니다.

여러분 무슨 얘기냐면요, 우리는 어떤 산업에 종사하는 사람들이죠? 1차 산업입니까? 3차 산업입니까? 우리는 4차 산업입니다 그죠? 어떤 산업이라고요? 정보화산업, 정보산업. 여러분 우리가 중고등학교 때만 배웠을 때 뭐만 배웠습니까? 3차 산업만 배웠죠? 요즘 학교 나오신 분들은 뭐까지 배우냐면 정보산업까지 배우셨을 거예요. 근데 여러분 세상이 바뀌었습니다. 정보산업 얘기하면 뒤떨어지는 사람들 이렇게 얘기합니다. 이제는 뭡니까? 무슨 산업? 예 맞습니다. 역시 우리 조합원들의 수준이 높아요. 무슨 산업이요? 지식산업이라는 것. 이런 산업이 왜 만들어졌느냐. 1차, 2차, 3차, 정보산업, 지식산업, 앞으로 또 무엇이 만들어질 것인가. 그 부분들은 바로 뭐냐면 이 자본주의 체제에서 선진국인가 하는 사람들이 좀 더 큰 부가가치를 창출해 내기 위해서 이제 1차 산업 백날 해봐야 이윤이 많이 생기지 않는 겁니다. 그래서 1차 산업은 선진 열강들과 자본가들은 뭐를 생각 하냐면 자국의 이익과 굶지 않는 범위 내에서 그래서 농업 생산을 많이 하는 국가에서 자기를 전쟁의 무기로 식량을 쓰지 못할 만큼만 비축해 놓고 있습니다. 그래서 뭐 합니까 전 세계적인 국가들이. 농민 정책은 자급만 하면 끝이다, 이렇게 얘기합니다. 근데 요즘은 중국산 아니면 먹거리가 자급자족이 안 돼요.

자본은 이윤을 추구해야 하니까 자꾸 고부가가치 산업으로 넘어가는 거예요. 2차 산업은 어떤 거예요? 우리에게 2차 산업은 안 알려졌었어요. 그거 어디로 줬습니까? 우리보다 못사는 나라로 넘겨주게 되었어요. 그죠? 우리나라가 처음 2차 산업을 했을 때 어땠어요? 일본으로부터 넘겨받고 미국으로부터 넘겨받고 해서 산업 폐기물까지 왕창 달라 해서 경제 회생한다고 2차 산업을 엄청 키울 정도로. 그리고 3차 산업.

3차 산업은 쭉 오다가 이게 다시 꺾어지기 시작합니다. 얼마로 떨어져요? 별로 안 느는 거죠. 전체 인력이 35% 정도 되고 90년도 초 되면 그 다음에 3차 산업에 정보산업을 포함한 사람들이 55% 정도의 인력들이 이쪽으로 이전하는, 물론 여기 또 정보화산업들로 이전된 사람들도 있는 거죠. 그러면요 왜 이전이 필요한가. 그러면 이거는 바로 뭐냐면 값싼 노동력의 필요입니다. 농민들을 잘 먹게 해주면 노동의 이전을 안 해요. 그러니까 어떻게 해요? 도시빈민으로 이 사람들을 전락시키는 거죠. 농업정책에 의해서 수급 정책이나 이것들을 해서 결국은 2차, 3차에 아주 싼 노동력들을 흡수시켜 내는 거예요. 3차 산업의 유통 부분으로 값싼 노동력으로 위치시키기 위해서는 이 사람과 산업들을 정리해야 되는 겁니다. 이게 산업의 구조조정이에요. 이 가운데 뭐냐면 구조조정의 의미는 사람을 자르는 의미가 아니고 실제로 뭐냐면 이 산업에 주력했던 사업을 3차 산업으로 주력 산업으로 개편해 내는 거고 그리고 미래지향적인 산업으로 개편해 내는, 국가정책도 그렇게 갈 수밖에 없고 이 가운데 노동자의 정책을 어떻게 가야 될 것인가 이 부분들을 고민했던 부분입니다. 그래서 서구나 우리나라 노동정책은 IMF를 맞기 전까지 어땠냐면 우리도 그랬어요. 부산에서 오신 동지 분 계세요? 부산에 뭐 때문에 뒤졌습니까? 신발 산업 작살나면서 부산 경제 박살났죠? 산업 구조조정이 불가피했던 겁니다. 신발 산업. 그리고 산업 구조조정 과정에서 이탈되는 노동자에 대해서 먹고 살 수 있도록 그 문제들을 고용의 문제들을 책임져야 되는 거예요. 국가가. 실제로 선진국 사례를 보면 어떤 사람이 이제 망해야 된다, 그러면 비싼 노동력으로는 못 사지만 싼 노동력으로라도 그런 부분들을 확보해 주는 그런 정책들을 펼쳤던 겁니다.

기업을 운영하면서 사업 구조조정을 한다고 치자고요. 근데 우리가 한 번 시작한 사업은 망하든지 끝나든지 끝장을 봐야 된다, 그래서 끝까지 가서 망하면 다 같이 망하는 거고, 이게 성공을 하면 우리는 다 같이 살아 나가는 것이다. 그렇게 할 수밖에 없어요, 사업 구조조정. 그러니까 저는 뭐냐면 저도 그렇고 동지들이 데이콤의 서비스와 데이콤의 애착과 사랑이 어느 기업에 일하고 있는 사람보다 훌륭하고 높다는 것에 대해서 전적으로 동의합니다. 저도 마찬가지예요. 우리가 회사 망하게 하려는 사람 아니라는 거죠.

예를 들어봅시다. 여기 관계하신 분 계세요? MHS(Message Handling System)? 요즘 없습니까? 그 서비스 없어진 겁니까? 사실 그거를 만들면서 진짜 고생을 많이 했어요. 요금 만드는 사람들은 서비스 개발 사업하고 똑같이 공부해 가지고서 거의 6개월에 걸쳐서 그 작업을 맨날 책보면서 그렇게 만들었습니다. 근데 시간이 지나니까 그게 엄청난 수요가 있을 거고 잘 될 거라고 생각했는데. 민간 서비스들이 막 나오니까 그 서비스들이 다 죽어 버린 거예요. 어떤 서비스에서든 되는 겁니다. 근데 개인적으론 안타깝지만 어쩔 수 없는 거예요. 거기 그렇다고 해서 돈을 계속 투자하고 있을 수는 없는 거 아닙니까. 그러니까 이런 부분 속에서 회사가 미래지향적으로 발전성 있다, 그리고 우리는 이 방향으로 가야 된다, 라고 하면 현재의 캐시카우(Cash Cow)나 포트폴리오를 잘 이용해서 그런 것들을 맞춰 나가고 그 다음에서 인력 배치 문제나 그 사업에 결정하는 데 있어서 여러분들의 힘을 모아서 노동조합이 협상 파트너로 같이 참여하고 그 다음에 바른 방향으로 나아갈 수 있도록 하는 것이 우리 경영 참여의 목적인 것이지. 현재의 것을 그대로 유지하겠다, 그건 아니라는 거죠, 저는. 그러면서 그 가운데서 우리의 고용은 어떻게 유지시키고 우리들은 어떻게 해 나가는 것이 좋은 것인가 이런 것들을 우리가 주체적으로 판단할 수 있는 부분이 있어야 된다, 이렇게 생각합니다.

신자유주의에 대하여

신자유주의 얘기해 볼까요? 시장이 완전히 모든 것을 장악하는 세상을 만들자는 겁니다. 그게 신자유주의예요. 자유주의 아시죠? 이건 정치적 자유를 얘기하는 게 아닙니다. 경제적 자유를 얘기하는 겁니다. 그래서 약육강식의 세상에서 도태되는 놈들은 죽이고 이기는 놈만 이긴다. 그렇게 되면 어떻게 되느냐 자본주의의 가장 큰 문제인 빈익빈 부익부에 의해서 소수의 부자들만 남고 나머지는 다 저소득층으로 전락하고 그렇게 된 세상이 된다. 이런 우려가 그대로 나타나요. 그럴 때 이들은 이렇게 얘기합니다. 신자유주의의 가장 본질적인 이론을 만들었던 하이에크는 뭐라고 얘기했냐면 돈을 화폐를 개인이 발행하는 세상을 만들어야 한다. 국가가 국가의 중앙 화폐로서 통제하는 세상을 없애야지만 신자유주의 세상은 도래된다. 이렇게 얘기를 했어요. 그 얘기는 뭐냐면 한국에서는 중앙 화폐를 한국은행이 발행하는데, 화폐 어디서 발행하죠? 조폐공사에서 발행하는 거 아닙니다. 조폐공사는 찍기만 하고 발행은 중앙은행인 한국은행에서 하죠? 그죠? 미국은 달러, 일본은 뭐가 있습니까? 엔화 있습니다. 국가의 중앙 화폐를 가지고 서로 그 돈을 교환해 가면서 환율이라는 게 설정되고 그래서 세계경제가 움직이고 있습니다. 근데 이 신자유주의자들이 주장하는 건 뭐냐면 이제는 그거 필요 없다는 거예요. 중앙 화폐가 아니고 우리나라로 얘기하면 이건희도 화폐를 발행하고 이승원이도 화폐를 발행하고 여기 계신 동지들도 화폐를 발행하는, 전 세계의 모든 사람들이 화폐를 발행하는 세상을 만들자고 얘기를 합니다. 그럼 어떻게 됩니까. 제 돈을 여러분들에게 드리면서 이렇게 가면 여러분이 뭐라고 하십니까? 제가 이거는 만 원입니다, 이거를 저한테 가지고 오시면 나중에 만 원 상당의 것을 드리겠습니다, 라고 하면 만 원 정도는 여러분들이 사 가실 수 있을 겁니다. 그런데 제가 1000만 원 좀 써 가지고 여러분 무노동 무임금에 얼마나 고생이 많으시나요, 저희 화폐 은행에서 1000만 원씩을 다 뿌리겠다, 여러분들이 뭐라고 합니까? 드디어 위원장이 맛이 가기 시작했다, 이렇게 얘기를 해요. 그죠? 그런데 이건희가 1000만 원짜리 싸인을 해서 화폐를 뿌리면 어떻게 됩니까? 그거는 우리 사회에서는 1500만 원, 2000만 원 상당으로 거래가 됩니다.

우리는 언제부터 신자유주의를 받아들였나? 제3세계의 많은 후진국의 대통령들이나 우리나라의 역대 대통령들, 김영삼 정권부터 국제화를 얘기할 때부터 이미 신자유주의에 대한 자유주의의 1단계를 밟고 시작한 거예요. 국제화, 세계화. 여러분 여기서 국제화와 세계화의 차이를 분명히 얘기할 수 있는 동지 계십니까? 몇 분 계신 거 같아요. 왜냐하면 김영삼이 국제화 얘기하고 그 다음에 세계화 얘기했을 때 청와대 비서진에서도 세계화와 국제화의 차이가 뭔지 며칠 밤을 새도 잘 몰랐다고 해요. 말한 김영삼도 잘 몰랐던 거죠.

국제화라는 건 뭡니까 우리 주체적인 경제 주권을 갖고 우리가 대등하고 국제적인 세계무역에 주체로서 뛰어든다는 게 국제화고 세계화는 뭐냐면, 실제 이데올로기 상으로 보면 우리 시장과 장벽을 완전히 허물고 저들과 같이, 속된 표현으로 하면 다이 다이 붙어서 그냥 경쟁에 들어간다, 하는 부분. 그때부터 시작해서 쭉 왔던 겁니다. 그들은 이 신자유주의가 결국에 추구하는 세상이 뭔지도 모르고 우리한테 유리하겠구나, 자본가들과 손잡는데 좋겠구나 이렇게 해서 이 노선에 의해서 추진합니다. 그러나 이것이 망했다는 건 미국이나 영국의 사례에서 분명하게 얘기했고 구조조정의 사례는 영미 식의 방법, 대처리즘 말고도 유럽에 그 다음에 프랑스, 독일과 같은 방식에 의한 그런 방식에 있어서도 분명하게 극복될 수 있는 부분이 있었다는 것, 다른 방안이 있다는 거예요. 우리는 지금 일방적으로 영미 식 방법을 쓰고 있기 때문에 우리의 문제가 되고 있는 것이죠.

사업구조조정과 데이콤 인력 조정

자, 데이콤의 문제를 봤을 때 저는 사업 구조조정이 된다고 해서 우리가 인력 구조조정을 하거나 그럴 이유가 전혀 없다는 거예요. 저는 사실 회사에 얘기하고 싶은 게 있어요. 우리 전체 매출의 1조 원의 약 10%와 10.5%를 인건비로 쓰고 있는데요. 교육에 좀 투자해서, 좋다 이 파업 잘 끝나면 그래서 독립되면 사업 구조조정에 대해서 얘기하자, 그렇게 얘기했어요. 그리고 남은 인력이 있다 그러면 그 사람들 신규 사업을 위해서 투자하는 거고 그리고 좀 더 여유가 있으면 그 인력들은 진짜 교육 한번 제대로 시켜 보자. 그게 뭐냐면 몇 시간짜리 몇 개월짜리 가서 한두 달 딸랑 가서 배워 오는 거 말고 해외 가서 배우든 국내에 가서 배우든 그런 데 가서 교육 좀 받고 그래서 다시 돌아와서 데이콤을 위해서 또 헌신하고 기여할 수 있는 기회를 좀 주고 또 장기간 동안 일에만 파묻혀 가지고 교육이나 이런 기회가 없는 사람들을 교육도 시켜 주고 이거 뭐 얼마든지 투자할 수 있는 거 아닙니까. 그렇다면 나는 내년도의 임금 같은 경우는 진짜 무리한 요구할 필요도 없고 그런 데다가 차라리 그 돈을 가지고 투자하고 노조 그렇게 협의하면 더 좋게 되지 않겠냐. 그런 얘기를 했어요. 젊었을 때. 제가 여러분에게 동의를 구하자고 그런 얘기를 한 거는 아니에요. 근데 데이콤 자체에 있는 문제라든가 이런 걸 생각했을 때 그런 게 필요하다고 생각하고 지금 금년에 입사한 동지들은 사실은 들어온 지 얼마나 되었다고 또 교육이냐 이렇게 할지도 모르지만 여기 오시면 선배와 투쟁하면서 알겠지만 10년 넘게 근무하면서도 교육 기회라든가 자기 개발 기회를 그렇게 가져 보지 못한 사람들도 많습니다. 맞죠? 그래서 여러분들이 동의하시면 그런 문제들도 적극적으로 추진할 생각이고요. 이 전체적인 얘기를 하면서 데이콤 얘기를 자꾸 하는 것은 데이콤 문제하고 지금 우리 자체 사회 문제하고 다르지 않다, 라는 얘기를 다시 한 번 드리고 싶어요.

중노위 진행 보고

중노위에서 저는 사회적인 것들을 잘 생각해서 객관적인 것을 내놓으면 그걸 받을 것인가 말까는 우리가 고민해 보겠다. 근데 회사는 뭐라고 얘기했냐면 조정의 전제 사항, 파업을 풀어라. 지금 당장. 그때가 3시였고 조정은 2시부터 시작했어요. 사측은 "3시부터 5시까지 조정안을 안 내면 조정 없던 걸로 하자."고 했어요. 그것도 정 반장이 그런 게 아니고 김용수. 황당하게. 그래서 제가 뭐라 한마디 하려고 하는데 저는 말할 틈도 없이 조정위원회 위원장이 화가 났어요. 당신 지금 무슨 소리 하는 거냐. 50일이 넘도록 풀지도 못하는 주제를 조정위원들 보고 2시간 안에 만들어 내라는 건 말이 되냐. 그렇게 잘났으면 네가 하지 여기 왜 왔냐. 좀 더 심한 얘기가 있었는데 기억이 잘 안 나요. 그랬더니 김용수가 뭐라 그러냐면 그러면 알겠습니다. 그랬더니 사장이 다시 얘기하는데 어쨌든 우리 입장은 조정안을 빨리 내달라는 거다, 그것만 알아 달라, 직장폐쇄니 파업 푸는 거 우리는 별로 바라지 않고 조정안만 빨리 내달라. 마지막까지 얘기를 했는데. 김용수가 거기서 주장한 게 골 때리는 일이 있었어요. 그게 뭐냐면 이거는 결과가 나오기 전까지는 비공개로 하자. 비공개로 못한다면 조정을 받을 수 없다. 저는 진짜 황당했어요. 그래서 저는 조정위원들한테도 부탁을 한 게 우리는 노조의 기본 입장으로 조합원들한테 비공개를 할 수 없다. 회사 경영 사항이나 비공개할 사항이 있기 때문에 이걸 비공개하는 조건이 된다면 그런 거에 한정할 수 있지만 우리가 노사간의 조정위원회에서 한 얘기를 갖다가 회사한테 비공개할 수는 없다. 그런데 뭐라고 얘기하냐면 간부들한테 얘기하는 건 몰라도 게시판이나 띄우는 거는 말이 안 된다, 이렇게 얘기를 해요. 그런 논쟁이 상당히 진행되었습니다.

사람인데 인사하면 사람은 그렇잖아요. 인사를 안 받을 수도 없고 받을 수도 없고 이제 고민을 하는데 우리 정책국장 와 있어요? 디아이 교섭 갔어요? 정책국장은 세상에 갔는데 코앞에 와서 아유 안녕하십니까, 라고 인사하니까 어느 쪽에서 가서 개가 짓네, 이러면서 쳐다보더라고. 그래서 조정위원들이 아이고 인사도 서로 안 하니 이게 풀리겠습니까? 그래서 저는 그런 부분에 있어서는 유연할 필요가 있다. 조정에 가서 제3자한테 그런 모습 보일 필요 있냐 그랬는데. 제가 느낀 건요. 조정위원회 하면서 너무 좀 창피하다고 느꼈어요. 저도 데이콤 노조의 위원장이기 앞서서 데이콤노조 조합원이고 데이콤의 소속된 직원인데 저런 사람이 사장이고 임원이다 이렇게 해서 그 얘기를 한다는 게 진짜로 좀 힘들더라고요. 조정위원들이 원래 그렇잖아요. 노동부나 뭐 관심 있어 왔던 사람들이 그래요, 여기 배석했던 경원대 동지들하고 간부들도 그러던데. 노조는 정당성이나 이런 것들에 대해서 누가 봐도 객관적으로 인정하는 거 같습니다. 논리적으로. 근데 죽겠습니다. 사측은 저 순 깡패냐 말도 안 되는 얘기만 하고, 이렇게 얘기를 해요. 근데 제가 그 얘기를 들을 때마다 가슴이 좀 무너져 내리는 거 같아요. 노조가 논리 이겼으니까 기분이 좋다, 이게 아니고요. 실제로 진짜 재네들을 상대로 계속 가야 되나 이거. 이런 고민이 사실이 있었습니다. 논외의 문제이긴 하지만.

그런 과정 속에서 조정안을 만들게 되었고요. 그래서 조정안이 나왔습니다.

중노위 조정위원들이 사측 조정위원까지 저희 쪽만 불러서 29일 날 작년 말에 만났을 때 한 얘기가 있습니다. 문안을 아예 손을 안 대고 조정안을 내기는 어려운 것 같다. 노조 입장에서 우리가 노조에게 보장할 수 있는 거는 노조의 이제까지의 단협 9조, 30조에 대해 지켜 온 부분들 그 문제에 대해서는 전혀 손상이 되지 않는 내용을 만들겠다. 그러나 문안에 대해서는 한두 가지 좀 건드려서 조정을 해서 내용상 손상은 없지만 실제 회사에게 좀 명분을 줄 수 있는 안을 좀 만들어 보겠다. 그 안을 한 번 받아는 보고 조합원과 같이 판단해 보면 어떻겠냐. 저는 뭐 그때 그 얘기를 했어요. 사측이 안 받을 겁니다. 자신 있으면 해보십시오. 저희 고민은 안 하셔도 됩니다.

합의권을 남용해서 성실한 협의를 안 하는 그런 행위는 하지 않는다. 이런 것들을 덧붙여서 안을 만들고는 있습니다. 그 중에서 하나가 이제 두 가지가 받을 만한 수준이 좀 있었습니다. 그래서 두 개를 다 건들이지는 못하겠고 구조 같은 경우는 단서 조항 단 세부 사항은 단체교섭을 통해서 한다. 이건 합의로 되어 있으면 군더더기 말이기 때문에 그 정도 삭제 안이 나왔더라고요. 중노위 조정위원들이.

신인령 교수님이 고생을 많이 하셨어요. 사측 위원과 많이 이야기를 하셨고. 그렇게 했는데 그래서 뭐 제가 보니까 저는 이 정도면 이거 조합을 이렇게 하면 받을 수 있을 거 같은데도 이렇게 얘기를 하고 사측이 받을까요? 그러면 사측을 한 번 설득해 보겠다. 사측하고 얘기했는데 사측은 하나만 30조를 가지고 파업 전에 요구한 불이익한 경우 이거를 또 가지고 나와서 이거를 받지 않는 한 우리는 절대 받을 수 없으며 조정도 거부한다, 이거를. 그래서 조정을 아예 하지 마십시오, 이렇게. 그래서 신인령 교수님이 만일에 조정안이 거부되었을 때에 그 다음에 노동조합의 투쟁은 어떻게 생각하고 있느냐 대화를 나눈 이후에 그렇다면 자기도 노동법 하는 교수라 하지만 자기가 도와줄 수 있는 방안이 이것 말고도 여러 가지 있을 거 같다. 그러니까 차라리 조정안을 안 내주는 게, 노조한테도 괜히 사측에 명분이나 주고 이런 일은 없도록 하는 게 더 좋겠구나, 라고 말씀하시고 저희는 우리가 요구하는 대로 조정안을 내줬으면 좋겠습니다 부탁이지만, 그런데 사측이 저렇게 완강히 나오면 할 수 없고 그렇지 않겠습니다. 그러면 조정안을 내지 마십시오, 라고 했고 조정위원들이 조정안을 안 낸 가운데 조정을 종료하는, 그렇게 해서 조정이 종료되었던 사항들입니다.

노동운동사에 남을 데이콤노조 투쟁

자 이제 지나간 점보다는 앞으로의 문제를 얘기하려고요. 지금까지 저희는 외부에서 보면 사측이 저렇게 완강하게 버티지만 우리는 저는 승리하고 있다고 봅니다. 왜 승리한다고 보냐면 이 사회에서 경영 인사권의 문제를 갖다가 방어하기 위해서 그리고 경영 참여 문제를 걸고 이런 파업을 하는 사례는, 노동운동에 있어서 이런 장기적인 파업을 했던 사례는 거의 찾아볼 수 없습니다. 물론 임금이나 구조조정의 문제, 정리해고의 문제, 노동자들의 목숨 같은 문제와 그리고 생존권의 문제, 근로조건의 문제를 갖고 이런 파업을 한 건 다반사입니다. 우리나라 노동역사에. 60일 가지고는 명함도 못 내밉니다 사실.

삼미특수강 얼마나 오래 투쟁하고 있는지 아십니까? 3년 넘었죠. 그래서 천일. 제가 작년 말에 재작년 말이겠죠. 그 투쟁하다가 정년퇴직하는 두 조합원의 모습을 보고 참 눈물을 흘렸습니다. 고용 투쟁 천일 계속 싸워요. 대법원 확정 판결 나도 포항제철에서 그걸 받아들이지 않으니까 계속 투쟁하는 거예요. 대를 이어 투쟁한다, 이 사람들 말로 하는 거 아닙니다, 진짜로. 그런 고민을 좀.

근데 우리의 요구 조건과 우리의 투쟁 목표를 봤을 때에 이렇게 투쟁한 유례는 찾아보기 어렵다. 우리는 새로운 역사를 쓰고 있다고 이야기하겠습니다. 그리고 사측이 이미 제가 한 번 말씀드렸지만 이렇게 기가 산 조합원들을 받아서는 우리일 못합니다, 이게 본부장이나 임원들이 하는 얘기예요. 저는 진짜 배신감을 느꼈어요. 거기 LG그룹 하수인이 되고 자기 목숨 다 걸고 앞장서고 있는 인간들보다도 더 배신감을 느낀 게 뭐냐면, 앞에서는 조합원들이나 노조 간부들한테 우리가 뭐 힘이 있어? 미안해, 밀더라도 너무 세게 밀지 마, 내가 진짜 우리 시키는 대로 할 테니까, 밀면 밀릴 테니까 좀 봐줘 진짜 괜히 조합원이 와서 우리 죽이지만 않게 해줘요, 이런 사람들이 뒤에 가서는 그 사람들 비위 맞추면서 지금 조합원 애들 이 상태로 들어오면요 우리 못해요, 이렇게 얘기하는 참 그들을 보면서 역시 이 사회에 자기 처신의 문제라는 건 대단히 빠른 사람들이구나. 그러니까 그 자리까지 올라갔겠구나 하는 생각들이 드는 그런 비애감이 들었던 것 같아요.

통신서비스 어떻게 할 것인가 서비스를 포기하고 장비만 할 것인가 그 고민을 구본무 회장이 직접 뛰어다니면서 여러 사람들의 자문을 받으면서 그렇게 지금 고민하고 있는 상황이라는 거예요.

그래서 지금 우리는 진짜 우리 투쟁을 통해서 너희가 데이콤에 온 것을 후회하게 해주겠다. 그리고 너희만 망하지 않는다. 분명하게 보여주겠다, 했습니다. 그런데 실제로 우리가 58일간 완강하게 투쟁하면서 LG그룹 어느 때보다도 흔들리고 있고 무너져가고 있습니다. 이게 현실이에요. 그들이 지금 완강하게 버티는 거고 뭐 때문에 버티냐면, 마지막이 될 수록 진짜 태연한 척 노동조합한테 무릎 꿇었다는 얘기를 절대 못 듣겠다. 이러면서 버티고 있어요. LG그룹 만만치 않습니다. 지금 실제로 내부적으로 금년 말에 당기순이익 3조 몇 천 나겠다 하지만 지금 자산규모 떨어진 거라 했을 때 그룹 자체에서 문제고요.

신자유주의가 낳은 한국 사회 문제들

이승원은 2003년 공공연맹 위원장으로 당선된다. 2000년대 이후 신자유주의 물결 속에 노동자들은 불안정한 고용 상태에 놓이고 비정규직 노동자가 대거 증가한다. 이승원은 데이콤 노조 간부들을 대상으로 공공연맹 2003년 하반기 투쟁을 앞두고 신자유주의 정책이 이 사회에 만들어낸 문제점과 그 본질, 노무현 정권의 노사관계로드맵의 문제점, 정치세력화 등에 관한 교육을 진행했다. (2003년 하반기)

한국 사회에서 가장 큰 문제인데도 불구하고 언론 보도를 제일 잘 안 타는 문제가 있습니다. 그게 이제 바로 뭐냐면 자살자에 대한 문제입니다. 사실 많은 사람들이 죽어가긴 하는데 제일 많이 죽는 요인이 뭔지는 아시죠? 사망 원인. 뭐죠? 빚으로 죽어요? 뭡니까? 뭐 질병사가 제일 많죠. 질병사가. 그 중에서 암 발생이, 암 사망률이 우리나라 최고인데요. 암 중에서도 폐암 사망률이 우리나라 최고입니다, 사실은. 옛날과 비교하면 결핵도 다 퇴치되었고 별 문제 없다고 하는데 사실은 우리나라에 지금 요즘에는 폐암 사망률이 가장 많은 거. 그거는 이제 환경운동가들이 얘기하듯이 역시 우리나라에 고도성장, 급성장에 의해서 사람 살 곳이 안 되었다는 걸 반증하고 있다, 이렇게 얘기하는 거고요. 그러고 이제 아까 제가 말씀드렸다시피 자살. 자살이 사망 원인으로 굉장히 많이 등장하고 있습니다. 작년 한 해만 봐도 약 1만 3천 명의 사람들이 자살을 했습니다. 1년 동안에요. 느껴지세요? 주변에 자살하는 사람 있습니까? 데이콤도 한 명 있죠? 그 누구죠? 천리안 쪽에 있던, 파업 끝나고 바로 박○○ 대리가 우리 같이 투쟁 같이 했던 동지가 데이콤 떠나서 자살했다는 소식 듣고 저도 좀 충격이었습니다. 이렇게 주변에 많습니다, 사실은요. 그럼 왜 이렇게 될까, 라는 거고요. 이미 우리나라는 자살이 교통사고 사망률을 앞질렀습니다. 제가 인터넷 가서 좀 찾아봤더니 우리나라 이 정도 죽으면 한 해에 만 삼천 명씩 죽고 이러면 하루 28명인가 요즘 그렇다 하더라고. 그러면 이게 세계적으로 탑에 들어가겠다 생각을 했어요. 그런데 조사해 보니까 10위권이에요 우리나라가. 세계 최고의 자살률을 얘기하는 데는 어딘지 아십니까?

네, 일본입니다. 가까운 나라 일본 세계 1위고요. 헝가리 얘기하셨는데 북유럽 쪽이 그 다음 순위들 그렇게 되어 있습니다. 영국, 미국도 굉장히 높고요. 근데 그것들의 원인을 살펴보니까 바로 뭐냐면 우리가 IMF 때 겪었던 신자유주의 정책을 펼치는 나라들이 대부분이 자살률이 높아 가는 겁니다. 이 신자유주의라는 건 좀 이따 말씀드리겠지만 본질적으로 보면 이 사회 공동체를 해체시키고 가정을 파괴시키고 그리고 스스로 목숨을 끊을 수밖에 없게 만드는 요인이 되었다는 거죠. 여러분 농민 한 분이 스스로 목숨을 끊다 보니까 농업 개방 문제만 WTO 협상에 있었던 걸로 많이 오해들을 하는데요. 교육, 의료 다 있었습니다. 그런데 농민들의 투쟁이 좀 거셌던 부분들인 건데요. 그래서 WTO 반대한다, 신자유주의 반대한다는 투쟁들은 전 세계적으로 원정을 다니면서 투쟁이 이루어지는 부분들이 뭐냐면 23년 동안 이어져 온 신자유주의 정책이 이제는 거의 언제 종말이 올지 모르지만 끝을 향해서 가고 있다고 저는 보고 있습니다. 10년 안에 끝날지 5년 안에 끝날지 모르지만 이 정책 자체가 이 사회 이 지구촌 자체를 파괴시키고 있는 부분들이다 라는 것들이. 그거는 근본적인 얘기가 바로 뭐냐면 시장경제 논리와 정글의 법칙이 통용되는 이 자본주의 근본적인 체제의 문제이기도 한 부분들이다. 어쨌든 이런 부분들이 오늘 처음 시작에 고민이 아닐까 생각됩니다.

여러분 사실은 감이 잘 안 오는데요. 1만 3천 명 이러면 데이콤 지금 규모의 한 8배 되는 사람들이 1년에 죽어 나가는 거예요. 스스로 목숨 끊고요. 그렇죠? 4700만 중에 1만 3천, 별거 아니에요? 이 자살의 특징이 우리 사회에는 어떻게 나타나냐 하면 요즘에요 혼자 죽으면 신문에도 한 줄 안 납니다. 안 나와요. 보도 통제도 그렇고. 그래서 결국 어떻게 되냐면 집단적으로 죽어야지 일가족이 동반 자살하거나 이러지 않으면 나지 않습니다. 여러분 신문에서 보셨겠지만 일가족 6명이 여관에서 숨진 채 발견된 사건이 있었죠. 그런데 그 사람이 누구냐면 사실 이런 얘기하면 김대중 정권 때 만들었던 기초생활수급 대상자가 되어야 되는 사람입니다. 아시죠? 수입이 없는 사람들. 그런데 그 기준이 어떻게 되냐면 자기 집이라던가 이 자산이 있으면 그 자산도 수입으로 계산합니다. 이 사람이 뭐가 있냐면 10년 된 자동차가 하나 있었습니다. 폐차 직전의 자동차가 있었는데 그게 보험가액으로 50만 원을 계산하는 겁니다. 그 50만 원을 수입으로 해서 1년을 계산하면 600만 원 수입이 있기 때문에 기초 생활 수급 대상자가 안 되었던 겁니다. 병원에 애가 아파서 갔는데 치료를 안 해주는 거죠. 의료보험 혜택도 없고. 요즘에 병원 가면 의약분업 이후에 약까지 먹으려면 한 만 원에서 만 5천 원 있어야 하죠? 병원에 내고 약국 가서 하고. 그 돈이 없어서 비관해서 일가족이 자살하는 문제가 발생합니다.

그러면 과연 우리가 사는 사회가 어떻게 되어 있냐, 빈익빈 부익부가 어떻고 추상적인 얘기를 하는데 실제 한 번 따져 봐야 되는 게 있는데요. 아까 말씀 드린 기초생활수급자 이거 아시죠? 4인 가족 해서 120만 원 정도 줍니다. 일일 당 30만 원씩 해서. 돈으로 주거나 쌀로 주거나 하는 겁니다. 동사무소 가면 관리하는 사람들 있잖아요. 이 사람들이 지금 받고 있는 사람들이 얼마나 되냐면 142만이 받고 있습니다. 엄청나죠? 백만 명이 넘는 사람이 하고 있는 겁니다. 민주노총이 12월 달에 10만 노동자 대회 하자 이래도 진짜 힘들다, 이렇게 얘기하는데 기초생활수급 대상자가 142만 명. 근데 아까 같이 말씀드린 대로 기초생활수급 대상자가 되어야 함에도 불구하고 제도의 모순으로 제외되어 있는 사람이 얼마냐면 190만 명입니다. 지금 현재. 거기다가 거의 간신히 먹고 살 정도의 준극빈층을 약 130만이라고 얘기하고 있습니다. 이 사람들인 겁니다.

실제 노동자로서 경제 활동을 하고 있다고 얘기하지만 우리가 얘기하는 비정규직의 문제 월 평균 약 85만 원의 임금을 받으면서 보너스도 없이 이렇게 생활하는 사람들이 우리나라에 약 800만 정도. 그러면 여기 계신 동지들 저를 비롯해서 굉장히 이 사회의 기득권층이죠. 그죠? 그런 거예요, 사실은요. 지금 현재.

여기다가 더더욱 문제점이 등장하는 게 뭐냐면 우리 사회에 진짜 앞으로 경제가 회생할 거냐 말거냐의 가장 초점이 되고 있는 사람들이 있습니다. 신용불량자. 그런데 이 신용불량자 문제를 얼만지 아세요? 100만? 300만? 380만이 작년 말 통계입니다. 그리고 이제는 그거는 뭐냐면 제1 금융권, 제2 금융권만 계산한 건데 새마을금고나 이런 것까지 다 계산하니까 10월 달에 발표했죠, 정부가. 얼마예요? 500만 명. 어떤 사회인지 아시겠죠? 왜 경제가 이렇게 되는지?

그런데 신용불량자 문제를 잘 보셔야 한다는 거예요. 신용불량자 문제는 김대중 정권 말기에 굉장히 경제가 어렵고 기업들이 도산하고 은행이 기업에 돈 빌려 주기를 두려워하고 기업들이 장사가 안 되니까. 김대중 정권이 뭐냐면 가계 대출을 늘리기 시작하는 거예요. 개인한테 대출을 시작한 거죠. 그때 돈 빌려 쓰신 분 많죠? 은행만 가면 데이콤 다닌다 하면 돈 빌려줬잖아요. 그냥 만들어진 게 아니라는 거예요. 그게 은행이 자기 수익률을 고수익률을 만들기 위해서 기업을 회피하고 개인한테 주고 그런 게 아닌 겁니다. 뭐를 하기 위해서요. 소비를 촉진시키기 위해서 이랬던 겁니다. 기업체들, 자본가들을 살려주기 위한 방편으로 만들었던 제도입니다. 그래서 아마 전 세계적으로 길거리에서 신용카드를 발부하는 나라는 우리나라밖에 없었습니다. 그 딱 끝나니까 규제 하죠 이제. 안 하죠 이제는요? 길거리에서는 안 하죠? 그런 겁니다. 그 결과가 뭐냐면 경제를 회생 불능으로 만드는, 경제 활동 인구의 20퍼센트에 달하는 사람들이 신용불량자로 전락한 겁니다. 그래서 오늘도 발표했는데 아침에 뉴스 보니까 신용불량자를 구제하는 방안. 그렇죠? 이제 30프로는 원금만 갚으면 떼어먹어도 돼요. 이런 세상이 온 거예요. 그럼 뭐냐면 이 얘기는 성실하게 사는 많은 노동자들에게 진짜 인생 살 맛 안 나는 얘기를 하게 만드는 거예요. 빚 돌려서 대충 개기면 지금 그 사람들 인터넷 사이트 가 보셨는지 모르겠는데 신용불량자 동호회가 있습니다. 어떻게 하면 돈 떼어먹는 방법 얘기하고 있습니다. 그래서 정권이 무너지나 우리가 무너지나 이렇게 얘기하고 있거든요. 여러분 500만이 똘똘 뭉치면 정권 무너집니다. 아무것도 아니에요, 정권 사실은. 그렇잖아요. 그래 우리 신용불량자 해서 500만이 부양가족까지 해서 1500만이 나 이제 경제활동 안 할테니까 맘대로 해봐라, 이렇게 되면 내수 시장은 완전히 찬물. 그러면 그 여파가 기본적인 공공서비스 부분부터 시작해서 쭉 올 수밖에 없는 구조 속에 놓여 있는 겁니다.

좀 심각하죠? 아닌 것 같아요? 다른 얘기 같습니까? 그래서 연일 지금 방송에서 떠드는 신용불량자 구제책이 어떻고 막 이런 얘기는 뭐냐면 지금 노무현 정권의 고민은 잘못하면 체제의 위기가 닥칠 수 있다, 이런 고민을 하고 있는 겁니다. 대충 계산하면 이거 얼맙니까? 삼백이십. 천칠백이에요? 사백유십이, 천 이백유십이고, 이거하면 천칠백육십이, 근데 이 비정규직하고 신용불량자들은 결국 좀 중복될 수도 있지만 부양가족들이 끼어 있잖아요. 이 사람들은 개인으로 계산한 거지만 그러면 대충 여기가 팔백만, 오백만, 천 삼백만에 요즘 핵가족이니까 2인씩만 따져도 계산 나오는 거죠. 이천육백. 우리 인구의 절반 이상이 지금 거의 이 사회의 바닥 인생을 살아오고 있다, 이렇게 생각하시면 돼요. 그래서 교재를 보시면 그런 과정 속에서 결국은 이태리의 통계학자가 얘기한 지니, 지니계수 이거를 좀 보면 우리나라가 48쪽에 있죠? 지금 0.319, 2001년도에 이렇게 되어 있습니다. IMF 이전에는 1995년도 0.284입니다. 이 지니계수는 0에서부터 1까지 숫자 중에서 1에 가까울수록 숫자가 높아질수록 소득 불균형이 굉장히 심한 거고요. 0이라는 상태가 가장 평등한 세상을 얘기하는 겁니다. 근데 미국이 지금 얼마냐면 0.418인가요? 0.42 정도 됩니다. 세계에서 제일 높은데 거기를 향해서 우리나라도 꾸준히 지금 좇아가고 있는 겁니다. 이렇게 되니까 소득이 불균형하니까 빈익빈 부익부 현상이 발생하고 있다라는 것들.

신자유주의 등장의 역사와 그 내용

그러면 제가 아까 서두에 말씀드린 대로 이런 것들이 뭐 때문에 왔느냐, 바로 신자유주의 때문에 왔다. 그래서 신자유주의에 대해서는 너무 귀가 따갑게 들으셨죠? 노동자 강의한다고 이럴 때 신자유주의 얘기 안 하는 강사가 없을 건데 사실은. 근데 그 신자유주의를 물어보면 일반인들이 잘 몰라요. 마치 뭐 신자유주의 그러면 새로운 논리로 경쟁력을 강화시키고 나라를 잘 살게 하는 이렇게 얘기하는 사람들이 있는데, 신자유주의는 결코 그렇지가 않습니다. 그래서 역사적으로 공부한다고 생각하고 신자유주의에 대한 부분을 같이 얘기했으면 해요.

신자유주의를 얘기하려면 자본주의 체제를 얘기해야 되는데요. 약 한 250년에서 300년 전으로 얘기할 수 있겠죠. 봉건주의 체제를 깨고 이제 자본주의 체제가 등장하게 됩니다. 세계 권력의 계급 관계를 좀 보면, 왕과 귀족에 의해서 소수가 지배하던 시대, 봉건주의 체제 속에서 상인 계층이 있었고 그 다음에 노동자와 농민의 계층이 존재했던 부분들인 거죠. 그러면 이 부분들이 결국 소수에 의해서 지배되고 있는 이 모순을 타파하기 위해서 상인 계층들이 나타나죠? 이 사람들을 흔히 뭐를 얘기하는 겁니까? 우리가 얘기하는 시민 계층이었던 거죠. 이 사람들이 자유사상을 얘기하고 그러면서 경제체제로서 자본주의 체제를 얘기하게 됩니다. 그러니까 우리는 지금 자본주의 체제를 굉장히 비판적으로 얘기하지만 이 당시만 해도 자본주의 체제는 대단히 진보적인 사상이었던 거죠. 왜냐하면 이 사람들이 얘기하는 거죠. 노동자와 농민의 상태가 그때는 뭐였냐면 노예고, 농노였습니다. 그렇죠? 봉건주의 체제에서 채찍 맞고 그렇게 살아가는 자, 노동자와 농민들이여 이렇게 살 수 없는 거 아니냐, 그러면 해방을 위해서 투쟁하자 이렇게 얘기한 겁니다. 그게 시민혁명인 거죠. 그래서 같이 잘해 보자고 꼬셔서 투쟁해서 뒤집어엎은 겁니다. 그래서 자본주의 체제가 들어오면서 자유 시민들이 생기고 그런 해방의 기운들이 있었습니다. 그래서 이 노예 생활을 해방시켜 줬으니까 당시로는 굉장히 진보적인 사상이에요.

얘네들이 권력을 잡고, 자본가들이 쭉 해보니까 자본주의 체제에 어떤 문제가 발생했냐면 자본주의 체제는 첫째, 가면 갈수록 빈익빈 부익부 현상이 첨예하게 나타나는 모순점을 갖고 있는 겁니다. 그래서 결국은 있는 놈들이 더 많이 갖고 착취의 구조가 생기고 노동자, 농민의 생활은 노예의 벗어났을 뿐이지 다시 노동자, 농민들이 못사는 사람들로 전락하고 고통 받는 사람들로 전락할 수밖에 없는 구조적 모순을 갖고 있는 거죠, 자본주의 체제가. 결국은 뭐 여러분 옛날에 얼마 전에 선풍적인 인기를 끌었던 〈올인〉이라는 드라마 보셨어요? 모릅니까? 〈올인〉? 이병헌과 또 누구죠? 송혜교의 아름다운 사랑 이야기를 만들어 낸 그 드라마. 〈올인〉에서 보지만 실제 도박판이라는 거하고 똑같은 거죠. 돈 있는 자가 돈을 먹게 되는 거죠 사실은. 사기 안 치면 사실은 도박판에서 돈을 딸 수 있는 방법이 별로 없듯이.

두 번째는 뭐냐면 문제가 뭐냐면 주기적인 공황이 발생한다는 거예요. 경제공황이. 그래서 이 결과로 나타난 게 뭐냐면 1920년대 말에서 30년대에 세계 경제 대공황. 기억하시죠? 그 어느 나라 얘기지 하시는데. 그때 안 사셨으니까 모르시겠지만 사회 교과서에 다 있잖아요, 경제 대공황. 이래서 여기에서 나타난 학자가 누굽니까? 혜성과 같이. 미국에서 여러분 케인즈주의라고 들어보셨죠? 그러면 그 이론을 받아들여서 정책으로 만든 대통령이 누굽니까? 아침에 너무 어려운 얘기를 하고 있나요? 루즈벨트 대통령. 그죠? 다 아시잖아요. 중고등학교 때 다 배운 거예요. 그래서 그 루즈벨트 대통령이 했던 정책이 뭐예요? 뉴딜 정책인 겁니다. 뉴딜 정책. 그래서 미국이 케인즈주의, 그리고 유럽의 정권을 잡았던 사민주의 정권. 이 공통점이 뭐냐면 자본주의의 위기를 극복하기 위해서 나온 방안들인 겁니다. 자본주의 체제를 완전히 폐기할 거냐 아니면 다른 체제로 갈 거냐에서 자본주의 위기를 좀 극복해 보자, 라고 얘기했던 겁니다.

그래서 이 사람들이 얘기한 게 뭐냐면 빈익빈 부익부 현상과 그 경제 대공황 때문에 실업자가 양산되고 경제가 완전히 마비되고 이런 상황이 되니까 이거를 극복하기 위해서는 그냥 시장경제 논리로 해서는 다 죽으니까 이거를 보완하는 정책을 하자, 그게 바로 뭐냐면 공공사업의 확대를 통한 실업자 구제의 문제. 그래서 경제를 순환시키고. 바로 뭐냐 하면 사회복지론이 거기서부터 등장하는 겁니다, 여러분. 이렇게 하다 보니까 유럽은 사민주의 해서 노동조합하고 짝짝하고 복지 정책 늘리고 막 이렇게 하고, 케인즈주의에 의해서 공공서비스 확충하고 그 다음에 사회복지를 확충시키니까 어떤 결과가 나타나냐 하면 대부분의 선진국들은 정부 예산의 30에서 40프로를 사회복지비로 다 지불을 하는 겁니다. 미국 같은 나라도 그래요. 32프로인가 그렇다 그러더라고요. 정부 예산 중에서. 우리나라는 김대중 정권 때 기초생활수급 대상자도 만들고 제도도 만들고 막 했는데 지금 몇 프로냐? 정부 예산의 10프로가 사회복지에 사용됩니다. 여기다가요, 뭐까지 있냐면 통신, 그 다음에 의료, 교육, 통신은 사실은 다 거의 민영화되었죠? 경쟁 체제도 동원하고 프랑스만 아마 경쟁 도입이 안 된 거 같고. 프랑스도 됐나요? 요즘에? 제가 자료 볼 때까지는 프랑스는 끝까지 정부 공급 체제로 유지하고 있었는데. 의류, 교육, 전력 이런 공공서비스들을 다 국가가 하는 거예요. 국가가 다 해주는. 의료비도 국가가 지원하고 교육도 시키고 이런 결과가 발생하는 겁니다. 이런 결과가 발생했다는 거는 뭐냐면 자본가들이 먹고 살 시장이 없는 거예요. 이렇게 되고 나면 다 정부가 알아서 하고 사회복지까지 하고 나니까 자본가들이 먹고 살 수 있는 시장이 뭐밖에 안 남았냐면 자동차 팔아서 경쟁해야 하는. 경쟁이 치열한 시장밖에는 남아 있지 않게 되는 겁니다. 그러니까 못 살겠다 이렇게 된 거죠?

근데 그런 과정을 거치면서 나온 사건이 뭐였냐면 1970년대 초에 오일쇼크라는 게 있었어요. 우리 젊은 분들은 기억하실지 모르겠는데 혹시 안 계셨을지도 모르지만 나 1970년대 초반 출생이다, 이렇게 하시는 분 계세요? 없습니까? 1973년까지, 1970년에서. 오일쇼크의 혜택을 보신 분들입니다. 이게 아니었으면 태어나지 않을지도 몰랐는데 통계 보시면 1971년에서 1973년생이 가장 많습니다. 물론 예전에 1960년대 세대 말고요. 그게 왜 그러냐면 오일쇼크가 오면서 우리나라도 한 집 한 등 끄기 운동 했었죠. 그때? 그때는 뭐라 그랬냐면 일찍 자라.

여러분 웃을 일이 아니에요. 통계적으로 나온 얘기고요. 그때 정부가 장려한 게 장려한 게 아니고 정부가 조장한 게 뭐냐면요. 에너지 문제 때문에 민방위 훈련을 하는데 무슨 논리로 하냐면 기억하세요? 등화관제. 그러면 초저녁부터 불 끄고 내리고 뭐겠어요. 잠밖에 더 자겠어요, 사실. 그래서 출생률이 굉장히 늘어나기 시작한 거죠. 1970년대 오일쇼크하고 그 다음에 자본가들이 자기 이익을 갖다가 멕시코라든가 제3세계에 막 빌려주고 우리나라 IMF 터지듯이요. 빌려주고 돈 갚아라 했는데 그런 제3세계들이 갚을 능력들이 없는 완전히 무너트리게 되는 상황들에 빠지게 되는 겁니다. 1970년대에 이미 그런 위기들이 한 번 있었었어요. 오일 쇼크와 이 위기들. 이렇게 되니까 자본가들은 원가가 증가하는 거예요. 기름 값이 오르고 이렇게 되니까 더더욱 자기네들이 위기를 느낀 겁니다. 못살겠다. 그때 하이에이크라는 학자가 나온 게 신자유주의 노선을 제기한 겁니다.

신자유주의는 뭐냐? 이런 국가가 개입하는 행위들을 다 배제 시켜라, 라는 겁니다. 그리고 오로지 본래의 자본주의로 회귀하자, 그래서 시장경제 얘기한 아담 스미스. 자본주의 체제를 얘기했던 아담 스미스가 했던 얘기가 뭡니까? 보이지 않는 손, 그죠? 수요와 공급 곡선에 의해서 보이지 않는 손이 시장에서 조절할 것이다. 그래서 아무 문제없다. 그런데 전 세계 자본주의를 채택하는 나라 중에 경제문제에서 국가가 개입하지 않는 나라는 아무도 없습니다, 사실. 미국도 개입하고 있잖아요. 스스로 조절이 되지 않는 겁니다. 스스로 조절한다는 얘기는 힘 있는 놈으로부터 완전히 독점으로 다 가져간다는 얘기밖에 안 되는 거거든요.

그래서 좀 얘기가 길어졌는데 이게 신자유주의입니다. 신자유주의, 어려운 거 하나도 없어요. 자본주의 체제의 모순을 보완하고 극복하기 위해서 만들어 낸 국가의 기능이나 제도적 장치들을 다 없애라는 겁니다. 그리고 보호 정책, 민중들에 대한 보호 정책을 다 없애고 오로지 자본주의의 기본 개념인 시장 원리, 시장 원리로 모든 것을 풀어라. 시장 경쟁체제를 해라. 그래서 신자유주의 얘기하는 사람들은 입만 열었다 하면 시장경제 얘기하는 거죠. 시장경제를 통해서 경쟁력을 극복하고 어쩌고 얘기하고 있는 겁니다. 이런 겁니다.

그런데 요것들이 하이에크가 그렇게 주장했지만 실제로 이것이 정책으로 딱 도입된 것은 언제냐면 1979년하고 1980년에 영국과 미국의 정권을 잡은 영국의 누구예요? 대처. 미국의 영화배우 출신의 대통령, 레이건. 이 두 사람들이 신자유주의 이론을 정책에 반영하기 시작하는 겁니다. 그러면서 전 세계로 펼쳐 나가기 시작했고 우리나라는 김영삼 정권 들어왔을 때부터 사실은 이 신자유주의 체제를 적극적으로 수용하기 시작한 겁니다. 김영삼 정권이 뭐라고 얘기했어요? 들어와서? 국제화. 그렇죠? 세계화는 나중에 얘기죠? 국제화. 그래서 국제화, 국제상사가 만든 신발이 국제화인가? 저는 그렇게 생각했는데. 국제화 논리부터 시작해서 세계화 논리 그 다음에 개방, 신자유주의를 김대중 정권이 아주 쐐기를 박기 시작한 거예요. 그리고 이제 노무현 정권이 뭐냐면 민주노총에서 당선자로 해서 간담회 할 때 만나서 제가 질문을 했었는데 나는 신자유주의자가 아니지만 신자유주의에 대해서는 거스를 수 없다고 생각합니다. 이렇게 얘기한 노무현이가 지금 대통령을 하고 있는 겁니다. 그래서 신자유주의보다 더 무서운 거죠. 그죠? 원래 그렇잖아요. 본류보다 하수인이 더 무섭지 않습니까? 그런 겁니다. 제가 그 말 했다가 노무현이 두고두고 그 얘기 한다는데. 나를 보고 하수인이라 그랬다. 근데 그런 그가 국민들 협박해 가지고 뭐 얘기하고 있어요. 신임투표. 재신임. 여러분 맞아요? 그 노동조합이나 하는 방식이에요. 일국의 대통령이 하는 방식이 아니라고요. 지금 뭐를 노리고 있냐면 노무현은 지금 측근들의 비리. 지금 막 터지고 있잖아요. 지금 현재의 자기 지지 기반의 떨어지는 문제들 그리고 정치 재편, 정계 개편 하려고 했는데 잘 안 됐잖아요, 통합신당. 일거에 만회하려는. 신임투표를 하든지 안 하든지 간에 노무현이 국회에서 연설한 이후에 야당 의원들이 전부 한숨을 내쉰 게 뭐냐 하면. 와 진짜 무서운 놈이구나 이렇게 얘기하는 거예요. 다 죽이겠다는 거예요. 그리고 이제 검찰이 칼을 빼 들었잖아요. 정치권들 다 치면서 이제 여기에 거슬려서 신임투표를 반대하거나 거스르는 사람들은 어떻게 하겠다고요? 정리하겠다는 거예요. 뭐 잘 아시겠지만 노무현 정권이 지금까지 구속한 노동자 수는 김대중 정권보다 40프로가 더 많습니다. 쟁의 건수는 더 줄었는데도 불구하고. 이런 겁니다. 어쨌든 이 신자유주의 체제가 이렇게 해서 도입되게 된 거고요.

그럼 신자유주의자들이 요구하는 게 뭐냐, 뭐 이건 여러분이 많이 들으신 겁니다. 근데 원리가 있다는 거죠. 뭐냐면 첫째로 자기 부족한 시장을 확대해야 하잖아요. 이걸 뺏어야 되는 거 아니에요? 그래서 사적 시장의 확대를 요구하는 겁니다. 이게 공기업을 민영화 해 달라 요구하는 거예요. 자기가 할 수 있도록 해 달라. 그리고 국가가 하고 있는 거. 요즘 제일 자본가들하고 정부하고 짝짜꿍해서 검토하는 게 뭐냐면 물에 대한 관리를 민간 업자에 대해 넘기려고 하는 거예요. 그렇게 되면 광고 나오죠? 우리나라 물 부족 국가이기 때문에 물 1리터가 기름보다 비싼 나라에 살아야 될지도 모른다는 거예요. 그런 시대에 지금 와 있는 겁니다. 지금 예전에는 우리가 그랬죠. 수돗물 먹으면서 미국 가니까 물을 사 먹더라? 지금 물 사 먹는 거 다 당연하게 되었잖아요. 자본주의가 완전히 모든 걸 상품으로 만들어서 팔아먹으니까. 이제 개가 마시는 생수가 사람이 마시는 생수보다 6배인가 비싸다며요? 요즘에. 판다면서요, 강남에 가면. 근데 그런 시대가 되는 거예요. 물 한 잔에 이제 기름 값보다 더 비싼 물을 마시고 음료수보다 물을 마시는 시대가 될지도 모르는. 그래서 이런 사적 시장의 확대, 민영화 이런 걸 요구할 수밖에 없는 겁니다.

두 번째는 뭐냐면, 사회복지의 축소를 요구합니다. 왜요? 삼성그룹이 21세기의 경영 목표가 뭐냐면 교육과 의료입니다. 이것만이 21세기에 삼성을 끌어갈 수 있는 가장 핵심 사업이다, 이렇게 얘기합니다. 여러분 다 보셨죠? 전국에 삼성 병원 굉장히 많이 늘어났죠? 다 주고 바꾼 겁니다. 고려병원 주고 삼성이 인수하고 삼성이 의료 서비스에 일원화된 서비스를 하기 위해서 그렇습니다. 어린이집 사업에 투자하는 게 교육 사업을 통해서 이제 삼성은 교육과 의료 분야에서 독보적인 존재로서 21세기에 백년을 책임지겠다 이렇게 보고 있는 겁니다. 그러면 전국의 병원들 삼성이 거의 절반 먹으면 우리 아프면 어떻게 돼요? 죽을 수 없잖아요. 돈 내는 거죠. 삼성에 돈 갖다 바치면서 치료해야 되는 문제가 생깁니다. 교육의 문제도 마찬가지. 그렇게 때문에 자본이 나서서 사회복지를 축소하라고 얘기하는 겁니다.

여러분 국민연금 얘기 많이 들으셨죠? 국민연금도 뭐냐면 딴 거 아니에요. 국민연금이 우리나라가 ILO 기준대로 60프로의 수급률을 갖고 나중에 받는 거예요. 그 다음에 지금 보험료도 9프로 중에 4.5프로는 우리가 내고 4.5프로는 회사 돈으로 내죠? 그래서 9프로를 내고 있는데 이거를 십오점 몇 프로로 올리고 그 다음에 60프로의 수급률을 50프로로 낮추겠다는 거예요. 그런데 우리는 이렇게 얘기하거든요. 단순하게 생각하는 사람들은, 정부 나쁜 놈들이다, 새끼들 왜 우리한테 갑자기 많은 부담을 지우냐, 수급률도 낮추고, 노무현 나쁘다, 이렇게 얘기를 하는데요. 본질적인 부분을 봐야 된다는 겁니다. 그건 바로 뭐냐면 지금 전 세계적으로 OECD에서 가장 첨예하게 연구하고 있는 분야가 뭐냐면 금융시장까지 다 먹고 나니까 먹을 시장이 없어요, 사실은. 자본가들이. 이게 위기거든요. 그럼 뭐를 먹어야 되냐. 연기금입니다. 연금과 기금 시장을 먹어야 되는 거예요. 근데 이거 다 국가가 장악하고 있거든요. 사회 공적 기능으로. 그래서 자본가들의 요구가 어떻게 가죠? 그런 국민연금, 의료보험 제도 이런 것들을 개악하라고 요구하는 겁니다. 왜요? 의료보험 제도 지난번에 한 번 개악되었죠? 왕창 돈 올리고요 그 다음에 뭐가 나왔습니까? 삼성에서? 300만 원만 내십시오, 모든 의료보험 혜택을 다 드리겠습니다. 아직도 혜택도 없는 건강보험공단에 의료보험을 하고 계십니까? 여러분한테는 안 왔어요? 예? 보험 하는 사람들이? 좀 비싸 가지고 여러분은 대상이 아니었던 거지. 마찬가지인 겁니다. 기업연금, 개인연금 안 팔리거든요. 국민연금제도 있는데. 국민연금 이제 개악하기 되고나면 아마 보험회사에서 들고 나올 겁니다. 아직도 국민연금 믿고 계십니까? 용돈도 안 됩니다. 저희 것을 드십시오 이렇게. 바로 이거는 뭐냐면 전 세계적인 움직임인 겁니다. 자본가들의 이익을 위해서 공적 연금과 기금 사업들을 완전 죽이라고 요구하는 거죠. 그거 안 하면 협조 안 하겠다 이겁니다. 사회복지 제도의 축소. 왜? 궁극적으로 자기네들은 세금을 내고 싶지 않다는 겁니다. 그래서 자본가들의 요구는 세금을 인하하라. 여러분들 아까 제가 빼먹었지만 이렇게 할 수 있었던 근거는 뭐냐면 세율이 35퍼센트에서 40퍼센트까지 되는 자기 수입의 40퍼센트씩을 세금으로 내기 때문에 가능한 부분들이거든요. 그걸 통해서 부의 분배를 정의를 실현하고 이렇게 하는 거예요. 근데 우리나라는 지금 그렇게 높지도 않아도 세율이 근데 세금 내지 못하겠다, 이렇게 얘기하는 거예요. 사회복지 축소해라.

그리고 네 번째 이 사람들이 요구하는 게 뭐냐면, 노동시장의 유연화를 얘기하고 있어요. 이 얘기 너무 많이 들으셨죠? 노동시장의 유연화. 왜 그러느냐. 여러분 옛날로 돌아가세요. 1970년대에 박정희가 1960년대 말부터 1970년대 경제성장을 한다는 이유로 했던 정책이 있습니다. 일본과 수교를 정상화시키면서. 그동안 우린 식민지였기 때문에 교류 안 했던 거죠. 한 시기를. 그걸 김종필이를 보내서 한일 수교를 하면서 뭐를 가지고 오냐면 차관을 가지고 오는 겁니다. 돈을 빌려오는 거죠. 저리로. 그래가지고 그 돈을 갖다가 은행을 통해서 독점 자본가들에게 다 주는 겁니다. 그러니까 땅 짚고 헤엄치는 거예요. 이 사람들 줘서 개발을 시킵니다. 근데 우리나라의 자본가들이 그때 태동하는데 그때 그 사람들이 했던 얘기가 뭐냐면 박정희한테 야, 아무리 군바리라지만 너무 무식한 거 아니냐? 돈만 가지고 되냐. 뭐가 있어야 되냐? 값싼 노동력이 있어야 돼요. 근데 그때까지만 해도 우리나라는 절대적으로 농업인구가 더 많았던 거죠. 노동자 계층이 많지 않았어요. 그래서 박정희가 했던 정책이 뭐냐면 우리 밀 죽이기. 밀을 갖다가 10만 톤씩 들여다가 무상으로 거의 풀어 버리기 시작해요. 명목은 있죠. 굶주린 우리 국민들에게 밀가루라도 풍족히. 우리나라가 원래 밀이 없는 게 아닙니다, 여러분. 요즘 우리 밀 살리기 운동하죠? 밀 생산량이 얼만 줄 아세요? 우리? 우리 농사지으시는 김동렬 동지, 밀. 전농에서 지으면 0.8%라고 하나요? 전체 밀에? 나머지는 전량 수입이거든요. 밀이. 근데 농민인 동지들 얘기 들어보면 그렇지 않았다는 거예요. 예전에. 쌀 생산량이나 밀 생산량이나 다르지 않았다는 겁니다. 근데 그것들을 다 죽여 버리는 겁니다. 그러니까 어떻게 해요. 그 많은 농민들이 어디로 옵니까? 도시로 도시로 오는 겁니다. 그래서 제가 살고 있는 미아리에 판자촌이 그때 형성하기 시작한 거죠. 그 개발이 안 돼요. 그때의 여파로. 수유리, 미아리 이쪽은 완전히 사람 사는 동네 아니다 말하는데, 요즘 아파트들 막 짓고 있는데. 판자촌들이 그렇게 형성이 된 거예요. 그 사람들이 하루 세끼만 먹을 수 있으면 일하겠다. 가발 공장에 들어가고, 그 다음에 섬유 공장에 들어가고, 미싱사로 들어가고. 이러면서 노동시장에 노동력 가치 자체가 하락하면서 값싼 노동력들이 제공되었던 겁니다.

자, 노동 시장의 유연화도 뭐냐 하면 자본가들이 값싼 노동력이 필요한 겁니다. 싼 노동력. 그래서 뭐 연봉제다, 성과급제다, 그 다음에 경쟁 생산력을 향상시킨다, 별 얘기를 다 하지만 그것들을 다 뭐냐면 그 제도를 통해서 소수의 혜택을 줘서 소수의 혜택을 받은 사람들을 봐라, 하면서 자기의 고통을 감내하도록 하고 실제로는 총액임금에서 엄청나게 낮은 임금으로서 사람들을 부리겠다는 의도를 갖고 있는 겁니다. 그리고 마음대로 채용하고 마음대로 자를 수 있게 해달라 이렇게 하는 거죠. 이게 노동시장의 유연화입니다. 지금 노무현이 로드맵이라는 거 얘기하면서 뭐예요? 정리해고를 용이하게 하겠다, 이러는 거죠. 정리해고의 용이성은요? ILO에서 나왔지만 우리나라가 세계 1위입니다. 사실은. 미국 같은 나라도 그렇게 마음대로 해고하거나 이렇게 되어 있지 않아요. 뭐 영화에서 뭐라고 얘기하는 거예요? 영어로? 파이어라 그러나. 그래서 그러면 다 자르는구나 그러는데, 미국은 제가 몇몇 자료를 좀 보니까 이 레이오프 제도나 이런 것들이 만일에 정리해고가 되면 동종 업종에 다른 기업에 가서 자기보다 젊은 사람 있으면 그 사람 내쫓고 채용할 수 있는 법적 보장이 되어 있어요. 요즘 청년 실업 얘기하는데 이거 되게 잘못된 겁니다. 여러분 진짜. 아까 자살률 얘기했는데요. 40대가 1위거든요? 저하고 한현갑 위원장이 40대에 있는 거 같은데. 지부장님도 40대고. 40대들 꽤 있는데 40대가 1위예요. 30대가 2위고, 60대가 3위거든요. 이게 뭘 얘기하는 겁니까. 미국에서 정리해고 할 때 입사 순서가 낮은 사람부터 내쫓습니다. 여기 젊은 분들이 저 그래도 옛날에 위원장이라고 좀 봐주려고 했더니, 이렇게 하실지 모르는데 그게 뭔 줄 아세요? 미국이라는 사회가 자본주의가 첨예하고 개판인 거 같은데 가정을 지키는 겁니다. 가정이라는 기초 공동체를 살려야 된다는 겁니다. 그러면 고령자일수록 40대가 되고 그러면 뭐가 돼요? 그 가정에 한 가정의 문제를 책임져 주는 거죠. 이 사람을 길거리로 내쳐 가지고 물론 사회안전망도 있어요. 우리처럼 6개월 주고 마는 게 아니라 실업 급여를 받는 길도 있단 말이에요. 그렇지만 그거를 해서는 사회 불안정 요소가 되기 때문에 젊은 사람들은 무한한 가능성이 있으니까 실업 급여 수당 받으면서 공부도 좀 더 하고 뭐도 하고 이렇게 해라. 뭐 이런 취지인 겁니다. 그거는. 그런데 이제 우리나라의 지금 제도는 뭐냐면 고액 임금을 받는 나이 먹은 사람들 그 사람들 잘라서 싱싱하고 임금 싼 사람 쓰자, 이런 거잖아요. 그리고 대통령이라는 사람이 나와서 청년 실업 얘기하면서 이렇게 얘기하는 거. 고학력 청년 실업 문제가 아니라는 게 아니고요. 더 큰 문제는 진짜 탑을 달리면서 스스로 목숨을 끊어 죽어 가는 한 가족들이 몰락해 가는 40대들의 사망도 더더욱 중요한 문제라는 거예요. 그런. 그래서 노동시장의 유연화 문제는 결국 값싼 노동력을 양산시키겠다는 부분들인 거고.

다섯 번째는 이번에 열사 한 명을 냈지만 개방의 문제. 국가의, 국가 보호 정책과, 국가 경계를 허물어라. 이렇게 얘기하고 있습니다. 이게 신자유주의자들의 요구입니다. 왜 이렇게 요구하는지 아시겠죠? 예? 이해가 다 되셨습니까? 이제는 신자유주의 얘기하면 자꾸 다른 소리하지 마시고 모르는 사람들에게 잘 가르칠 수 있겠죠? 예? 여러분들이 간부님들이니까 제가 자세히 설명 드린 겁니다. 이렇게 정책을 하기 때문에 우리한테 연봉제도 도입하자, 성과급제 도입하자, 지금 노동조합도 계속 협상하면서 그 영향을 최소화하려고 노력하고 있는 이유가 뭔지를 아셔야 하는 거 아녜요. 그죠? 이게 다 경쟁력 강화, 생산성 향상의 문제가 아니라는 거예요. 노동조합을 통째로 죽이고 노동자들의 단결을 깨면서 노동자들의 것을 착취하고자 하는 구조 속에서 나오는 거다, 이렇게 보시면 됩니다. 그리고 이 사회에서 돌아가는 문제. 철도가 그 다음에 발전이 사유화 저지를 외치면서 파업까지 하고 투쟁했었습니다. 사실은 2000년대 데이콤의 파업도 사실은 민영화돼서 LG그룹이라는 사적인 영역으로 넘어가면서 발생되었던 저항이고 투쟁인 겁니다, 사실은. 다 연관되어 있는 부분들이에요. 이 부분들 해 달라는.

예, 오늘 좀 어려운 걸 얘기했습니다. 어렵습니까? 다 케인즈 뭐 사민 다 들어보신 거죠? 이공계가 많아서 잘 모르시나요? 예 어쨌든 이렇게 되면서 우리 사회가 이 신자유주의가 23년 동안 이 사회를 완전히 전 세계를 장악해 들어가면서 우리는 이 꼴을 하루에 28명씩 자살하는 세상을 맞이하고 있다, 이런 부분들을 같이 공감했으면 좋겠습니다.

그리고 농업 시장 개방 문제가 FTA. 그게 뭡니까? 프리 트레이드 어그리먼트인가요? 예? FTA, 자유무역협정? 그죠? 예. 관심 없으세요? 그래서 이제 농업 부분 개방했는데요. 이걸 생각하셔야 돼요. 농업 개방이 되면 어떤 영향이 있을까? 쌀 수입해다가 먹으면 되지, 그렇게 생각할 수 있겠죠? 전 세계가 하나가 되는데 근데 여러분 이미 잘 아시겠지만 전 세계적으로 전 인구 전 세계 인구와 식량을 비교하면 식량이 부족합니다, 전 세계적으로. 그래서 미국이 죄받을 나라라는 게 그거예요. 하루에 자기네들이 소비하는 양의 절반을 쓰레기로 음식 쓰레기로 버리는 나라. 근데 세계는 에디오피아 난민처럼 굶어 죽는 사람들이 있는 거거든요. 왜? 공평하게 분배되어도 식량이 부족해요, 지금. 사실은. 근데 이 현상은 날이 가면 갈수록 심할 거라고 얘기하고 있습니다. 그래서 물론 과학자들은 그렇게 얘기하죠, 이제 앞으로는 우리도 발달해서 그렇게 밥 안 먹고 캡슐 하나만 먹으면 살아갈 수 있는 세상이 되기 때문에 식량 부족하지 않다, 거의 황당한 사람들이 있습니다. 그렇죠? 요즘 테레비만 보시면 아시겠지만 요리와 먹는 거가 테레비의 절반입니다. 그죠? 전 세계를 돌아다니면서. 인간의 3대 욕구를 갖다가 그렇게 저버릴 수 있는 부분이 아니라는 거죠. 달나라 가듯이. 근데 그런 추세로 가다보면 이제는 뭐냐면 핵폭탄이 무기가 아니고 식량이 무기인 시기가 멀지 않았다는 거예요. 그러면 이 국가의 자주권 자체가 문제가 생기는 거다. 농산물, 싼 농산물 들어오면 농사 안 짓게 돼요, 당연히. 밀 없어지듯이. 그런 부분들에 대한 문제. 그리고 우리 노동자들에게는 어떤 문제가 있냐, 지금 농업 후계자니 대학 졸업하고 한 번 거기에 가겠다, 이 사람들이 이제 다 갈아엎고 어디로 올 판이냐? 대도시로 다 올 판입니다. 그 인원을 칠레자유무역협정이 체결되면 약 25만에서 크게 보면 50만 정도의 유휴 인력이 발생한다고 보는 겁니다. 그러면 청년 실업 70만을 얘기하고 있는데, 언제 50만을, 어떻게 되고 있는지. 대통령이 청년 실업 심각하다고 얘기하는 숫자가 40만 정도의 청년 실업을 얘기하는 겁니다. 근데 50만의 실업자가 생겨요. 어떤 문제가 발생하는 건지. 노동 시장은 점점 유연화 되고 임금의 임금을 자꾸 다운하자고 얘기하잖아요 지금. 사람 많다는 거죠. 사람 많으니까 임금 깎자, 이렇게 되는 부분들인 거죠. 노무현 정권 성격 얘기했고요.

51쪽 한 번 잠깐 보시면. 노사 관계법 제도 선진화 방안이라는 건 들어보셨죠? 로드맵? 노무현 정권이 이제 노사관계를 선진화하겠다, 이겁니다. 선진화의 본질이 뭐냐면, 노동자들에게는 파업권을 빼앗고 그리고 사용자들에게는 사용자 대항권이라는 이름으로 노조의 투쟁에 대항할 수 있는 무기를 주겠다, 이게 핵심인 겁니다. 그래서 민주노총 지도부가 청와대 들어가서 한 4시간 정책 간담회 했는데, 결론이 뭐냐면 대화가 안 되더라 이겁니다. 노무현하고. 거기 보시면 선진화 방안 보십시오. 실업자의 초기업 단위 가입. 일본이 되어 있는 거예요. 실업자의 초기업 단위 노조 가입, 이건 뭐냐면 산별노조라든가 기업별 노조를 떼어놓는 노조를 만들었을 때 기업 외에 있는 사람들도 조합원으로 가입해야 된다, 이겁니다. 그렇게 안 되어 있는 나라가 없고 ILO가 그렇게 하라고 그랬어요. 그리고 이거는 뭐냐면요. 1998년도 정리해고제 도입하면서 노사정 합의 본 사항입니다. 근데 지금까지 안 한 거예요. 6년 동안, 해주겠다고 해 놓고. 근데 지금 와서 뭐냐면 이거 해 줄테니까 뭐 내놓으라고요? 정리해고 요건 완화하고 그 다음에 파업하면 대체근로 허용하겠다, 이렇게 얘기해요.

그리고 직권중재 제도 폐지하겠다. 직권중재 제도는 이미 ILO에서 이거는 노동3권을 제약하는 문제이고 수차에 걸쳐서 권고했던 사항입니다. 없애라고. 그리고 김대중 정권 때 직권중재 폐지의 문제를 전향적으로 검토하겠다고 ILO에 이미 보고했던 사항입니다. 근데 지금까지 안 한 거죠, 사실은.

그리고 손배가압류. 범위 제한. 없애는 것도 아니고 범위를 제한하겠다. 합법적인 파업에 있어서. 뭐 이렇게 얘기해요. 이런 것들은 뭐냐면 안 줘도 되는 겁니다. 안 줘도. 손배가압류는요? 발전노조가 대표적인 사례로 놓는데, 조합비를 압류하니까 발전 노조 조합원 5000여 조합원들이 결의해서 조합비를 100원으로 낮췄습니다. 자동 공제하는 거예요. 그리고 전 조합원들이 CMS로 자기 조합원비를 자기 노조로 직접 납부했습니다. 하려고 해야 할 수가 없어요 압류를. 이건 이미 뭐냐면 우리도 당해 볼 건 당해 봐서 극복 방안이 다 있는 얘기들인 거예요. 이거 이제 주겠다는 거예요. 쓸데없으니까. 왜? 지난번 연초에 배달호 열사까지 손배가압류 문제 때문에 분신하신 거 아니에요. 전 세계적으로 사회문제가 되고 나니까. 낯 뜨거우니까 자기네도 부담이라 어차피 없애야 되는 건데 주겠다 이거예요.

그러면서 도입하겠다는 게 2번에 있는 겁니다. 직장폐쇄를 확대하겠다. 파업만 하면 마음대로 조합원만 선별적으로 직장에 출입을 안 시키는 직장폐쇄 사용자가 때리면 무조건 하게 해주겠다. 이런 겁니다. 우리 파업 때 경험 해보시면 알죠? 직장폐쇄가 뭔지? 그 다음에 두 번째 공익 사업장에 대해서 대체 근로를 허용하겠다. 지금까지는 어떻게 되었냐면, 사업장 내의 대체 근로는 되지만 외부 대체 근로는 불법으로 되어있습니다. 그러니까 우리가 파업을 하면 위력이 있는 거죠. 일을 안 함으로써. 근데 그거를 없애고 공익 사업장에 대해서 대체 근로를 허용하겠다는 거. 그리고 정리해고 요건을 완화하겠다. 아유, 지금보다 더 완화시켜서 어쩌자는 겁니까? 그 다음에 부당노동행위 형사 처벌 규정을 삭제하겠다. 데이콤노조도 새 회장 온 다음에 부당노동행위 엄청나게 고소를 한 거 같은데 지금 몇 건 남았습니까? 정책국장님. 다 끝났어요? 부당노동행위는 부담인데 그나마 재네들이 그거를 두려워하는 건 형사처벌 조항이 있기 때문에. 근데 형사처벌 조항이 있으면 부당노동행위 고소했다고 하면 뭐라고 해요. 마음대로 해라 이렇게 얘기해요. 처벌 조항이 없는데. 그런 법이 어디 있습니까? 그래서 이런 부분들이라는 것들이 결국은 결론적으로 얘기하면 노동자들의 노동3권을 제약하겠다, 이거예요. 그래서 엄청난 반발들이 있게 되는 건데. 지금 이게 지금 노무현 정권이 들어와서 선진화된 노사관계라고 얘기하는 부분들인 겁니다.

그래서 그렇게 얘기하죠, 노무국 사람들하고 얘기하면, 이게 뭐 외국 가니까 이런 제도가 있더라, 그것만 보지 말고 프랑스 노동자들은 파업을 결정하면 뭐 찬반 투표 요건이나 법에 그런 거 없어요. 노조가 파업 결정했다? 내부적으로 민주적으로, 그러면 파업하는 거예요. 그거 뭐 길거리에 나가서 불 지르면 물론 걸리죠. 그런데 걔네들은 맨날 불 지르잖아요. 근데 구속된 사람들이 없어요. 프랑스 노동자들 파업하는 거 보셨어요? 못 봤습니까? 외신 안 보세요? 공항에다가 불 지르고 막 그러잖아요. 그리고 막 드럼통에다가 불 질러 가지고 도로에다가 쭉쭉 밀고 다니고 그런데도 거의 우리나라 수준으로 얘기하면 그 사람들은 경범죄 수준이라는 겁니다. 잘못할 만 하잖아요 불 질렀으니까. 그렇지만 그것 자체 가지고 노조 파업을 구속하거나 이런 것들이 없는 거예요. 그런 부분들에 대한 것들이 진짜 형평성 없이 진행되고 있는 부분들이다, 라는 겁니다.

제가 사회 얘기하고 노무현 정권 얘기했습니다. 근데 그러면 우리는 별 문제가 없는가, 고민해 봐야 되는 문제인 거죠. 진짜 우리들. 노동자들은 별 문제가 없는가, 이런 것들. 이거는 저의 반성도 같이 해서 좀 얘기를 드리면 제일 큰 문제가 뭐냐면 이 기업별 노조입니다. 기업별 노조. 그리고 저는 거기에 부연해서 또 뭐가 문제냐면 박정희 정권 때부터 시작했던 기업별 복지 제도입니다. 물론 저도 위원장 할 때 근로조건 뭐 해라, 안식년 도입해라 그거 놓고 투쟁하고 그랬어요. 근데 지금 지내 와서 쭉 보니까 좀 후회스러운 부분들이 있습니다. 아 이게 다가 아니었구나, 하는 생각이 있었어요. 왜냐하면 이 기업별 복지라는 게요? 아주 기업별 노조를 공고하게 만들어 주는 겁니다. 그래서 노동자들이 전체 부분들을 보지 못하고 기업 내부에 모든 의식을 얽매여서 보도록 그렇게 되어 있는 겁니다. 그런 문제들이 있는 거거든요.

그래서 기업별 복지 제도를 좀 보면 우리나라 사회복지 제도가 잘 안 되어 있다, 이렇게 얘기하는데 기업별 복지는 대단합니다 여러분, 사실은. 저는 우리나라는 스웨덴에서부터 네팔까지 다 있다, 이렇게 얘기하는데요. 기업별로 해주기 때문에 뭐가 있냐면 어느 기업에 들어가면 똑같이 공부하고 똑같은 능력을 가진 사람들이 물론 입사시험 과정이 있으니까 차별이 있겠죠. 그래서 들어갔는데 임금의 차별이 문제가 아니라는 거예요. 어느 직장 들어가면 애 낳으면 출산장려금 줘요. 출산축하금 주죠. LG그룹 산하의 무슨 뭐 전자 회사는 애 낳으면 뭐 준다, PC 한 대 준다 그러더라고요? 애가 PC를 쓸 일이 있는지는 모르겠는데. 그리고 우리도 있지만 나이가 차서 애가 유치원에 가면 유치원 학자금 주죠. 그리고 학교 가면 의무교육이니까 초등학교는 안 줘도 중학교 고학년과 고등학교는 자녀 학자금 주죠. 대학 학자금 주죠. 뭐가 아쉬운 게 있어요. 그 다음에 뭐예요? 주거 대책 세워 주잖아요. 저리에 주거, 주택자금 대출해 주죠. 그렇죠? 요즘은 이제 뭐 하도 말이 많으니까 이자를 받지만.

예전에는 금융기관 들어가면요. 제 때만 해도 금융기관에 들어가면 임금이 굉장히 박했어요. 국민은행 이런 데 들어간 애들. 요즘은 좀 나아졌는지 모르겠는데. 우리 통신 쪽이 훨씬 셌죠, 사실은. 그래서 술도 제가 많이 사고 그랬는데. 금융기관 들어간 애들한테 사기 당했다, 이렇게 얘기한 게 있었습니다. 그게 뭐냐면 그 당시에 5000만 원이면 어마어마한 거금이거든요? 1987년, 1986년도에. 근데 임금은 제 70프로 밖에 안 되는데 거기는 입사하면 5000만 원을 무이자로 대출해주는 겁니다. 20년 거치 10년 분할 상환. 그때 되면 뭘 갚냐, 퇴직금하고 상계하자, 나중에 얘기하자, 이렇게 얘기한다는 거예요. 여러분 무이자로 5000만 원 가지고 출발하는 사람하고요. 월급 달랑 받아서 모아 가지고 생활하는 사람이 생활이 돼요? 게임이 안 되는 거예요 게임이. 그때면 5000만 원이면 집 한 채를, 아 한 채는 못 샀다. 그래도 한 사려면 8000에서 1억 정도는 줘야 샀는데 집들을. 근데 그 절반을 주잖아요. 그러면 그거 가지고 제가 전세부터 시작해 가지고 키워 나가는 거 하고 다르잖아요. 그 복지 혜택이라는 게 얼마입니까. 어마무시한 거예요 사실은. 목돈 5000만 원. 그 당시에 제가 연봉을 데이콤 들어왔을 때 노조 만들어지기 전에 6개월 동안 받은 6개월 치에 800만 원인가 받았어요. 노조 만들어서 임금 협상 두 번 하면서 1987년도에 임금이 확 뛰어 가지고요. 진짜 이거 꿈인가 생시인가 하면서 그때 월급을 받으면서 뿌듯해 했었는데 그랬던 역사가 다 있는 겁니다.

근데 그 부분들 속에서 우리가 이제 느껴야 될 게 뭐냐면 기업의 선택에 따라서 인생이 달라지는 이런 복지제도. 우리도 데이콤 의료비 요즘 부활됐나요? 다시? 축소해서 하라고 했나? 안 해요? 100만 원으로? 근데 사실은 의료보험 제도가 국가 보장 제도가 있는데 의료비 줄 필요는 없는 거지, 사실은. 근데 어느 데는 300만 원까지 주고 다 그런다는 거죠. 그 혜택을 받는 사람과 실제 네팔 얘기 했지만 우리 중소기업에 가면 식대 교통비도 없어요. 그냥 달랑 일당. 그거 가지고 어떻게 해요? 자기가 교통비 내고 그 다음에 밥 사 먹고 가족 부양하고 살아가야 되는 노동자들이 있는 겁니다. 휴가, 휴일 없이. 그치만 휴가 휴일은 많은 것처럼. 근데 저는 이게 기업별로만 있는 게 아니고 은행에 가서 좀 알아봤더니 은행에 갔는데 은행에 가면 대출 순위라는 게 있습니다. 제 1순위 공무원, 신용 순위예요. 그 다음에 정부투자기관, 정부출연기관, 그 다음에 3순위 민간 기업 중에는 상장 기업, 그죠? 그 다음에 비상장 기업. 비상장 기업에는 또 뭐냐면 회사에 자본금 규모가 얼마인가. 이렇게 해요. 아니 외국에서는 이 사람이 수도세, 전기세, 통신료를 잘 냈는가, 꼬박꼬박, 신용이 있는가, 신용카드 불량 없는가, 이런 거 가지고 대출액을 산정하고 신용을 산정한다는데 우리는 뭐냐면 자기 신용은 아무것도 없어요. 뭐? 어디 다니는데? 그래 가지고 우리 KT동지들도 예전에 분사할 때 가장 피해 의식이 있었잖아요, 그죠? 데이콤 이름 하고 DST(데이콤시스템테크놀로지) 이름 하고. 그런 부분들하고 똑같은 부분들인 거죠. 그게 그런 겁니다. 근데 그렇게 하는 거가 왜 그러냐 했더니 이자가 공무원한테 적용하는 이자하고요, 개인한테 적용하는 이자가 대출 금액도 틀리고 보증인 세우는 것도 틀리고 이자가 틀립니다. 우리나라 최대 2.8프로까지 차이가 난답니다. 대출 이자가. 그러면 누가 높겠어요? 공무원이 높은 게 아니고 저소득층이 높잖아요. 신용이 높은 사람들이. 그러면 제일 돈이 필요하고 어려운 사람이 고율의 이자를 물고 있는 게 이 사회의 현실이라는 겁니다. 이게 기업별 복지예요.

그래서 우리 있는 기업별 복지를 없앨 수는 없지만 이거를 점차 사회의 복지화해서 전환해서 이런 거에 대한 차별을 없애야지만 비정규직의 문제도 해소가 되는 겁니다. 의료, 교육, 국가가 책임지라고 해야 되는 겁니다. 외국도 하는데 왜 우리는 못하는 거지 사실은. 그렇게 해야죠.

그리고 전기세, 통신료, 그것도 규제해야 됩니다. 저도 통신쪽에 있지만 여러분 핸드폰 신종 통신 수단이 생기면서 가계당 평균 지출 통신료가 얼마인지 아십니까? 예, 예전에요. 1만 8000천 원인가 그랬어요. 가구당 통신비 지불이. 근데 지금 13만 얼마랍니다. 평균이. 이거 맞아요? 인터넷 시대가 되었기 때문에 지불하는 게 당연한 거예요? 지나친 경쟁. 우리가 지금 닥치고 있는 합병이냐, 통폐합이냐, 고사냐 이런 것들도 다 뭐 때문입니까? 무분별한 경쟁 정책 때문에 지금 누구든지 얘기합니다. 전 세계적으로 IT산업은 과잉 투자되어서 위기에 닥쳐 있다. 국내시장도 마찬가지입니다. 진짜 냉정하게 얘기하면 사업장 몇 개 정리가 되어야 돼요. 그렇지 않으면 살아날 수 없다고 다 얘기하고 있습니다. KT가 이번에 5천 5백 명 명예퇴직한 거 아시죠? 예? 지금 뭐냐면 KT에도 숫자를 조작해서 그렇지 이미 매출이 감소가 되었다는 겁니다. 그걸 갖다가 정체로 2년 동안 만들어 왔다는 겁니다. 이윤 매출 감소되고 있고 이익 규모도 지금 돈 남아 있는 건 KTF인가요? 그 주식, 아 SK, SK텔레콤 주식 팔은 돈 780억이 현찰로 남아 있어서 그렇지 실제 운영자금에서는 현찰 없다는 겁니다. 이런 거예요. KT도 망할 수 있다는 거예요 지금. 데이콤도 마찬가지인 거거든. 근데 이 구조가 뭐냐면 인건비, 사람 자르고, 인건비 뭐 줄이고 이런 데서 해결되는 문제가 아니라는 거예요. 이 구조적인 문제를 어떻게 해결할 거냐. 여러분, 고민 많이 하신 분이니까 고민하시겠지만 하나로 데이콤의 문제도 올바른 솔루션은 노동조합밖에 낼 수 없어요. 재네들한테 맡기면 LG 이익과 이거에 있어서 다 난도질하고 다 끝장나는 거라는. 그렇습니다. 그래서 기업별 복지 부분들을 사회복지화 시켜내는 부분들이 중요하다는 거고요.

그리고 이 기업별 노조 좀 끝내야 합니다. 데이콤노조도 지금 데이콤 노동조합을 기업별이 아닌 소산별 체제로 전환하려는 계획을 갖고 있는 거 같은데요? 언제 계획이? 내년인가? 12월. 금년 12월. 근데 이 기업별이라는 부분들이 뭐냐면 다른 거 아니거든요. 우리는 기업별 노조가 좋으냐 싫으냐, 이런 얘기하는데 저는 뭐 분명 그랬는데 기업별 노조가 나쁘다는 건 아니에요. 왜냐하면 기업별 노조는 우리가 선택할 수 있는 거예요. 기업별로 할 거냐, 업종별로 할 거냐, 산업별로 할 거냐. 그런데 노동조합의 원칙이라는 차별의 금지라든가, 노동조합의 원칙 대로를 얘기하고 자주성을 얘기하려면 아무래도 지금까지의 사례를 보면 기업별 노조는 사용자로 자주성을 많이 침해받기 때문에 별로 적합하지 않다, 이렇게 얘기하는 겁니다. 근데 우리가 선택하는 거거든요. 근데 우리는 이 기업별 노조를 우리가 선택한 게 아니고 법으로부터 강제 받았어요. 누구한테. 전두환이한테. 전두환이가 국보위 시절에 1980년 12월에 대통령도 아닌데 노동법을 개악해서 제 3자 개입 금지법하고 기업별 노동조합을 만들려면 발기인은 30인 이상 되어야 하고 그 다음에 기업별로만 만들어라, 이렇게 법제화 시켰습니다. 그 이전에 박정희는 또 산업별을 법제화 시켜서 골 때리는 일을 했지만, 어쨌든 간에 이 자체가 우리의 자주성을 침해하고 있다는 겁니다. 기업별 노조를. 그러면 전두환이 왜 했는지 알아야 될거 아니에요? 전두환이가 했던 국민을 통치하는 정책으로써 여러분 잘 아시는 정책이 있습니다. 그게 뭡니까? 쓰리 에스만 알죠? 국민 우민화 정책이라는 거. 그죠? 국민우민화 정책이라고 해서 쓰리 에스 정책을 한 겁니다. 스포츠, 섹스, 스크린을 따서 쓰리 에스라고 하는 겁니다. 이게 왜 그랬느냐. 이걸 좀 보면 전두환은 잘 아시다시피 박정희 양아들이었습니다. 자길 양아버지로 모셨던 박정희가 누구 때문에 죽었는가를 전두환은 잘 알고 있는 겁니다. 그건 바로 뭐냐면 왜 죽었어 얘기하면, 심수봉이 노래 부를 때 김재규가 쏴서 죽였어, 보통 이렇게 얘기하잖아요, 안가에서. 그거는 현상인 뿐인 거죠. 왜 그런 사태가 같은 편끼리 총질하는 사태가 발생했는가를 잘 알아야 합니다. 그건 유신 조치 치하에서 학생들이 좀 선도적으로 데모하고 이 사회에서 투쟁했을 뿐이지 진짜 이 땅에 양심 있는 사람들이 납작 엎드려서 꼼짝 못하고 있던 시대가 유신 시대였습니다. 그때 막걸리 마시다가 말 한마디 잘못하면 반공법과 국가보안법으로 해서 다 잡아가는 시대였습니다. 그 시대 속에서 바로 가장 나이 어리고 연약했던 여성 노동자로 구성된 YH노동자들이 자신들의 임금과 퇴직금을 떼어먹고 미국으로 달아난 그 YH가요? 사장 이름이에요. 장용호입니다. 용호라는 이니셜을 따서 YH무역이라고 가발 공장을 만든 겁니다. 특혜 금융 받아서 가발 수출을 전문으로 했습니다. 근데 그놈이 떼어먹고 간 돈을 그래가지고 YH노동자들이 파업을 하고 투쟁을 하는 거죠. 그랬더니 뭐 어떻게 되었어요? 파업 투쟁 쭉 하고 나니까 아무런 해결책이 없는 거예요. 그때 여성 노동자들이 깨달은 겁니다. 아 이 우리의 문제는 단지 사장만의 문제가 아니다, 이런 자본가들을 비호하고 이런 놈들을 미국에 출국할 수 있고 도망갈 수 있도록 비호해 주는 정치권력의 문제임을 깨닫고 이들이 어떻게 하냐면, 전 조합원들이 그 당시에 야당인 신민당사를 점거하게 됩니다. 그 당시에 신민당수가 아시죠? YS, 영삼이. 김영삼. 그래서 그 과정에서 경찰을 투입해서 진압을 하죠. 무리한 진압 과정 속에서 김경숙 열사가 투신을 하고 떨어져서 돌아가시게 됩니다. 지금 모란공원에 모시죠. 그래서 김영삼이가 자책감 속에서 50만 원 내고 비석에 김영삼 50만 원 이렇게 써 있어요. 그 비석 세울 때. 근데 그렇게 된 거거든요. 근데 그 소식이 그 여성 노동자의 투쟁이 전국적으로 소문으로 퍼지면서 어디로 확대되냐면 움츠려 있던 민중들이 이래서는 안 된다, 저런 노동자들이 투쟁하는데 우리도 나서야 된다, 그래서 터진 곳이 어딥니까? 그 시대에 잘 안 살아서 모르십니까? 우린 광주만 기억하고 있는데 사전에 더 심각한 투쟁이 부산 마산이었습니다. 부마항쟁이라고 얘기하는 겁니다. 제가 그때 공교롭게 그 자리에 잠깐 다녔던 적이 있거든요? 근데 그때 막 부산에서 보면 마산에서 데모하면 자판 하시는 분들이 물수건 만들어서 던져 주고 이런 시절이었습니다. 자판에 팔던 떡 그냥 통째로 먹으라고 던져 주고 그거 자기 생업인데 진짜. 그러던 분위기. 근데 그거를 대통령이라는 박정희와 차지철이가 앉아서 한 얘기가 뭐냐면, 차지철이, 각하 부산 마산 지도에서 없애버립시다, 이렇게 얘기한 거예요. 위수령 때리고 이래서 총칼로 밀어 버리면 정리 된다 이런 겁니다. 이걸 바라본 김재규가 더 이상 이들은 통치자나 위정자가 아니고 미치광이였다, 이렇게 얘기하는 거예요. 그래서 죽인 거예요. 그래서 봄날이 와서 어떻게 되었어요? 광주민중항쟁이 일어나는데 그것들을 갖다가 총칼로 갖다가 뒤엎고 온 게 누구예요? 노래도 있잖아요. 전두환, 노태우. 총칼로 짓밟고 들어온 거 아닙니까. 정권을 잡아야 되는데 이제는 총칼로 눌러서는 정권이 안 될 거 같다는 생각이 드는 거죠. 이렇게 저항들이 커지고 국민들의 의식도 높아지고 그래서 어떻게 합니까? 대통령 되기 전에 정리 작업 한 겁니다. 국민을 좀 바보로 만들면 되겠다. 그래서 국민우민화 정책을 실시한 겁니다. 그래서 1982년도에 된 조치들이 많아요. 1982년 1월 5일 날 한 게 뭐죠? 제 생일이기 때문에 저는 뚜렷이 기억을 합니다. 그때 통행금지가 해제되었습니다. 우리나라에. 젊은이들은 통행금지 잘 모르죠? 12시부터 4시까지 그 통행금지가 그때 해제되었습니다. 근데 그게 말이 안 되는 게요. 전두환은 코 흘리는 어린애의 돈까지 남북 대치 상황과 이 문제를 가지고 평화의 댐을 가지고 정권 말기까지 울궈 먹고 간 놈이에요. 그 사기라는 거 다 밝혀졌죠? 평화의 댐. 어떤 분이 한 번 찾아와서 그 평화의 댐을 보고 진짜 손해배상 청구를 할 게 없냐고 이렇게 물어봤는데. 자기가 일곱 살 때 그 아끼던 돼지 저금통을 갖다가 방송에 한 번 나오려고 평화의 댐에 갖다 바쳤다고 그러던데. 그런 거거든. 근데 남북 대치 상황에서 어떻게 통행금지를 1982년 1월 5일날 해제시키냐는 거예요. 지하경제 활성화를 위해서 그러는 겁니다. 폭탄주 문화를 활성화시키고. 군대에만 있던 문화가. 그리고 1980년대 뭐 만들었어요? 프로야구. 프로야구 1982년도가 원년이죠? 그리고 전두환 정권부터 홍역 마마보다 더 무서운 불법 비디오가 판치기 시작하는 거죠. 여러분 그 1980년대 이후 세대들은 그런 우민화 세대 속에서 자라온 거예요. 왜 요즘 젊은 세대들이 옛날 386세대보다 의식이 없고 왜 개인주의가 심하냐? 그 개인들의 책임만이 아닌 겁니다. 국가가 정책을 이렇게 했거든요. 그러니까 노동자는 일이나 해서 월급이나 받아먹고 살아. 너희들은 무슨 정치, 경제, 사회, 왜 관심을 갖는데. 이렇게 얘기를 하는 겁니다. 그러면서 뭐예요? 제 역할을 하자. 군인은 나라를 지키고 노동자는 일만 쎄빠지게 하고 학생은 공부만 하고. 그러면 정치인은 뭐하는데? 다 해쳐 먹는 거죠. 그죠? 자기 일하느라 정신없을 때 정치인들 다 해쳐 먹는. 검찰이 오늘 발표했잖아요. 어저께군요. 해도 해도 너무한다. 조사하다 보니까 선거 자금으로 쓴 거 이런 것들은 자기네도 이해를 하겠다. 정치 후원금 받아서. 근데 그 돈 가지고 외국에서 집 사놓고 정치 후원금 받아 가지고 외국에서 집 사놓고 부동산 투기하고 이 새끼들이 뭐라 그러냐 하면 너 그거 받아먹었지 그랬더니, 나 떳떳하게 정치 후원금 받아서 영수증 발부했다, 이렇게 얘기하는 거야. 들으셨어요? 그거 조사하겠다니까 국회가 냉각 기류예요. 난리가 났어요, 지금. 아니 어떻게 나 뭐 직장 생활했고 뭐 했고 했다는 사람이 저는 한 20년 30년 직장 생활 하고 사회에서 일했다, 공직생활 했다, 이런 사람 10억 정도 있다 하면 인정할 만하다. 집하고 뭐 자산 해서. 성실하게 살았으면 그 정도는 모아야지, 하고 인정해요. 근데 아니 월급쟁이로 그것도 사기업도 아니고 공무원으로 이렇게 하는 사람이 재산이 150억이 어디서 나와요? 진짜 재주, 그런 사람은 사실 국회의원으로 보낼 게 아니고 재테크 강사로 초빙을 해 갖고 돌아다니면서 얘기하게 해야 되는 거예요. 나는 공직 생활 20년 만에 150억을 어떻게 모았는지, 발표해야 되는 거예요. 이런 사회 속에서 살고 있는 겁니다. 그래서 전두환이가 의도했던 거 국민 우민화 정책이 있었는데. 노동자는 이거 가지고 안 될 거라고 생각했거든요. 그래서 한 게 뭐냐면 일본에서만 유일하게 하고 있던 기업별 노조인 겁니다. 기업 내부에 노동자의 의식을 묶어 두기 위해서. 그래서 노동조합을 바라보는 시각이 뭐냐면, 그 노동자들은 우리 노조, 회사가 잘돼야 임금 나오고 기업별 노조니까 뭐라 그래요? 회사 있어야 노조가 있지. 이게 통하는 거예요.

그러면 여러분 거꾸로 얘기해 봅시다. 서구에 노동조합의 역사가 산별노조가 150년 130년 역사를 가진 노조가 있어요. 그 노조가 교섭을 하는데 독일 같은 경우 기업 평균 연령이 우리나라는 잘 모르겠는데 팔점 몇 년인가 그런가 봐요. 기업이 만들어졌다가 소멸하는 그 평균 기간이. 근데요. 감히 130년 된 노조 앞에 평균 수명 팔점 몇 년 갖고 있는 기업주가 와서 회사가 있어야 노조가 있지, 이 얘기가 통하겠어요? 여러분? 400만 조합원의 독일금속노조(IG Metall)나 베르디(독일 통합서비스노조 ver.di)라는 300만 노조에서, 300만 명이 조합원으로 있는 노조예요. 거기서 기업이 있어야 노조가 있죠, 이러면 뭐라고 하겠어요. 너희 같은 놈들 백 개가 무너져도 노조는 끄떡없다, 이렇게 얘기하는 거죠. 근데 이 이데올로기가 통하는 거예요, 기업별 노조에서는. 나 데이콤노조이니까 데이콤이 있으니까 데이콤노조가 있겠지, 이렇게 되는. 이런 의식의 문제라는 거죠. 그 다음에 임금교섭하면 아, 회사로부터 돈 지급받으니까 임금근로조건 따 주겠지, 정작 어려워지면 회사가 진짜 매출이 반 토막이 나고 수익이 없으면 노조가 대책이 없잖아요. 고용 문제에 있어서 사실은. 이게 기업별 노조의 한계인 거거든요. 그래서 이런 부분들을 극복해야 된다. 그렇게 하려면 기업별 노조 체계들을 바꿔야 된다.

그래서 산별 되면 뭐가 더 좋아집니까? 장기적으로 좋아지겠죠. 근데 기업별 노조를 해 왔던 페이라든가, 이걸 고쳐 나가는 과정 속에서는 더 어려운 과정을 겪을 수도 있습니다. 그러나 우리는 이제 노동자로 살려고 하면 얘네들이 묶어 놓고 있는 그러니까 우리는 연금 문제 열 받아도 그거 내가 해결할 거 아닌데, 우리 노조가 어떻게 해결해, 민주노총이나 어떻게 해결해 보지, 근데 민주노총이라는 것도 뭐냐 하면 여기 있는 동지들이 없으면 민주노총 아무것도 없는 거거든요. 껍데기인 거거든. 그런 의식이 다 어디서 나오는 거냐면, 기업별 노조에서 나오는 거예요. 의료보험 문제, 세금의 문제, 그 다음에 노동자들이 결국에 궁극적인 정치세력화의 문제, 이런 것들이 다 그런 문제라는 겁니다. 그래서 기업별 노조에서는 이 비정규직 노조 문제도 해결되지 않습니다. 이런 문제가 우리의 상존한 문제라 말씀드린 거고요. 그리고 이제 비정규직에 대한 문제입니다. 800만에 달하는. 그리고 낮은 정치의식 이런. 그리고 사실은 조직력이 12프로밖에 안 된다고 하는데요. 웬만한 30인 이상의 노동조합 이런 데 기업 같은 경우는 노조 다 있어요, 여러분. 없는 데가 없어요. 근데 그럼 왜 조직률이 낮냐? 마찌꼬바에서 일하는, 서너 명이 일하는 노조, 그리고 비정규직들, 이 사람들이 노조를 못 만들기 때문에 그렇습니다. 지금 현재. 저렇게 많은 숫자, 800만. 마찌꼬바의 문제. 그런 것들에 대해서 이제 우리가 관심을 갖지 않으면 우리가 상당히 어려운 지경에 빠질 수밖에 없는 거다.

그래서 연맹은 지금까지 말씀드린 부분들에 대해서 이제는 좀 바꾸어 나가야 되겠다는 생각을 갖고 있습니다. 이런 교육을 통해서도 뭘 하겠다는 게 아니고 우리의 문제점들을 정확히 짚고 해결 방안을 만들어 가자는 겁니다. 그래서 첫째 어떤 것들을 해야 되느냐. 쭉 문제가 이 사회를 만들었잖아요. 우리 힘을 키워야 합니다. 그러려면 뭐를 해야 되냐면 산별노조를 건설해야 합니다. 산별노조를.

그런데 산별노조를 건설하는데 그냥 만드냐? 그럼 데이콤노조는 통신 산별을 만들거냐 무슨 산별을 만들까 얘기가 많은데 이제 세의 추세가 독일도 베르디라는 데가 공공 서비스 분야의 노동조합입니다. 이게 통합 과정을 몇 번 거쳤냐면 여덟 번을 거쳤습니다. 그리고 이제는 뭐냐면 1국가 1노조의 얘기까지 하는 추세입니다, 사실은. 산별노조를 뛰어넘어서 한 국가에 하나의 노조만 있으면 된다. 왜? 그게 왜 그러냐면 예전에는 산업별로 정책이나 노동정책이 달랐는데요. 요즘 이 신자유주의 체제 속에서는 어떤 산업에 종사하든가 간에 똑같은 겁니다. 똑같은 정책들이 펼쳐 오기 때문에 제조업에 해당하는 거나, 공공서비스 분야가 해당하는 거나, 다르지가 않아요 사실은. 그래서 1국가 1노조 얘기까지 나오고 있는 겁니다. 근데 그거는 내가 보기에는 너무 심한 얘기인 거고요. 그럼 지금 우리는 어떻게 가야 되는냐? 전 세계적인 추세에 맞춰서 공공서비스의 일하는 노동자들이 하나로 뭉치는 체제가 되어야 한다. 통신, 운수, 전력, 교육 의료. 뭐 기타 더 많겠죠. 이런 데 사회복지, 이런 데에 일하는 노동자들이 전부 하나로 뭉쳐서 이 땅에 공공서비스가 사적 영역에 의해서 보편적 서비스 의무를 잃고 그리고 이 민중들에게 고통으로 다가가는 이런 부분들을 막는 데 주력해야 되는 부분들이 있는 겁니다. 이게 공공서비스 분야에서 일하고 있는 이게 민간이, 민간 회사든 아니면 국가기관이든 그거에 관계없이 우리가 제공하는 통신 서비스라는 건 분명히 공공서비스인 겁니다. 그렇죠? 예? 보편적 서비스의 의무가 있는 거고. 그런 부분들 속에서 사실은 공공서비스 분야의 노동자들의 같이 뭉칠 수 있어야 된다. 그래서 연맹은 2006년까지 공공대산별 노조를 건설하자. 그럼 뭐 갖고 할 건데. 이 산별 노조의 요구의 목표는 공공성 강화. 아까 말씀드렸죠? 우리가 할 수 있는 모든 영역이라는 게 있을 때 이렇게 되어 있다면 지금은 이런 부분과 그 다음에 사유화의 부분들이 있습니다. 이 부분들을 계속 공격적으로 내놓으라고 하고 있는 겁니다. 물도 내놓고 철도도 내놓고 의료도 내놓고 교육도 내놓으라고. 그러나 우리는 이 부분을 더 강화시켜야 한다. 그럴 때만이 이 사회가 뭐냐면 바로 더불어 사는 사회가 되는 겁니다. 아파서 죽지 않고 아프고 그 다음에 배고프고 이런데 돈이 없어서 죽는 그런 세상은 안 만들어야 된다는 거죠, 최소한. 최소한의 것을 누려 가면서 그리고 경쟁을 하든 서로 간의 자기 이득을 취하든 그 다음에서 할 수 있는 세상을 만들어 가야 되는 부분이 필요하다.

그 다음에 비정규직. 그래서 연맹에서 비정규직 문제를 어떻게 해결할까 데이콤노조도 고민 많이 하시지만 비정규직 문제 정규직 노조에서 잘 해결이 안 돼요. 거의 계급처럼 막 갈등이 일어나고 있기 때문에. 그래서 지금 추진하는 거는 비정규직을 조직화할 수 있는 조직 활동가들을 양성해서 비정규직 노조를 만들려고 하는 거예요. 전국 단위의. 근데 비정규직의 문제가 뭐냐면 노조 만들었다고 그러면 그 다음날로 해고거든요? 계약 해지. 그래서 싸울 버틸 여력이. 그래서 뭐가 필요하냐면 돈이 필요한 겁니다. 그래서 연맹에서는 이번에 임금 인상하면 인상분의 1퍼센트 정도는, 전체 임금이 아닙니다. 인상하는 부분의 1퍼센트 정도는 비정규직의 몫도 있는 거 아니냐, 그것들을 임금 투쟁 끝나면 각출해서 연맹에 비정규직 기금으로 해서 이것들을 바탕으로 해서 비정규직 노조 건설하고 비정규직 사업들을 진행 가자, 이런 결의가 돼야 되겠습니다. 데이콤노조도 임금 협상이 인상이 될지는 잘 모르겠지만 끝나면 조금이라도 되면 보내리라고 생각하고 있는데요. 이렇게 생각하고 있는 거예요, 지금. 이렇게 추진하고 있고. 산별노조 가운데서 이런 공공성 강화의 문제들을 하나하나 요구하고 투쟁해 나갈 생각인 겁니다.

그리고 이제 여기에 우리 얘기하는 정치세력화의 문제. 정치세력화, 데이콤노조가 굉장히 모범적으로 하는 조직이기 때문에 제가 자세히 설명 안 드리겠습니다. 당원들도 많고요. 근데 실제로 저는 뭐 결론으로 얘기하면 정치의 문제는 실천이라고 생각합니다. 실천. 우리 말로는요? 우리 여기 계신 간부님뿐만 아니고 현장의 조합원들도 다 정치 9단이에요, 말로는. 술자리 가보세요. 우리나라 노동자들이요. 술자리만 갔다 그러면 대통령도 친구고 거의. 자기보다 나이 이삼십년 먹은 사람도 정치인이면 개예요, 개. 그 자식. 걔 그런 놈이야. 들었다 놨다 다 합니다. 근데 왜 선거만 치르면 그렇게 평상시에 욕하는 놈도 똑같은 놈들만 찍어 주고 오냐는 거야. 이게 뭐냐면 노동자 의식에 의한 투표를 못하는 거거든. 민주주의가 뭔지 잘 모르는 거예요. 왜? 옛날 사지선다 오지선다에 정답 찍는 것만 익숙해져 가지고. 여러분 선거는요. 선거에 투표 행위는 시험 보는 거 아닙니다. 근데 뭐예요? 지난번에 뽑았는데 난 찍은 놈들이 꼭 떨어지더라 이렇게 얘기하세요. 어떤 놈이 될 건데? 민주주의 체제의 선거라는 건 우리 교육을 잘못 받아서 그래요. 자기가 지지하는 사람들 그래서 정책 선거하라는 게 그거잖아요. 나와 생각이 같은 사람을 찍어 줘야 되는 겁니다. 그래야 이 사회를 구성하고 있는 사람이, 아 이렇게 생각하는 사람은 10프로, 저렇게 생각하는 40프로. 이걸 가지고 이후에 정치를 해 나가는 거예요. 그래서 대통령은 과반수로 뽑지 않는 거예요. 과반수 아니죠? 다수 득표로 뽑죠? 그렇게 뽑는 거라니까. 민주주의를 배워 봤어야지, 학교에서. 그러니까 뭐예요. 맨날 시험문제 풀듯이, 야 누가 맞는 거야? 정답이 어디 있어요. 자기 소신대로 하는 거죠. 내가 노동자고 내가 노동자로서 이 사회를 살아가는데 올바른 정책과 나한테 맞는 정책을 내놓는 후보가 있다면 찍으면 되는 거잖아요. 뭘 눈치를 봅니까 사실은. 그래서 투표는 혼자 들어가기 때문에 강요할 수 없습니다.

그리고 깨끗한 정치 원합니까? 여러분? 실천해야 되고 투자하셔야 돼요, 투자. 여러분 김문수라는 사람 아십니까? 김문수 의원. 인천 쪽에 노동운동의 대부였습니다, 대부. 우리 선배들이고. 제가 거기 후원회 하는데 오라고 하는데 안 갔는데. 배신자이기 때문에. 보수정당으로 갔잖아요. 근데 김문수가 뭐라고 그러냐면 한나라당 가 있죠 지금? 뭐라 그러냐면 야, 내가 배신한 게 아니라 너희가 나를 버렸다, 이렇게 얘기하거든. 그렇게 헌신적으로 투쟁하고 운동하고 그랬는데 보수정당에서 야 이제 와라 그만 고생하고. 근데 활동비는커녕 생계도 안 되도록 내팽겨쳐 두는데 뭐 어떻게 하라는 거냐, 이렇게. 그렇죠? 그러면 그 사람한테 두 가지를 택하라는 거예요. 왜? 돈 많은 놈들이 봉투 줄 때 그거 받던

가. 그래 가지고 정치할 때 거기에 맨날 매여 갖고 정치자금이 거기서 나오니까. 그렇게 살던가. 아니면 그쪽에 투항하고 들어가던가. 이렇게 얘기하는 거죠. 여러분들이 진정으로 정치의 개혁을 원하고 그리고 노동자들이 주인 되는 세상의 정치를 원한다면 실천이 필요한 겁니다. 생각해 보세요. 우리 연맹에 심재옥 서울시 의원 하나 냈는데. 그 활동비나 임금이 여러분이 내는 조합비에서 나옵니다. 그러니까 새벽 2시든 3시든, 물론 뭐 또 꼭 돈을 받아서 그런 건 아니지만, 노동자들 투쟁이나 뭐 문제 있나 시위와 관계된 거 있다 그러면 가서 싸우고, 101명의 시의원 중에서 1명이 민주노동당이에요. 품행, 시의원의 품위를 손상시킨다고 의원들이 결의해서 두 번 경고했습니다. 뭐 하는지 하세요? 장애인들이 장애인 이동권 확보해달라고 휠체어를 타고 들어가는데 경리들하고 경비들 동원해서 시위의 방청을 제한했습니다. 못 들어오게 했어요. 이게 말이 되는 겁니까? 여러분? 시민들이 다 할 수 있는 건데? 서울 시민들이. 그런데 그걸 갖다가 시의원인 심재옥 의원이 말도 안 되는 거고 당연히 이 사람들 볼 권리가 있다. 당사자들이고. 그 안건을 심의하는 거거든요. 장애인 이동권 문제. 저상 버스 문제나 이런 거. 그래 가지고 거기서 싸우는데 이 의원이 경비들한테 끌려나가 가지고 옷이 다 찢어져 가지고 밖으로 끌려 나가는 그런 사태가 벌어지는 거거든요. 그나마 서울시에도 전국적으로 민주노동당 의원들 한 다음에 많이 변화하고 있다. 막 이런 얘기들이, 열심히 한다, 이런 평가를 받고 있는 거거든요. 근데 그런 거예요. 정치자금을 많은 돈을 내라는 게 아니고 진짜 뭐냐면 1000원, 5000원씩 거둬서, 자 열심히 해라 그리고 중립성을 잊지 말고 너 의원 됐다고 까불면 그때부터 정치자금 땡이고 죽어 너, 이렇게 해야 변절자가 안 생기고 나쁜 놈 안 생기는 거죠. 그들을 욕하려면 진짜 노동자로서 또 아까 얘기했잖아요. 기득권층이라고 여긴. 기득권층의 노동자로서 그 문제에 우리는 얼마큼 실천했는가 고민해 봐야 한다. 이번에 내년 총선이 있습니다. 비례대표제 하면서 이번에 의석 몇 개 좀 쟁취할 거 같아요. 근데 그러면 뭐가 필요해요, 사실은. 선거하는데. 돈밖에 없어요 또. 돈 그리고 여러분들이 표를 찍어 주고 선거운동에 같이 해주는 거 이런 거예요. 여러분 것만 돈만 내는 게 아니고 조합원들한테 이렇게 중요한 거다, 너 친척이 출마했기 때문에 표를 못 준다 그래도, 이쪽에 후원금이라도 좀 내고 해라. 이렇게. 저는 민주노동당, 딴 거 자랑할 거 없다고 봅니다. 노동자

중심성이 있다는 것과 두 번째는 뭐냐면 당원들의 당비로써 운영되고 노동자들의 후원금으로써 정치후원금으로써 정치를 하는 것이라는. 누구를 위해서 일하겠습니까. 재벌로부터 돈 받는 정당과 다르다는 것은 분명하다. 여러 가지 얘기할 수 있겠지만 핵심적으로 저는 그런 부분들 속에서 공감했으면 좋겠습니다. 여러분들 연맹에 이런 사업들을 단기간에 할 수 있는 건 아닙니다. 금년부터 추진하면서 금년 하반기부터 추진하면서 내년 말 임기까지 꾸준히 하고 그 이후에도 이런 것들이 유지되고 진행되어서 2000년도에 대산별을 만들면서 산별노조를 건설하고 이 사회의 공공성과 비정규직의 문제 그리고 정치세력화의 문제들을 풀어 나가는 이게 연맹의 사업입니다.

금년에 아주 중요한 투쟁이 있습니다. 18일 날 집회도 공공연대, 공공 부문에 있는 노동자가 모여서 정권을 규탄하고 철도의 공권력 침탈이라든가 협의 사항 불이행 부분에 대해서 좀 규탄하는 집회를 여는데요. 민주노총 차원에서 11월 9일 날 전국노동자대회를 할려고 합니다. 근데 이번에는 뻥치지 말고 진짜 10만 명을 하자, 이렇게 얘기하고 있습니다. 그래서 조합원들이 진짜 이제 우리들이 이렇게 자꾸 위축되고 그래도 이번에 민주노총이 총파업, 총파업 이거 하지 말자 그랬어요. 제가 회의 때가서 그랬습니다. 그래서 총파업은 유보시켜 놓고 있는 겁니다. 노동자대회라도 하나 제대로 해보자. 그래서 노동자대회 요구라는 게 다섯 가지입니다.

첫째는 비정규직 철폐, 이번에 입법안이 올라갑니다. 비정규직 보호입법안. 그러니까 비정규직 문제는 이렇게 하는 부분들도 있지만 법을 만들어서 보호해 주는 부분들도 있거든요. 근데 그거 아주 안이 안 좋아요. 그래서 그 부분에 대한 것들 고치라는 거고.

두 번째는 국민연금 개악 문제. 이 문제 저지하는 문제. 여러분들 내년에 당장 4.5퍼센트 떼던 걸 갖다가 8퍼센트씩 급여에서 공제하고 나면 그때 가서 열 받지 마시고 지금 쉬울 때 투쟁해야 됩니다. 법안 논의 할 때. 그 문제하고. 아마 10만 정도 모으면 국민연금 문제는 정부가 후퇴하지 않을까 생각해요, 저도.

그 다음에 세 번째로는 지금 노동3권 보장 문제, 직권중재의 문제라든가 이 철폐 문제들. 이 문제입니다.

네 번째는 여러분 아시다시피 반전, 파병 반대 문제. 여러분 이라크에 전쟁 우리가 치르고 나서 한반도는 전쟁하며 안 된다. 이건 진짜 나쁜 새끼들인 겁니다. 여러분. 그렇죠? 우리 하면 안 돼요. 전쟁에 개입하면 안 되는 겁니다. 가장 전쟁 위험이 높은 한반도에 사는 사람들이 남의 전쟁 가서 기웃거리면 우리 전쟁 나는 거라는 거예요. 파병 반대 문제.

그 다음에 WTO 개방 반대.

이 다섯 가지 요구를 가지고 10만 명 모읍니다. 10만 명 모으려면 우리 연맹이 13만 명인데요. 우리는 일요일 날 근무하는 사람들이 많아요. 공공 부문에는. 그래서 실제 우리 전 조합원이 가용할 수 있는 사람을 올 수 있는 사람을 다 동원해 봐야, 한 3만밖에 안됩니다. 근데 그 중에 결의한 게 전 조합원 모아 보자, 이렇게 얘기한 겁니다. 중집위에서 결의했습니다. 전 조합원 대상으로 조직하고 참가 서명 받고 있습니다. 여러분들 그 날 하루 시청 앞 광장에서 한 번 보고요. 그리고 나머지 조합원들 데리고 나와서 이런 것들을 하기 위한 우리의 선언이고 우리의 결의를 다지는 겁니다. 예전처럼 지리하게 연설하는 것들 좀 안 하려고 프로그램도 고민하고 있으니까 동지들 좀 오셔서 노무현 정권에게 그리고 이 땅의 자본가들에게 너희 까불지 마라.

임금 많다고 보셨죠? 5000만 원이랍니다. 평균임금이. 제조업. 말도 안 되는 얘기인데, 사실은. 그런 거에 대해서 우리 연연하지 말고 우리 힘을 좀 보여줄 수 있도록 다 같이 좀 모였으면 좋겠습니다. 현대자동차 6000만 원, 5000만 원 얘기할 때, 저는 진짜 기분이 안 좋았습니다. 왜냐하면 이 사회가 아직 멀었구나. 언론이 떠도는 거의 핵심이 뭐냐면 어떻게 제조업에서 일하는 공돌이가 오육천만 원을 어떻게 받냐, 이렇게 얘기하는 겁니다. 여러분. 제가 사용자 대표들 만났을 때 그런 얘기했어요. 너희 진짜 문제 있는 거 아니냐. 정확히 근거를 얘기를 해라. 오육천만 원이 왜 많은데? 제조업 노동자들이 다 기술자들인데 5000만 원 받으면 안 돼? 너희들 뉘앙스에 깔려 있는 건 이것들이 공돌이가 무슨 5000만 원이야, 그거 아니에요? 여러분? 우리 1987년도에 노동조합 처음 만들어졌을 때 많은 여성 노동 동지들이 그렇게 얘기했습니다. 노조 만들고 뭐가 좋습니까? 라고 얘기했을 때 한 얘기가, 임금 올라서 이럴 줄 알았는데 뭐라고 얘기했어요? 내 이름을 되찾은 게 제일 좋았다. 지위고하를 막론하고 여자면 미스 리, 미스 김, 김양, 이양, 그때 그렇게 불렀어요. 제가 입사했을 때. 노동조합 딱 만들어지고 본때를 보여주니까 그렇게 방방 뜨던 인간들이, 아 누구누구 씨 이러고. 여기 혜택 받고 있는 겁니다. 15년 전에 동지들의 투쟁으로. 남자들도 마찬가지예요. 현대중공업의 노동자들이 두발 자유화를 얘기하면서 1987년도에 투쟁. 이게 무슨 고등학생입니까? 여러분 인간답게 살겠다, 이게 그런 겁니다.

그래서 여러분들 마지막으로 하는 얘기 우리 의식을 제대로 생각해야 됩니다. 아니 받을 수 있어요. 만불 시대가 뭐예요. 삼인 가족이면 삼천육백 벌어야 되는 거죠? 만불 시대가. 2만불 시대 얘기하면 평균인 가정이 육천사백 벌어야 되는 거죠? 맞죠? 뭐가 문제인데요? 오천 버는 게? 그것도 제대로 벌어요? 연봉은 이천오백이고 나머지는 다 뭐로 버는 거냐면 365일 중에 360일을 출근했습니다. 하루에 12시간씩 노동하고요. 그래서 제가 울산 갔을 때 물어 봤어요 미쳤냐고. 그랬더니 한 친구가 뭐라고 하냐면 우린 미쳤습니다. 이렇게 얘기해요. 왜요? IMF 때 현대자동차가 정리해고 싸움했는데 노동조합이 패배하는 걸 봤어요. 그때 그 노동자들의 마음속에 든 게 뭐냐면 사측도 못 믿겠다. 노조도 못 믿겠다. 오로지 믿을 수 있는 건 내 몸뚱어리 하나다. 악착같이 일해서 잘릴 때 잘리더라도 그 전까지 받을 수 있는 만큼 다 받아서 그 다음에 대책을 세우겠다는 겁니다. 제가 그때 교육가서 한 얘기가 뭐냐면 그러기 전에 먼저 죽을 거다, 이렇게 얘기했습니다. 예, 오늘 이 얘기를 끝으로 오늘 얘기를 모두 마치도록 하겠습니다.

길눈이

2008년 4월 27일, 윤영근과 이혜정의 결혼식에서의 주례사

신랑 윤영근 군과 신부 이혜정 양의 혼인 잔치에 함께하신 양가 친지와 하객 여러분께 양가를 대신하여 감사의 말씀을 올립니다.

새로운 가정을 이루는 두 사람은 노동조합을 통해 동지로 만나, 이제 혼례까지 치러 부부로 맺어지게 되었습니다. 예부터 혼인을 해야 어른 대접을 했는데, 이는 혼인의 의미가 두 사람이 의존적인 삶에서 독립적인 삶을 선언하는 것이며, 두 사람이 부모의 휘하를 떠나 합심하여 개인이 아닌 사회적 책임을 지는 공적 존재가 된다는 것입니다.

이제 두 사람이 함께 어떤 가정을 꾸려야 할지를 당부하고자 합니다.

먼저 평등한 가정입니다. 평등은 물질적인 것을 나누고 가사노동을 분담하는 것에 있는 것이 아니라 서로를 이해하고 존중하는 데 있는 것입니다. 그러기 위해서는 무엇보다도 대화해야 합니다. 왜냐면 대화를 해야 상대방이 무슨 생각을 하는지 알고 이해할 수 있기 때문입니다.

제가 아는 어느 부부는 TV 채널을 놓고 다투다가 남편이 나가서 TV 한 대를 더 사와 각자 보더니 결국 1년 만에 파경을 맞고 말았습니다. 물질의 풍요 속에 정서적인 결핍을 겪는 가정을 만들지 않으려면 충분한 대화와 이해가 선행되어야 함을 잊지 마시기 바랍니다.

둘째로는 '내'가 아닌 '우리'를, '우리'를 넘어 '전체 사회'를 생각하고 행동하는 가정을 만드시기 바랍니다. 바로 그것이 공동체의 정신일 것입니다. 나만을 생각하는 생활을 누린다면 두 사람도 행복하기 쉽지 않을 것입니다. 아울러 두 사람만 생각한다면 그 또한 행복한 사회를 만들지는 못할 것입니다. 우리 시대

의 위기는 개인의 탐욕과 과도한 축적에서 발생한 것입니다. 함께 살아가는 공동체의 정신으로 가정을 꾸려 이 사회의 귀감을 만들어야 할 것입니다.

셋째, 역사의 발전이 이기주의와 이타주의의 싸움 속에서 이루어져 왔음을 인식하고 남을 먼저 생각하고 이 사회의 바람직한 모습을 위해 실천하는 가정을 꾸리시기 바랍니다. 이제 두 사람의 앞날은 순탄치만은 않을 것입니다. 기쁜 일도 슬픈 일도 많은 일들이 있을 것입니다. 서로 사랑하니 달콤한 삶도 있겠지만 두 집안이 새롭게 만났으니 차이와 갈등도 존재할 것입니다. 이럴 때마다 남을 먼저 생각하는 이타주의로 극복한다면 행복한 가정을 이룰 수 있을 것입니다.

마지막으로 두 사람의 사랑으로 자녀를 낳게 될 건데, 자녀는 소유물이 아님을 명심하시기 바랍니다. 소중한 두 분의 자녀는 태어나는 순간 독립적인 인격체이며 이 사회의 구성원입니다. 또한 자녀는 본인들의 자화상입니다. 자녀가 속을 썩이면 화를 낼 것이 아니라. 아 나의 모습이 저랬구나, 나의 부모님이 얼마나 속을 끓이셨을까 생각하시고 자신의 모습들을 되돌아 보셔야 할 것입니다.

자녀를 키우는데 독불장군이나 독재자로 키우지 마시기 바랍니다. 그러한 버르장머리 없는 아이들은 자녀를 자신의 소유물로 내 것으로 생각하는 부모들의 욕심이 만들어 낸 현상입니다. 두 사람이 이렇게 훌륭한 사회인으로 성장했듯이 두 분의 자녀도 훌륭한 사회인으로 키우시기 바랍니다.

두 사람의 행복한 가정을 위한 첫 출발을 여기 모이신 여러 하객 분들과 함께 축하하며 당부의 말을 마칠까 합니다. 감사합니다.

노동운동사로 본 노동권의 현주소

한국 근현대사 노동자 투쟁, 그 오래된 미래

광복 70주년을 맞은 2015년 8월 도심 곳곳에 태극기가 휘날렸다. 박근혜 대통령은 광복절 축사에서 광복 후 한국 현대사를 경제 도약의 역사로 정리했다. 애국과 국민 통합, 경제성장을 강조하는 기념행사가 잇따랐다. 그러면서 호명되지 못한 존재가 있다. 바로 노동자다.
광복 이후 우리나라 국내총생산(GDP)은 3만 1천배 이상 증가했다. 반면 성장의 주축이었던 노동자는 늘 배제됐다. 노조 조직률은 1977년 25.4%에서 지난해 10.3%까지 줄어들었다.
하지만 노동자들은 한국 현대사의 굵직한 변곡점마다 존재를 드러냈다. 〈매일노동뉴스〉는 이승원 노동자역사 한내 사무처장과 박준성 역사학연구소 연구원(노동자교육센터 운영위원)과 함께 노동운동 역사를 돌아보는 광복 70주년 특별 좌담을 마련했다. 사회는 이호동 민주노총 해고자복직투쟁특별위원회 위원장이 맡았다. 특별 좌담은 지난 19일 저녁 서울 마포구 매일노동뉴스 회의실에서 진행됐다. 2015년 8월 24일.
[정리 매일노동뉴스 윤성희 기자 miyu@labortoday.co.kr]

일제강점기·독재정권 치하에도 노동자들이 있었네

사회 : 한국 근현대사에서 나타난 핵심적인 노동자 투쟁은 어떤 게 있나.

박준성 : 1929년 원산 총파업, 해방 직후인 46년 9월 총파업, 87년 7·8·9월 노동자 대투쟁이다. 우리 역사에서 품을 팔고 임금을 받는 '노동자'들이 등장한 것은 조선 후기다. 노조 운동이 본격화된 것은 1919년 3·1운동 이후로 볼 수 있다. 이 시기 노동운동을 집대성하고 1930년대에 펼쳐진 혁명적 노조 운동의 발판이 된 것이 원산총파업이었다. 원산 지역 노동자 거의 전체라고 할 수 있는 3천여 명이 참여해 80여 일간 싸웠다. 하루 8시간 노동, 최저임금 같은 요구가 이때 나왔다. 파업 과정에서 '규찰대'라는 선진적 노동자들의 활동이 돋보였던 반면 개량적·조합주의적

인 지도부의 한계도 드러났다. 식민지시대 노동운동을 종합적으로 이해할 수 있고, 세계 노동운동사에서도 한 자리를 차지하는 투쟁이었다.

식민지 시대 노동운동의 경험은 해방 직후인 1945년 11월 조선노동조합전국평의회(전평) 건설로 이어졌다. 전평이 지도한 게 46년 9월 총파업이다. 철도 노동자들이 먼저 나섰다. 당시 미군정이 월급제를 일급제로 바꾸고 지금처럼 '산업합리화'를 명분으로 철도 노동자 25%를 자르려 했기 때문이다. 35만 명이 참여한 9월 총파업은 10월 인민항쟁의 도화선이 됐다. 노동자 파업을 계기로 민중항쟁이 전개된 의미 있는 사례다.

그리고 70년대부터 이어진 민주노조운동이 전두환 정권 치하를 거쳐 폭발한 것이 87년 7·8·9월 노동자 대투쟁이다. 세 달 동안 3천300건의 쟁의가 발생하고 1천300여개 노조가 만들어졌다. 노동자 대투쟁의 연장선상으로 매년 전국노동자대회가 열리게 됐고 전국노동조합협의회(전노협)가 결성됐다.

사회 : 역사에는 가정이 없다지만, 만약 달리 진행됐다면 한국 사회를 바꿨을 만한 사건도 있나.

이승원 : 1980년 5월 '서울역 회군'이 가장 안타깝다. 당시 사북 탄광 노동자들이 벌인 사북항쟁 등 여러 노조들의 투쟁이 벌어지면서 사회를 바꿀 수 있는 분위기가 고조됐다. 그런데 그때 심재철 당시 서울대 학생회장이 서울역 앞 광장에 모인 10만 대학생 시위대 해산을 결정했다. 작은 사건이었지만 사회 분위기를 반전시킨 사건이었다. 그 일이 아니었다면 신군부 정도는 꺾을 수 있었을 거라고 생각한다.

박준성 : 1945년 9월 총파업과 10월 인민항쟁이 각각 진행됐다는 점이 아쉽다. 이런 일은 80년대에도 반복됐다. 80년 광주항쟁을 계기로 80년대 민주화 운동과 변혁적 노동운동이 전개됐는데, 6월 항쟁과 7·8·9 노동자 대투쟁 역시 분리돼 진행됐다. 6월 항쟁으로 직선제를 쟁취하면서 '대통령만 잘 뽑으면 민주화가 온다'는 분위기 속에 재야 민주정치 세력과 학생 세력은 뒤로 물러났다. 노동자들의 투쟁도 따로 전개됐다. 이게 사회변혁 운동으로 결합됐더라면 하는 아쉬움이 있다. 지금도 생각해봐야 할 문제다.

민주화 시대에도 외면 받는 '노동'

사회 : 현재 한국 사회의 노동권 수준을 평가한다면.

박준성 : 여전히 자신이 노동자라는 인식이 낮은 것 같다. 그러다 보니 노조 활동이나 파업에 우호적이지 않다. 심지어 전태일 열사를 계기로 마석 모란공원에 민족민주열사묘역이 형성됐는데, 여기서도 '노동'이 빠져 있다. 민주나 민족 속에 노동이 흡수되거나 배제된 상징적인 표시 같다.

이승원 : 특수고용직 같은 가장 차별받고 힘든 사람들의 노동 3권이 보장되지 않고 있다. 교사·공무원들은 아직도 노동 3권 쟁취를 걸고 싸운다. 이게 우리 수준 같다. 저변에는 사상 통제와 반 노동 이데올로기가 작동하고 있다.

한내에서 제주 4·3 항쟁 역사 기행을 하면서 받은 질문이 "노동자 단체가 왜 4·3 항쟁을 다루느냐"였다. 민중항쟁과 노동자 투쟁이 다른 역사가 아닌데 이를 분리하는 사고가 매우 팽배하다.

박준성 : 그런 의식 형성에 영향을 미치는 게 학교 교육이다. 90년대까지 국정교과서에는 노동운동에 대한 언급도 없었다. 지금은 일부 교과서에서 원산 총파업이나 전태일 열사의 분신을 다루지만 비중이 턱없이 작다. 보수 세력이 최근 역사 교과서를 다시 장악하려 하는데, 아예 노동운동을 배제하는 방향으로 가려는 것은 아닌지 우려된다.

또 하나, 교사들조차 전국교직원노조(전교조)에 가입하지 않은 경우가 많다. '민족·민주·인간화 교육'이라는 전교조 강령에는 노동이 빠져 있다. 이것도 노동에 대한 우리 사회 의식의 표현 아닐까.

'노조 하기' 군사정권 때보다 지금이 더 어렵다?

사회 : 민주화와 경제성장 속에서도 노조 조직률이 10%대를 못 벗어나고 있다. 노동운동이 답보 내지 후퇴한 이유는 뭘까.

이승원: 전평 관련 기록물을 보면 설립 당시 조합원이 50만 명에 달했다는 내용이 있다. 당시 조직노동자의 25%에 달하는 규모다. 그런데 미군정의 탄

압과 이승만 정권의 반공주의, 한국전쟁을 겪으며 노동자들을 빨갱이로 몰아 숙청하는 '사상적 말살'이 이뤄졌다. 79년 한국노총에서 쓴 『한국 노동운동사』를 보면 대한노총을 '빨갱이인 전평을 깨부수고 자유로운 민주주의에 의거해 설립했다'는 식으로 서술하고 있다.

이 같은 반공주의가 아직도 한국 사회의 상당 부분을 좌우하고 있다. 노조의 투쟁이 조금만 과격해져도 빨갱이가 된다. 지금도 조합원들이 "부모님에게서 앞장서지 말라는 말을 듣는다"고 한다. 그게 조직률의 한계로 이어지고 있는 것이다.

최근에는 복수노조 문제로도 나타난다. 복수노조가 있으면 어떤 정책상을 가진 노조인지를 생각하기에 앞서 과격하냐 아니면 타협주의냐를 따지고 선전하고 있지 않나.

박준성 : 식민지 시대나 군사정권 하에서는 노조 활동을 목숨 걸고 했다고 말하면 "지금은 더 어렵다"는 얘기가 반드시 나온다. (웃음) 자본이 노동자의 일상까지 지배하면서 계급의식보다는 소비자 의식이 커졌다. 그러나 노동운동의 역사를 보면 노동자들이 알아서 노조에 들어오고 노조가 알아서 굴러간 적은 없었다. 생명의 위협을 감수하면서도 노조 활동을 했던 그런 기풍이 저하됐다는 생각이 든다.

이승원 : 자본주의 체제가 공고화되면서 조합원들이 사는 데 노조 가입이 유리한지 아닌지를 매우 계산적으로 생각할 수밖에 없는 사회가 됐다. 노동운동이 노조로서의 의식을 갖고 이를 극복하기보다는 조합원의 경제적 이익이라는 말초적인 문제에 치중하고 있다. 그런 점들도 현재의 문제를 야기했다고 본다.

박준성 : 노조 가입이 내게 불리할 것 같다는 건 "노동운동이 우리 생존과 보다 나은 삶을 담보해 줄 것 같지 않다"는 말이다. 노동운동이 전체 노동자 문제를 등한시했기 때문은 아닐까. 노동운동의 지향 중 하나가 쪽팔리게 살지 말고, 조직된 노동자의 힘으로 사회 전체의 문제를 바꾸자는 것인데, 정말 그런 의지를 가져왔느냐고 물어보면 좀 '쪽팔린다'는 생각이 든다.

이승원 : 노동운동사 교육이 현장에서 점점 소홀해지는 문제도 짚어 볼 필요가

있다. 현장에서 요구하는 교육은 1시간 내지 2시간짜리다. 짧은 시간에 쫓겨 우리 노조는 무슨 투쟁을 했다고 나열하고 끝나는 교육으로는 노동운동에 대한 편견을 깨지 못한다. 노동운동사 교육은 노동자 관점에서 역사를 조망하고, 역사 속에서 나와 노동의 위치를 자리매김하는 것이다. 그런 인식을 세워야 올바른 목표를 갖고 투쟁할 수 있다.

'기억과의 전쟁' 계속되는데 '안 팔리는' 노동운동사

사회 : 두 분 모두 노동운동사 교육과 기록 활동에 몸담고 있다. 답답한 점이 있을 것 같은데.

이승원 : 노조가 역사를 기록으로 남기는 데 너무 인색하다. 한내가 23일로 창립 7주년을 맞는다. 이에 맞춰 사진으로 보는 노동운동사를 기획했다. 그런데 사진을 구하다 보니 아쉬운 점이 많더라. 지금은 해산된 노조에 투쟁 당시 사진을 요청하니까 "사무실 이사 몇 번 하다가 없애 버렸다. 다 끝난 일인데 뭐…"라고 하더라. 현재 활동하는 사람들도 기록 차원에서 인터뷰를 요청하면 거부하는 경우가 많다. "내가 입을 열면 누가 다친다"는 식이다. 치열했던 투쟁을 기록으로 남기고, 서로 이야기를 나누며 비판도 하고 칭찬도 할 수 있어야 하는데….
현실 투쟁이 일단락된 다음부터는 기억과의 전쟁이 시작된다. 기억한다는 것은 자본에 대한 경고이기도 하다. 잊지 않으면 언제든 다시 저항할 수 있다. 노동자들이 역사를 기록하고 기억해야 하는 이유다.

박준성 : 연구자들도 장사가 안 되는 노동운동사 연구를 잘 안 하려 하고, 노동자들도 자기 역사에 무관심하다. 조지 오웰은 역사를 지배하는 세력이 현재와 미래를 지배한다고 했다. 노동자가 역사의 주체라면 당연히 자기 역사를 장악해야 한다. 그 과정에서 노동운동의 의미와 정당성을 이해할 수 있다. 역사는 과거 노동자들이 가졌던 전망을 배우는 것뿐 아니라, 새로운 세상에 대한 전망과 상상력을 자극하는 기제이기도 하다. 그런 측면에서 그저 자료 수집이나 기억 차원을 넘어 노동자들이 스스로 자기 역사 쓰기를 했으면 한다. 87년 노동자 대투쟁 때 100만 명이

참여했다는데, 그 사람들이 당시 투쟁의 경험을 모두 썼다면 지금의 노동운동이 풍부해졌을 것이다.

이승원 : 미래 세대에 현장 교육을 해 줄 곳도 없다. 박정희 기념관 앞에 초등학생들이 줄 서 있는 걸 보고 충격을 받았다. 국내에 역사 관련 전시관이 1천개가 넘는데 노동 관련 전시관은 하나도 없다. 수많은 역사 표지석이 세워지고 있지만 노동과 관련해서는 전태일 동상 외엔 없다. 280여 명의 열사가 있는데도 분신 장소 하나 표시돼 있지 않다. 심지어 태국에도 노동운동 전시관이 있다. 한국은 노동운동 수준에 비해 역사 쪽이 일천하다. 활동가들이 이런 부분에 힘을 모았으면 한다.

박준성 : 지난해 개관한 울산노동역사관 1987에 대해서는 어떻게 생각하나.

이승원 : 사실 개관에 반대했다. 노동운동의 메카라는 울산에서 구청 힘을 빌려 현대자동차 자본이 기부채납한 건물에 전시관을 만든다는 건 좀 그렇지 않나. 울산 북구청 예산 문제로 내년에는 어떻게 운영될지 모른다. 자본이나 권력의 영향에서 벗어나려면 노동자들이 역사관이나 기념관을 만들어 내야 한다고 생각한다.

민주노총이 올해 20주년을 맞아 민주노총사를 쓴다고 한다. 그것도 중요하지만 지금은 민주노총이 민주노조 전체의 역사를 쓸 때가 아닌가 싶다. 노동운동사 관련 자료들은 79년에 나온 『한국 노동운동사』를 토대로 한 것이 많다. 그런데 역사가 왜곡된 부분이 적지 않다. 민주노총은 소위 '돈 안 되는' 노동운동 역사 교육·연구·기록에 평생을 바친 사람들이 객관적으로 역사를 서술할 수 있도록 토대를 만들어 줘야 한다.

"과거 망각은 현실 배신으로 이어진다"

사회 : 우리 사회에 불안정노동, 즉 비정규직이 확산되면서 사회 양극화가 심화하고 있다. 비정규직의 기원은 어디에서 찾을 수 있을까. 해법은 없나.

박준성 : '비정규직'이라는 말이 쓰이게 된 건 90년대부터다. 70~80년대엔 생산직 노동자들이 '공돌이' 혹은 '공순이'로 불렸다. 노동자를 천대하고 비하하는 말이다. 우리 사회에서 그 말이 거의 사라진 시점이 87년 노동

자 대투쟁 때였다. 그런데 이후 비정규직이라는 말이 생겼다. 비정규직의 열악한 처우와 노동자를 낮게 보는 사회 인식이 이 말을 '공돌이'처럼 노동자에 대한 부정적 낙인을 찍는 명칭으로 만들어 버린 것 같다.

이승원 : 결국은 차별 해소와 재원 문제다. 외환위기를 기점으로 한국 사회의 부는 기업과 대학이 모두 가져갔다. 노동운동이 그 돈을 끌어내서 분배하는 투쟁을 해야 한다. 하지만 대기업 노동자들이 그 돈을 '자신이 일해서 번 돈'이라는 착각에 빠져 기업의 울타리를 벗어나지 못하고 있다. 현대차 조합원들도 사내 적립금을 사업장 내 비정규직 임금에 쓰자고 하면 동의하지만, 사회 양극화 해소를 위해 쓰자고 하면 반발한다고 하더라. 그 돈은 다단계 하도급 노동자들과 민중에 대한 착취로 모은 것이다. 노조는 그 돈을 사회에 내놓자고 사용자들과 싸울 수 있어야 한다.

박준성 : 노동운동사 속에서 노동운동의 주요 요구는 노동시간 단축이었다. 긴 투쟁의 성과로 주 5일제 노동이 법제화됐는데 노동자 스스로가 그 성과를 까먹고 있다. 대공장 노조 대의원들이 잔업·특근 확보를 성과라고 생각하고, 조합원들이 이를 지지하지 않나. 노동자가 개인 생활이나 노조 활동을 할 시간을 더 확보하고 일자리 창출 효과도 있다는 점에서 노동시간 단축이 해법이 될 수 있지 않을까.

사회 : 노동권이 제대로 자리 잡기 위해 노동운동이 풀어야 할 과제는 어떤 게 있나.

박준성 : 강조하고픈 것은 노동해방 운동의 복원이다. 1920년대에 건설된 조선노동총연맹의 첫 번째 강령이 "노동자·농민이 해방되는 새로운 사회 건설"이었다. 이후 전평에도 이 지향은 이어졌다. 한국전쟁 때 증발한 줄 알았지만 1990년 전노협의 주요 정신인 '평등사회 앞당기는 노동해방 세상'으로 나타났다.

그런데 이것이 민주노총으로 제대로 수렴되지 못한 것 같다. 지금은 집회 때 묵념에서조차 '노동해방 투쟁에 앞장선 선배 열사들'을 찾지 않는다. 레닌이 "독수리는 닭보다 낮게 날 수 있지만 닭은 독수리처럼 높게 날 수 없다"고 했다. 독수리의 꿈이 없는 한 닭 수준을 벗어나지 못한다.

또 하나, 과거를 기억하지 못하는 것은 현실의 배신을 정당화하는 것이다. 70년대 민주노조운동에서 투쟁의 핵심 의제는 임금이었지만, 임금

못지않게 중요하게 여긴 것이 노동자로서의 자존이었다. 노조 활동을 통해 노동자로서의 자존을 지킬 수 있다는 의식이 지금은 후퇴한 것 같다. 자본주의 사회가 말하는 대로 노동자가 '임금노예'가 될수록 자존과 존엄은 상실되고, 타인에 대한 존중도 약화된다.

이승원 : 노동운동 활동가들이 역사 문제에 힘을 집중해 줬으면 한다. "역사를 모르면 어린아이와 같은 사람"이라는 말이 있다. 자본과 권력이 어떤 거짓말을 해도 그걸 간파하지 못한다는 뜻이다. 현재 활동가들이 역사에 소홀해서는 안 되는 이유다. 이를 바탕으로 사회와 노동자 계급 전체의 문제를 놓고 투쟁에 나서야 한다. 1945년 9월 총파업 때 전평이 인민에 대한 쌀 배급을 주요 요구로 내세웠던 것을 기억했으면 좋겠다.

공공 부문 노동운동사

2014년 11월부터 2016년 3월까지 노동자역사 한내는 〈노동운동사 연속 세미나〉를 열었다. 노동운동의 역사를 바르게 세우기 위해 '스스로 자신들의 역사를 쓰고 강의하는 사람을 키워 보자'는 의도로 시작한 것이다. 노동운동사 강사 과정은 누가 가르치는 것이 아니라 스스로 공부하는 과정이었다. 4개월간 근현대사를 시대별로 나눠 강사들의 가이드에 따라 사전 학습과 분임 토의를 통해 자기 학습을 진행했고, 이후 4개월의 주제별 심화학습 과정을 거쳐 마지막 4개월은 교안 작성 및 교수법을 공부했다. 그리고 자신이 소속한 조직의 조직운동사 교안을 제출하는 것을 기본 수료로 하고 발표회와 평가까지 마쳐야 과정이 완결되도록 했다. 이승원은 이 과정을 수료하고 2016년 1월 "공공 부문 노동운동사"를 시강했다.

제가 할 이야기는 공공 부문 노동운동사인데요. 한 시간 간략하게 얘기를 해 보고 질의응답 시간을 갖도록 하겠습니다.

공공 부문이라는 표현은 사실은 노동조합의 분류 표현으로는 애매모호해요. 우리가 지향하는 게 산업별을 지향하기 때문에 산업별 분류표 어디를 봐도 공공 부문이라는 것은 없습니다.

공공 부문이라는 것은 민간과 대비되는 개념으로 사용하게 시작했고요. 노동조합 조직에서도 공공이라는 것이 과연 '자본의 관계'냐 아니면 '노동의 성격'의 관계냐, 이것 가지고 논쟁이 10년간 지속됐고 조직 변화가 생겼었어요. 그래서 결론적으로 말씀드리면 지금의 공공 부문은 '노동의 성격'입니다. 공공 서비스 분야. 퍼블릭서비스라는 개념으로 조직이 뭉쳐져 있다고 보시면 됩니다. 과거에 10여 년, 90년대 초부터 시작해서 본격적으로 공공 부문 그때는 사실은 자본의 관계, 국가나 공적 기능들이 투자한 부문을 공공 부문이라고 명칭해서 썼습니다.

그래서 민주노총 산하의 공공 부문을 보면 지금은 공공운수노조 한 10만, 15만 조직이 됐죠. 공무원노조 10만 정도, 전교조 6만 되나요 지금? 전교조는 항상 적과 우리에게 조직원을 공개하지 않는 게 원칙이기 때문에. 보건의료노조, 교수노조, 대학노조, 조직을 달리하고 있지만 이게 다 공공 부문이에요. 한국노총에도 많고요. 중간 노조들, 한국노총 민주노총에 소속되지 않은 노조들도 꽤 있습니다.

오늘 애기할 것은 공기업의 분류부터 좀 보고 그다음에 공공 부문 노동운동의 태동과 변천사, 그리고 공노대의 창립과 공공의 성격 논쟁, 공공운수노조의 조직 분석과 운영 구조를 나누어 살펴보도록 하겠습니다.

공기업의 종류를 보면 법률적 기준으로 공기업, 정부투자기관, 정부출자기관, 그리고 출자회사, 정부출연기관, 보조기관, 정부업무위탁기관 이렇게 나뉘어 있습니다. 공기업이라고 하면 일반적으로 정부 투자기관, 출자기관, 출자회사를 통칭해서 공기업이라고 하는 거고요. 공기업은 국가 또는 지방자치단체가 직접 사회 공공의 이익을 취하여 스스로 경영하여 수익성을 갖는 비권력적인 관리 작용의 사업을 말한다. 법률적 정의 그대롭니다. 어려워서 모르겠어요 저도. 그래서 국가 또는 지방자치단체가 주체인 기업을 사기업과 공기업으로 구별해서 쓰는 거고 공공의 이익을 위해서 설립한 기업이라고 보시면 됩니다. 그리고 국가가 수익성을 위해서 하는 전매사업, 담배인삼공사나 이런 기업으로는 공기업이라는 명칭을 잘 안 써요. 이거는 공익적인 목적보다는 수익을 목적으로 하는 것이라. 요즘 담배 사업 같은 경우는 정부가 말하길 수익 사업을 위해서 하는 게 아니고 우리는 국민 건강을 위해서 한다. 우리가 통제를 안 하면 국민의 건강은 전부 형편없어질 거다, 이런 말도 안 되는 소리를 붙이고 있는 거죠.

그 다음 공기업의 종류를 두 가지로 구분하는데, 한 가지는 경영 주체에 따라서 국영공기업이냐 공영기업이냐 이렇게 나누고 있는 거고요. 조직 형태에 따라서 정부기업형 공기업, 공사형 공기업, 또 주식회사형 공기업, 이렇게 나눠지고 있습니다. 사례는 자료 보시면 될 것 같고요. 우리가 제일 많이 쓰는 거죠, 투자기관. 투자기관은 정부가 자본금의 50퍼센트 이상을 가진 것을 말합니다. 그리고 출자기관은 50퍼센트 미만을 출자기업들이라고 하고요. 그 다음에 출자회사는 정부 출자기관이나 투자기관이 다시 출자해서 만든 회사들. 옛날에 출자회사란 표현을 안 쓰고 정부재투자기관 이런 표현을 썼습니다. 그 다음에 정부출연기관이라 함은 법률에 따라서 정부가 운영비와 사업비를 대주는 기관입니다. 그 대표적인 게 연구기관들인 거죠. 과학기술이라든가 이런 것들인 거고요. 그 다음에 이제 철도시설공단이나 이런 보조기관은 보조금의 예산 및 관리에 관한 법률에 의해서 설립된 것들입니다. 쉽게 이해하려면 교통안전공단, 이런 기관은 공기업이긴 한데 보조기관이라고 해요. 이건 출자투자가 아니고 그냥 예산지원해서 공익적 사업만을 하도록 하는 것들.

서울지하철은 서울시가 운영 주체거든요? 근데 부산지하철은 부산시가 운영 주체가 아니고 부산교통공단이라는 거를 만들어서 운영을 하고 있어요. 그래서 지하철도 지역에 따라서 주체가 다른 부분들이 좀 있습니다. 정부업무위탁기관은 지적공사나 체육진흥공단 같은 거 얘기하는 거고.

이게 이제 자본의 관계에 의한 분류들이고요. 그래서 공기업들 쭉 보면 부처가 다 달라요. 해당 부처가. 그리고 우리나라 정부 부처 중에 산하 투자기관을 안 가지고 있는 데가 없어요. 다 가지고 있어요. 하다못해 석탄공사도 공기업으로 있는 거고. 그리고 오늘 아침에 봤던 대우조선, 이거 법적 성격으로 자본의 성격으로 보면 공기업입니다. 부도 나 가지고 산업은행이 정부 출자하고 있거든요. 근데 실제로 조선업을 가지고 공기업이라고 얘기 안 하는 거죠 지금.

사업의 성격에 따른 분류를 보시면 크게 세 가지로 나눠지고 있는데, 한성 조직, 사회간접자본 부문, 사회복지 부문 이렇게 되어 있습니다. 중앙이나 지방정부, 이거 공무원 조직이죠. 경찰, 사법부, 안보 이런 종사자. 사회간접자본 부분은 대규모 투자 연구개발 사업에 들어가 있는 거. 국민들한테 좀 필수적인 서비스들. 철도, 수도, 전기, 가스, 도로, 우편, 통신, 항만, 연구개발 사업들 이런 것들. 사회복지사업 부분들은 의료, 장애인, 노인, 육아 문제. 그래서 독일 및 프랑스 공공 부문 노조의 조직의 공익사업 정의를 좀 따와 봤습니다. 강수돌 교수가 쓴 책에 있는 건데요. 공익사업의 정의는 항공, 버스, 자동차, 화물, 철도, 천연가스와, 기름의 수송관, 수도관과 같은 지역 내 또는 지역 간 교통 및 수송수단. 그다음 전화 및 전보, 동력, 열, 조명, 수도·위생시설 및 관개시설 및 공동시설을 국민에게 공급하는 활동. 이게 독일과 프랑스의 공공 부문 정의예요. 그리고 우리 노동법에서는 공공, 민간 이렇게 구분하지 않고 일반사업장과 공익사업장으로 구분해서 조정 기간을 차등하고 있습니다. 그래서 사람들이나 노조가 착각하고 가는 경우가 많아요. 노동위원회 갔더니 너희들은 공익사업장인데? 민간사업장인데도 불구하고 공익사업장으로 분류되는 게 많고요. 그리고 특히 통신 같은 경우 전부 다 민영화되어 있죠. 민영화되어 있는 사업장들은 실제 공익사업장으로 분류되어 있습니다. 그래서 가면 조정 기간이 15일의 조정 기간을 주고 있는. 그런데 나는 정부출연기관인데 해서 갔더니 당신은 일반사업장입니다 하는, 이런 데도 있어요. 분류 체계에 따라 다릅니다.

이제 노동운동사를 살펴보겠습니다. 우리나라 초기 공공 부문 노동운동사. 공공 부문 노동사는 1987년 이전까지를 보면 어용의 역사입니다. 물론 잠시 해방 이후 전평 시절에 공공 부문 노동자들이 민주노조에서 활동하던 시기가 있었어요. 제일 먼저 볼 수 있는 게 일제강점기에 철도 노동자들 투쟁인데요. 그때 당시에는 사실 주권이 없는 국가였잖아요. 그래서 뭐 공공 부문 운동이라고 칭하기가 좀 무리가 있는데. 1920년대 보면 교사, 집배원, 철도 운전수, 그 다음에 배우 등이 투쟁이 좀 있었습니다. 근데 파업도 있었지만 그때는 주로 유행했던 투쟁이 동맹 사직이더라고요. 예를 보시면 경남 통영의 유치원 교사 3인이 동맹 사직, 배재학교 교원의 동맹 사직, 순창우체소 집배원 6명 동맹 사직, 장성우편소 동맹파업, 철도운전소 100명 파업, 토월회 소속 배우 파업. 토월회는 설명 안 드려도 잘 아실 거고. 그 다음 평북 신의주 변사 파업. 변사 조직이 힘이 컸던 모양이에요. 영화 그 변사들이 파업도 했다, 이렇게 되겠습니다.

1930년대는 우리 공부한 듯이 혁명적 노동운동 시기입니다. 그래서 비합법이기 때문에 구체적인 사례들이 없고요. 건수가 1,196건, 8,558명이 검거 기록이 있습니다. 이 시기는 공공 부문만의 통계는 아니죠.

그 다음 해방 이후 공공 부문의 노동운동을 주도한 것은 철도, 체신, 전력입니다. 해방 후 1945년 11월 5일 전평이 설립되죠. 철도노조가 전평 설립보다 앞서 11월 2일 설립이 됩니다. 미군정이 대한노총을 만들어서 전평에 대한 탄압을 해서 전평 산하 조직들이 와해되거나 위축되었고요. 대한노총이 미군정 비호 아래 조직 확대를 주력했죠. 철도의 경우는 전평 산하 철도노조를 폭력으로 와해시키고 1946년 5월 12일 대한노총 운수부 경성공장지부 창립을 해서 세를 확산합니다. 『철노 50년사』에는 철도노조 창립기념일이 1946년 5월 12일로 되어 있어요. 그러다가 철도노조가 민주집행부 들어서고 1945년 11월 2일로 바꿨죠. 이게 역사입니다.

근데 철도노조가 정부 수립 이후에 공무원법 제정으로 노조 활동이 금지되었거든요. 그래서 공무원들은 노조 활동을 할 수 없었기 때문에 정부가 철도노조를 불법화시키고 그다음에 현업원, 현장에서 일하시는 노무원을 중심으로 노조를 결성하려고 해요. 이게 참 역사적으로 웃긴 건데 이승만이 얼마나 초법적으로 놀았냐면 대한노총 간부하고 철도노조 간부들이 이승만 찾아갑니다. 가서, 철도노조가 반공과 빨갱이 잡는데 혁혁한 공헌을 했는데, 이 노조를 법으로 금지시키고 있다 이랬더니 이승만이 '반공투사들이 노조를 안 하면 안 되지' 이래서, 1949년도에 담화를 발표해요. 이승만이 1949년 8월 13일 반공에 공헌한 철도노조는 공무원법 공포에도 불구하고 해산되지 않으며 종전과 같이 계속할 수 있다는 담화를 발표합니다. 이 담화문 하나로 철도노조가 존속하게 됩니다. 그리고 바로 철도노조가 2001년 민주화되기까지 한국노총의 어용 중심축으로 활동하게 됩니다.

되게 웃기죠. 이승만이 한 마디 하게 되면 법이 있어도 그냥 무시하고 되는 거야. 전력도 웃긴 케이스죠. 해방 직후에는 철도하고 전기가 한 회사에 있었어요. 부서만 다르고 한 회사에 있었는데 해방 이후에 남쪽에 발전전담회사 두 개 하고 배전회사 한 개가 있었어요. 원래는 전력 그러면 발전, 송전, 배전 이렇게 세 분야로 나누는데 그렇게 회사가 세 개가 있었어요. 1947년 4월 19일 경성전기 운수부 전차과에서 미군이 주도해서 5천 명 그 해당 분야 사람들을 모아 놓고 투표를 시킵니다. 노조 선택하라고 강요해서. 그래서 경전노동조합이 거기서 설립하게 됩니다. 이게 전력노조 어용노조의 시조입니다.

그래서 조선전업노조, 남성전기노조 쭉 설립돼서 분리해서 오다가 5·16 군사쿠데타가 일어나고 박정희가 한 일이 뭐냐면 전력노조를 하나로 묶는 일을 했습니다. 통합 작업을 한 거죠. 독재 세력이 통합을 잘해요. 전두환은 또 우리나라 통신망 통합이라는 거를 하거든요. 그렇게 통합해서 전력노조가 만들어지게 됐는데 전기3사가 통합해서 전력노조가 1961년 8월 21일에 만들어집니다. 여러분 이제 기억하실 거예요. 박정희가 군사쿠데타 이후에 노조들을 해산시키고 어용노조를 만들죠. 거기에 뭐냐면 16개 산별노조를 관제산별로 만드는데 위원장을 정부가 지명하도록 되어 있어요. 한전노조, 전력노조가 자기네가 뽑아서 올렸어요 위원장을. 그랬더니 정부에서 정부 지명자가 아니라는 이유로 노조 설립 허가를 안 냅니다. 그래서 무효가 돼서 다시 9월 22일 재결성대회를 치러서 위원장을 정부 지명자로 해서 어용노조를 만들게 됩니다. 파란만장하죠. 그래서 전력노조는 2000년에 한전 분할하기 전에 전력산업 구조조정을 하기 전까지 전력노조로서 어용으로서도 철도와 함께 한국노총을 중심축을 이루었습니다.

전력은 2000년에 회사가 갈라져요. 발전 5개사와 원자력 하는 한국수력원자력, 이렇게 회사 7개로 갈라지는 겁니다. 그렇기 때문에 지금 어용 세력은 판매를 판매하고 관리를 책임지는 전력노조 거기만 남게 되죠. 발전노조는 그 5개의 회사 노조가 하나로 합쳐서 발전노조라는 걸 만들었고 공공, 민주노총 쪽이 있고요. 한수원은 양쪽 다 가입하지 않고 존재하고 있습니다. 김대중 정권이 민영화 정책의 일환으로 통으로 안 팔리니까 회사를 잘라서 민영화하려고 했는데 민영화를 못한 거죠.

그 다음 체신노조는 이게 우스운데. 체신노조가 없었어요. 한참 없다가 1957년도에 이제 국제운수노련대회에 우리나라 철도노조의 대표들이 가게 되는데요. 그때 국제체신노조 위원장이 한국에서 왔냐, 나 내년에 한국에 방문하게 되는데 거기 체신노조가 있냐, 물어본 거예요. 그랬더니 철도노조 간부들이 거기서 아, 있습니다, 거짓말을 하고 돌아와서 또 이승만한테 간 거죠. 가서, 국제 체신노조 위원장한테 있다고 사기 쳤는데 이거 없으면 큰일입니다, 이랬더니. 이승만이 그 뭐 어려워? 만들어 빨리, 이렇게 해서 만들게 된 거죠. 그래서 고용원만을 해서 만들었고요. 1958년 3월 24일부터 공무원들로 만들어졌기 때문에 그 당시만 해도 공무원이 노동조합 못 만들었는데 현업원이 만들 수 있는 곳이 체신하고 철도였습니다. 이 두 개는 어용으로 존속해 왔어요 쭉. 그러다가 전기통신사업이 발전하면서 1981년도에 전기통신공사가 창립되면서 이제 민간 노조가 만들어지기 시작하는 겁니다. KT노조 한국통신노조가 설립이 되었고요. 1994년도에 유덕상 위원장 시기에 KT노조가 민주화되기 전까지는 대표적인 어용조직이었습니다. 어용조직마다 특징이 있어요. 한국통신노조는 설립 당시부터 1991년까지 10년 동안 최성용이라는 나중에 한국노총 부위원장 그 다음에 여당의 국회의원까지 했는데 이 친구가 대표적인 어용인데, 〈한겨레21〉에 대표적인 기사가 났어요. 뭐였냐면 1980년대 후반기만 해도 공기업을 통제하기 위해서 임금정책을 정부가 어떻게 썼냐면 임금 인상을 3퍼센트로 딱 막으면서 1월

말까지 싸인하면 기본급의 100프로 퇴근 인센티브를 주는 거예요. 싸인을 하루라도 늦게 하면 인센티브를 안 줘요. 그러니까 어용들이 가서 싸인하고 도망가는 거죠. 조합원들도 그렇고 민주파들이 있으니까 도망가는 거죠. 최성용은 어떻게 했냐면 1월 30일날 모처에서 싸인을 하고 바로 김포공항으로 가서 비행기를 타고 가서 일본으로 가면 아카사카(赤坂)라는, 저도 못 가봤는데 유명한 술집촌이 있는 거예요. 대단히 돈 많은 사람들만 가는 곳이라고 그러더라고요. 제가 일본사람들에게 들은 얘기를 해주면 아카사카가 어떤 술집으로 유명하냐면 우리나라 술집처럼 술 마시고 여자들이 앉아서 노는 그런 데가 아니고 오픈된 데서 가라오케 있으면 테이블 여자들이 고정적으로 앉아 있는 게 아니고 접대원들이 돌아간대요, 10분에 한 번씩. 그러니까 얼마나 비싸겠어요. 그 집에 있는 모든 여성 접대원들을 그날 저녁에 다 만나는 술집이니까. 골든벨도 있다고 그러더라고요. 그 최성용이 거시서 놀다가 오는 거예요. 근데 이제 그게 한겨레신문 기자가 그걸 직접 찍었어요. 거기서 놀고 있는 거를. 그래서 그게 〈한겨레21〉에 특집으로 나갔어요. 최성용의 실체, 어용의 실체 이래서. 그게 한국통신 노조민주화가 촉발되는 기사였습니다. 1990년대 초반에 해당하는. 그리고 1994년도에 민주화되었죠.

어용노조들의 공통점이 뭐냐면, 기본적으로 위원장을 뽑을 때 3중 간선제로 뽑아요. 그러니까 조합원들은 자기가 소속된 말단 조직의 대의원을 선출해요. 그러면 그 대의원들이 모여서 지방본부의 대의원들을 뽑아요. 그 지방본부의 대의원들이 본조 대의원으로 파견 나가서 또 거기서 위원장들을 뽑아요. 그러니까 실제 위원장 선출이 조합원과 관계없이 되는 거예요. 5만 명의 조직이 단지 120명의 대의원들을 선출로써 결정되고 이런 것들이. 그러니까 대의원대회 하면 여관방 호텔방 잡아 놓고 술 먹이고 자파 대의원들 설득하고 이래서 수습하고 이러는 거죠. 임단협을 한다든가 이러면 위원장이 직권으로 조인하지 조합원들한테 그 뜻을 물어본다든가 그런 게 전혀 없었던 겁니다. 또 부정투표를 하는데 아시는 분들은 다 아시는 거니까 간략히 말씀드리면 투표용지가 이렇게 있죠. 그러면 들어갈 때 자기네 대의원한테 넌 가서 투표용지를 이렇게 접어서 이렇게 접어요. 그래서 사서에 나오면 여기에 번호를 다 정하는 거예요. 1번 대의원, 2번 대의원, 3번 대의원, 4번 대의원, 그러면 투표용지에 점을 찍어요. 그리고 여기에 찬성 탁 찍고 나오면 나중에 개표할 때 보는 거예요. 몇 번, 몇 번, 배신자가 누구야. 그래서 사실은 기명투표를 하는 거죠. 그렇게 해서 어용 조직들이 자신들의 조직 관리를 하고. 왜냐하면 말로 해서는 안 하니까 직접 무기명투표를 하면 마음이 바뀌니까 그렇게 해서 했던 거죠. 그게 대표적인 부정투표 방식이었습니다.

박정희 전두환 시기 공공 부문의 노동운동은 사실은 정권의 시녀로 대표적인 어용조직이었습니다. 이제 1987년 노동자대투쟁을 거치면서 공공 부문 연대조직을 만들기 시작했죠. 그래서 최초의 연대조직으로 1988년 4월 25일 정부투자기관노동자협의회라는 게 결성돼요. 왜냐하면 이때 정부가 공기업부터 조지고 나서 민간 쪽에 펼쳐 나가게 하니까. 못 견디겠다, 버티기라도 하자, 이래서 공기업들 협의회를 만들어요. 그때 정부투자기관들이 주축이었고요. 한통, 전력노조, 담배인삼공사, 어용들이에요 전부. 그래서 약 18개 노조, 10만 1,994명 정도가 포괄된 거죠. 근데 이게 사실은 공통점이 없는 데기 때문에 대정부 교섭이라는 공통 문제 외에는 같이 연대할 게 하나도 없어요. 그래서 별로 이렇게 응집력이 약했다 이렇게 보시면 됩니다. 근데 이후에 한국노총에서 한국통신이라든가 탈퇴하기 시작하면서 정부투자기관협의회도 깨지게 되었고요. 그것들이 이제 남는 조직들로 정부투자기관노조연맹 즉 정투노련으로 전환했다가, 지금 가스공사들이 다시 탈퇴하면서 현재는 한국노총 산하의 공공노련, 전력노조 등으로 활동하고 있습니다.

이제 공공 부문, 민간, 민주, 공공 부문 쪽 논쟁에 대해 얘기할 건데요. 공공 부문의 민주노조 운동이 언제부터냐 전평 시절 빼고 나면 4·19 이후 1960년대 대구시 교원노조 결성 준비위원회 이게 사실은 최초라고 볼 수 있습니다. 그러다가 공공 부문 민주노조 운동은 본격적으로 1987년도 노동자대투쟁 시기에 노조가 만들어지기 시작하죠. 서울대병원노조 그 다음에 서울지하철, 정부출연연구기관 이런 것들이 쭉 만들어지기 시작합니다. 그러고 이제 미조직 분야에서 공공 부문에 노동조합들이 결성되기 시작합니다. 그래서 전교조가 이제 1989년도죠, 만들어지고. 2002년도에 공무원노조까지. 투쟁을 보면 1990년대에는 전지협. 철도노조 중에 기관차, 기관사들이 따로 조직을 만들었고요. 그러고 부산

지하철, 서울지하철 이 3개 노조의 연대 투쟁이 있었고. 1996년도에 공공 5사 투쟁, 한국통신, 서울지하철, 사회보험, 조폐공사. KBS가 맞나요? 이거 기억이 가물가물해서 공공 5사 연대 투쟁이 있었습니다. 그러고 1999년도에 통합공공연맹건설이 있었는데요. 지금의 공공운수노조입니다. 이전까지는 대표적으로 민주노총 조직에 3개 조직이 있었어요. 하나는 구(舊) 공공연맹이 있었고, 이쪽은 뭐냐면 쉽게 얘기하면 자본의 관계에 따른 공공 부문들이 모여 있는 곳이었어요. 그리고 이 조직의 전신은 공노대라고 1994년도에 만들어진 공공 부문 노동조합대표회의라는 조직이었고요. 그 다음에 1987년 민주화 투쟁 가운데서 만들어졌던 전문노련이라는 게 있었습니다. 출연연구, 민간출연 구분 없이 공익적인 기관들이 많이 모여 있던 곳입니다. 그리고 서울지하철을 중심으로 해서 민철연맹이 있었습니다. 이 3개가 통합이 되어서 공공연맹이 만들어진 거거든요. 근데 그거를 좀 보면 1987년에 만들어진 전문노련은 아까 말씀드렸듯이 노동의 성격에 따라서 만들어진 거예요. 공익적 성격이 있는 기관들이 같이 뭉쳐서 연대해서 해보자. 이렇게 만들어진 거고요. 1994년도에 공공부문노동조합대표자회의라는 게 만들어지면서 파란이 일었죠. 서울지하철, 한국통신 등 공공 부문 노조들이 민주화되면서 우리가 한번 조직적으로 뭉쳐서 해보자, 이렇게 해서 공노대를 만들었어요. 근데 이 공노대는 철저하게 뭐냐면 자본의 관계예요. 그래서 문제는 뭐였냐면 PC통신업체에 민간한테 허용된 서비스인 하이텔(한국통신이 지분을 가지고 있었거든요.)은 조직 대상이에요. 그런데 정유 같은 데는 중요한 에너지 부문임에도 불구하고 민간 기업이면 그거는 조직 대상이 아닌 거예요. 가입하겠다고 해도 안 돼. 한국통신 쪽 모 활동가가 이런 의견을 주도했죠.

그러니까 전문노련이 둘로 갈라지게 생겼던 거예요. 전문노련 중에서는 법인 자체가 정부 공기업인 데가 있고 민간 기업인 데가 있고 이런 거죠. 그랬더니 이제 공기업들은 공노대에 가입하려고 그러고 그렇지 않은 데는 공노대 가입이 안 되잖아요. 이거 뭐냐 이래 가지고 논란이 되게 많았습니다. 그래서 공노대가 만들어지면서 공공 부문의 그것이 자본의 성격이냐 노동의 성격이냐의 논쟁이 벌어지기 시작했어요. 지상 논쟁도 벌어지고 토론회도 열리고 굉장히 치열했습니다.

그런데 공노대로 모아 보니 사실 민간 노동조합 조직하고는 다르거든요, 이게. 아까도 말씀드렸지만 정부가 지분을 가지고 있다고 해도 부처가 다 다르니.

산업의 성격으로 연대해야 될 가능성이 더 큰 거지, 이게 문제가 있었거든요. 그래서 이건 아니겠구나 그래서 공노대가 해소하고 구(舊) 공공연맹을 만듭니다. 그리고 전문노련은 내부논쟁 가운데서 노동의 성격을 더 강화시켜야 된다 이래서 조직명을 바꾸게 됩니다. 그게 뭐냐면 전국공익사회서비스노동조합연맹으로 명칭 자체를 바꿔서 조직 명칭에서 공익성을 더 강조하게 되는 거죠. 그래서 이 세 조직이 99년도에, 99년도에 이제 IMF 오고 구조조정 오면서, 이렇게 해서는 안 되겠구나 조직을 통합해야겠구나, 라는 걸 느끼고. 그때 논쟁이 끝난 게 공공부문은 노동의 성격으로 뭉쳐야 한다. 특히 IMF를 맞이하면서 사회공공성의 중요성들이 부각되기 시작했어요. 그래서 저희들이 공부를 많이 했죠. 사회공공성이 뭐냐. 우리 사회 최초로 99년도에 사회공공성이라는 용어를 공식적으로 쓰기 시작한 게 통합공공연맹입니다. 사회공공성의 정의가 뭐냐면 인간이 살아가는 데 있어서 사회적으로 누려야하는 에센셜한 서비스가 뭐냐, 그래서 그걸 전기, 물, 통신, 심지어 그때 얘기된 거는 티비도 온 가정이 없는 데가 없기 때문에 티비도 공공 부문으로 분류되어야 한다. 냉장고 티비도. 이런 얘기까지 막 확장성이 대단했던 거죠. 공공서비스로서 그것들의 정의를 내리게 되었던 겁니다.

그래서 통합공공연맹은 이 사회공공성, 공공서비스 분야로서. 그때 논쟁에서 재밌었던 것 중 하나가 택시가 공공성이냐 민간이냐 논쟁이 되게 많았어요. 그래서 저 같은 사람은 택시는 철저하게 민간이다, 공공적 성격으로 봐서는 안 된다. 유럽에 가봤더니 도로가 있는데요. 우리나라처럼 버스전용차선 하기 전이잖아요. 퍼블릭 라인이 있고 프라이빗 라인이 있더라고 도로가. 근데 그것이 일반적일 때는 자가용이 못 다녀요, 퍼블릭 라인으로. 거긴 버스다 이렇게 규제하는 게 아니고 공공적 성격의 자동차냐, 사적 소유의 그거냐 이걸로 구분하는데 택시는 러시아워가 해제되면 거기를 운행을 시켜줘요, 교통순경이 와서. 철저하게 택시는 못 들어갑니다. 프라이빗으로 구분되어 있어요. 그리고 우리가 법적 용어를 찾아봤더니, 택시 하는 게 뭐냐? 자기가 돈만 내면 자기 자가용처럼 운전수까지 부릴 수 있는 게 택시예요. 원래 정의가. 그 기간 동안에는. 그거를 공적 성격으로 봐선 곤란하다. 그래가지고 그때 운수 쪽을 다 받아들이면서도 민주버스는 받고 이러면서도 택시는 안 받았어요. 근데 요즘에는 택시를 받았더라고요. 그런 논쟁도 하고 그랬었다는 거 아시면 되겠고요.

세 조직 통합할 때 조직통합이 제일 어려운 게 뭐냐면 위원장을 누가 하냐예요. 에피소드인데. 그때 당시 구(舊) 공공연맹 주축은 한국통신이었거든요. 한국통신 현장 간부들이 위원장을 상급조직으로 올려야 단위노조 권력 재편이 되니까 통합공공연맹의 위원장을 김호선으로 시켜야 된다고 주장을 하기 시작합니다. 세 개 조직에서 서로 이런저런 이유로 위원장을 해야 한다는 거예요. 그래서 결론이 어떻게 되었느냐, 셋이 다 위원장을. 그래서 공동위원장으로 시작을 했고요. 통합연맹의 사무처장을 제가 했죠. 그래가지고 공공연맹은 조금 중요한 부분이 일반 다른 노조하고는 달랐던 점이 다른 데는 위원장 중심제, 영미식이었죠. 저희는 서구의 본을 떠서 서기장 중심제를 많이 했어요. 그럴 수밖에 없었던 게 뭐냐면 조직 통합하자마자 서울지하철을 중심으로 해서 정부하고 싸우다 보니까 세 명이 다 수배가 됐어요. 그래서 유일하게 남아 있던 임원이었기 때문에 그런 과정이 있었습니다.

여기에 화물노련이 통합해 들어오기 시작하는 거고요. 지금은 이제 공공연맹이 아니고 공공운수노조로 그렇게 산별로서 전환이 됐던 거죠. 나머지는 자료 보시면 대충 아실 것 같아서 생략합니다.

지금의 공공운수노조는 2011년도에 출범했다고 보시면 됩니다. 여기 간략하게 공공운수노조 조직 살펴보면 워낙 방해해요. 업종도 다 다르고요. 본부체계가 5개 본부, 공공기관사업본부, 의료연대본부, 공항항만운송본부, 전회련학교비정규본부, 화물연대본부가 있고. 협의회가 9개 있습니다. 그리고 13개의 지역본부. 사무처는 사무처장 산하의 41팀 있고요. 상설위원회 보시면 되고요. 특별위원은 회복특위 있고요. 대의원은 500명당 한 명 선출하게 되어 있습니다. 여기 이제 그 중에서 공공노조는 산별이니까 직접 조합원이 선출해요, 대의원을. 중앙의원은 2,000명당 한 명을 선출하게 되어 있고요. 이제 선언 강령 보시면요. 노동기본권, 노동조합이랑 다 같습니다. 근데 여기 특이한 거는 공공 부문이기 때문에 공공성 강화를 위해 온힘을 다한다, 이런 내용이 있는 거죠. 이게 내부 논쟁이 지금 있는데 자칫 위험한 부분 중 하나예요. 의제로서 사회공공성 강화가 들어가 있는데 사회공공성 강화라는 것이 자칫하면 노동권과 충돌되는 경우가 많거든요. 일방적인 희생을 요구하는 거죠. 야 너희들은 공기업의 노동자들인데 너희들이 뭘 너희 것을 주장하냐, 이렇게 하는데. 이런 부분에 있어서 자칫하면 지도부가 잘못 생각하면 반노동자적 행위를 굉장히 많이 할 수 있습니다. 저도 지도위원을 맡고 있는 사람이라 계속 관심을 갖고 있는데 그게 우려하는 사항 중 하나입니다.

질문) 민주노총 산하에 전교조, 보건이 있는데 이는 공공성의 측면에서 같이 묶을 수 있는 거 아닌가 싶은데 어떻게 논의되고 있는지요.

논의될 게 없죠. 공무원노조라든가 전교조는 명확히 얘기하면 산업별 노조라고 얘기하기 어려워요. 직업별로서는. 직업별노조 선택해서 가는 사람들은 전체 공공서비스 분야로 해서 묶은 조직하고 충돌이 있을 수 있는 건 아니에요. 산업 안에 연대해서 이렇게 같이 가면 되는 거고. 지금까지 직업별로 해 오던 사람들한테 야 이제 뭉쳐야 하니까 같이 가, 이게 쉽지 않은 거죠. 그래서 2003년도에 제가 공공연맹위원장 되었을 때 같이 만든 게 공공연대라는 조직이에요. 민주노총 산하의 공공 부문을 다 모아 보자, 그렇게 공공연맹, 전교조, 공무원노조, 보건, 대학 이렇게 해서 뭉쳤는데. 그 숫자가 30만이라는 거예요. 그 당시에. 그랬더니 민주노총에서 난리가 났어요. 공동연대 관련해서 한국노총 쪽이나 중간 노조 쪽에서 같이 하자는 논의가 많았어요. 그렇지만 일단은 정리하고 따로 했죠. 이 조직은 민주노총 강화에 도움이 될 것이다 그랬더니. 그 당시 민주노총 지도부들은 아니다 원심력이 작용해서 떨어져 나가려 할 거다. 굉장히 논란이 많았던 거죠. 주변에 그런 시선이 많았죠. 근데 공공연대가 기여를 많이 했어요. 공공연대가 깨지면서 공무원노조가 둘로 갈라졌거든요. 그런 것들을 방지할 수 있는 장치였는데. 사실 어떤 문제가 있냐면, 민간의 힘이 세져서 공공 부문이 대정부 투쟁을 제대로 못해요 사실은. 교섭이나 이런 것들이 정작 정부투자출연기관 불만으로 잔존하고 있는 거죠.

질문) 산별노조 운동의 올바른 방향성은 뭐라고 생각하나요?

지금의 노동조합이 공공이든 민간이든 산별노조 자체에 굉장히 문제가 심각해요. 저 개인적으로는 지도자 교육의 문제를 들고 싶어요. 사람의 문제가 아니고 지도 체제 자체를 잘못 가고 있는 거다. 민주집중이라는 원칙, 그 민주주의 원칙에 의해서 결정되면 집중해서 일사불란하게 움직이는 조직을 만든다 해서 권력 독점이 돼요. 위원장 중심제라는 게. 하다못해 부르주아 정권도 삼권이 분리되어 있는데 형식이지만. 근데 우리나라는 노동조합은 대통령중심제보다 더 강력하게 위원장의 힘이 있어요.

위원장이 대의원대회 초대 의장이 되어 의사 결정이 되면 집행 책임도 지고 모든 걸 결정해요. 이거는 과거 노동조합이 일방적인 물리적 탄압을 받던 시기에 가장 효과적인 조직 운영을 위해 만들었던 건데, 지금은 그런 탄압받는 데가 어디 있냐는 말이에요. 그럼 실제로 뭐냐면 대의원대회 초대 의장하고 집행 책임자는 분리하는 정도는 있어야 이게 민주적 운영이 되고 견제하고 서로를 움직일 수 있는데. 일본도 망했다고 하지만 일본이나 유럽 같은 경우는 위원장은 의장밖에 안 하거든요? 그 다음에 서기장이 집행위원으로 되는 거예요. 대중적 의사 결정, 이 민주성을 어떻게 담아낼 거냐 이거에 대해서 고민해야 되는데 지금 현장 간부들은 어떠냐면 우리가 만들어 놓은 대로, 걔네들이 만들어 놓은 법에 그냥 종속하는 거예요. 법이 그렇게 되어 있어, 따지지 마. 저는 법치주의 문제에서 벗어나지 못하면 해결하기 어렵다, 이렇게 보고 있어요.

그 다음 산별노조 문제. 서구의 산별노조들이 신자유주의 시기에 우리에게 알려지고 논의가 시작됐어요. 적합한 조직이냐 아니냐 사업장으로 귀속하는 문제가 실제적으로는 간부들의 문제로 우리 내부의 문제로 나타났지만 환경이 그렇게 변한 거예요, 신자유주의 시절에. 그런 문제가 제일 중요하게 부각되니까 자기 직장의 모든 걸 걸고 있는 거거든요. 그리고 사회적으로 고용을 허용하지 못해요 지금, 전 세계적으로. 사회적 분위기로 복지 정책을 이걸로 보장이 되지 않으니까 서구 산별도 기업별 귀속으로 돌아가고 있는 거예요. 지금 어떻게 할 건지, 지금 쟁점이 뭐고 중요한 이슈가 뭐고 이거를 어떻게 할 거냐 논의를 해봐야 한다고 봐요. 저는 집회 한 번 더 하는 거보다 사업장을 점검하는 게 더 중요하다고 봐요. 사실은 공공서비스 분야, 예전 같으면 어떻게 했냐면 지하철이 파업을 하면 호들갑이었는데 이제 끄떡도 안 해. 열흘 파업했다? 해라, 잘라 버리면 되지, 이렇게. 인적인 것에 의해서는 전혀 위협을 느끼지 않아요. 근데 화물, 비행기도 화물이 멈추면 마찬가지로 기관차도 마찬가지고 그다음에 트럭도, 버스도 마찬가지에요. 화물이 멈추면 물류만 멈추면 이 정권과 권력은 그냥 무너져요. 실제 뭐냐 어떤 투쟁이 위험하냐면 서울지하철이 도시철도까지 이 지하철까지 2만 명이 파업을 해도 그리고 지하철 다 멈춰도 쟤네는 눈 하나 깜짝 안 하고 언론 플레이로 주저앉히려고 할 거예요. 그냥 뭐만 안타깝냐면 출근 못하는 노동자들만 죽을 맛이 나는 거예요. 근데 우리 화물의 50퍼센트만 파업에 참여해도 철도가 멈췄을 때 화물만 딱 멈추면 바로 깨지는 거예요. 그러니까 자본의 속성이 다 드러나는 거거든요. 철도가 물류를 멈췄다, 그럼 실형 1년 이상. 그러니까 위험한 투쟁이 뭐냐 옛날에 공장을 벗어나서 사회로 나오는 건 1970년대 투쟁이었다는 거예요. 지금은 공장의 생산시설을 장악해라. 쌍차나 유성이 사업장을 점검하니까 공권력에 헬리콥터까지 동원하는 거예요. 전쟁을 치르는 거죠. 근데 그걸 다 안다니까요. 저 혼자만 떠드는 게 아니고 노동조합 1년 이상 했다는 사람들 다 알아. 우리 사용자가 두려워하는 게 뭐지? 근데 그거 하면 끝이야. 적절하게 하자.

우리 내부의 구조적인 의사 결정과 지도부를 세우고 민주적인 결정을 하는 구조를 바꾸고 그 다음에 투쟁의 전술에서 진짜 쟤네들이 싫어하는 전술을 채택해서 들어가면 우리에게 희망이 없는 게 아니다. 그래서 『알기 - 사진과 함께 보는 노동자역사』에 선정한 사건도 사실은 몇 번을 기조를 바꿨는데 노동조합의 가장 위험한 거, 사회를 변화시키는 거는 투쟁밖에 없다. 그래서 나머지 것들은 다 뺐어요. 그거 때문에 비판이 되게 많았어요. 정치사업 빠졌다 뭐 빠졌다 하면서. 저는 그게 사회를 변화시켰다고 생각하진 않습니다. 진짜 제대로 읽어보면 노동자들의 투쟁이 세상을 다 변화시켰어요. 이상 마치겠습니다.

한국공항공사노조 간부 교육

2016년 3월 18일에 열린 한국공항공사노조 징계 관련한 간부 교육 녹취록이다. 공항공사노조 간부 5명은 전임 사장이자 그해 20대 국회의원 선거에 출마한 새누리당 경북 경주시 국회의원 예비후보 김석기의 사무소를 방문한 일이 있었다. 2009년 1월 20일, 용산 철거민 5명이 사망에 이른 용산참사 당시 김석기는 진압을 담당한 서울경찰청장이자 경찰청장 내정자였다. 부적절한 김석기 사무실 방문에 대해 전국공공운수노조에서는 한국공항공사노조에 대한 징계를 논의하면서 조합 간부에 대한 교육이 이루어졌다.

사회자 : 첫 번째 교육 시간으로는 민주노조에 대해서 교육 시간을 잡았습니다. 이유는 이렇습니다. 지난번 그 저를 비롯해서 상근직 간부 두 사람하고 부산지부 간부 두 사람하고 서울 지부장하고 같이 김석기 후보의 사무실을 방문한 일이 있었습니다. 거기에 대한 상급 단체의 징계가 있었고 징계 내용은 나중에 보고 사항으로 말씀드리도록 하겠습니다. 그 일환으로 이러 이러한 교육들을 해야 할 필요가 있다, 라는 제기가 있었습니다. 오늘 그 일환으로 교육 시간이 잡혔습니다. 양해를 부탁드리고 이 교육 동안 저희가 간부로서 좀 고민해야 될 문제도 있고 그래서 그 교육을 좀 할 계획입니다. 지금 바로 시작하려 합니다.
첫 번째 노동조합 활동의 기본 원칙에 대해서 전 데이콤노조 위원장 출신이시고 2003년 공공연맹 위원장을 역임하셨습니다. 현재는 전국 공공운수노조 지도위원으로 계시고 현재 노동자역사 한내 사무처장으로 일하시는 이승원 님을 모시고 노동자 활동의 기본 원칙에 대해서 강의를 듣도록 하겠습니다. 강사님을 뜨거운 박수로 맞이해 주시기 바랍니다.

예, 반갑습니다. 방금 소개 받은 이승원이라고 하구요. 동지 여러분하고 얼굴을 뵀던 것은 10여 년이 지난 것 같습니다. 제가 2003년도, 2004년도에 연맹 위원장을 그만뒀기 때문에 그 이후에 현장 활동을 좀 안 했습니다. 그래서 참 오랜만에 이런 내용 가지고 같이 만나니까 좀 그러네요. 그렇죠?

저도 한 30년가량 운동을 했는데, 전임 사장 만날 수 있죠. 그런데 이제 어떤 사람이냐가 중요하겠죠. 이제 전임 사장이 어떤 전력을 갖고 있는 사람이었는가 하는 문제가 있는 거죠. 또 한편으로는 지금 현재 노동에 가하고 있는 성과연봉제, 임금피크제, 저성과자 문제 이런 식으로 박근혜 정부와 새누리당이 공세적으로 노동의 문제를 건드리고 있습니다. 그런데 그 당의 후보로 나가겠다는 사람을 방문한 게 문제가 되는 거죠. 여러분들이 이런 부분들을 너무 감정적으로 생각하시기보다는 좀 냉철하게 생각하시고 연맹이 왜 이런 교육을 잡았는지를 잘 생각하시고 같이 고민했으면 하는 시간입니다.

노동조합을 왜 만들었는가

제가 여러분한테 먼저 질문을 드리고 싶어요. 노조는 왜 만들었죠? 우리가? 우리 대의원 동지 중에 한 분이 좀 답변을 해주셨으면 좋겠는데, 노조 만들 때 계셨습니까?

아니요. 지금 여기는 거의 노동조합 거의 초창기 때 계셨던 분들이 많이 없을 것 같아요.

그러면 노조 왜 가입하셨어요?

우리 회사 노동조합원들이 권익 향상이나 인권 향상에 좀 도움이 될까 하고. 노동자니까 당연히 가입하는 걸로 생각을…

지금 잘 들으셨어요? 네. 뭐 조합원들의 복지나 뭐 여러 가지 권익 향상을 위해서 가입하셨는데 본인은 노동자니까 당연히 가입해야 되기 때문에 가입했다 이렇게 말씀하셨어요. 맞습니까? 예? 아니에요?

참 어려운 문제입니다. 가장 기본적인 문제이기도 한데 어려운 문제인데요. 왜 우리가 노동조합을 만들었냐. 이렇게 이야기하면 실제 인간다운 삶을 추구하기 위해서 만든 겁니다. 우리의 권익을 향상시키기도 하는데, 어떤 권익이냐? 인간다운 것이죠. 그래서 노동조합은 우리가 이익집단이기도 하지만 노동조합을 일컬을 때 이 사회에서 말하는 다른 이익집단과 같이 이야기 하지 않습니다.

그 이익은 개개인의 노동자들의 이익이 아니고 전체 노동자들의 공동의 이익을 위해서 그것을 추구하는 조직이기 때문에 노동조합은 바로 다른 사회의 이익단체하고는 다른 겁니다. 그리고 실제 인간다운 삶은 어떻게 해서 추구하는가? 노동시간 단축과 노동 제도의 개선을 통해서 우리는 그것을 300년의 역사 속에서 꾸준하게 추진해 왔던 겁니다.

여러분이 잘 아시는 메이데이 5월 1일 노동절. 그 노동절의 유래가 바로 뭡니까? 지금부터 120년 전 미국 시카고 노동자들의 8시간 노동제 쟁취를 위한 파업투쟁을 기념하는 겁니다. 그 당시에 노동자들의 삶이라는 건 14시간, 16시간 노동을 하는 것이었죠.

제가 이런 이야기 가서 하면 "지금도 그래요." 이렇게 말씀 하시는 분들이 있는데 그렇습니까? 예. 법적으로는 8시간이죠. 물론 우리나라, 일본만 9시간 노동을 하고 있습니다. 미국과 서구는 점심시간이 뭐에 포함되어 있어요? 근무시간에 포함되어 있는데 우리나라는 제외되어 있죠? 네. 그래서 세계 최장의 노동시간을 하고 있는 한국의 노동자들 그렇지만 끊임없이 노동시간을 단축해야 되고요. 노동시간 단축의 의미는 우리 일자리하고도 관계가 됩니다.

지금 건설 현장에서 타워크레인 한 대가 만 명의 노동자의 일을 대신하고 있습니다. 타워크레인 기사 한 명이 만 명 노동자의 일을 하거든요. 그럼 결국 일자리는 줄어들 수밖에 없는 거고요. 여러분 요즘 이세돌 하고 알파고의 바둑 대결에서 보셨지만 AI 인공지능이 우리나라 사람들의 절반의 노동력을 앞으로 20년 내에 대체할 것이다, 이렇게 이야기하고 있습니다. 그쵸? 그것도 첨단산업 분야에서 그렇습니다. 그러면 지금 노동자들은 다량의 실업자들로 다 전락할 수밖에 없는 시대에 놓여 있는 것이고 이것은 꾸준히 우리가 노동시간을 단축함으로써 극복해 나갈 수밖에 없는 것입니다. 그리고 노동시간을 줄이면서 나머지 시간들을 창조적인 일과 여가적인 일을 통해서 인간다운 삶을 추구해 나가는 거죠. 그래서 이미 서구 사회에는 32시간 노동제를 법제화 하는 일들이 벌어지고 있습니다. 노동법 개정에 대한 방향도 마찬가지구요. 궁극적으로 다 인간답게 살기 위해서고 인간답게 살기 위해서 노동조합이 추구해야 될 내용들인 겁니다.

노동조합 활동 원칙

그러면 노동조합의 활동 원칙은 무엇이냐 다섯 가지 원칙이 있습니다.

첫째, 자주성입니다. 노동자가 스스로 모여서 민주적 운영을 통해 노동자의 정치·경제·사회·문화적 지위 향상을 위해 투쟁하는 조직입니다. 그래서 자주성입니다. 사용자로부터 자주적이어야 합니다. 우리가 스스로 결정하고 우리가 우리의 앞길을 개척해 나갈 수 있는 힘이 있어야 되는 겁니다. 사용자가 부당하게 지배 개입하거나 사용자의 힘을 빌려서 노동조합을 운영해서는 안 되는 겁니다. 이게 민주노조의 원칙인 거죠. 그리고 민주적 운영을 통해서 해야 됩니다. 그래서 여러분 회의 자주 하시죠? 대의원대회도 하고 중집도 하고 하는 것들은 바로 그 과정을 통해서 조합원들이 민주적 의사를 결정하기 위해서 그렇습니다. 그리고 노동자 일 개인의 문제를 가지고 싸우거나 조합원 개개인의 문제를 가지고 싸우는 것이 아닙니다. 노동자 전체의 정치·경제·사회·문화적인 지위 향상을 위해서 투쟁하는 조직이어야 합니다. 이렇게 뭐 말로 해서는 잘 이해가 안 가실 건데, 특징적으로 우리 선배들은 어떤 투쟁을 했는지 민주노조의 투쟁을 사진을 통해서 보도록 하겠습니다.

그래서 민주노조란 뭐냐? 어용노조에 대비되는 자주적이고 민주적인 노조입니다. 노동자 전체의 이익과 더불어 사는 사회를 위해 힘을 모으고 싸우는 조직입니다. 그래서 노동조합이 임금교섭도 하고 조합원들이 이익을 위해서 투쟁하지만 그 투쟁들은 뭐냐 하면 사회적 대의를 벗어나서는 안 되는 겁니다. 노동자 전체의 이익을 벗어나서도 안 되는 것이고요. 물론 눈앞에서는 힘 있는 사용자한테 좀 더 협조적이거나 이걸 통해서 많은 것을 얻을 수도 있습니다. 그러나 그것이 전체 노동자의 대의를 어긋난다면 그렇게 해서는 안 되는 것이 민주노조인 것입니다. 우리 선배들은 어떤 투쟁을 했는지 한번 볼까요?

자, 1929년도입니다. 여러분 1929년 하면 뭐가 생각나죠? 세계 경제 대공황이죠? 예 우리나라도 힘들었습니다. 이때 원산 지역에 지역 총파업이 벌어졌습니다. 선라이즈라는 영국인 회사에서 일본인 감독이 한국인 노동자를 구타하는 사건이 벌어졌습니다. 노동자들이 전체 파업에 들어가고 요구 사항들은 사과하고 재발 방지 약속을 하고 임금 교섭을 하고 근로조건을 교섭을 했습니다. 그 회사가 약속을 했어요. 그런데 그 약속을 지키지 않았죠. 그러자 원산의 작은 사업장에서 벌어진 일이었는데, 원산 지역의 전체 노동자들이 총파업을 벌입니다. 이게 바로 뭐냐? 민주노조의 연대성입니다. 지역 전체가 일어납니다. 지역 경제가 마비될 정도로. 그리고 이 당시에는 아까도 말씀드렸지만 세계 경제공황으로 실업자가 굉장히 많았어요. 그래서 일본인 자본가들이 원산 지역의 노동자들이 파업을 했기 때문에 항구에 가서 일본과 중국 노동자들을 데려다가 쓰고자 했습니다. 그게 지금으로 이야기하면 뭡니까? 노동조합 파업할 때 대체 인력, 대체 근로. 대체 근로는 금지해야 되는데 요즘 이제 우리가 힘이 없으니까 예전에는 대체 근로가 금지되어 있었는데, 법적으로 사업장 내 대체 근로는 허용이 되어 있는 거죠. 지금. 그런데 아름다운 일이 벌어진 겁니다. 국가가 다르고 민족이 다른데 중국과 일본 노동자들이 원산 지역에는 우리가 취업을 하지 않겠다 결의를 한 겁니다. 이게 뭡니까 노동자의 의식인 겁니다. 바로 왜 원산의 노동자들이 파업을 하고 있기 때문에 나는 중국인이고 일본인이지만 같은 노동자의 자세로 그 사업장에는 그 지역에는 취업하지 않겠다는 결의를 했던 겁니다. 이게 바로 우리가 배워야 할 민주노조의 정신입니다.

자 사진이 좀 흐리죠? 이거는 평양에 가시면 을밀대라는 곳이 있습니다. 저도 2003년도에 평양에 가서 봤는데 자 저 위에 이게 을밀대 가보니까요 12m에요, 12m. 이 위에 누가 올라가 있죠? 보이십니까? 예 바로 강주룡이라는 여성입니다. 쪽진 머리를 한 여성인데요. 우리나라 최초의 고공 농성입니다. 이 고공 농성을 쫓아 하라는 게 아니라, 요즘 하도 올라가니까. 그런데 왜 이 여인이 이 을밀대 위에 올라가서 고공 농성을 했는가를 봐야 됩니다. 그 당시 신문 기사에 난 내용입니다. 평양에는 그 당시 2300명의 고무 공장 노동자들이 있었습니다. 고무 공장이 뭔지 아십니까? 고무신을 만드는 회사였어요. 그 당시에. 2300명이었습니다. 그런데 이 강주룡은 마흔아홉 명의 노동자가 일하는 사업장의 노동자였습니다. 그런데 이 당시에, 1930년대 초반에 세계 경제공황이 오고 일본 자본가들이 임금을 깎으려고 했습니다. 자 그런데 강주룡이 올라가면서 했던 이야기입니다. 자 우리 파업단 49명의 임금 감하를 크게 여기지는 않습니다. 마흔아홉 명 이거 깎을 수 있다 이겁니다. 그런데 우리가 밀리면 평양의 2300명 고무 공장 직공의 임금 감하 원인이 될 것이므로 우리는 죽기로서 반대하려는 것입니다. 강주룡이 을밀대에 올라가서 고공농성을 전개했던 것은 바로 49명의 임금이 문제가 아니고 우리 임금을 깎기 시작하면 2300명 평양에 있는 고무 공장 노동자의 임금이 다 깎일 것이다. 그러므로 우리가 여기서 전선을 치고 목숨 걸고 지켜야 한다는 각오로 올라갔던 겁니다. 아름답지 않습니까, 여러분? 여러분이 임금 투쟁 하시면서 이제 우리가 밀리면 16만 공공운수노조의 조합원들이 다 밀릴 것이고 우리나라 공공 부분의 노동자들이 다 밀릴 것이니까 우리가 여기서 죽기를 각오하고 싸워 보자, 여러분 그런 투쟁 하시죠? (예) 예, 맞습니다. 여러분 이게 바로 우리의 민주노조의 전통이고 노동자의 연대 정신입니다.

1985년도 구로동맹파업. 우리나라 최초의 정치 파업입니다. 노동자들이. 그런데 바로 이 싸움이 어떻게 해서 벌어졌느냐, 대우어페럴이라는 사업장의 위원장과 사무국장을 경찰이 임단협 중에 연행해 갑니다. 여기에 항거해서 7개 사업장들의 연대 파업이 일어났습니다. 다른 이유가 없습니다. 불법으로 연행해 간 위원장과 대우어패럴 위원장과 사무국장을 풀어줘라. 1985년이 어떤 시절입니까, 여러분, 전두환 정권 시절입니다.

마지막으로 한 가지 더 보겠는데요 궤도 노동자들의 투쟁입니다. 이 당시에 철도노조는 민주노조가 아니고 어용노조였습니다. 한국노총의 대표적인 어용노조였는데요. 이때 기관사들이, 우리 철도 간부까지 지금 오셨는데. 이제 자신들의 근로조건이나 임금 문제를 갖고 전국 지하철노조협의회라는 것을 만들었습니다. 전지협을. 그리고 철도노동자들이, 기관사들이, 어용노조에 맞서서 농성에 들어갔습니다. 그 농성을 정권이 공권력을 투입해서 침탈했습니다. 이때 같이 연대했던 서울지하철과 부산지하철의 간부들이 어떻게 이야기 했냐면 우리 철도노조에 공권력이 도입되면, 동원되면, 그 즉시 파업에 들어가겠다고 선언을 했습니다. 아무런 준비가 돼 있지 않았었습니다. 그런데 실제로 공권력이 투입되고 철도 기관사들을 끌어내자, 서울지하철과 부산지하철이 연대파업에 들어갔습니다. 자신들의 문제가 아니었습니다. 철도에 투입된 공권력을 이게 부당하다고 이것에 대해서 항의하는 파업에 들어갔던 겁니다. 1994년도의 문제입니다. 이런 것이 바로 뭐냐면 민주노조의 정신입니다. 그리고 그것은 이론으로만 있는 것이 아니고 우리 선배들이 이렇게 실천해 왔던 것들입니다.

저를 비롯해서 같이 고민해야 하는 것이 우리가 앞으로 이후 노조 활동을 어떻게 해야 할 것인가. 이 선배들이 했던 민주노조의 전통과 활동 원칙에 대해서 우리는 어떻게 지켜낼 것인가를 고민해 봐야 합니다. 그러면 여러분들이 지금 닥쳤던 문제들, 뭐 머리 좀 식힐 겸 해서 애니메이션 하나 소개하면서 넘어가겠습니다. 〈마우스콘신(Mouseconsin)〉이라는 애니메이션 보신 분 계세요 혹시? 아무도 못 보셨어요? 이게 3탄까지 나왔는데, 굉장히 유명한 겁니다. 20년이 넘은 건데요. 쥐들이 사는 마을이 있었습니다. 이 쥐들이 사는 마을에서 4년에 한 번씩 대표를 뽑는데 이상한 것은 쥐와 고양이가 붙으면 꼭 고양이가 이겼다는 겁니다. 그런데 고양이가 이기고 나니까 쥐들의 나라에 이상한 법들이 만들어집니다. 쥐구멍을 통해 갈 때는 얼마 이상으로 뚫어라. 그런데 그렇게 뚫고 나니까 쥐만 다니는 것이 아니라 거기로 뭐가 다녀요? 고양이가 다닙니다. 그리고 쥐는 뛸 때 어느 속도 이상으로 뛰지 마라. 이런 법들이 만들어집니다. 쥐들이 깨달은 겁니다. 아 이거 아니구나. 저 고양이의 날카로운 발톱과 이빨이 나를 지켜줄 줄 알았는데 결국 고양이는 뭐를 잡아먹어야 살아요? 쥐를 잡아먹고 사는 거야. 아이 안 되겠구나 그래서 4년 후에 쥐들은 다시 선거를 해요. 그런데 고양이를 선출하는데 옛날에는 흰 고양이를 뽑았는데 검은 고양이로 바꿔서 뽑아 가는 거야. 그런데 그 4년 동안 결과는 어때요? 여러분이 흰 고양이와 검은고양이 네로가 다릅니까? 속성이? 똑같습니다. 그래서 쥐가 아, 아니다, 우리의 대표는 볼품 없고 아무런 힘이 없지만 누구를 뽑아야 된다? 우리 중에서 뽑아야 한다. 여러분 이제 4·13 총선도 앞으로 다가오는데요. 바로 이 애니메이션이 주는 교훈을 그런 겁니다. 쥐들은 생각할 때 고양이가 훨씬 멋있게 생겼고 그리고 자기 무기도 있고, 저것이 나를 지켜 줄 줄 알았는데 고양이의 속성상 고양이는 뭐를 잡아먹어요? 쥐를 잡아먹는다. 처음에는 아, 나만 아니면 되지, 다른 쥐가 희생되더라도 나만 아니면 되지, 라고 생각했는데, 결국 고양이가 잡아먹다 보면 어떻게 되요? 모든 쥐가 표적이 될 수밖에 없다는 교훈인 겁니다. 이 짧은 애니메이션에서 우리는 이런 것을 느껴야 됩니다. 자본의 본질인 겁니다. 우리가 사용자로 생각하는 자본의 대리인들과 그리고 자본은 어떤 속성을 갖고 있는 것인가. 제가 아까 노동조합은 투쟁하는 조직이라고 이야기했는데요. 그 투쟁하는 조직이라는 의미가 뭐냐, 사용자들은 그리고 자본은 자신의 이익을 어디서 낼 수밖에 없는가, 노동의 몫을 뺏어서 낼 수밖에 없습니다. 여러분.

여러분 여기도 기획실 있나요? 기조실인가요? 거기에 계신 분들이 하는 일이 뭡니까? 어떻게 하면 사람을 덜 뽑고 어떡하면 덜 줘서 어떡하면 생산성을 많이 내냐 하는 거죠? 아닌가요? (네 맞습니다.) 자나 깨나 경영. 노동조합하고 적대적인 대립을 갖지 않기 위해서 사람을 자르지는 않지만 신규 인원은 충원하지 않습니다. 그럼 그 결과는 결국 어떻게 되느냐 우리의 노동력이 더 희생되는 겁니다. 그리고 우리가 더 많은 일을 함으로써 일자리를 얻어야 하는 많은 사람들이 이 사회에서 실업자로 전락하는 겁니다. 그렇지 않습니까 여러분? 보통 그렇게 꼬시죠. 정부가 구조조정 하라는데 나는 사람 안 자를게. 좋은 사장 났습니다. 그런데 어떻게 한 시간만 더 일하자. 그렇죠? 옛날에 많이 하셨죠? 초과 근로 수당도 안 주면서. 그런데 그것은 결국은 뭐냐 노동의 발목을 찍는 일이고 우리의 동료들 이 사회의 많은 사람들을 같이 힘들게 하는 일이기도 한 겁니다. 어차피 임금을 안 올리나 사람을 덜 뽑으나 자본에게 돌아가는 이익, 권력에게 돌아가는 이익은 더 많은 거죠. 그렇기 때문에 우리 입장에서 그 성격은 똑같다는 겁니다. 노동의 몫에서 이윤이 창출되는 겁니다. 그래서 구조조정의 본질, 개혁, 혁신, 여러 가지 이야기를 하지만 결론은 뭡니까? 돈을 줄이는 거예요 그냥. 총액을 줄이는 거죠. 그래서 현실적으로는 강하고 힘 있는 사람이 기관의 장으로 오는 것이 좋을 것 같습니다. 그러면 우리 문제가 해결될 것 같아요. 근데 궁극적으로는 결국은 그 사람도 어떤 목적이에요? 자기의 경영성과를 내려면 우리 것 뺏어 갈 수밖에 없는 거예요. 그 본질을 보셔야 한다는 거죠.

제가 이론적인 이야기보다는 사례를 중심으로 이야기를 드리고 있는데요. 회사의 외형이 크면 개인도 행복해지나요, 여러분? 노동자 개개인의 행복과 직결됩니까? 그게? 자본은 그렇게 이야기 안 하죠. 회사가 성장해야 개인도 성장하고 일자리도 늘어나고 승진할 길도 생긴다. 그쵸? 네? 답변 안 하시는 것 보니까 동의를 많이 하시나 봐요.

제가 사례를 하나만 말씀드릴게요. 제가 있었던 사업장입니다. 데이콤이라는 사업장인데요. 거기가 지금은 LG유플러스. LG그룹에 넘어갔습니다. 민영화 돼서. 예전에는 정보통신 쪽의 정부 투자기관이었습니다. 그런데 이 회사가 어떻게 됐냐면 아주 오래된 이야기인데요, 정보통신 일만 하다가 통신사업에 경쟁을 도입하겠다고 그러면서 국제전화 사업이 처음으로 경쟁이 도입될 때입니다.

1993년에 도입되었는데 그때 이제 뭐라고 그랬냐면 정통부에서, 정부에서 그런 겁니다. 그놈의 회사를 보니까 KT하고 경쟁을 할 수 있는 유일한 회사인데 근데 그 회사의 노조를 보니까 전노협이라는 불법 단체에 가입이 되어 있더라. 전노협 아세요, 여러분? 1990년도에 자주적으로 만든 조직으로 민주노총의 전신이죠. 민주노조라고 이제 만들었던 곳입니다. 불법 단체였습니다. 거기에 가입되어 있었어요. 그런데 그렇게 이야기한 거예요. 그리고 정통부 차관이었다는 신윤식이라는 사람이 나는 데이콤에 사장으로 가겠다. 국제전화를 거기에 주겠다. 그러면서 노조를 설득했어요. 와서. 내가 가면 회사가 확 클 건데 너네들 맨날 그 조그마한 회사 다닐래? 아니면 큰 회사 다닐래? 그리고 그러면 어떡해야 돼요? 전노협을 탈퇴해라. 이렇게 이야기한 거예요. 전노협에 대한 대대적인 탄압이 있었는데요. 그래서 대의원들이 여러분들 같은 대의원들이 1박 2일 동안 토론을 합니다. 전노협을 탈퇴해야 되냐 말아야 되냐 이것 가지고. 몇몇 대의원들이 절대 탈퇴해서는 안 되는 이유의 유인물들을 돌리며 그렇게 설득을 했지만, 결국은 표결까지 가서 탈퇴하게 됩니다. 그래서 1987년도의 민주노조 투쟁으로 시작했던 데이콤노조가 전노협을 탈퇴하게 됩니다. 1992년도에. 그런데 그걸로 끝날 줄 알았습니다. 저는 그때 조합원이었는데, 노조 활동 좀 했던 조합원이었는데요. 잘못된 선택이긴 했지만 이게 뭐 큰 문제가 있기야 하겠나 라고 했습니다. 여러분 옛날 우화 중에 그런 이야기 있죠? 떡 하나 주면 안 잡아먹을 게, 그죠? 그래서 노조가 상급 단체를 탈퇴하고 양보를 했더니 이 노조가 만만해 보인 겁니다. 신윤식이 사장으로 와서 가장 먼저 한 거는 노조를 깨기 시작했습니다. 그래서 그 탈퇴를 주도했던 집행부가 도중하차하고 물러납니다. 그리고 보궐선거에 사측이 개입하기 시작해서 노동조합에 어용 집행부가 들어서는 겁니다. 그리고 그 3년 동안 무슨 결과가 있었냐면요. 자, 이제 국제전화 오니까 신규 투자를 해야 된다. 회사가 어렵죠? 그죠? 맞죠 신규 투자하려면 돈 끌어 와야죠. 부채가 늘어났죠? 그리고 어떻게 해요? 임금 동결을 요구합니다. 그리고 그 당시에는 임금 인상 했다 그러면 두 자릿수 인상했어요. 그때 동결이라는 것은 엄청난 아픔이었습니다. 그리고 신규 채용을 안 합니다. 신규 사업 인력도 최소화해서 뽑고 기존 인력들을 막 전보발령 내기 시작합니다. 엄청난 고통이 3년 동안 있었습니다. 민주적인 사람들이 그걸 깨려고 도전했지만 번번이 깨졌습니다. 3

년 만에 뒤집었습니다. 그리고 사장을 내쫓는 투쟁을 했는데, 그때 많은 희생자들이 발생했습니다. 노동자들이. 그리고 결국 시외전화 받고 국제전화 받고 전화 사업 모든 사업을 대서 덩치가 커지니까 무슨 상대가 돼요? 우리나라 자본들이 가만 놔두질 않습니다. 동양그룹부터 시작해서 LG그룹이 다 덤벼들어서 회사를 날름 먹었습니다. LG에 막대한 이익을 가져다 준 겁니다. LG, SK 갈라서 먹었죠. 통신사업. 그리고 KT는 어떻게 했어요? 우리나라 자본이 아닌 외국자본이 100프로 다 먹었어요. 이게 현실입니다 여러분. 민영화, 여러분 우리나라 민영화 사업장 중에요 지금 이제 철도나 이런 데를 노리고 있죠. 지하철이나. 그런데 거기에 대해서 자본이 입맛을 당겨 하지 않는 이유 중 하나가 뭔지 아십니까? 막대한 부채입니다 부채. 그렇죠? 그것만 정부가 갚아 주면 날름 먹겠다는 게 자본들의 생각인 겁니다. 우리가 민영화를 지켜 낼 수 있다는 것 노동조합의 투쟁으로 지키지만 잘나가면 지키기 어렵습니다. 황금알을 낳는 거위가 되고나면, 자본이 진짜 목숨 걸고 진검 승부를 하자고 달려들면 안 됩니다. 데이콤노조 전면파업 80일, 20일 두 번에 걸쳐서 했지만 LG자본으로 결국은 넘어가게 되는 겁니다. 시간의 문제였죠. 여러분 회사의 외형이 결코 우리 개인들의 행복이나 권익을 향상시켜 주지 않습니다. 거기에 희생되는 것은 바로 노동자 개개인일 수 있습니다. 우리는 냉정하게 판단해야 되요. 여러분들이 판단해야 될 건 바로 그겁니다.

자본은 미래를 이야기 합니다. 환상을 이야기 합니다. 그래서 어떻게 하라고 해요? 지금은 참으라고 이야기 합니다. 그런데 미래는 현재의 연속인 겁니다. 현재 행복하지 않은데 미래가 행복 할 수 있습니까 여러분? 그걸 잘 팔아먹었던 건 누구냐면 지금 대통령의 아버지 박정희입니다. 제가 어린 시절 학창시절을 보냈는데 박정희 정권이었어요. 그때 박정희가 뭐라 그랬냐면 여기도 그런 비슷한 연배가 있으신 것 같은데. 대망의 1980년이 되면 100억 수출에 개인소득 얼마요? 1000불 달성하면 뭐가 된다구요? 마이카시대가 된다고 했어요. 기억 안 나세요? 아 그 시절에 1970년대에 몇 살이셨어요? (66년생입니다.) 그럼 그 시절에 비슷하게 있으셨네. 그런 이야기 들으셨죠? (네.) 그런데 1980년에 돼서 100억 불 수출을 달성하고 1000불 소득이 됐는데 마이카 됐나요? 마이카시대가? 여러분 도리어 마이카시대는요 1987년 노동자대투쟁으로 이루어졌습니다. 왜? 그렇게 국가가 부강해졌지만 개인들에 돌아가는 분배의 정의가 실현되지 못했기 때문에 있는 놈들만 떵떵거렸지 실제 노동자들이 차를 몬다는 것은 꿈같은 시대였습니다. 그런데 1987년 7·8·9 노동자대투쟁이 벌어지니까 어떤 문제가 발생했냐면 노동자들의 수입이 두 배로 증가했습니다. 그쵸? 그랬더니 그 돈으로 노동자들이 무엇을 사기 시작했어요? 차를 사기 시작했어요. 그랬더니 현대그룹의 일개 회사였던 현대자동차가 독자적인 그룹이 되고 기아자동차를 먹을 만큼 세계적인 기업으로 성장했어요. 그래서 바로 김무성이 이야기했죠? 쇠파이프와 화염병이 없었으면 얼마 시대가 됐을 거라구요? 3만 불 시대가 됐을 것이다. 그런데 김무성이 모르는 게 있습니다. 우리나라 경제의 발전은 바로 노동자들의 화염병과 쇠파이프가 만들어 준 겁니다. 1987년 투쟁 어떻게 됐습니까? 불법 투쟁이었습니다. 선 요구 선 투쟁 후교섭이었습니다. 지금같이 교섭하려고 그러면 뭐 조정전치주의라고 협상하고 조정 받고 그러지 않았습니다. 바로 요구 사항 걸고 파업에 들어간 겁니다. 전국적으로 그렇게 투쟁이 이루어졌습니다. 3개월 동안 7천 개가 넘는 사업장에서 파업 투쟁이 벌어졌습니다. 자본가들이 벌벌 떨었습니다. 그리고 임금 올려줬습니다. 그랬더니 그 돈이 다 어디로 가냐 또? 한국 경제의 발전이라는 데로 다 갔던 겁니다.

여러분, 바로 우리가 사용자하고 어떤 교섭을 하고 투쟁을 할 것인가 하는 문제는 우리의 선택인 겁니다. 그리고 어떤 것을 따낼 때에 그 따내는 방식이 어때야 한다는 것도 우리의 선택의 문제에 들어옵니다. 바로 우리의 성과가 지금 우리가 누리고 있는 것들인 겁니다. 우리의 선배들이 선택하고 투쟁했던 내용들인 겁니다. 1987년 투쟁에서 한 가지 더 말씀드리면 우리나라 노동자들이요 사실은 여러분이 이 노조 활동을 할 수 있는 것도 1987년 노동자들의 대투쟁이 있었기 때문에 그렇습니다. 저도 마찬가지입니다. 데이콤이라는 사업장에 노동조합이 만들어진 것은 1987년도 8월 29일이었습니다. 우리나라 제조업 노동자들이 다 들불처럼 일어나서 투쟁할 때의 그 힘으로 사무직의 노동조합들이 만들어지기 시작했던 겁니다. 전교조도 1989년에 만들어 진 게 1987년 노동자대투쟁을 보고 노동조합을 하면 힘이 있겠구나. 이래서 교원노조를 만들게 됐던 겁니다. 그 성과가 뭐였냐, 노동자들이 지위를 확 바꿔놨습니다. 1987년 이전까지만 해도 제조업 현장에 있는 노동자들을 어떻게 불렸냐면 공돌이 공순이라고 불렀습니다. 제가 1987년 1월에 데이콤에 입사를 했는데요 그때 저희같은 사무직들이 입사를 하면 그 현장에서는 뭐라고 불렀냐면 우리 부장이 저한테 그래요 "이름이 뭔가?" "이승원입니다" 그랬더니 "아, 미스터 리" 이렇게 해요. 남자 직원이면 미스터 리, 여자면 미스 리, 이렇게 불렀습니다. 1987년에 사무전문직에 노동조합이 생기고 나서 조합원들에게 설문조사를 했습니다. 뭐가 가장 좋았냐 임금은 많이 올랐지만 그걸 좋다고 말하는 사람 아무도 없었습니다. 우리 부장이 내 이름을 불러 준다. 노동조합이 만들어지고 나니까 누구누구 씨 이렇게 경칭을 붙이기 시작했습니다. 제조 현장만 공돌이 공순이가 아니었습니다. 바로 이 땅 노동자들의 이름을 되찾고 자존심을 되찾는 바로 그 투쟁이 1987년도 투쟁을 통해서 이루어졌습니다. 바로 이 선배들의 투쟁이 있었기 때문에 우리의 지금이 존재하고 있는 것입니다.

여러분, 내가 무슨 행동을 하던지, 우리 조직이 어떤 결정을 하든지 이것이 전체 노동자의 생각과 전체 노동자의 이익과 어떤 결부가 됐는지 고민하시는 시간이 앞으로 좀 되셨으면 좋겠습니다. 그리고 선택하십시오.

여러분들이 전임 사장을 찾아갔을 때 전임 사장에게 나쁜 소리 하러 찾아가지 않았을 겁니다. 그렇다면 용산 참사에 희생된 그 철거민들의 유가족들 그 사람들은 어떻게 생각할지 한번쯤 생각해봅시다. 단 1분이라도 그것들을 생각하는 여러분들이 되시길 바랍니다. 여러분 여러분이 하고자 하는 것 그런 것들 여러 가지 방법이 있습니다. 바로 힘이 없지만 같이 연대해서 그 연대한 노동자들이 힘으로써 그런 것들을 쟁취해 낼 수 있습니다. 여러분. 여러분들이 그런 결정을 하실 때 지금 박근혜 정권과 그 다음에 새누리당과 맞서서 임금피크제 그리고 저성과자 퇴출 문제를 갖고 싸우고 있는 노동자들을 1시간이라도 생각해보십시오. 여기 자랑스러운 공항공사노동조합의 이름으로 한 행동이 전체 노동자들에게 어떤 영향을 미칠지를 고민해 봅시다. 그리고 진짜 100여 년의 역사 속에서 피 흘려 싸웠던 우리 선배들에게 부끄럽지 않은 일인지 같이 생각해 봤으면 좋겠습니다.

민주노조 활동 쉽지 않습니다. 그러나 어려운 문제도 아닙니다. 어떤 의식과 어떤 마음속에서 하느냐에 달려 있다고 저는 생각합니다. 긴 이야기를 한다고 해서 여러분에게 어떤 생각이 달라지거나 그러지 않으리라고 저는 생각합니다.

여러분들 질문 있으시면 질문 받고 이야기 마치도록 하겠습니다.

질문 없으세요? 여러분 오늘 교육이 왜 열렸는지는 아셨죠? (네.) 그래서 저는 여러분들이 이미 저질러진 문제들 가지고 갈등하기보다 이후에 이것들을 어떻게 수습하고 어떻게 나가는 것이 민주노조 공항공사노조에 걸맞는 일인가 이것들을 고민하시기 바랍니다. 여러분. 마치겠습니다, 감사합니다.

명동성당 1987년 6월항쟁 인터뷰

2017년 5월 5일, 명동성당 일원에서 있었던 인터뷰이다. 6월 항쟁 관련한 조합원 교육을 하기 위해 6월 항쟁 유적지를 탐방하던 중에 이루어졌다. 질문은 한내 회원 소요가 맡았다.

문) 1987년 당시에는 무슨 일하셨어요?

답) 1987년 1월 1일자로 한국데이터통신이라는, 나중에는 데이콤으로 바뀌었고 지금은 LG유플러스라는 회사로 바뀌었는데 거기에 입사해서 6월 말까지 장기 연수 과정을 받고 있던 시기였어.

문) 사회적으로는 격동의 시기였을 텐데요.

답) 격동의 시기이기도 했지만, 나는 사실 먹고 사는 문제가 더 컸죠. 당시 우리 아버지가 직업이 있는 것도 아니었고, 1985년도에 대학을 졸업하고 군대 갔다 와서 직업을 찾는 게 제일 중요했던 시기였고 부모님과 가족의 부양을 책임져야 될 위치에 있는 사람이니깐.

문) 1987년 6·10항쟁 당시에는 어디 계셨어요?

답) 회사에서 아침부터 저녁까지는 연수 교육 받고, 저녁 때는 길거리를 헤매고.

문) 아무 연고 없이 혼자 가셨어요?

답) 그때는 그랬어. 그리고 나 같은 사무전문직들 혼자 나온 사람들도 많았어. 경력은 서로 다르겠지만. 그 당시에는 데모할 때 누가 선동하거나 그러지 않았어. 길거리에서 대부분 공격의 대상이 뭐였냐면 파출소. 뭐 이런 데였기 때문에. 청와대로 갈 이유도 없었지.

관공서 앞에 가서 독재타도 호헌철폐를 외치기 시작하면 다 같이 외쳤고. 그 앞에 경찰들이 나오면 투석전도 하고. 그리고 파출소로 도망가면 쫓아가서 집어던지고 싸우고.

문) 대오가 따로 없었어요?

답) 그렇게 형성되는 대오가 있었고. 그리고 국민대책위나 학생운동이 주도하는 대규모 집회가 있었지. 그리고 거기에 같이 참여하는 구조였어. 근데 그 집회가 뭐냐면 감정적으로 이루어지는 집회가 아니었어. 많은 수가 모이면 경찰은 해산을 목적으로 최루탄을 쏘아댔는데 이러면 그냥 흩어지는 게 아니고 서울시 곳곳으로 흩어져서 또 다시 모이기 시작해. 그런 모습들이 서울 전 지역에서 보였다고.

문) 천주교 정의구현사제단이 성명을 발표하잖아요? 그 이후로 명동성당이 1987항쟁의 주요 기지 역할을 했다는데.

답) 지금은 명동성당이 기능을 잃었다고 하지만 1970년대 이후 모든 민주 세력의 소도(蘇塗)의 역할을 했지. 나는 사실은 1980년대 초반에 야학도 하고 그랬어. 우리 집사람이 소원이 뭐였냐면 성당에서 결혼식 하는 거여서 와보곤 했지. 그거 말고도 시국 미사 보러 많이 왔었어. 성당에서 나서서 각 지역 성당에서 시국 미사를 봤었어. 시국의 문제를 해결하라 그런 걸 했고. 그리고 6월에는 학생들이 명동성당에 들어와서 농성을 했어. 그래서 매일 저녁에 시국 미사가 열렸지. 일찍 끝나면 집사람이랑 같이 시국 미사에 참여하고 그랬지. 코스모스 백화점까지 행진했어.

문) 그때는 전경들이 막고 이런 거 없었어요?

답) 무조건 막았지. 성당만 나가면. 신부님이랑 수녀님들은 연좌시위를 하고 우리 같은 사람들은 싸우고 그랬지.

문) 지금의 집회 시위 모습이랑은 많이 다른 거네요?

답) 지금 촛불의 모습이 많이 안타까운 것은 뭐냐면, 민중들의 저항은 폭력이 아니고 헌법이 보장하는 저항권이야. 근데 너무 비폭력만을 외치면서 보수와 같은 생각을 갖고 있다는 거. 그건 실제로 잘못을 저지른 세력들한테 생각할 수 있는 여유를 주는 거지. 대응할 여유를 주고 쟤네들이 태극기라는 집회를 만들어 낼 만한 시간도 주는 거야. 근데 실제로 뭐냐면 공권력이라는 거는 정당성이 결여되면 국민으로부터 위임받은 권력일 수가 없는 거거든. 근데 그때는 그렇지 않았던 거지. 나서서 공권력의 폭력에 저항하고 같이 맞서고.

문) 화염병이나 돌멩이가 집회나 시위에서 사라진 건데 그게 긍정적인 일만은 아니라고 보시는 건가요?

답) 두 가지 측면에서 볼 수 있지. 하나는 이 시위대가 폭력성을 띄게 되고 맞대응 할 수 있는 것은 지배 권력의 문제일 수 있는 거지. 지배 권력이 과도하게 폭력으로 진압을 하면 여기도 폭력으로 무장할 수밖에 없는 거지. 근데 저쪽에서 폭력성을 덜하고 평화적으로 하면 여기도 굳이 폭력적인 수단을 동원할 필요는 없는 거고. 또 하나 우리가 생각할 게 뭐냐면, 폭력을 말로 싸우고 두들겨 패고 하는 것으로 아는데 실제로는 인권을 저해하는 부분도 폭력적인 부분이거든. 지금 이 시국에 차벽을 세운다거나 사람들의 요구를 묵살하는 과정도 폭력이거든. 근데 거기에 대응하는 방법이 여기는 무조건 비폭력이다, 이건 아니라고 봐. 이게 이후 크게 문제가 될 수도 있는데, 어쨌든 역사적 경험을 남겼다고 봐.

문) 비폭력에 대한 집단적인 강박이 실제로 있는 거잖아요. 그게 왜 그렇게 되었다고 생각하세요?

답) 그건 김대중·노무현 정권이 공헌이 굉장히 컸던 부분이야. 그들이 얘기했던 게 뭐냐면 그럼 최루탄 안 쏘겠다, 너희도 돌 던지지 마라, 이런 식의 평화. 이런 것들을 집회에 만들려고 했고. 1987년 당시만 해도 이 시대의 양심적인 사람들은 우파나 좌파나 할 것 없이 다 동지들이었거든. 그런데 이쪽의 생리를 잘 아는 사람들의 배신이. 그들이 이들의 약점을 잘 아는 것이지. 정의와 평화를 얘기하면 얘들이 꼼짝 못할 것이다. 이런 것들을 알고 이용한 거지 사실은.

문) 그때는 비폭력 폭력 논란은 없었어요? 최루탄 추방의 날 이런 것도 하고 그랬던데?

답) 최루탄을 우리가 쏘나? 파출소에 돌 던져도 지나가는 시민들이 박수쳐 주고. 부마 같은 경우에는 행상하는 아주머니들이 물수건을 만들어 가지고 최루탄 피하라고 생업을 포기하고 나눠주고. 그러니까 우리가 6월항쟁의 모습들을 얘기할 때 드는 생각은 뭐냐면, 모두가 함께하는 항쟁이라는 건 지금의 촛불하고 다르지 않은 거지. 그런데 방법이 왜 폭력적이었냐 하면 그때는 그럴 수밖에 없었던 거지. 군사독재에 맞서서 그럼 어떻게 싸워야 했나. 저쪽에서 총을 들이대고 있는데. 거꾸로 한번 내가 물어보고 싶은데?

문) 싸우겠죠. 그런데 폭력이라는 부분이 그 시대에 비해서 약화된 것도 아니잖아요? 민주화됐다고 하지만.

답) 그렇지. 사실은 내가 아까 얘기했듯이 폭력이 폭력이 아니라고 얘기한 것은 바로. 폭력이라는 것은 뭐냐면 사사로운 이익이나 그런 걸 위해서 남한테 위해를 가하는 부분인데. 헌법이 보장하는 저항권을 행사하는 걸 가지고 폭력이라고 부르는 것은 동서고금 어디에도 없다고 사실. 그런 당당함이 있었던 거지.

문) 그렇군요. 그때 당시에 명성에도 오셨고 데이트도 하셨겠네요?

답) 그게 데이트였어. 돌 던지고. 이한열이 최루탄 맞고 쓰러졌을 때 거리에서 사람들의 모습이 남달랐거든. 이게 뭔가 일이 나겠구나. 그때 되면 직장 교육 끝나면 서울역 남대문 명동 이렇게 돌아다니다 보면 저녁때가 되면 목이 퀘퀘하고 온몸에서 최루탄 냄새가 나고 이랬어. 그러면 뭐 11~12시에 집사람한테 가서 술 한잔 먹고 2~3시에 집에 들어가는 게 다반사였지.

문) 직장 다니면서도 세상이 흔들흔들하고 이런 거에는 계속 관심이 있으셨던 거예요?

답) 물론이지. 그때는 나뿐이 아니고 식당 가도 누구나 그런 얘길 했어. 그 시대에 살았던 사람들은 다 고민했던 거지. 행동하느냐 안 하느냐는 차이가 있어도 고민은 다하고 있었지.

문) 지금은 왜 그래요?

답) 생각을 해봐. 내가 유신 체제에서 학교를 다녔어. 우리가 다니는 학교라는 건 지금의 학생들은 상상을 못해. 교복 입고 바리깡으로 머리 밀리고 두들겨 맞으면서 다녔어. 일제 교육이랑 똑같았어.

문) 지금도 물리적으로만 안 때렸지 정신적으로는 계속 때리고 있는 거나 마찬가지잖아요.

답) 물론 그렇지. 여러 가지가 있겠지만 그때는 진짜 일제식 모자에 그리고 머리 깎는 거 빡빡. 우리가 뭐 죄수냐. 그리고 선배, 후배? 그때는 선도부라는 애들이 깡패라서. 폭행이 다반사였고. 교사라는 권력이 걔네들한테 폭력의 권한을 부여하지. 왜냐면 학교에 군인이 있었지. 예비역 군인들이 교련 선생. 1년에 한 번씩 수험생들도 전투 지휘 검열을 받아야만 훈련을 면제받았어.

문) 반항하는 애들 없었어요?

답) 왜 없어 많았지. 나 같은 경우는 고1때 덩치가 좀 크단 이유로 6월이 되면 이순신 탄생일에 현충사까지 학생들이 총 들고 교련복 입고 행군했어. 학생들이 여의도 광장에 나가 가지고 총검술하고 그랬어. 근데 그걸 거부했다? 그러면 막 까는 거야 워커 발로. 지금 생각하면 끔찍해. 근데 내가 고등학교 때 10·26이 났어. 야 이제 세상이 달라지겠다. 저 새끼 죽었으니까 이제 세상이 달라지겠다, 라고 기대했다고. 근데 고3 때 1980년을 보냈잖아? 근데 지랄염병을 떨더니 전두환이라는 새끼가 광주에 학살을 하고.

문) 하하하. 근데 광주를 아셨어요?

답) 처음엔 몰랐지. 근데 다 알게 됐고. 교련 와서 가르치던 말 잘못한 선생님들이 끌려가고 어느 날 갑자기. 그러는데 모를 수 있나. 남영동으로 끌려가고. 근데 대학을 왔더니 이제 대학 가면 해방이다라고 해가지고 왔는데 이게 뭐야. 학교에 경찰들이 왔다 갔다 하고. 그런 과정을 겪었는데 7년이 지나도록 아직까지도 체육관에서 대통령 뽑고. 전두환이가 대통령이고 그러고 뭐 아시안게임도 하고 이러면서 세상이 바뀌겠구나 생각을 많이 했어. 그리고 독재 정권이 모르는 게 뭐냐면 사람 의식의 각성 이런 부분은. 사람이 조종할 수 있는 문제가 아니야. 다 말은 안 하지만 가슴 속에 있는 거고. 광주의 유훈들이 다 암암리에 퍼졌던 거지. 그리고 빚진 사람들이 된 거지.

문) 대학 때 운동권이셨어요?

답) 아니, 난 학생운동은 안 했어. 야학했지.

문) 그럼 대학 공부 열심히 하셨어요?

답) 아니 공부는 열심히 안 했어. 별로 배울 게 없더라고. 앞 얘기 이어서 거기에 결정적으로 4월 13일 호헌조치. 난리가 났지. 그리고 사회가 변한 게 하나 있어. 1980년대 초반만 해도 중화학 공업이 중심이었는데 그때 제3의 물결이라는 세계적인 풍조가 있었어. 컴퓨터 보급. 컴퓨터를 이용한 시스템이 도입되기 시작할 때였어. 대학교에도 전산학과 이런 거 생기고. 그러다가 PC가 도입된 건 1980년대 중반. 286도 아니고 XT. 근데 이제 모든 것이 전산화 된다는 거는 제조업 분야에도 혁명을 이루었지만 실제로 타격이 컸던 건 사무전문직 분야였어. 이 사람들은 당시만 해도 고급 인력이라는 대우를 받았거든.

문) 지금도 약간 그렇지 않아요? 블루칼라, 화이트칼라.

답) 많이 줄었지. 그때는 회사 하나 만들었다 하면 경리부서나 이런 데가 전체 부서의 10분의 1정도가 될 정도의 규모였어. 노동집약 산업이었거든. 그래서 걔네들한테 좀 더 대우를 해주면서 제조업과 분리를 하려고 했지. 너희들은 사회적으로 중산층이고 화이트칼라고 이러면서 세뇌하려고 한 건데 그게 통하지 않는 거야. 왜냐면 컴퓨터가 보급되면서 옛날에 8명, 10명이 하던 걸 혼자 다할 수 있는 거야. 회계사 일? 컴퓨터 쓰면 다 해. 그런 것들이 역사적으로 보면 의식의 전환 조건인 거잖아.

문) 지금도 박근혜가 탄핵되고 이런 게 성과다 아니다 논쟁이 있잖아요? 대통령 한 명이 탄핵된다고 우리의 삶이 나아질 것이냐 하는 그런 본질적인 질문들이 있잖아요.

답) 본질적인 변화가 되었느냐 접근하면 탄핵이 아주 부분적일 수 있는 거지. 그렇지만 뭐 박근혜도 거기의 일원이었다고 보면. 박근혜의 탄핵은 일정 부분 성과를 가진 거지.

문) 그러면 6·10항쟁의 구체적인 성과라고 느껴지는 게 있었어요?

답) 탄핵 정국도 일정의 시기가 지나 봐야 역사적 평가가 내려질 건데. 나는 항쟁이나 투쟁이라는 것이 궁극적인 목적은 사람의 의식을 바꾸는 거라고 생각하거든. 민주주의 바뀌지 않았느냐. 그거는 보이는 성과야. 근데 그래서 4천만 민중의 의식이 바뀌었냐 그리고 우리의 삶이 바뀌었냐고 얘기하면, 바뀌었으니까 6·10 항쟁을 기리는 거지 그렇지? 근데 탄핵 정국이 이후에 결국에 도로 아미타불이 된다면 사실은 우리한테 역사적 교훈을 주는 게 아무것도 없는 거지. 이제 진행이 되면 냉정한 평가가 이뤄지겠지.

문) 그때랑 요즘이랑 비슷하다고 느끼세요?

답) 방식에 있어서는 영 차이가 있지만. 목적이나 이런 거에 있어서는 30년 전의 투쟁을 반복했다고 생각해.

문) 반복했다라는 건 긍정적으로 느낀다는 거예요 아니면?

답) 아니지. 역사가 진보해야 되는데 역사가 머물렀던 거지 30년 동안. 지금도 민주화 투쟁을 한 거잖아. 이거는 민주화 투쟁이야. 반민주와 또 다른 형태의 독재와 싸우는 극우 보수주의와 투쟁하는 거야. 근데 30년 전에도 우리 노동자 농민들이 그 싸움을 했다고.

문) 약간 회의적인 관점 아니예요?

답) 꼭 그렇지만은 않지.

문) 1987년에 청년이셨잖아요? 지금이랑 가장 큰 차이가 뭐라고 생각하세요?

답) 지금의 청년들은 이데올로기나 이념 사상 이런 거에 별로 고민이 없는 거 같아. 오로지 뭐냐면 자본주의 사회에서 어떻게 생존하느냐 먹고사느냐 출세하느냐. 여기에 모든 것이 집중되어 있는 것 같아.

문) 마냥 그것을 탓할 수는 없는 거잖아요.

답) 그렇지. 그러니까 옛날 얘기 좀 하면 우리 시대에는 노동조합 이러면 빨갱이야. 집에서 뭐라고 했냐면 앞장서면 죽는다. 말 잘하는 애들 조심해라. 빨갱이다.

문) 하하하. 근데 지금도 그러는데?

답) 많이 없어졌지. 그리고 빨갱이 이데올로기와 함께 중산층의 허위의식이 있었던 거야. 실제 중산층도 아니면서 너는 다르다. 제조업의 노동자들과는 다르다. 이런.

이후 녹음은 끝났다. 녹음기를 끈 후 이승원은 "젊은이들이 우리라는 개념이 없는 게 안타깝다"고 했다. "예전에는 공동체의식, 함께 살아가야 한다는 의식이 있었는데." 이승원은 경쟁을 넘어 공동체의식을 회복하는 게 중요하다고 강조했다.

5678도시철도노조 간부 교육

이승원의 마지막 교육이었던 2017년 7월, 서울 5678도시철도노조 간부 교육 녹취록이다.

항공사 노조. 조종사 노조는 2000년대 넘어와야 만들어져요. 이거는 그때 당시에 뭐냐면 항공사 노조는 일반 직원들 노조. 특히 외국계 항공사들의 노조가 많이 만들어져요. 그리고 1987년 대투쟁 과정에서 병원 노동자들, 서울지하철노조, 정부출연연구기관 노조가 만들어지죠. 그래서 그 당시에는 뭐였냐면 박사급들도 노조를 만들었다고 해서 신문에도 좀 나고 그랬어요. 그게 뭐냐면 정부출연연구기관 노조입니다. 공공운수노조에 같이 있죠? 공공연구노조. 그래서 이들이 홍릉에서 파업 투쟁을 크게 했어요. 그 당시에. 그래서 사진 내용을 그림으로 그린 거예요. 그리고 경제사회단체 노조. 상공회의, 무역협회. 언론사 노조. 그 다음에 전국교직원노동조합. 전교조는 1989년 5월 28일에 설립된 거죠. 날짜로 봐서는 1987년하고는 직접 관계가 없는데요. 전국교직원노동조합 역사를 보면 이런 얘기가 있어요. 그 당시에 1987년 당시에 전교조 내에서는 교원 운동을 해야 되느냐, 교원 운동을 해야 되느냐 노동 운동을 해야 되느냐 가지고 치열한 토론이 있었대요. 거의 비등한 세력이었다는 거예요. 근데 1987년 투쟁을 보면서, 아 그래 교원 운동 해봐야 뭐 하냐, 우리도 노동3권 쟁취하는 노동자 투쟁해야 한다, 이게 우세해져서 전교조를 결성하게 되었다는 내용이 있어요. 이게 바로 뭐냐면 전교조도 바로 1987년 투쟁의 영향으로 만들어지게 됐다, 라는 겁니다.

그러면 노동자대투쟁의 성과로 뭐를 얻었냐. 이 그림 보시면 알지만 투쟁이 조직의 지름길입니다. 1980년에 노동조합의 수가 2,658개에서 1988년에 6,142개가 됐어요. 몇 프로가 증가했습니까? 231%요. 어마무시했죠? 따따블이 된 거 아닙니까. 그 다음에 조합원 수는 103만 6천 명. 조직률 15.5%에서 170만 7천 명으로 22% 조직률이었어요. 근데 지금 어떻죠? 노동자 조직률? 10%가 채 안 되죠? 항공, 운수 포함해도 10%가 채 안 돼요. 우리가 좀 더 신규 조직에 더 열심히 해야겠죠.

그 다음에 이제 언론, 병원, 정부출연연구기관, 대학, 조금 전에 설명 드렸지만 유통 부분에 사무 직종으로 영역이 확대 되었어요. 그리고 노동운동의 질서가 재편되었는데요. 한국노총 주도의 기존 노동자 구별들은 새로운 흐름을 형성했어요. 지역, 산업, 재벌 그룹도 그렇게 됐고. 조직 건설에 매진했죠. 아 이제 우리 투쟁의 성과를 이어서 쟤네들이 반격해 올지 모르는데 우리도 조직을 만들어야겠다. 그래서 건설된 게 뭐냐면 지역노조협의회예요. 마창노련을 필두로 해서 전국적인 지노협을 만들어 내요. 그 다음에 우리가 그것들을 묶어서 1990년 이후부터는 뭐를 만들어요? 전노협을 만들게 되는 거죠. 1990년 1월 22일. 그리고 전노협이 다 총괄하지 못했기 때문에 그때 업종회의가 5월 달에 따로 만들어지고 재벌 그룹도 또 들어오진 않았죠? 이것들을 묶어서 전노대를 만들고 전노대에 이어 1995년 11월에 뭐를 만들어요? 11월에? 민주노총을 결성하게 되는 겁니다. 그래서 1987년 노동자대투쟁이 결국은 지금의 민주노총을 만들게 했던 동력이었다는 거죠. 그리고 노동자는 하나다. 자본의 외부 세력 개입 주장에 노동자는 하나라며, 계급적 단결을 도모했어요.

삶의 질은 투쟁에 비례합니다. 임금 인상 등으로 노동자 생활이 향상되었죠. 여러분들, 노동자들의 마이카 시대가 언제부터 된 거라고 생각하세요? 지배 권력은요? 우리가 마이카 시대를 제가 초등학교 다닐 때부터 사기 쳤어요. 언제? 박정희는 뭐라 그러냐면 1980년, 대망의 1980년이 되면 수출 100억 불, 개인소득 1000불, 그러면 뭐가 된다고요? 마이카 시대가 된다고 그랬어요. 그래 가지고 신문마다 집집마다 차가 생긴다, 어쩐다 떠들고 그랬어요. 1970년대 초에. 근데 1980년이 되니까 그렇게 됐어요? 수출 100억 불은 달성했어요. 근데 마이카는커녕 자전거도 못 타는. 도대체 뭐가 문제였냐? 이 사회는 박정희의 선성장 후분배의 논리 때문에 분배가 문제였어요. 분배가. 노동자들에게 분배가 안 되니까 차 살 수가 없었던 거예요. 근데 1987년 투쟁으로 임금 인상하니까 어떻게 돼요? 너도나도 뭐부터 해요? 차부터 사기 시작했어요. 그래서 1990년도 요구조건에 제조업 현장에서 나타나기 시작한 게 뭐냐면 회사에 뭘 요구하기 시작해요? 차 가지고 다니려니까. 주차장을 요구하기 시작해요. 근데 지금 현대자동차의 주차장이 텅 비어 있어요. 제가 교육하려고 보니까 텅 비어 있어요. 왜? 현장에서는 노동자들이 연봉 5000~6000만 원을 받기 위해서 쉬는 날도 없이 일하다 보니까. 정년퇴직만 하면 뭐가 와요? 본인 부고장이 와요. 그래서 노동자들이 뭐를 버리기 시작했어요? 차를 버리고 자전거를 타기 시작했고요. 그리고 지금은 뛰어다니는 노동자들도 있어요. 주차장이 썰렁해. 이젠 건강이 새로운 적으로 백세 시대의 새로운 적으로 등장하고 있는 거고. 그런 거 다 유심히 보세요, 여러분. 노동자의 요구 사항하고. 요즘 주택자금 요구 안 하죠? 예전에 웬만한 큰 노조는 노조 간부가 주택자금 비리 때문에 다 쇠고랑 찼고요. 주택자금, 주택 지원금 내라고 회사에 요구하고 투쟁하고 맨날 그랬어요. 근데 지금은 주택이 그렇게 해결될 문제가 아닌 거예요. 노동자가 회사에 요구해서 될 문제가 아닌 거예요. 그래서 바로 이 경제투쟁. 삶의 질이 투쟁을 통해 이루어졌다는 것. 그리고 마이카 시대는 언제부터 됐어요? 1987년 노동자 투쟁으로부터 이루어졌다. 여러분 당당하게 얘기하셔야 돼요. 그래서 노동자는 뭐다? 경제의 주체다. 이렇게 얘기하셔야 돼요.

그 다음에 노동자의 인간으로서의 권리. 차별 철폐와 노동기본권 쟁취. 그리고 이름을 되찾았어요. 누구누구 씨 그 다음에 뭐였어요? 안 맞고 살아요. 근데 요즘은 새로운 인권 탄압이 있죠? 뭡니까? 작업하는 현장을 감시하죠? 새로운 인권 문제로 등장하고 있죠? 그런 문제들이 내용만 바뀌었을 뿐이지 또 등장하고 있는 거죠.

그리고 공동체의 상징, 노동자 문화화 됐습니다. 일체감과 통일성을 높여 주었던 율동, 풍물, 노래, 미술, 연극, 문학, 탈춤 등 다양한 문화가 소개되었고 노동 현장에서 이루어지고 있어요. 그래서 옛날에 그런 얘기가 있어요. 전해진 얘기 중에 총칼이 혁명을 실패하면 뭐가 한다고요? 문화와 예술이 혁명을 한다. 이런 게 있어요. 문화와 예술은 노동자의 의식을 좌우하는 겁니다. 그래서 사회주의, 공산주의 국가에서 문화 예술가를 굉장히 높게 평가하죠? 그런 이유가 다 있는 거거든요. 근데 우린 지금 사실은 노동자 현장이 자본주의 문화로 다 물들고 있어요. 그래서 소비문화. 저희들이 노동자 역사 한내가 10년 되었는데. 한내를 만들면서 이제 역사 기행이나 이런 것들을 자꾸 하는 이유가 여러분 노동시간이 자꾸 단축되면 노동자들의 시간이 늘어나잖아요? 근데 자본은 다른 생각을 갖고 있어요. 그 노동자의 여가 시간을 어디다가 투여하려고 해요? 소비적인 일에 그래서 자본주의의 경제력 향상에 재투자하도록 유도하는. 끊임없이. 그 싸움을 우리가 하고 있는 거거든요. 향락 사업을 키우고 그 다음에 휴일까지 늘려 가지고 어떻게 하려고 해요? 놀러 가려고. 근데 우리는 그렇기 때문에 노동자 문화를 키워야 해요. 그 시간에 뭐냐면 창조 행위를 해야죠. 독서 모임도 하고 그 다음에 우리의 역사 현장도 찾아보고 우리 노동자들의 삶을 윤택하게 할 수 있는 그런 것들을 노조가 제공해야 되는 거 아닙니까? 맨날 술 마시고 그런 걸로 소비할 수 없는 거잖아요. 놀이기구 타러 다니고. 그거 나쁘다고 얘기하고 싶지 않아요. 그렇지만 정도껏 해야 되는 거죠. 거기에 빠지면 안 되는 거잖아요. 저희가 사북 역사기행을 했는데 사북에 가면 지금 탄광의 노동자들은 가장 열악하다는 막장 인생들이 일하던 곳에 뭐가 만들어졌어요? 카지노가 만들어졌어요. 그럼 거기에 뭐가 더 많으냐면 식당보다 많은 게 뭔지 아세요? 전당포. 그게 뭐냐면 석탄 산업 합리화 사업이라고 했다는 카지노 사업이라는 게 자본의 향락이라는 게 뭐냐. 결국 사람을 망하게 하고 정신을 병들게 하고 스스로 죽게 만드는 거예요. 이게 바람직한 사회입니까? 제가 자동차 노동자들한테 가서 그 얘기를 했어요. 여러분들 자동차 산업이 항상 번영을 이루지 않을 것이다. 10년 후가 될지 20년 후가 될지 사양 산업이 되었을 때 울산의 노동자들은 거기에 대안을 뭘로 제시할 거냐. 사북 사례를 보고 카지노 향락 사업 절대 안 돼, 목숨 걸고 반대해야 한다. 그런데 노동자들은 깨닫지 못해요. 그래서 잘 먹고 살잖아. 카지노 잘 먹고 살아요. 뭐 노동자 민중의 고통 속에서. 있는 돈 없는 돈 다 갖다가 빚까지 얻었다가 다 팔아먹고 목숨까지 끊고 가족 패가망신시키고 그 돈으로 호의호식 느끼면 기쁩니까? 즐겁습니까? 그게 노동자가 지향하는 삶이에요? 다 같이 다 잘 사는 삶이고요? 저는 절대로 아니라고 생각해요. 우리는 그런 현장을 봐야 돼요. 봐야 되고 느끼고 그렇지 않은 사회를 만들기 위해서 우리가 어떻게 노력할 것인가. 그리고 책임 있는 노동자 간부로서 우리는 뭘 어떻게 할 것인가를 고민해야 된다는 거죠.

그리고 세상의 주인은 노동자고 노동자 정치세력화의 단초를 열기 시작했어요. 그리고 노동 악법 철폐와 노동법 개정 투쟁의 출발을 했고요. 그 당시의 가장 많은 구호가 뭐였냐면 노동해방이었어요. 그런데 지금은 노동해방 구호가 나오나요? 집회 나가도 보기 어렵죠? 왜 그러죠? 저는 이유를 모르겠어요. 왜 노동해방이라는 얘기들을 꺼려하는지. 자꾸 눈앞의 현실에만 급급하려 그래요. 현실 가운데서. 그러니까 노동자들이 뭐냐면 노동조합을 바라보고 기대하는 게 한시적일 수밖에 없어요. 유한적일 수밖에. 노동자의 미래를 얘기 못해 주잖아요. 10년, 대를 이어서 100년을 투쟁하면 어떤 사회를 만들겠다라고 얘기하는 데가 없어요. 단일 노조에서 기대하기 어렵다고 하더라도, 민주노총도 제시하지 못해요. 노동자가 주인 되는 세상이 되면 어떤 건데요? 왜 얘기를 못해요? 내 자식이 성적 때문에 성적의 서열 때문에 자살하고 스스로 목숨을 끊는, 그렇지 않는 사회 그거를 만들겠다고 왜 말을 못하냐는 거지. 노동자들이 이중성이 어디까지 왔느냐. 사회 지도층이라는 노조 간부들이나 정치권의 사람들이 특목고 폐지해야 된다고 외치는데 자기 자식들은 다 유학 보내고 특목고 다 보내고 있어요. 자유당이, 자유한국당이 조사를 했어요. 85프로가 외국 보내고 있다는 거예요. 저도 실망했지만, 조합원들이 저는 그 개그 프로, 예능 프로 중에 그 프로그램을 가장 싫어해요. 예전에 강호동이 나오던 프로 뭐죠? 〈1박 2일〉, 그 복불복 정신이 뭔지 아세요? 〈1박 2일〉? 나만 아니면 돼. 나만 아니면 되는 거예요, 나만 아니면. 근데 그렇게 인기가 있어요. 우리 딸이 스물아홉인데 〈1박 2일〉을 꼭 봐야 되는 거예요. 딸 때문에. 근데 너무 우려스럽더라고 나는. 나만 아니면 돼? 세상이 어떻게 되는지 간에, 누가 어떻게 되는지 간에, 나만 아니면 된다는 사고방식이 이 사회에 퍼졌을 때 이 사회는 진짜 미래가 없을 거예요. 제가 좀 흥분했는데요.

자 그럼 이 성과를 갖고 우리가 어떤 투쟁을 좀 해야 될 건가. 사실 노동자대투쟁하면 노동자 신분 변화의 인간 선언입니다. 30년 세월을 보내며 우리 선배들의 투쟁에 부끄러운 것은 없었으며 퇴보한 것은 없나, 냉정하게 판단해 봐야 합니다. 그래서 1987년을 공부해 봐야 돼요. 역사를 공부해 보고. 그 다음에 우리가 사는 삶이 매일 변해요. 사실은. 그리고 그러나 변하긴 하지만 노동과 자본의 관계는 30년 전과 다름이 없습니다. 그건 뭐냐면 자본의 이익은 노동으로부터 산출되기 때문에 그렇습니다. 여러분 회사에서 원가를 다질 때 원가가 뭐 별다른 게 있을 거 같은데요. 사실은 원재료를 사오고 그 다음에 노동력을 투입해서 부가가치를 창출해서 서비스를 내죠? 도철도 마찬가지죠? 근데 우리가 산다는 원재료도 따지고 보면 뭐예요? 그 원재료를 만드는 사람이 원재료와 플러스 노동력이잖아요. 그것들을 쭉 해 놓으면 결국엔 뭐밖에 없냐면 자연물에다가 플러스 노동이 첨가된 거예요. 전부 다. 자동차 완제품을 만드는 회사의 노동자는 완성차를 만드는 노동자들만 노력해서 한 게 아니고 만 개에 달하는 부품을 만드는 노동자들의 노동력이 같이 결합이 된 거죠. 다 뭐냐면 인건비를 따먹지 않으면 자본의 이익을 그렇게 창출될 수가 없어요. 그러니까 자본과 노동의 관계는 본질적으로 다를 수가 없는 거죠. 그리고 자본과 노동이 그러기 때문에 이익 분쟁은 끊이지 않는 거죠.

자, 그러면 민주노조의 운동 방향은 어떻게 하냐. 강의 정리하겠습니다. 이제 한 단계 높은 노동운동을 전개해야 돼요. 이제까지의 운동이 저항과 민주화 투쟁, 독재에 맞서고 또 그 다음에 재네들의 일방통행식, 그 다음에 개악에서 저항하고 반대하는 투쟁이었다면, 여러분 요즘에 새로 나온 투쟁 중에 뭐 관철시키자는 투쟁 있었어요? '저지하자!' 있었어요? '저지하자!' 예? 성과퇴출제 저지하자? 이번에 성과 좀 냈죠? 예? 좋으세요? 그나마 그런 성과도 몇 년 만이에요? 이게? 그렇지 않아요? 대통령까지 확 바꿨는데. 그러니까 저항과 민주화 투쟁에서 이제 사회변혁의 주체로 서야 되는 거예요. 노동운동이. 그러려면 뭐부터 달라져야 돼요? 요구부터 달라져야 되죠? 전체 노동자에 대한 개혁적 단계를 도모해야 돼요. 그런 고민을 하셔야 돼요, 이제, 여러분들이. 사업장 내에 머무르지 말고 우리 전체 노동자들의 힘을 모으는 요구는 뭘까? 이걸 사업장에서는 어떻게 요구하고 전체 사회는 어떻게 요구하고 정치권에는 어떤 요구를 할 것인가를 고민해야 됩니다. 그리고 노동자 민중에게 희망을 줄 수 있는 운동이어야 됩니다. 요즘 이런 얘기를 많이 해요. 조합원들이 임금 인상에 관심이 별로 없어요. 근데 여러분 조합원들한테 임금 협상 과정에서 이번에 임금 협상을 하면 대한민국 노동자 전체 얼마하고 이 나라 자본가 얼마하고 하는 싸움이다, 그리고 우리 업종으로 오면 운수 쪽으로 보면 아니 더 좁게 보면 궤도 쪽으로 보면 궤도 노동자 총임금하고 궤도 자본가 얼마하고의 싸움이다, 이런 설명 한 번 해보신 적 있으세요? 들어보신 적 있으세요? 안 하잖아요. 그러니까 노동자들은 뭐만 봐요? 임금 5프로 인상 요구했어? 내 임금이 300만 원이니까 얼마? 3×5=15? 1500만 원? 그렇구나? 1프로? 얼마? 그렇게밖에 볼 수가 없어요? 왜 노동자들이, 이 사회의 주체인 노동자들의 눈을 시야를 자기 임금으로만 국한시켜 놓으시냐는 거예요. 간부들이 하는 교섭은 지금 십조를 놔두고 지금 교섭 테이블에 앉아 있는 거구나. 우리한테 1프로가 안 오면 재벌 그룹, 10대 재벌 개인들한테 5조라는 돈이 가는구나, 이런 계산을 할 수 있는 노동자를 키우시라는 거예요. 우리 힘들이 모이면 엄청나게 세상을 바꿀 수 있겠구나, 현장에서 선전하시고 할 때 그렇게 하시라고. 그리고 생활과 운동이 일치하는 삶을 실천하자. 노동조합 조끼 입었으면 노동자, 이제는 탈피해야 돼요. 자기가 차 몰고 갈 때 누가 집회하면, 아 어떤 새끼가 지금 사회에. 이중성은 탈피해야 된다는 거죠. 나는 노동자다, 이걸 어떻게 할 것인가. 일상생활에서의 노동자들을 조합원들을 그런 교육을 하셔야 돼요. 그런 얘기들을 나누시고 그렇게 해서 조합원들이 이중적인 생활이 아니고. 왜? 저는 가장 두려운 게 뭐냐면 여성 활동가들이 하는 얘기가 뭐냐면 가정에서 가장 보수적이고 문제 많은 사람들이 노동조합 간부들이고 두 번째가 노동자들이래요. 남성 노동자. 가부장적이고 권위적이고 왜 그럴까? 저도 고민을 많이 해요. 그런 것들을 생활 속에서 일상적인 생활 속에서 해체해야 되는 겁니다. 가족과 함께하는 노조 활동. 그래서 많은 노동자들이 가대위 활동도 같이 하잖아요. 가족 같이 투쟁할 때. 그런 활동을 통해서 서로 간의 이익을 높이는 거죠. 마지막으로 민중의 삶을 바꾸는 과제를 제시하고 인생을 걸 줄 알아야 된다. 여러분이 운수 노동자들이니까 제가 하나의 예를 들면 여러분이 무상 교통을 내년에 걸고 투쟁한다면 어떻겠어요? 무상 교통. 우리는 뭐 가지고 월급 받지? 이 생각했어요? 고민 안 하세요? 어때요? 무상교통.

무상교통까지는 아니고 요금 인하를 주장하자, 이런 생각은 했던 거 같아요.

여러분, 어느 시점까지 왔냐면요. 여러분이 운행하는 지하철은 65세 이상의 노인은 공짜로 해줘요 그래도. 버스는요 65세 노인이 그냥 타시면 내쫓겨요, 지금. 내리세요 이렇게. 기사님들이 내리세요, 제가 몇 번 봤어요, 현장을. 근데요 그 요금 수준이 어느 정도냐면 우리같이 생활하는 사람들한테는 크게 부담이 되지 않지만 실제로 생계가 막연한 사람들한테는요. 1200원 요금이라는 게 그렇게 작은 돈이 아니에요. 1200원이면 그 사람들 두 끼를 먹어요. 컵라면을 먹든 빵 한 조각을 먹든. 사회 민생 문제를 해결할 수 있는 돈이에요. 근데 시내 요금이 그렇죠. 지금 완행열차 다 없애고요. KTX 때문에 노인들이 기차를 못 타요. 제가 철도 가면 꼭 그 얘기를 해요. 철도 그게 바로 뭐냐 헌법이 보장하는 이주의 자유를 갖다가 뭐가 막고 있는 거예요? 돈이 틀어막고 있는 거예요. 자본주의 사회가. 여러분 무상은요. 국민의 권리를 할 수 있는 무상은 뭐 의류, 교육, 이것만 있는 게 아니라고요. 교통도 마찬가지잖아요. 무상 교통. 여러분의 뭐예요? 임금은 뭐로 줘야 돼요? 세금으로 줘야죠. 임금 인상 투쟁 열심히 해서 많이 받으세요. 왜 공공재를 갖다가 수익자 부담의 원칙에 의해서 수익자들이 돈을 부담해야지만 임금을 받을 수 있다는 논리가 뭐예요? 노동의 임금 인상 논리 공공부문의 임금 인상 논리를 깨기 위한 자본의 논리일 뿐이에요. 우리의 재원은 어디서 나온다? 국가를 운영하는 세금에서 나오는 거다. 당당하게 요구하고 받으세요. 그리고 뭐해라? 이용하는 시민들은 뭐로? 무상으로.

잘 받아들이기가 어려우시죠? 근데 어쨌든 여러분 지금은 이런 혁신적인 투쟁과 요구를 해야지만 저항과 민중의 사회변혁의 주체로 설 수 있으십니다. 최소한 우리가 더 이상 저는 비정규직 만원 인상 투쟁에 대해서 흔쾌히 동의를 못해요. 언제까지 돈 인상으로 저렇게 해결할 건가. 저는 만원 인상 하잖아요? 그러면 뭐예요? 음식 값 올린다고 난리예요. 줄줄이 오를 거예요. 근데 실제로 아르바이트생들이 제일 고통스러워하는 건 뭐죠? 고액의 등록금 문제. 그 다음에 취업이 안 되니까 아르바이트하죠, 지금. 왜 근본적인 문제에 대해서 총파업 못하냐는 거예요. 민주노총이 만원 인상. 당면한 투쟁이에요. 할 수 있어요. 그게 잘못됐다는 건 아니에요. 근데 그렇지만 민주노총 입장이면 뭘 해야 된다? 더 근본적인 요구와 투쟁을 전개해야 된다. 그들이 진짜 목말라 하는 게 뭔지. 이 사회에서. 그리고 이 사회를 근본적으로 바꿀 수 있는 투쟁을 전개해야 된다. 이게 이제 박근혜 정권을 끝내고 새로운 정권 하에서 민주노조가 투쟁의 목표로 삼고 이후 앞으로 전진해야 될 내용이라고 저는 감히 얘기하고 싶습니다.

질문 있으시면 질문 받겠습니다. 오늘 좀 황당했나요? 좀? 어떠셨어요? 질문이 있든 아니면 의견이 있든.

의견〉 강의 들으면서 마지막 부분에 감명 받았던 그런 글귀도 있었고요. 그리고 강의 전체를 봤을 때 전체적인 흐름을 어떤 식으로 생각해야 되는지 1987년 노동자대투쟁에 대해서 시작해서 어떻게 생각해야 되는지. 그런 방향을 기존에 제가 역사로만 알고 있었던 게 아니고 어떻게 생각을 바꿔야 하고 어떻게 생각을 가져야 하는지에 대해서 좀 생각할 수 있는 그런 시간이었던 것 같습니다.

앞으로 기대가 큽니다. 청년국장이셨죠? 청년국장은 아마 일본에서 먼저 만들고 우리나라 궤도 쪽 밖에 없어요. 다른 데는 없거든요. 그러니까 이제 미래 세대에 대한 기대니까. 더더욱 중요한 위치일 것 같은데. 또 다른 질문 없으신가요?

질문〉 제가 좀 착각했던 점이 있었던 거 같아요. 뭐냐면 저도 그러는데 조합원들이 왜 자판기가 됐을까 노동조합은. 그런 생각을 많이 했었거든요. 그거를 실제적으로 저는 조합원에게 설명을 할 때 현업 문제를 말 안 했던 거 같아요. 그거를 무시하고 이걸 하면 좀 더 좋아질 거라고 말했던 거 같아요. 근데 그게 이제 어떻게 보면 오만한 거로 보일 수 있는데 저는 그게 맞다고 생각을 했었는데. 민주노총 교육 갔을 때 민주노총이 성과연봉제를 폐지하고 난 다음에 당신네들은 뭐 할 것이냐 그에 대한 궁금증도 좀 있었어요. 거기서 강사하시는 분들도 정말 고민이다, 이렇게. 상위 단체든 노동조합이든 앞에 있는 사람들도 상당히 중요한 부분인데 향후에 어떻게 만들어나갈 건가를 좀 더 고민을 해야된다, 라는 게. 근데 이게 되게 어려운 거 같아요. 솔직히 말해서. 뭐 어떤 사람이 알려주는 것도 아니고요. 이걸 해본 사람은 없는 거예요 지금. 저는 그거에 대해서 고민도 한다고 하지만 그게 어떻게 되는가를 저도 전혀 모른다는 거죠. 근데 머릿속에서는 그렇게 진행을 해야 되지 않는가. 강사 분이 말씀하신 부분에 그런 점에서 말씀하셨는데 그래도 궁금한 거는 도대체 그러면 어떻게 해야 되는 거냐, 노동조합에서 어느 정도 가이드가 나오면 생각을 해볼 건데 정말로 다른 사람은 뜬금없는 소리를 하고 할 수 있는 부분이라서 그런 문제를 민주노총에서 솔직히 말해서 고민을 많이 해야겠지 않겠냐, 하는 생각입니다.

질문〉 지하철이 올해 통합을 했는데 서지(서울지하철노조) 분들도 그렇고 저희 이제 조합원들도 그렇고 사실 보이지 않는 갈등 같은 게 조금 앞으로 생길 거라고 생각이 들어요. 그런 것들을 과거에는 어떻게 해결을 했는지, 그런 것도 좀 궁금하기도 하고. 내부적으로 비정규직의 정규직화 해서 비정규직이었던 분들을 정규직화 할 때도 그 내부에서도 잡음 같은 것도 어떻게 슬기롭게 해결할 수 있을지를 고민이 되어 가지고 그런 걸 질문을 던지고 싶습니다.

질문〉 저는 사실 같은 얘기일 수도 있긴 한데 저희 노조가 지금 위기에 빠져있고 직종 이기주의에 빠져 있는데. 그게 작게 보면 우리 사업장의 얘기고 넓게 보면 사실은 진보 진영이 너무 많이 갈라져 있잖아요. 뭐 하나 싸움에 집중하지 못하고 그게 왜 그런가. 그렇게 때리고 있으면서도 사실은 자본이 이 돈에 관해서는 딱 뭉치잖아요. 근데 왜 다들 노동자는 하나라고 입으로만 얘기하면서 실제로 하나가 되어야 할 때 노동자들은 하나가 되지 못하는가 라고 봤을 때 소위 노동운동을 했던 선배들이나 리더들이 아니 노동운동을 한 건가 정치를 한 건가, 갑갑해요. 보기에는. 그런 얘기들이 현장에 가서 조합원들에게 설명했을 때 가장 쉽게 하는 얘기가 뭐냐면, 민주노총이 뭐하고 있는 거냐, 지금. 맹비만 받아 가는 민주노총이 하는 일이 뭐냐라고 얘기를 하는데. 사실 할 말이 없거든요. 이런 게 왜 이렇게 갈라지냐 노동자들이 저는 그게 관심이고 걱정이고. 희망이 안 보여요 사실은 그런 것들이.

상층 노조의 분열. 이거는 사실은 뭐냐면 저희들이 1987년 이전 같은 경우는요? 분열이 없었어요. 다 반민주, 민주화, 반독재 민주화 투쟁의 전선에 같이 복무했던 사람들이에요. 근데 이제 거기서 가장 분열이 처음 일어나게 된 게 김대중 정권이 출현하면서 운동권의 상당 부분이 운동을 배신하고 정치권으로 가게 되는 거죠. 근데 자연스러운 현상이에요. 특히 그중에는 예전에는 어땠냐면 운동을 평생 운동하겠다, 이런 사람도 있었지만 정치에 뜻을 두고 했던 사람들이 상당수가 있었거든요. 아직 그런 사람들이 더 많이 빠져나가야 돼요. 제가 보기에는. 눈에 다 보이니까. 근데 이제 그런 과정들이 좀 될 거고요. 그렇게 되면 좀 정리가 될 거다. 저는 그렇게 보고 있고. 너무 이제 이걸 혼란스럽게 바라보지 마시고. 자연스럽게 보시라는 거고.

그 다음에 운동의 대안 부분들을 얘기하는데요. 운동의 대안이라는 것은 없습니다. 사실. 왜냐하면 우리가 노동조합 활동이라고 얘기하기보다는 노동운동이라고 얘기하는 게 뭐냐면 무브먼트죠. 이 무브먼트는 끊임없이 움직이는 거예요. 그래서 시시각각 그 시대에 따라서 요구도 달라질 수밖에 없고 그런 것들이 대중적 요구에 의해서 사회를 변화시켜 나가는 과정인 것이지. 그렇게 때문에 어떤 정답으로 제시할 수 있는 건 아니고 어떻게 그 시기에 대중적인 요구를 가장 잘 응축해 낼 것인가. 그게 사실은 총연맹의 역할인 거죠. 그러니까 제가 연맹에서도 얘기를 했지만 총연맹과 연맹의 역할은 뭐냐면 사실은 수평적 연대의 확대예요. 다른 기량이 있는 게 아니에요. 단일 노조가 할 수 없는 수평적 연대를 갖다가 어떻게 확장시켜 주냐면 같은 연맹으로서 같은 총연맹으로서 확장시켜 내는 거예요. 그러려면 거기에는 뭐가 있어야 되냐면 정책이 있어야 되고. 요구가 있어야 되고 그리고 여기에 따른 교육 훈련이 좀 있어야 되는 거죠. 사실은 총연맹 단위는 조직은 별로 필요 없어요. 조직은 현장에서 하는 거지 조합원이 없잖아요. 실제 눈에 보이는 조합원들이. 근데 이제 이런 정책과 그런 요구에 대한, 뭐 요구도 정책이라고 볼 수 있고 정책과 교육에 대한 부분이 좀 약해지면서 총연맹들이 좀 허덕이는 거예요. 지금. 방향을 잘못 잡고 있는 거죠. 선거라는 과정을 치루니까 제일 중요한 게 뭐예요? 투쟁을 앞장세우니까 조직이 제일 중요한 거예요. 그래서 임원 구성비도 보세요. 조직실이 제일 기괴하잖아요. 거기가. 저는 그렇게 하면 안 된다고 보거든요. 교육과 정책이 혼용이 돼요. 총연맹이 전체 노동자를 통일시킬 수 있는 그런 걸 만들어 내야 돼요. 그런데 그걸 못 만들어요 지금. 만들만 하면 집행부나 임기가 끝났다고 바꿔요 또. 바꿔. 그러니까 안 되는 거거든요. 그러니까 이 총연맹이 사실은 지금은 4년 됐지만 2년 임기 갖고도 그걸 제대로 내는 게 쉽지가 않아요. 근데 더 중요한 게 뭐냐. 아까 얘기했지만. 제 얘기에 오해는 없으셨으면 좋겠어요. 제가 교육 가다 보면 이런 생각을 가지신 분도 있어요. 그러면 미래에 원대한 꿈을 제시하는 그런 운동을 해야겠다. 운동이 그렇게 되는 게 아니에요. 그런 목표 의식으로 갖고 가라는 거지. 땅은 어디를 디뎌야 돼요? 발을 딛어야 돼요. 발을. 그러니까 현실에 조합원들의 고충과 조합원들의 현실 상황들을 갖다가 제대로 헤아리고 함께 묶어서 투쟁과제를 만들어 내고 하는 역할이 중요한 거예요. 거기에 사실 60~70프로를 투자하셔야 돼요. 근데 뭐냐면 미래에 대한 방향성이 없으면 조합원들이 쉽게 지치고 쉽게 따라오려고 하지 않아요. 그러니까 거기에 20~30프로를 투자하셔서 미래를 제시하면서 이렇게 한 발 한 발 갈 수 있는 그런 것들을 여러분들이 만들어 나가야 한다는 거죠. 그렇죠? 그게 너무 총연맹만 보시지 마시고 총연맹에 요구를 하세요. 총연맹에 위원장 나오면 여러분이 유세라도 가시면, 아니 그러면 왜냐하면 당선되면 3년 후에 민주노총을 어떻게 바꿀지를 얘기해 보시죠, 이런 얘기를 한 번 질문해 보세요. 장기 집권하고 싶으면 10년 안에 어떻게 바뀔 건지 제시해 보라고. 장기 집권을 욕하지 마시고요. 10년을 해서 그 사람이 그렇게 바꿀 수 있는 사람인지 아닌지를 제대로 평가하시라고요.

두 번째 동지의 질문 서울지하철과의 문제. 여러분들 제가 솔직히 말씀드리면 여러분들보다 서울지하철 동지들하고 더 친해요. 도철의 강 동지는 예전부터 알았고, 서울지하철 동지들도 꽤 많이 아는 동지들이 있는데, 여러분들이 협상한다고 생각하시면 되게 어려울 거예요. 왜? 서울지하철을 여러분이 아시다시피 어용노조도 있었고. 뭐 물론 여러분들도 그런 경험은 다 하셨지만. 또 투쟁도 우리 사회 어느 노조 못지않게 투쟁도 했고 속되게 표현하면 산전수전 다 겪은 노조예요. 그 간부들. 그리고 이제 은퇴자들이 생기지만 사실은 뭐 지금 있는 사람들도 다른 노조에 비하면 장년층에 해당되지 청년층이 없어요. 뭐 젊은 사람들이 요즘에 막 생기기는 했더라고요. 근데 그래서 협상한다고 하면 어려우실 거고. 노동조합으로서 통합노조를 만들면서 공동의 선을 만든다고 하시면 그 누구보다도 더 대화가 되는 사람들일 거예요. 서울지하철노조 활동가들의 약점을 얘기해 드릴까요?

운동의 원칙이나 대의를 얘기하면 반박을 못해요. 가만히 있어요. 훌륭하죠. 그러니까 여러분들이 공부를 열심히 해서 딱 듣고 있다가 아니다 싶으면, '그거는 조직 이기주의고 서울지하철노조의 입장만 얘기하는 거 아니냐'고, '교통운수 전체의 노동자나 운동적 대의를 벗어난 얘기 아닙니까?' 물론 그 중에도 갈라져 다 빠져나가긴 했는데 메트로 쪽은 아직 그런 사람들이 많죠. 근데 서울지하철노조에도 그런 일부 있을 수 있긴 하겠지만 제가 아는 대부분의 간부들은 그런 대의에 대해서 부정하지 않아요. 그러니까 그런 사람들을 상대하는 거 여러분들 경험이 많고 산전수전 다 겪은 사람들에게는 여러분이 더 원칙적이고 원론적으로 접근하는 것이 더 좋다. 그러시면 그 친구들도 고민하고 반박하지를 못할 거다. 좋은 방향으로 만들어 나가려고 고민을 할 거라고 봐요.

그런데 서울지하철노조와는 임금 차이 큰 문제도 아니라고 하던데, 제가 보기에는 저는 도철노조에 소위 민주파와 서울지하철하고 통합과 도철노조 내에 한국노총 계열하고 메트로가 통합될 줄 알았어요. 근데 그래도 이렇게 다 같이 가겠다. 좋은 방향인데요. 제가 보기에는 열심히 노력하시지만 안 되는 걸 억지로 할 수는 없는 거거든요. 두 개의 노조를 분할 정도는 자연스럽게 과정으로 겪어야 할 수도 있어요. 근데 그런 과정 다 겪어 가는 거고요. 복수노조 시대에 너무 부정적으로 보지 않으셔도 됩니다. 도리어 뭐냐면 복수노조를 두려워서 원칙을 훼손하기 시작하면 민주노조가 망가져 버려요. 그런 게 있고요. 건강보험 같은 경우도 돌아서 돌아서 결국 왔잖아요. 물론 앞으로 어떻게 될지 모르지만.

이 정도로 마치겠습니다.

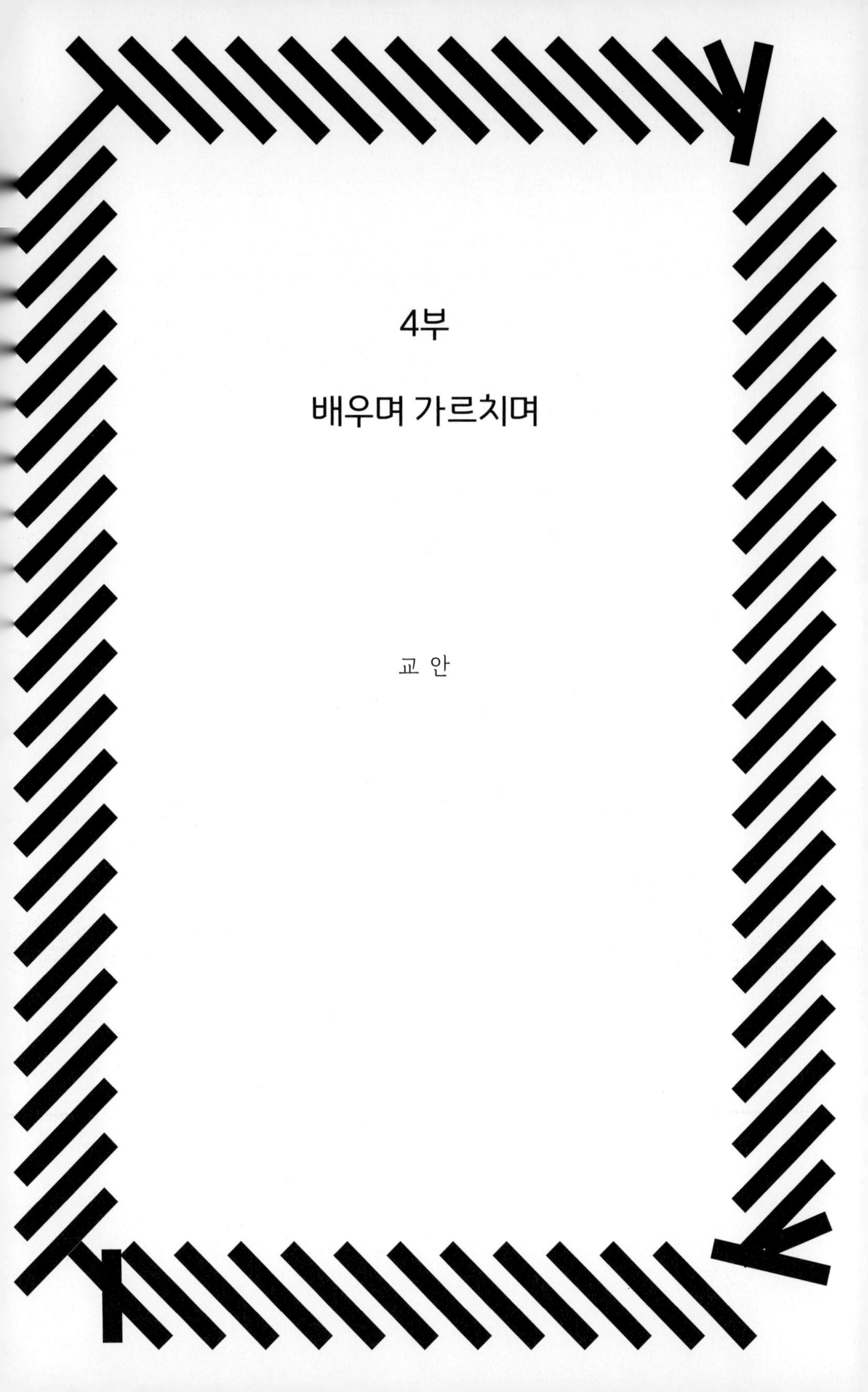

4부

배우며 가르치며

교 안

이승원은 평소 회의 진행법을 제대로 교육하기 위해 숙고하고 또 고심했으며 연구했다. 여기에 실은 이 글은 2015년 9월 21일, 도시철도노동조합 교육을 위해 이승원이 직접 작성한 교안이다.

회의 진행법

이승원(노동자역사 한내)

들어가며

회의 진행에 대해서는 특별히 대규모 성원의 회의 의장을 맡는 것이 아니면 별로 신경 쓸 일이 아니라고 생각한다. 그러나 회의 진행은 의장이 중요한 것은 사실이나 의장 혼자서 하는 것도 아니고, 회의 성원 전체의 집중력 있는 참여가 회의를 성공적으로 할 수 있는가의 문제와 직결되는 것이다.

왜냐하면 회의는 어떤 의제에 대해 회의 성원 전체의 의견을 하나로 모아 가는 과정이기 때문이다. 회의 진행법은 어떤 의제에 대해 하나의 의견으로 만들어 가는 과정을 **일정한 규칙**으로 만들어 가는 것으로 통상회의법으로 정리되어 전 세계적으로 비슷한 회의 제도를 운영하고 있는 실정이다. 이는 마치 수학의 사칙연산(+, -, ×, ÷)과 같은 것이다. 사람이 정해 놓은 약속으로 긴 설명 없이 약속된 대로 실행하면 되는 것이다. 여러 사람이 모여서 의견을 조율하고 하나로 모아 나가는데 그 방법론이 서로 다르다면 어떤 문제가 발생하겠는가? 회의 성원 전체가 회의 시간 내내 의사진행 발언만 하고 끝나든가 중도에 회의가 파탄나고 말 것이다.

그래서 원만한 회의 진행을 위해서는 일반적인 **통상회의법**을 따르거나 회의 규정을 미리 준비하는 방법이 있고, 1회성 회의라면 이번 회의에서만 적용될 회의통칙을 마련하고 회의를 진행하는 것이 현명할 것이다.

오늘 강의는 회의 진행법의 유래와 목적 및 일반론에 대해 간략히 언급하고, 회의 진행에 있어 잘못된 방법 및 인식에 대해 찾아보고 회의 진행 용어에 대해 알아보는 것으로 마무리 짓고자 한다.

1. 회의 진행법의 유래

회의 진행법은 입헌군주제를 발전시킨 영국 귀족회의에서 왕권을 제한시키기 위해 시작되었다고 알려져 있다.(1216년 경) 이것이 관습적으로 발전하여 1583년 토마스 스미드경에 의해 최초로 회의 규칙으로 발전되었다고 한다.

그 이후 1801년 미국에서 토마스 제퍼슨 회의법이 제정되었고, 1876년 헨리 로버트에 의해 회의법이 저술되어 출간되게 되었다. 헨리 로버트의 회의 규칙은 전 세계 민주주의를 내세우는 국가에서 사용 중이다. 물론 역사적으로 보면 종교개혁 이후 개신교를 중심으로 회의법이 발전되어 온 것도 사실이다.

2. 회의 진행법의 목적

회의법은 다수의 사람들의 의견을 하나로 모으는 과정에 대한 규칙이기에 기본적으로 민주주의 원칙을 채택하고 있다. 그러므로 회의 성원에 대한 평등과 권리 보장은 기본적인 사항인 것이다. 회의법의 유래에서도 보듯이 귀족들이 절대 권력인 왕권을 제한하기 위해서 출발했다는 것을 보더라도 회의 성원 전체의 평등과 상호 존중에서 출발하는 것이다. 남녀노소유무식(男女老少有無識)을 막론하고 구성원 전체에게 공정한 발언권과 1인 1표를 보장해야 하는 것이다.

회의법은 **다수의 결정권, 소수의 발언권, 결석자의 안전권**을 보장하는데 그 기초를 두었다. 그러나 회의법은 규정 자체의 적용보다는 그 원칙을 살리는 것이 주요하다. 회의법의 목적은 악용에 있지 않고 선용에 있다. 옳지 못한 다수결은 분명한 악용이다. **다수는 반대하는 소수의 의견을 존중하여 그들의 언권을 짓밟지 말 것이요, 결석자를 무시하지 말고 그들의 권리를 옹호하도록 주의**할 것이다. 회의법은 회의의 예의, 질서, 절차를 위하여 있다는 것을 늘 염두에 두어야 한다.

3. 회의는 왜 필요한가

1) 일반적 관점에서

회의는 민주적인 조직 운영에 있어 다양한 사람들의 의견을 하나로 결집시키는 과정이며, 형식이다. 조직 성원들이 한 가지 생각과 의견을 가지고 있다면 별 문제가 없겠지만, 현실적으로 불가능하다.

그러므로 일정한 규칙을 가지고 회의 형식을 통해 전체가 동의할 수 있는 안을 도출하는 것이다. 물론 가장 바람직한 것은 토론을 통해 만장일치를 이끌어내는 것이나, 쟁점이 분명한 것을 억지로 합일시키고자 노력하는 것은 더 큰 문제를 낳게 됨을 명심해야 한다.

2) 회의 내용의 관점에서

- 정보 공유

노동조합 활동, 회사 측, 정부·자본 등의 동향 등에 정보를 보다 집중적이고 집단적으로 공유할 수 있다.

- 업무 진행 상황에 대한 점검

현재 진행 중인 노동조합 전체 사업 및 간부들의 활동, 각 부서활동 등 전반적으로 진행 중인 사업을 일목요연하게 점검·정리할 수 있다.

- 문제의 해결과 새로운 사업의 기획

회의를 통해 현재 또는 중장기적으로 발생한 문제에 대한 해결 방안을 찾아낸다. 나아가 노동조합의 새로운 사업 방향을 수립하고 기획할 수 있다.

4. 회의 진행에 있어서의 오해들

1) 상집 회의와 대의원대회는 성격이 다르므로 회의 진행도 다르게 해야 한다

- 상집 회의와 대의원대회는 집행 회의와 의결 회의로 분명 회의의 성격으로는 차이가 있다. 그러나 의사결정 방식에 있어서는 동일한 방식과 회의 원칙이

적용되어야 한다.

- 전체 성원의 의견을 하나로 모아야 하는 목적은 같기 때문이다.

- 대부분의 단위노조 회의에 가보면 총회(또는 대의원대회)는 집중력 있게 해 나가지만 상집 회의는 산만하고, 결정도 못하고, 심지어는 위원장과 사무국장의 독주로 끝나는 경우가 많다. 이는 회의에 대한 기본자세가 안 되어 있는 의장과 회의 성원들의 문제이다.

2) 교섭과 회의는 잘 구분하지만, 토론과 공청회, 회의를 구분하지 못한다

- 사람들이 모여서 함께 일하는 형태는 다양하다. 테스크 포스(Task Force System), 회의, 간담회, 워크숍, 협의회, 공청회 등 회의를 잘하려면 토론과 공청회, 회의 등을 명확히 구분해야 하는 것이다.

- 회의의 의제(동의안)는 명확히 명제(命題)의 형태를 갖추어야 한다. '이번에 이것을 할까요? 말까요?' 등의 안건은 의제가 아니다. 명확한 결론과 방향을 제시할 입장이 안 되면 토론 안건으로 토론회를 하는 것이 맞다. 이를 잘 구분할 줄 알아야 하며, 사업 계획, 규약안, 예산안 등 방대한 회의 자료는 독회(축조심의 등)의 방법을 활용해야 한다.

3) 회의는 다수결의 원칙이다

- 아니다. 회의는 **만장일치가 원칙**이다. 다만 차선의 방법이 다수결일 뿐이다. 회의장의 폭력 사태는 다수의 '소수 의견 존중의 원칙'을 무시한 횡포로부터 출발한다. '소수 의견 존중의 원칙'은 단지 의견 청취에 있는 것이 아니다. 의견을 조율하고 함께 할 수 있는 안을 다수가 포용할 수 있을 때 가능한 것이다.

- 소수 의견을 존중하기 위한 민주적인 방식은 많은 고민과 갈등의 주제였다. 소위 의사진행 방해(Filibuster)라고 하는 제도를 통해 다수의 횡포를 막고 소수의 의견을 보호하는 제도를 고민해 보아야 하는 단계가 민주노조에도 되었다고 본다.

- 합법적인 의사 진행 방해 : ① 질문 또는 의견 진술 등으로 행하는 장시간 연설(1957년 미 상원 스트롬 서먼드 의원 24시간 8분, 인권 차별을 막는 법안 반대 연설) ② 각종 동

의안과 수정안의 연속적인 제의 및 그 설명을 장시간 발언 ③ 모든 의사 진행의 생략이 없는 정식 절차 요구와 그 절차 진행 요구 ④ 출석 거부 또는 의석 이탈 등으로 의결정족수 미달. 수시로 의장에서 성원 확인 요청. 불법적인 방법은 무력을 동원한 의사 방해 및 표결 저지 행위가 있다.

※ 한국 국회 2012년도 국회 선진화법 통과

- 민주노총의 회의가 계속적으로 유회되거나 파행을 겪는다는 것은 조직 내의 문제가 심각한 것이다. 단지 회의 성립을 위한 노력만으로 해결된다면 별 문제가 없겠으나, 그렇지 않다면 조직 전체의 문제를 점검하고 해결 방안을 고민해 보아야 한다.

4) 회의는 정답이 있다

- 회의는 중지를 모아 나가는 것이지 **정답이 없다.** 시간이 흐르면 지난번에 소수였던 의견이 다수의 의견이 될 수도 있다. 사지선다에 익숙한 교육으로 회의도 정답을 찾으려고 노력한다.

5) 의사 결정과 선출은 동일한 방식이다

- 천만의 말씀이다. 선출은 다수에서 한 명을 선출하기 위한 방식일 뿐이므로 결선투표도 진행하지만
- 의사 결정은 질의응답과 토론을 통해 나온 의견이므로 가장 늦게 나온 수정안(개의안)을 먼저 표결에 부치며 나온 수정안의 역순으로 표결한다. 이는 토론을 통해 나온 수정안이 가장 많은 성원의 지지를 얻을 것이라는 과학적인 판단에서이다.

6) 회의에서의 가장 중요한 것은 다른 사람들의 지지를 얻을 수 있는 설득력이다

- 물론 중요하다. 그러나 더 중요한 것은 남의 이야기를 잘 듣는 것이다. 들어야 토론에 참여할 수 있고, 자신이 할 이야기도 더 빛나게 되는 것이다.
- 특히 의장은 성원이 한 발언의 내용을 전체가 이해하도록 해야 하는 의무가 있다. 의장이 먼저 잘 듣고 잘 못 들었으면 재차 물어서라도 발언 요지를 인지해

야 한다. 의장이 중요하기 때문에 의장에게 직권의 휴게권을 주는 것이다.

7) 직접·비밀·무기명 투표가 가장 민주적인 방식이다

- 가장 민주적인 것은 **기명투표**이다. 자신의 의사에 대해 비난(물론 도덕적, 법적 문제가 있다면 다르지만) 받지 않을 권리가 진정한 민주적 권리인 것이다.
- 우리가 직접·비밀·무기명 투표를 하는 것은 권력과 힘 있는 자로부터 개인의 권리를 보호하기 위한 장치일 뿐이다. 이상과 현실의 괴리를 보완하기 위한 장치일 뿐이다.

5. 회의 시 지켜야 할 원칙

1) 회의 공개의 원칙

회의는 원칙적으로 모든 사람들에게 공개해야 한다.

2) 발언과 토론의 자유를 보장한다

- 회의 구성원은 누구나 자유롭게 발언할 수 있다.
- 발언 회수와 시간은 제한을 받으며 의장의 발언 허가를 받아야 한다.
- 발언권은 찬반 중 어느 쪽의 발언을 할 것인가를 물어서, 찬반 의견을 교대로 발표하도록 부여하여야 한다.

3) 다수결의 원칙

민주적 회의의 원칙으로 다수결에 의한 결정 방법으로, 그렇다고 소수자의 권리가 무시되어도 상관없다는 것은 아니다.

4) 소수 의견 존중의 원칙

소수의 의견을 존중해야 한다고 흔히 말하지만 실제로는 그렇지 않은 경우도 많다. 그러나 소수 의견이 다수 의견으로 언제 바뀔지 모르므로 다수결의 원칙이 보다 합리적일 수 있도록 해야 한다.

5) 정족수의 원칙

- 회의가 공식적으로 성립되고 의결하기 위해서는 일정 수가 참석해야 한다.

- 회의 도중 정족수 미달이 된 경우, 그전까지의 결정 사항은 유효하나 이후부터는 정족수 미달의 경우에도 다룰 수 있는 사항만 다뤄야 한다.

6) 일사부재의의 원칙

회의 중 올바른 절차에 따라 결정된 문제는 절차상의 문제가 없는 한 그 회기 중에 다시 의제로 상정하지 않는다. 이 원칙의 예외 규정이 번안(표결 재심의)동의이다.

7) 회기 불계속의 원칙

의사 일정에 올라 있었지만 시간이 없거나 부득이한 사정으로 회의를 중도에서 폐회함으로서 미처 심의하지 못한 의안들은 어떤 특별한 조치를 취하지 않는 한 이 회의의 폐회와 함께 모두 폐기된다. (* 국회는 회기 계속의 원칙 적용)

8) 1동의(의제)의 원칙

한 의제(동의안)가 상정되어 종결되기까지는 다른 의제(동의안)와 관련하여 상정 또는 토론할 수 없다.

※ 회의 진행법

1. 회의 순서

- 개회
- 정족수 확인(성원보고)
- 개회 선언
- 의장 인사
- 의사록 통과(전기 회의록 보고)
- 의사일정 통과(회순 통과)

- 상정 안건 심의(안건 토의 및 심의 통과) : 심의할 안건은 반드시 회의를 소집할 때 통지한 안건으로 한다. 다만 긴급동의에 의하여 의결된 사항은 예정하지 않았던 사항이라도 상정할 수 있다.

* 안건 선포와 제안 설명 : 상정한 안건을 선포하고 제안의 이유와 내용을 설명한다.
* 질의 : 안건에 대해 궁금한 점을 먼저 질문하고 답변을 듣는다.
* 토론, 수정안 제출 : 제안된 안건에 대한 찬반 토론을 하고, 안건에 대한 수정안을 제출할 수 있다.
* 결론(표결) : 안건에 대한 토론이 끝나면 결정을 한다. 표결에 들어갈 경우는, 제일 마지막에 나온 안부터 표결하고 다수결의 원칙에 따른다.

※독회 : 독회(讀會)는 일반 회에서 회칙안(會則安)이나 예산안(豫算案)을 심의할 때에 밟는 회의 절차이다. 독회는 심의 절차를 세 단계로 나눈다.

① 제일 독회 : 제안한 사람의 설명을 듣고 질문과 대체 토론이 있은 후 제이 독회로 넘기느냐 안 넘기느냐를 결정한다. 제이 독회에 넘기지 않기로 결정되면 그 제안은 자연히 폐기된다. 더 심의치 않는다.
② 제이 독회 : 한 조목씩 따져서 심의하고 수정한다. 이것을 축조심의라고 한다. 이때에 수정안이 많이 나오게 되는데 수정안은 원조항과 대조하면서 차곡차곡 따져 나가야 한다. 수정안이 없는 조항은 그냥 통과시킨다.
③ 제삼 독회 : 제이 독회에서 수정한 결과를 가지고 그 제안 전체를 통과시키느냐 않느냐 하는 것을 마지막으로 결의하는 것이다. 그러나 제안의 내용 수정은 제삼 독회에서 못한다. 잘못된 글자와 글은 고칠 수 있고 서로 모순되고 저촉될 때에는 그것들만을 고칠 수 있다. 회칙안이나 예산안 중에도 간단한 것은 독회의 절차를 밟지 않고 일반 의안처럼 처리해도 좋다.

- 폐회

2. 회의 시 사용하는 용어

개회 회의의 시작

회기 개회부터 폐회까지의 기간

폐회 회의의 종료

산회 회기 중 개회부터 폐회 전까지의 그날 그날 회의의 종료

유회 정족수가 안 되어 회의가 성립되지 않음

정회 회의 중에 회의장 상태를 그대로 두고 잠시 휴식하는 것

휴회 회의 중에 회의장을 철수하여 상당 기간 쉬는 것

속회 정회 또는 휴회했던 회의를 계속함

동의 자신의 의견을 회의에 제기하는 것으로 긍정형(나는 ○○할 것을 동의합니다)으로 해야 하고, 재청을 얻어야 안건으로 성립한다.

① **원동의** : 어떤 문제를 제출하는 가장 근본이 되는 동의다. 원동의는 재청을 필요로 하며, 토론할 수 있고 수정할 수 있다.

② **보조동의** : 원동의가 상정되어 있을 때, 그 동의에 대해 수정 또는 새로운 조치를 취하여 원동의를 보다 능률적으로 처리하기 위해 제출되는 동의다.

* 수정동의 : 원동의를 수정할 필요가 있을 때 한다. 수정동의가 채택되면 수정동의안에 대한 토론과 표결을 하고 부결되면 다시 원동의에 대한 심의를 계속한다.
* 재수정동의 : 수정동의에 대한 재수정동의
* 무기연기동의 : 원동의를 무기한 연기시키는 것으로 사실상 부결시키는 것과 같다.
* 토론종결동의 : 찬반토론이 충분하다고 판단되어 토론을 종료하고 표결에 회부하자는 동의.

③ **임시동의** : 의제의 순서와 절차에 관한 것으로, 회의 중 다른 동의가 존재하고 있을 때에 우연히 발생하는 동의를 말한다. 이 동의는 즉시 처리되어야 하므로 다른 의제를 진행시키지 못한다.

* 의사 진행에 관한 동의
* 동의의 철회 : 동의 제안자가 동의를 철회하기를 요구하는 동의

* 심의반대동의 : 원동의 심의를 반대하는 동의로, 토론에 들어 가기 전에 해야 유효하다. 이 동의에서는 찬성, 지지는 필요 없으며 2/3이상으로 의결된다.

④ 번안동의 : 결정된 의안을 다시 토의해서 뒤집는 것을 말한다. 결의하고 나서 금방은 못하고 개의도 못한다. 표결에 참석한 성원의 2/3 이상의 찬성을 얻어야 가결된다.

재청 동의에 찬성을 표시함

개의 동의와 다른 의견을 내는 것. 동의와 개의에 대한 표결을 하면 개의부터 표결을 한다.

3. 우선 심의 동의

- 의사 진행
- 토론 종결
- 의장 불신임
- 회의규칙에 관한 질문
- 정회, 휴회, 폐회

4. 표결의 방법과 순서

- 구두, 거수, 기립, 기명 투표, 무기명 투표
- 찬성, 반대, 기권

*** 정족수 미달에도 의결가능한 사항**

- 폐회 결정
- 휴게(정회) 결정
- 차기 회의 일시와 장소 결정

2014년 11월에 민주노총 대구본부 교육의 교안이다.

현시기 노동운동의 진단 및 이후 방향

이승원(노동자역사 한내 사무처장)

1. 현재의 상황

※ 반복되는 노동운동의 위기설

진짜 위기인가? 아니면 현실적 어려움을 위기론자들이 그렇게 몰아가고 있는 것인가? 그러나 지금의 조건은 노동운동의 위기가 아니라 운동이 실종되고 있다고 보는 것이 타당할 것이다.

위기 의식을 갖고 있는 사람들이 내세우는 것이 무엇인가? 끝이 보이지 않는 투쟁들(쌍차 투쟁, 비정규직들의 투쟁, 재능 투쟁 등…), 열사 정국, 대선에서의 패배(?), 진보정치의 실패… 등등 여러 가지를 들 수 있을 것이다.

그러나 왜 이리 무기력한 지 진짜 이유를 찾지 못하고 있다.

※ 목표하는 사회가 모호한 노동운동

몇 번의 시도가 있었으나, 진지한 토론이 전개된 적이 없다. 사회는 군사독재 → 문민정부 → 국민정부 → 참여정부로 시대에 맞는 자신들의 체제 변화를 추구해 왔으나 우리는 분명한 방향이 없다.

독재(반민주) : 민주, 보수 : 진보, 자본주의 : 반자본주의의 투쟁이 이어져 왔으나 지금은 중심축이 무엇인지 불분명하다. 압축된 단어 보다는 사안별 요구 사항으로 운동의 방향이 정해진다. 실제 민주화 투쟁 과정에서는 민족주의자든 사회주의자든 다 동지가 될 수 있다. 사회가 민주화되고 자본주의가 팽창될수록 사상적인 구분의 영역은 미세해지고 소수화(옥석이 가려짐) 된다.

이런 현상을 받아들이지 못하고 현실적 조건이 안 되는 것만 탓한다. (과거에는 대중들이 뭉치기도 잘하고 투쟁에 적극적이었는데 최근에는 관심과 열의가 없다고 판단하는 등) 좀 더 세밀하고 조직적인 준비와 대중적인 무장이 필요하고 지향하는 사회에 대한 명확한 방향 설정이 요구된다.(대중은 확실한 방향과 절실함을 느낄 때 행동한다)

※ 민주노조 운동의 대표성을 유지하던 민주노총의 현실은 어떠한가?

총연맹의 위상을 찾겠다는 민주노총은 정책과 정치, 선전만 있을 뿐 조직과 운동에 대한 전략과 전술이 없다. 전략적인 과제로 삼았던 '산별노조 건설'과 '노동자 정치세력화'에 대한 목표도 실천 의지도 없다.

투쟁 사업장을 묶어 내고 수평적 연대를 통한 전선을 쳐야 할 민주노총이 투쟁 사업장의 격려사와 연대사 수준에 머무르고 있다. 조합원 대중에게 이후의 전망과 미래를 제시하지 못하고 있다. 대중들에게는 희망이 없다.

※ 민주적인 노동조합(정규직노조 중심으로)**들의 현실은 어떤가?**

1987년 노동자대투쟁 이후 힘 있을 때, 얻었던 단체협약에 대한 미련을 못 버리고 있다. 수세적인 투쟁만을 한다. 노동운동권 전체로 보면 주40시간 쟁취 투쟁 이후 공세적 투쟁은 없었던 것 같다.

민주노조가 요구했던 '복수노조 금지 철폐'가 되었지만, 전임자 문제(타임오프)에 얽혀 대책 없이 당하기만 하고 있다. 어용과 사용자에게 역공을 당하는 현실이다. 발전, 서울지하철, 택시와 버스 사업장에서 벌어지는 현실을 보아야 한다.

법과 제도에 얽매이는 활동이 점차 가속화되고 있다. 노조 간부들이 법을 공부하는 것을 넘어서 변호사와 노무사가 간부를 한다. 교육이 실종되고 있다. 현황과 당면 투쟁, 법적인 것에 대한 교육이 주를 이룬다. 역사의식도 없고, 철학도 없다.

■ 얼마 전 이마트에서 있었던 '전태일 평전 사건'에서 우리는 교훈을 얻어야 한다. 보잘 것 없는 책 한 권에 이마트가 왜 발칵 뒤집혔는가? 책을 유입시킨 사람을 찾지도 못했으면서 혐의자 중 두 명을 전출시키고, 한 명을 해고하였다. 그

들은 노동자의 의식을 보고 있는 것이다. 결국 사회적으로 비정규직의 정규직 전환을 내놓아야 했다. 지킬지는 의문시되지만…

※ 정치권의 상황

진보는 실종되었고, 보수가 민족주의적 보수인가? 친자본적인 보수인가를 경쟁하고 있다. 안철수 신드롬도 선량한 자본가의 이미지에 매료되고 있는 것이다. 노동운동 진영도 이제는 사회적인 분위기를 간과할 수는 없다. 그러나 줏대와 목표는 분명히 있어야 한다.

※ 비정규직의 차별과 정규직의 비정규직화는 계속되고 있다

- 자본의 구조조정을 총자본과 총노동의 싸움으로 해석할 수 있어야 한다.
- 자본의 입장에서는 소수에게 더 나은 대우를 할 수 있다. 다수의 열악한 노동조건과 저임금을 만들어 낼 수 있다면 얼마든지 협조할 수 있다.
- 궁극적으로는 전체 노동자의 저임금과 자신들의 수익력 극대화일 뿐이다.

: 임금, 노동시간, 생산성, 고용 => 이 모든 것이 맞물려 있는 것이다. 그러나 노동은 분리해서 접근한다. 어느 누구도 묶어서 하려고 하지 않는다. 기업별 노조 체제(무늬만 산별도 마찬가지임)에서 불필요한 것이다.

2. 무엇이 문제인가?

전략이 부재하다. 실패한 '산별노조 건설'과 '정치 세력화'를 바로 잡거나 새로운 비젼을 제시하지 못하고 있다. 위에서 살펴 본 비정규직의 문제, 복수노조 등 현황 문제들이 전략적 과제와 동떨어진 것이 아니다.

산별노조 건설의 문제를 살펴보면 대산별, 소산별의 문제가 아니라 산별노조의 구성을 어떻게 할 것인가? 서구 산별의 모델이 과연 우리에게 맞는 것인가? 기업별노조의 폐해를 극복할 수 있는 방법은 무엇인가?에 초점이 맞추어져야 했는데, 현재 기업별 노조의 전환 방식과 노조의 규모에만 관심이 집중되었다. 지금의 산별노조가 박정희 식 관제 산별과 어떤 차이가 있나? 민주노조의 산별노조 운동은 박정희 식 산별과 기업별노조의 폐해를 극복하고 참다운 민주노조를 하자는 것 아닌가? 기업별로는 중소·영세사업장 노동자들을 조직하기도 어렵고, 비정규직의 문제, 노동을 옥죄고 있는 사회문제를 해결할 수 없기에 초기업 단위 산별노조를 건설하자고 한 것이 아닌가?

그렇다면 연대의 형태는 주체들이 자율로 결정하면 되는 것이지, 어떤 것이 정답이라고 주장할 수는 없는 것이다. 조직은 연대의 역사성과 구성원의 동질성, 하고자 하는 목표 등에 의해 좌우되는 것이지 강제적으로 되는 것이 아니다.

진정한 산별노조가 결성된다면 일차적으로 미조직 노동자의 조직화가 획기적으로 이루어져야 한다. 그런데 금속, 공공을 보아도 기존 조직의 전환에 집중하고 있다. 새로운 전략이 없다. 아니 과거로의 회귀를 주장하는 세력까지 등장했다.

노동자들의 이중적인 생활도 문제다. 노동조합에 모이고 투쟁할 때는 노동자적 사고와 행동을 보이나, 일상에서는 보수적이고 친자본적인 행태를 보인다.

권위적인 가장의 모습, 비민주적인 가정생활, 무절제한 에너지 소비, 환경에 대한 방관자(노동자는 개인 생활에서의 문제와 생산과정에서의 환경오염 문제에 당사자로 접하게 됨.), 돈에 의지하는 삶, 무차별적 산업광고와 자본주의 언론에 노출 등 심각한 모습을 보이고 있다. 외형적으로는 노동자이지만 하루의 일과는 자본주의적인 의존적 삶을 영위하고 있다. : '돈만 있으면 뭐든지 할 수 있다.'

한국 사회 비정규직 비율은 정부 통계(2013년 말 노동연구원) 32.5%, 전국불안정노동철폐연대는 56%로 발표하고 있다. 특히 신규 노동자의 비정규직 비율은 70%에 달해 점차 증가하는 추세이다. 자본은 완전한 비정규직으로의 전환은 계급적 단결과 1987년과 같은 항쟁이 재연될까 우려하며 정규직과 비정규직의 비율을 조정하고 있고, 정규직의 상당수는 사업장 내 비정규직과 하도급 관계의 영세·중소기업 노동자들을 관리하는 업무를 맡고 있다. 정규직 노동자들은 비정규직을 자신들의 기득권에 대한 완충제로 생각하거나 마음은 아프나 어쩔 수 없는 상황으로 받아들이고 있다.

정치세력화 문제는 기존 제도권 정당정치를 쫓아가는 진보정치를 보여 준 것이며, 결국 사람 중심의 부르주아 정치의 극단을 보여 준 것이다. 부르주아 정치로는 자본주의의 한계를 극복할 없다. 그렇게 권력을 잡는다고 해도 결국 자본주의 체제의 모순을 방어하고 확장시키는 역할을 수행하게 될 것이다. 노무현 정권을 보라. 신자유주의자들의 민주와 자유에 더 이상 속지 말아야 한다. 오지랄도 넓다고 비판받던 민주노총이 정치세력화 실패 이후 사회 문제 뿐 아니라 노동 문제도 제대로 해결하지 못하고 있다.

신자유주의 시대에는 노동의 개념을 협소하게 가져가서는 안 된다. 자본에 대응하는 모든 세력이 노동인 것이다. 최근의 갑·을 논쟁(대리점주), 택배노동자의 투쟁, 경제민주화(?), 정년 문제 등 정치권에 밀리고 존재감 없는 성명서만 양산하고 있다. 실패한 정치세력화는 복수노조 시대에 정치적인 성향에 따라 노동조합이 나뉘는 결과를 가져올 수도 있다. 민주노동당의 분열로 시작된 진보 정치의 균열은 노동운동 진영에도 '종북주의' 논쟁을 가져와 노동 진영(운동권)의 사고도 자유민주주의로 재무장하는 계기를 만들었다.

이념과 사상의 문제에서 수구·보수·반동들에게 밀리고 있다. 그들에게 노출된 조합원들에 대한 대책이 없다. 조합원의 보수화만 탓한다.

- 애국가 논쟁
- 사상 검증
- 지역 분할에서 세대의 분열
- 역사 왜곡 :
    · 항쟁(혁명)과 사상을 거세한 양민의 학살로 정의하고 보상한 후, 세월이 지난 후 북의 개입설 등으로 역사적 의의를 폄하하는 것. 4·3항쟁, 5·18민중혁명 등
    · 이승만 독재, 박정희 유신독재에 대한 재평가 시도.

아직도 실패한 전략에 연연하며 미련을 못 버린다. 새로운 전략이 없다.

전략이 없으니 투쟁도 수세적이다. 핵 문제, 대안 에너지, 교육 문제(전교조만 바라보며 공교육 중심을 외치고 있는데 사회는 대안 교육을 발전 축으로 삼고 있다.) '의료 공공성'_저들이 공격(진주의료원 사태)하면 투쟁한다. 본질은 외면하고··· 사유화도 비슷하다. 연금 문제, 평균 수명 연장, 부동산 문제, 사회 복지, 고용 문제 등 노동자와 밀접한 관계가 있는 문제에 대해서도 방어적인 투쟁 외에는 없다.

노동조합들이 개별화되어 있다. 조직은 전국적인 조직이 있으나 기능이 없다. 결국 현상을 쫓아가기만 급급하다. 조합원들의 눈치만 볼 뿐이다. 조합원들의 관심거리에 집중한다. 고용, 임금, 노동조건 등에 관련한 문제들에 집중한다. 조합원들의 관심 영역을 확장하기 위한 노력이 있는가? 반문하고 싶다. 혹시 협박만 하는 것 아닌가?

3. 이후 전망에 대해

이런 상태가 지속된다면 노동운동은 계급운동이 아니라 이 사회 다양한 사회운동의 한 부문으로 전락할 것이다. 아니 벌써 부문운동화 되었는지도 모른다. 그렇게 되면 총연맹과 규모 있는 조직들의 관료화는 가속화 될 것이다. 지금의 진보정당들은 부르주아 야당과의 연대를 통해 자신들의 정치적 입지를 확보해 나갈 것이다. 일부 선명성을 강조하는 진보정당들은 당원의 축소와 고립으로 정치적 힘이 실종되게 될 것이다.

일본과 북한의 도움으로 사회적인 보수화는 점차 가속화 될 전망이며, 이제는 지역 갈등 보다는 세대 갈등이 정치적인 화두가 될 것이다. 지금 가해지고 있는 비정규직 노조에 대한 수구 세력들의 목표는 전투성의 거세이다. 별도 직군 등 새로운 형태의 비정규직들이 만들어지고 이는 더욱 다양해 질 것이다. 비정규직의 문제는 저임금의 문제와 맞닿아 있어 자본이 결코 포기할 수 없는 사항이다. 이 싸움은 새로운 세상을 우리가 건설하지 못하는 한 지속적인 싸움이 될 것이다. 복수노조의 문제는 공세적으로 전환하지 못하면 이 사회 정치적인 스펙트럼에 따라 노총(또는 산별노조)이 만들어지는 상황이 될 것이다.

인간으로 치자면 조직은 옷과 같은 것이다. 성장과 외부 여건에 따라 옷은 수선하고 덧붙여서 입는다. 정히 안 맞으면 옷을 바꾸면 된다. 옷에 몸을 맞추는 우를 범하지 말라. 정치권력 쟁취에 쏟아 부었던 시간과 노력을 노동자계급을 위해 투자하자. 지금 물줄기를 바꾸지 못하면 미래는 그리 밝지 못할 것이다. 물론 새로운 주체들이 형성되고, 투쟁이 만들어진다면 다시 운동은 살아날 것이지만, 아무 노력이 없으면 그 시간이 얼마나 걸릴지는 누구도 예측하기 어려운 것이다.

4. 어디서 시작해야 하나?

가장 노동자다운 것에서 출발해야 한다. 노동자계급의 궁극적인 목표는 무엇인가? 노동자들의 인간다운 삶이 맞는가? 그렇다면 고민해 보자. 내가 인간답게 살기 위해 노동조합으로 뭉쳐 무엇을 해야 하나? '노동 해방?'

스스로 목숨을 끊는 쌍용자동차 노동자들을 보며 무슨 생각을 하나? 그들의 절망은 어디에서 오는 것인가? '내가 당하고 있는 것이 나만 당하고 있다'는 생각이 닥치면 절망의 죽음을 선택하게 되는 것이다. 역사적으로 얼마나 힘들게 투쟁하고 이겨낸 노동자들이 많음을 알아야 한다. 그리고 그들에게 이 사회를 바꿀 수 있는 희망을 주어야 죽지 않는 것이다. 투쟁을 즐기고, 자본과 권력에 고통을 주어야 하는데 거꾸로 당하고 있다. 저들은 웃고 노동자는 죽지 못해 투쟁한다.

■ 무엇을 쟁취해야 할 수 있나?

- 임금 인상
- 노동시간 단축
- 정년 연장
- 연금 개선
- 고용 안정
- 사회 복지제도 확충
- 원직 복직

■ 우리에게 닥친 문제는?

- 사유화(민영화) 문제
- 비정규직 문제
- 파업권의 제한
- 임금 피크제
- 구조조정
- 해고자 원직 복직

- 타임오프(전임자 문제)
- 노동조합 인정
- 복수 노조

■ 좀 더 확장해 보면 고민해야 할 것들이 무엇인가?

- 노동조합 권력 문제 : 위원장 중심제, 민주집중제(의결과 집행의 일치) 아직도 유효한가?

- 정치 제도 : 국회의원 수는 적정한가? 지자체는? 우리도 국회의원도 되고 지방의회 의원도 돼야 하니까 숫자도 놔두고, 유급화도 해야 하나? 안철수는 국회의원 수를 줄이자고 했는데 그것은 자본주의 방식의 효율화이다. 국회의원을 만 명쯤으로 늘리면 어떨까? 물론 최저생계비만 주고 말이다. 지들이 못살겠으면 최저생계비를 인상하지 않겠는가?

- 핵발전과 대안 에너지 문제 : 녹색당의 출현은 무엇을 의미하나? 진보정당에 맡길 수 없으니 독자적인 정치세력화를 하는 것이다. 태양열은? 풍력은? 노동조합은 관심을 가지면 안 되나?

- 최근 부쩍 늘어난 유독성 화학물질의 대책은? 노동자들의 양심선언이 필요한 것 아닌가?

- 남북 문제, 개성 공단에 대한 입장은?

- 평균 수명의 연장 : 25~30년 일하고 최소 20년을 수혜자로 살아야 하는 현실을 어떻게 받아 들여야 하나? 수혜 기간이 30년으로 늘어나면 어떤 연금 제도가 해결할 수 있나?

- 노령화 사회

- 실업자 문제

- 출산 및 육아 문제

- 역사 문제

5. 이렇게 해 보자

전략적인 목표를 '인간다운 삶'으로 설정해 보고 전술을 세워 보자.

① 복수노조는 전임자와의 관계를 끊고 조직 확대의 전술로 활용하자. 무노조에 노조를 만들고 어용노조에 민주노조를 만들어야 한다. 이를 위해 기금을 만들고 사람을 양성해야 한다. 최악의 경우 전임자 임금은 조합원이 주고 초기업 단위 노조(산별노조)를 활용해라.

② 조직의 혼란이 장기화 된다면 이는 새로운 변화의 조짐이며, 변화에 대한 수용이 부족한 것이다. 노동운동은 가장 열악한 곳에서 중심을 잡고 일어서는 것이다. 그것을 막고 정규직, 대공장 중심의 운동을 끌고 가려고 하니 문제가 되는 것이다. 비정규직 투쟁으로 전선을 치고 정규직도 함께 투쟁해야 한다. 그렇게 하려면 투쟁 목표를 전체에게 이익이 가는 목표로 설정해야 한다. 노동조합의 권력 문제를 검토해야 한다. 위원장 중심제가 현재에도 적합한가? 부르주아도 대통령 중심제의 폐해가 심해지면 내각책임제를 검토한다.

③ 노동시간 단축과 노동악법 철폐투쟁을 공세적으로 한다. 악법은 어겨서 깨야 한다. 전교조, 공무원노조가 합법화가 문제라면 민주노총 산하 전 노조가 설립신고증을 반납하고 법외노조 선언을 하면 어떻게 될까? 조정전치주의를 민주노총 투쟁 사업장들이 모두 어긴다면? 노동위원회가 공정성을 잃는다면 무력화 시켜야 할 것이다.

④ 투쟁을 공세적으로 전환하자. 사유화 저지 투쟁은 의료, 철도 공공부문의 사회화 투쟁으로. 국유화는 차선일 뿐 공공성 확보에 최선책은 아니다. 진정한 주인 찾아 주기 운동을 시작하자. 사회적인 기업으로 성장시킬 방안은 없나?

⑤ 관성에 의한 운동은 이제 그만하자. 최근의 '의료 공공성'은 의료 자본의 이윤을 보장해 주는 부작용을 가져왔다.(삼성그룹의 21세기 전략 사업) 상상력을 동원하라. 헌법상의 이동권 보장을 위해 '무상 교통'은 어떤가?

⑥ 현장에 이념과 이데올로기 교육을 강화하자. 요즘 젊은이들이 역사의식이 없다고 한다. 노동조합의 위기이다. 우리라도 해야 한다. 과거에 대한 성찰과 고민 없이 현재와 미래만 보게 하는 것은 바로 자본이 바라는 것이다. 역사의식과 분명한

자신의 철학이 있는 노동자가 세상을 바꾼다.

⑦ **대선·총선에서 조합원들을 표로 환산하지 말고 일상적으로 실천할 수 있는 정치 사업을 시작하라.** 우리가 고민해야 할 부분들을 던지고 고민하여 대안을 이야기해 보는 '정치적인 날'을 만들어 가자. 정치 변혁은 직접 하는 방법도 있지만 우리가 주체가 되어 남들이 하게 하는 방법도 있는 것이다. 지금은 노동에 힘을 모아야 할 시기이다.

황당한 이야기일 수도 있으며 개개인이 할 수 있는 일도 아닐 수 있다. 그러나 행동의 시작은 고민과 의식의 변화에서 시작된다. 고민해 보자. "총칼이 혁명을 실패하며 예술이 한다."는 말을 잊지 말자.

현재의 노동운동이 전진하기 위해서는 산별과 정치세력화 논의에서 벗어나서 노동자 전체 모습을 돌아봐야 한다는 시각에서 정리한 것이다. 주변을 둘러보고 함께 나누는 시간이었길 바란다.

2015년 9월 24일 발제

공공 부문 노동운동사

이승원(노동자역사 한내 사무처장)

공공 부문이라 함은 민간 부문과 대비되는 개념으로 중앙(또는 연방), 주, 지방 정부를 포함하는 모든 수준에서의 공공 행정, 공공 교육, 우편, 공공보건 서비스 분야 등을 포함한다. 여기에 국철 등 국영기업, 공기업 및 공공 법인을 포함시키기도 한다.

공공이란 범위는 대단히 애매모호한 부분이 존재한다. 그것은 산업별 분류와는 다른 것으로 자본의 관계(정부투자, 출연의 관계)에 의한 분류와 서비스의 공익성에 의한 분류로 나뉘고 있다. 정부가 투자, 출자, 출연의 관계를 갖고 있는 산업은 다양하다.

노동조합 조직 또한 산업별 분류 체계로는 공공 부문은 맞지 않는 체계이다. 지금의 공공노조가 그렇듯이 다양한 업종이 모일 수밖에 없는 구조이다. 공공 부문도 이미 공공의 정의를 자본에 의해 할 것인가? 노동의 성격으로 할 것인가?로 조직 발전 전망에서 격론을 벌인 시기가 있었으며, 초기 정부의 규제에 대응하기 위한 연대 조직에서 출발하여 공공서비스(단결권의 확대와 공기업 사유화에 따른)로의 조직 발전으로 정착화 되었다.

민주노총 산하의 공공 부문은 공공운수노조, 공무원노조, 전교조, 보건의료, 교수노조, 대학노조 등을 들 수 있다.

발제는 먼저 공기업의 종류를 살펴보고, 공공 부문 노동운동의 태동과 변천사, 공노대의 창립과 공공의 성격 논쟁, 공공운수노조의 조직 분석과 운영 구조로 나누어 살펴보겠다.

1. 공기업의 종류

1) 법률적 기준

·공기업(公企業) ·정부투자기관(政府投資機關) ·정부출자기관(政府出資機關)
·출자회사(出資會社) ·정부출연기관(政府出捐機關) ·보조기관(補助機關)
·정부업무위탁기관(政府業務委託機關)

Ⅰ. 공기업(公企業)이라 함은 일반적으로 정부투자기관, 정부출자기관, 출자회사를 통칭하여 공기업이라고 한다. 공기업(公企業)은 국가 또는 지방자치단체가 직접 사회공공의 이익을 위하여 스스로 경영하는 수익성을 갖는 비권력적인 관리 작용의 사업을 말한다.

ⅰ) 국가 또는 지방자치단체가 그 주체인 점에 있어서 사기업과 구별되며 직접 사회공공의 이익을 목적으로 하는 점에 있어서 국가의 수익을 목적으로 하는 전매사업과 구별된다.

ⅱ) 공기업의 개념은 그 경영 주체에 착안하여 정해진 개념 : 주체가 국가 또는 지방자치단체(공공기업체를 포함한다)이기 때문에 그 조직(인적 요소는 공무원. 물적 요소는 공물), 회계경리(예산회계상의 제약) 등에 사기업과 다른 특색이 인정되며, 또 여기에 경제상(기업독점권 상의 강제가 가해지는 등) 여러 가지의 법률상의 특색이 인정된다.

ⅲ) 공기업의 종류는

첫째, 경영주체에 따라 국영기업(정부기업, 국영철도사업, 우편사업 등) ·국영공비기업(농어촌정비법에 의한 농업생산기반정비사업) ·공영기업(상수도사업, 궤도사업, 자동차운수사업, 가스사업, 지하도로사업, 하수도사업, 청소위생사업, 주택사업, 의료사업, 매장 및 묘지사업 등) ·특수법인기업(국책은행, 공사 등)로 분류.

둘째, 조직 형태에 따라 정부기업형 공기업(철도사업) ·공사형 공기업(대한석탄공사, 대한주택공사, 한국전기통신공사) ·주식회사형 공기업(국정교과서 주식회사, 포항종합제철 주식회사)로 분류.

Ⅱ. 정부투자기관(政府投資機關)이라 함은 정부가 납입자본금의 50% 이상을 출자

한 기업체로서, 「정부투자기관관리기본법」의 적용을 받는 기관을 말한다. 정부투자기관은 대부분 개별법률(예, 대한주택공사법)에 의하여 설립된다.

예 : 대한주택공사, 한국수자원공사, 한국도로공사, 한국토지공사, 한국철도공사

Ⅲ. **정부출자기관**(政府出資機關)이라 함은 일반적으로 정부가 납입자본금의 50% 미만을 출자한 기업체로서, 「정부투자기관관리기본법」의 적용을 받지 않는 기관을 말한다. 또한 정부가 납입자본금의 50% 이상을 출자한 경우에도 「정부투자기관관리기본법」 대신에 「공기업의경영구조개선및민영화에관한법률」을 적용하는 기업체도 정부출자기관에 포함된다.

예 : 50% 미만 출자 : 한국감정원, 대한주택보증(주)

50% 이상 출자 : 한국공항공사, 인천국제공항공사

Ⅳ. **출자회사**(出資會社)라 함은 정부투자기관이나 정부출자기관이 자본을 출자한 기업체를 말하며, 재투자기관이라고도 한다.

예 : 한국토지신탁, 뉴하우징, 고속도로관리공단, 한국건설관리공사

Ⅴ. **정부출연기관**(政府出捐機關)이라 함은 각 개별 법률에 따라 정부로부터 운영비·사업비 등 기관 소요 경비를 포괄적으로 지원받는 기관을 말한다. 정부투자기관이나 정부출자기관(공사)은 정부로부터 출자받은 자본을 기초로 사업(예, 주택건설, 택지개발)을 운영하여 수지를 맞출 수 있는 경우에 설립하는 반면, 정부출연기관(公團)은 공공성이 강한 업무(예, 안전진단)를 수행하기 때문에 지출이 수입을 초과 할 수밖에 없어 정부로부터 지속적으로 출연을 받아야 하는 경우에 설립한다.

예 : 한국철도시설공단, 한국시설안전기술공단, 제주국제자유도시개발센터

Ⅵ. **보조기관**(補助機關)이라 함은 「보조금의예산및관리에관한법률」이나 개별 법률에 의하여 특정한 공공목적 사업에 대하여 그 소요경비를 지원받는 기관을 말한다. 정부출연기관이나 보조기관 모두 공단(公團)의 형태를 가진다는 점에서는 동일하나, 정부출연기관은 포괄적으로 경부로부터 지원받는 반면, 보조기관은 특정사업에 대해서만 경비를 지원받는다는 점에서 차이가 있다.

예 : 교통안전공단, 부산교통공단

Ⅶ. 정부업무위탁기관(政府業務委託機關)이라 함은 정부를 대신하여 검사·검정 기타 특수한 공공목적 기능을 수행하면서 법령에 근거하여 사업수입을 조성하거나 회비·수수료·부가금 등을 징수하는 기관·단체를 말한다.

예 : 한국마사회, 대한지적공사, 국민체육진흥공단

2) 노동(사업)의 성격에 따른 분류 : 공공성 여부에 따라 구분

Ⅰ. **행정조직 부문** : 중앙 또는 지방 정부나 각종 관리 기구를 통칭한다. 일반직 공무원, 경찰, 사법부 종사자, 안보 기관 종사자 등

Ⅱ **사회간접자본 부문** : 대규모 투자나 연구 개발 같은 사업 영역. 철도, 수도, 전기, 가스, 도로, 우편 및 통신, 항만, 연구 개발 사업 등

Ⅲ **사회복지 부문** : 케인즈주의적 복지국가의 발전과 함께 확장된 영역. 보건 및 의료서비스, 노인복지, 장애인복지 부분, 육아 문제 등

□ 공익사업의 정의
① 항공·버스·자동차·화물·철도·천연가스와 기름의 수송관·수도관 등과 같은 지역 내 또는 지역간 교통 및 수송 수단
② 전화 및 전보
③ 동력·열·조명
④ 수도·위생 시설 및 관개 설비 등의 공동시설을 국민에게 공급하는 활동. 노동법에서는 조정 기간을 일반 사업장(10일)과 공익 사업장(15일)으로 구분하여 차등하고 있음.

2. 초기 공공 부문 노동운동의 태동

1) 초기 공공 부문 노동운동

초기 공공 부문 노동운동은 일제강점기 철도 노동자들의 투쟁을 들 수 있으나, 이 시기는 주권이 없는 국가였으므로 공공 부문의 운동이라 칭하기는 무리가 있음. 다만 1920년대 교사, 집배원, 철도 운전수, 배우 등의 투쟁이 있었으며, 이 시기에는 파업도 있었지만 동맹 사직이 주를 이룸.

- 경남 통영 유치원 교사 3인 동맹사직, 동대문 흥인 배재학교 교원 동맹 사직, 순창우편소 집배원 6명 동맹 사직, 장성 우편소 동맹파업, 평북 철도 회사 소속 운전수 100여 명 파업, 토월회 소속 배우 파업, 평북 신의주 변사 파업 등
- 1930년대는 비합법 투쟁 : 30~36년 1,196건, 37~43년 8,558명 검거

2) 해방 이후 공공 부문 노동운동

해방 이후 공공 부문의 노동운동을 주도한 것은 철도, 체신, 전력을 들 수 있으며, 대한민국 정부 수립으로 공무원법이 제정되고, 공무원의 노조 설립이 금지된 가운데 대통령의 초법적 월권으로 노동조합이 인정됨.

- 해방 이후 자주적인 결사체인 전평(1945. 11. 5.)이 설립되었고, 철도노조가 1945년 11월 2일 설립되었지만, 미군정이 대한노총을 만들어 전평에 대한 대대적인 탄압으로 전평 산하 조직들이 와해되거나 위축되었고, 전평 파괴를 목적으로 설립된 대한노총은 미군정의 비호 아래 조직 확대에 주력하였음.
- 철도의 경우 전평 산하 철도노조를 폭력으로 와해시키고자 1946년 5월 12일 대한노총 운수부 경성공장 지부를 창립하여 점차 세를 확장시켰음.(『철도노조 50년사』)
- 철도노조는 정부 수립 후 공무원법 제정으로 노동조합 활동이 금지됨.(공무원법 35조 '공무원은 정치운동에 참여하지 못하며 공무 이외의 일을 위한 집단적인 행동을 하여서는 아니 된다.') 정부는 철도노조를 인정하지 않고 현업원 노조를 별도로 추진
- 대한노총과 철도노조 간부들이 이승만을 찾아가 읍소하자, 이승만은 1949년 8월 13일 '방공에 공이 큰 철도노조는 공무원법 공포에 불구하고 해산되지 않으며 종전과 같이 계속할 수 있다.'는 담화를 발표하여 노조 활동 지속. 이후

민주화(2001년) 되기까지 한국노총의 어용 중심축이었음.

- 전력은 해방 이후 남쪽에 한 개의 발전전담회사(조선전업)와 두 개의 배전회사(경성전기와 남성전기)가 있었음. 해방 직후에는 전기와 철도가 같은 회사에 있었음. 1947년 4월 19일 경성전기 운수부 전차과에서 미군이 해당 분야 5,000명을 모아 놓고 노동조합 선택을 강요하여 경전노동조합 설립.
- 조선전업노조는 1949년 2월 12일, 남성전기노조는 1955년 2월 25일에 설립하여 5·16쿠데타 이후 1961년 8월 22일 전기3사 통합에 따라 한국전력노동조합을 창립하였으나, 위원장이 정부 지명자가 아니라는 이유로 강제로 결성이 무효가 되어 1961년 9월 22일 재결성대회를 치룸.
- 한국전력노조는 2000년 한전 분할 매각(한전, 한수원, 발전5사) 정책으로 분할되기 전까지 철도, 체신과 함께 한국의 대표적인 어용 조직이었음.

3) 체신노조

- 1957년 국제운수노련대회에 참석한 철도노조 대표들이 업저버로 참석한 국제체신노련 위원장에게 한국에 체신노조가 있다고 거짓말을 하고 한국으로 돌아와 경무대에 가서 이승만 승낙을 받음. 58년 국제체신노련 위원장 방한
- 1958. 3. 24일 체신노조 창립(조합원:1,826명) : 고용원직만으로 구성. 위원장 유진영
- 1981년 전기통신공사 창립, 1982. 1. 6일 한국전기통신공사노조 설립(위원장 : 최상룡 82~91) 1994년 노조가 민주화되기까지 한국통신노조는 어용노조로 초대위원장 최상룡은 정부의 공기업 조기타결 인센티브에 부응하여 1월 초 직권 조인하고 일본의 아카사카(赤坂)로 가서 기생들과 놀고 있는 기사가 『한겨레21』에 후일 폭로되어 어용의 실체를 백일하에 드러내었음.

4) 어용 조직

이상의 3개 노조는 공무원노조가 금지되어 있는 상황에서 공공 부문을 대표하는 노동조합들로 3중 간선제, 부정투표, 위원장 직권 조인 등 어용 조직의 작태를 보여주었음.

5) 군사독재 시기 공공 부문 노동운동

박정희, 전두환 시기 공공 부문의 노동운동은 정권의 시녀로 대표적인 어용노조였다. '87년 노동자대투쟁을 거치며, 공공 부문도 연대 조직을 만들기 시작했는데, 1988년 4월 25일 정부투자기관노동조합협의회가 결성되었다. 정부와의 직접적인 교섭이 불가피한 정부투자기관들이 주축이었으며 한국통신노조, 한국전력노조, 담배인삼노조, 석탄공사노조, 도로공노조, 수자원노조, 가스공사노조 등 18개 노조 111,994명의 조합원을 포괄하였으나, 각자 소속된 연맹이 존재하고 대정부 교섭이라는 공통 문제로 뭉친 체제라 협의회 수준을 벗어나지 못함.

이후 한국통신노조의 한국노총 탈퇴 등으로 침체기를 맞이하여 한국통신노조, 전력노조 등이 이탈한 가운데 정부투자기관노조연맹(정투노련)으로 전환했다가 가스공사노조 등이 다시 탈퇴하면서 현재는 한국노총 산하 공공노련, 전력노조 등으로 활동하고 있음.

3. 공공 부문 민주노조운동

1) 공공 부문의 민주노조운동은 단결권의 확대 투쟁임

- 4·19 직후 교원노조운동 : 1960. 4. 29일 대구시교원노조결성준비위원회
- 공공 부문의 민주노조운동은 1987년 노동자대투쟁과 함께 서울지하철과 서울대병원에 노동조합이 결성되고, 정부출연연구기관 등 공공서비스 분야의 노동조합들이 결성되어 공공 부문 민주노조운동을 선도했으며 기존 어용노조들의 민주화와 공무원들의 노조결성까지 이어져 2000년대 들어서는 규모면에서 금속 등 제조 분야를 앞서고 있다.
- 1994년 전지협 3사,
- 1996년 공공5사(한국통신, 서울지하철, 사회보험, 조폐공사, KBS?),

2) 1999년 통합공공연맹 건설

공공연맹이 탄생하기까지는 많은 우여곡절이 있었다. 그러나 그 우여곡절을 단순히 통합과정을 중심으로 살펴본다면 자잘한 나무만 보고 숲을 못 보는 어리석음을 범할 수 있다. 공공연맹의 전신인 3연맹의 역사를 살펴보아야 통합의 의

미를 파악할 수 있다. 공공연맹은 공노대의 후신이고 공익노련은 연전노협, 전문노련을 승계하고 있고 민철노련은 전지협의 후신이며 더욱 중요하게는 운추위에 참여하고 있었다. 이런 전사를 살펴보면 현 공공연맹의 정체성을 파악하는 데 도움이 될 것이다. 특히 여기에서 공노대의 통합 움직임, 운추위의 통합 움직임, 전문노련의 내부 논쟁을 살펴보면 이런저런 통합 움직임 속에서 공공, 운수, 사회서비스 부문 노동조합들이 어떻게 뭉쳐 나가는가를 살펴볼 수 있다.

① **공공부문노동조합대표자회의**(공노대)

1994년 11월 4일 서울지하철노조, 한국통신, 전문노련(공익노련 전신) 소속 공공 부문 노조, 정투연맹 등 15만 명이 모여 공동투쟁체로 〈공공부문노동조합대표자회의〉(공노대)를 만들었다. 공노대는 민주노총(당시에는 전국노동조합대표자회의였음), 한국노총, 중간노조 등 소속을 불문하고 공공 부문 노조들이 모인 조직이었다. 그러나 공노대는 소속이 서로 다르고 또한 조직적 전망을 달리 하는 노동조합(연맹)들이 모인 조직이었으므로 강한 결집력을 갖지 못했다.

공노대는 96년 공공 부문 투쟁에서는 일정 정도 성과를 이루어냈으나 힘 있는 자기 발전 전망을 갖지 못하고 조직의 이탈이 나타나면서 힘이 약화되다가 이후 전국공공노동조합연맹으로 이어졌다. 공노대는 자본의 성격에 따른 공공 부문(정부 산하·유관 기관 혹은 기업)만을 조직 대상으로 하고 있어 공익성을 강하게 띤 민간 부문을 포괄하지 못했다. 공노대는 노동조합 조직으로서 노동의 성격에 따라 편제되어야 한다는 기본 원칙과는 달리 자본의 성격이 공공이냐 민간이냐에 따라 조직을 편제하려 했다는 점에서 현재의 공공연맹과는 다르다. 물론 공공 부문, 민간 부문으로 나누는 것이 의미가 없다는 것은 아니지만 본질적으로 노동의 성격에 따른 노동조합 편제, 산업별로 뭉쳐야 한다는 노동조합 조직 원칙에 근거하여 살펴본다면 그다지 올바른 조직 원칙은 아니지 않았는가 하는 평가가 있을 수 있다.

② **운수산별노조추진위원회**(운추위)

통합의 또 다른 역사 중의 하나로 운수산별노조추진위원회(운추위)를 들 수 있다. 운추위는 전국민주철도지하철노동조합연맹, 전국민주버스노동조합, 전국민주택시노동조합연맹, 전국화물운송노동조합연맹이 모여 만든 조직으로 공공 부문, 민간 부문을 불문하고 운수산업 부문 노동조합(연맹)의 조직을 모아 운수산별노조를 건설하는 방향으로 노동조합(연맹)의 통합을 추진했다. 운추위는 산별노조 건설을 목표로 노동조합의 통합을 추진했다는 점에서 산별노조 건설을 중심 사업으로 잡고 있는 민주노조진영의 조직 사업 방향과도 일치하고 있다.

그러나 산별노조의 범위를 운수산별로만 국한하고 있어 사회에 필수적인 공익서비스를 제공하는 노동자들의 광범위한 조직화를 추진하지 못했다는 점에서는 한계가 있다. 좀 더 폭넓은 조직 대상 확충이 필요했다.

③ 전국전문기술노동조합연맹(전문노련)의 내부 논쟁

전국전문기술노동조합연맹(전문노련)은 공익노련의 전신으로 정부출연연구기관 노동조합, 경제사회단체 노동조합, 엔지니어링업체 노동조합, 에너지 관련 업체 노동조합 등이 참여하고 있었다. 전문노련은 위와 같이 노동의 성격에 따라 뭉친 노동조합연맹이지만 내부에서는 한편으로 자본의 성격에 따른 공공 부문 노동조합을 조직해야 한다는 의견이 적지 않았다. 이에 따라 전문노련 내부에서는 "노동의 성격이냐, 자본의 성격이냐"하는 논쟁이 자주 있었다. 그러다가 1997년도에 논쟁의 결론을 내리고 연맹의 조직 대상을 자본의 성격에 따른 공공 부문노동조합이 아니라 공익성, 사회성을 강하게 띤 업체의 노동조합을 조직하기로 했고 이에 따라 연맹의 명칭도 전국공익·사회서비스노동조합연맹으로 바꾸었다.

3) 전국공공운수사회서비스노동조합연맹

전국공공운수사회서비스노동조합연맹(공동위원장 : 김호선, 석치순, 양경규. 이하 공공연맹)은 1999년 3월 13일 전국공공노동조합연맹(공공연맹), 전국공익·사회서비스노동조합연맹(공익노련), 전국민주철도지하철노동조합연맹(민철노련)이 통합하여 창립한 신설 연맹으로 한국통신노조, 서울지하철노조, 대림엔지니어링노조 등 공공 부문, 민간 부문을 불문하고 그 노동의 성격이 강한 공익성을 띤 업종의 노동조합들이 모여 있는 연맹이다. 110여 개 노조 9만 5,000명이 참여하였다.

4) 이후 조직 발전 과정

□ 1999년 운송하역노조 -화물노련의 성과를 이어 단일한 운송하역노조 건설

□ 2002년 공공연맹 -철도, 발전, 가스 공동 파업투쟁

□ 2002년 화물연대 -화물노동자의 구심으로 화물연대 출범

□ 2003년 공공연맹 -3개 지하철노조의 파업, 주5일제 인원확충요구 궤도연대 공동투쟁

□ 2004년 운수연대 -운수연대 출범

□ 2004년 화물통준위 -화물통합노조준비위 결성(전국운송하역노조, 화물연대 통합)

□ 2005년(7월) 4연맹 통준위 - 4조직 통합/산별노조 건설 추진 기구 설치(공공연맹, 화물통준위, 민주택시, 민주버스)

□ 2006년 4연맹 통준위 -3월 4조직 통합연맹 추진위 논의 시작

□ 8월 통합연맹 건설 계획(안) 확정 : 9월부터 통합연맹 준비위 가동, 06년 조직 전환 투표 집중 배치, 2006년 11월 통합연맹 창립대회 개최

□ 2006년(11/30) 공공노조 건설 / 조합원 3만 2천여 명

□ 2006년(12/26) 운수노조 건설 / 조합원 약 5만 명

□ 2007년(1/19) 공공운수연맹 -공공연맹, 화물통준위, 민주택시, 민주버스 통합. 공공대산별 건설을 위한 교두보 공공운수연맹 출범 -120개 노조 15만 명.

□ 2007년(3/27) 공공연구노조 -과기노조와 연전노조 통합 : 전국공공연구노조(3/27)

□ 2007년 9월 : 공공노조 대의원대회 산업노조간 합병 결의

□ 2011년 공공운수노조 - 6월 24일 공공운수노조 출범

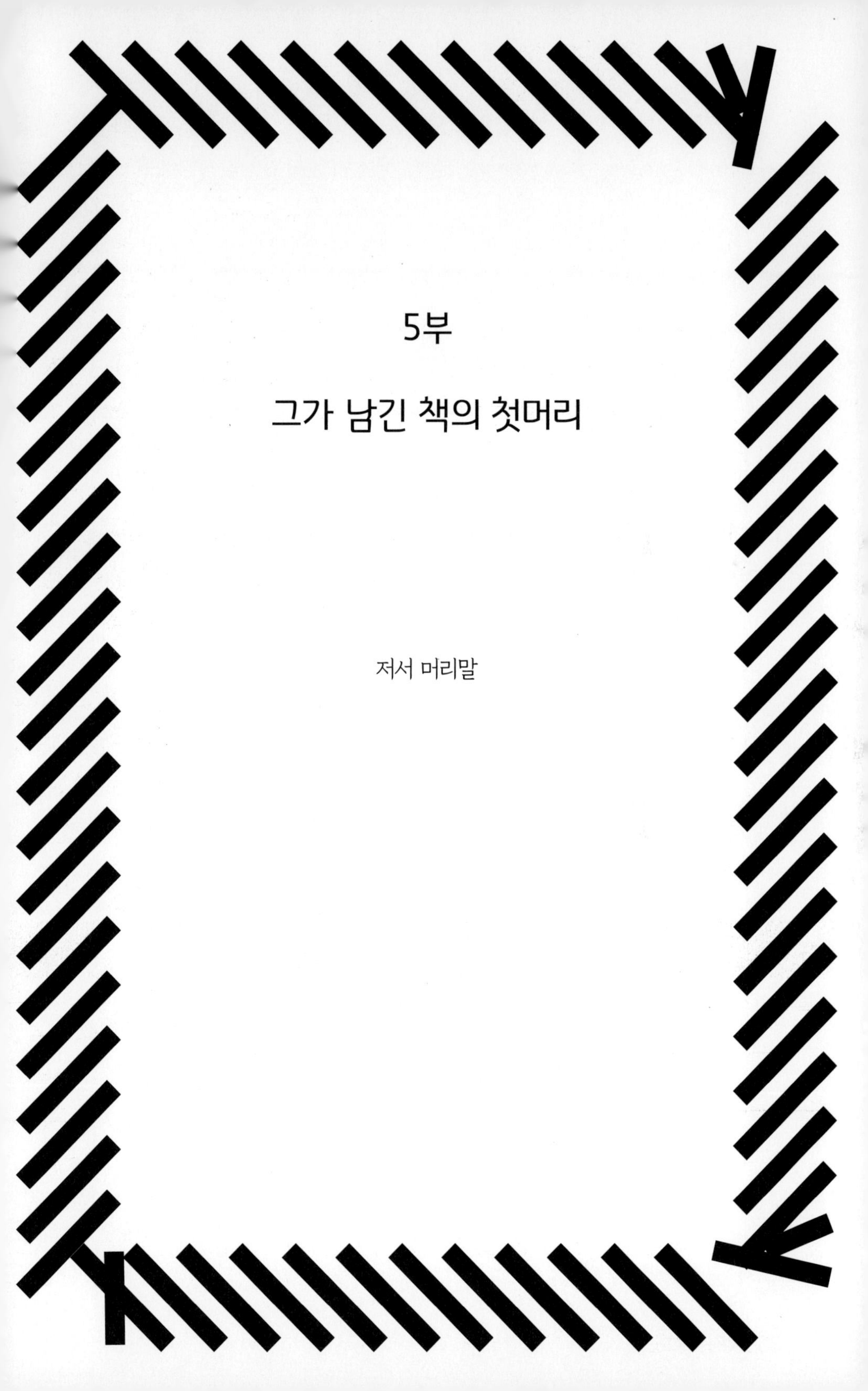

5부

그가 남긴 책의 첫머리

저서 머리말

이 글은 쌍용자동차 투쟁백서인 『해고는 살인이다』(한내, 2010)의 서문으로 집필자를 대표해 이승원이 작성했다.

지금보다 더 강한 미래를 위해

쌍용자동차지부 77일 투쟁백서 『해고는 살인이다』는 2009년 5월 22일부터 2009년 8월 6일까지 옥쇄파업을 전개한 전국민주노동조합총연맹 전국금속산업노동조합 쌍용자동차지부 조합원들의 투쟁 준비와 과정, 의의를 총체적으로 정리하고 있다. 쌍용자동차지부의 투쟁은 경제공황기에 자본에 닥친 위기를 노동자에게 전가하는 방식이 어떻게 현장에 적용되는가를 여실히 보여준 것이다. 2009년 한국 사회 한여름을 뜨겁게 달구었던 쌍용자동차지부의 투쟁은 아쉬움도 있었지만 노동의 가능성을 보여준 투쟁이다. 77일 투쟁을 되돌아보고 기록하는 것은 과거에 대한 애착과 아쉬움이 아니라, 소중한 경험을 미래의 더 나은 실천과 민주노조운동의 역량 강화에 기여하고자 하는 것이다.

백서는 사실에 바탕을 두고 투쟁을 종합적이고 체계적으로 정리하는 작업이었다. 그러나 쉬운 작업은 아니었다. 2009년 9월 쌍용자동차지부의 요청을 받고, 노동자역사 한내의 설립 목적상 반드시 해야 할 일이라고 생각했지만, 난관이 있었다. 그것은 사법 처리 문제와 작업의 공개 문제였다. 구속자들의 사법 처리 문제와 계속되는 검찰의 추가 구속 때문에 자료의 공개에 제한적일 수밖에 없는 상황이었다. 또한 투쟁 주체들이 구속되어 있어 그들의 생각을 듣기가 제한적이었다. 그럼에도 2009년 9월, 10월에 걸쳐 방대한 자료를 수집하였다. 노조 소식지, 각종 정책 자료, 사업보고서, 언론 기사 모음, 사진, 동영상, 회의 자료, 회의록, 각종 교안, 공문, 홈페이지 게시판 의견, 파업 프로그램 등을 수집하여 2개월에 걸친 분류 작업을 통해 17권의 『쌍용자동차지부 투쟁자료집』으로 엮었다. 자료로 부족한 것을 채우기 위해 조합원 17명의 구술과 4명의 연대 단위 면접, 조합원 13명의 서면 질의와 면담, 한상균 지부장의 서면 질의 등을 진행하였다.

투쟁백서 『해고는 살인이다』는 총 4장으로 구성되었다. 1장은 쌍용자동차의 경영 위기와 고용 문제 부상으로 쌍용자동차의 약사를 살펴보고, 경영 상황, 노동조합의 약사와 노사관계, 경영 위기의 원인과 사측의 도발, 한상균 집행부의 등장을 담고 있다. 2장은 파업 전야라는 제목으로 파업 준비 시기를 다루었다. 2009년 1월 9일 법정관리 신청으로부터 사측과의 공방전, 파업을 조직하는 과정과 가대위 결성, 비지회 투쟁, 연대 단위의 구성, 굴뚝 농성 돌입 등을 담고 있다. 3장은 77일의 총파업을 다루고 있다. 전반부는 조합원들이 모이는 과정에서부터 파업 프로그램의 운영, 대오 정비, 훈련, 회의, 일상생활 등 옥쇄파업의 모습들을 입체적으로 보여주고 있다. 후반부는 구사대와 경찰의 침탈, 이에 대항하는 조합원들의 전투, 교섭, 봉쇄, 갈등, 전쟁, 합의 등 실제적인 전투와 교섭의 과정을 생생하게 다루고 있다. 합의 이후 사측의 약속 불이행과 사법 처리의 문제도 함께 다루고 있다. 4장은 투쟁의 의미와 성과를 정리하였다. 계량적인 성과의 부분보다는 이후 평가할 수 있는 논쟁 지점을 정리하는데 역점을 두었다. 역사는 성과보다는 한계와 오류를 분명히 인식하는 것에서 더 많은 발전이 있다는 생각에서 한계와 과제를 함께 정리하였다. 집필은 양돌규, 이승원, 정경원이 나누어서 하였다.

한 권의 책으로 쌍용자동차지부 동지들의 투쟁을 제대로 표현하기에는 애초에 불가능했을 수도 있다. 불과 4개월의 기간에 자료 수집과 집필, 초안 검토까지 마치는 것 자체도 무리한 것이었다. 그러나 쌍용자동차지부의 투쟁을 폄하하려는 자본과 정권의 이데올로기를 종식시키고, 투쟁의 의미와 성과를 왜곡하려는 세력에 대항하여 '사실'을 알리기 위해 백서 작업을 서둘렀다. 아직 쌍용자동차지부의 투쟁이 끝나지 않았기 때문에 백서 작업 또한 끝은 아니다. 이 백서를 통해 쌍용자동차지부 동지들의 투쟁을 기억하고 평가하기 위한 시작을 알리는 것뿐이다. 이제 민주노조운동의 주체들이 이 투쟁을 올곧게 계승·발전 시켜야 할 것이다.

끝으로 백서 제작을 위한 자료의 수집과 제공을 위해 고생하신 이영호 정특위 의장, 인터뷰와 서면 질의에 응해 주신 35명의 간부와 조합원 동지들, 훌륭한 사진을 제공해 주신 신동준, 이명익, 이원용 동지, 77일 내내 투쟁의 경험과 느낌을 생생하게 적어 일지를 보내 주신 익명의 조합원께 감사드린다.

2010년 1월
노동자역사 한내

이 글은 홍익대학교 청소 경비 노동자들의 투쟁을 다룬 『우리가 보이나요』(한내, 2011)의 서문으로 집필자를 대표해 이승원이 작성했다.

사람이 사람답게 사는 세상을 위해

『우리가 보이나요』는 유령 노동자들의 투쟁 기록이다.

2011년 1월 3일부터 2월 20까지 49일간 농성 투쟁을 전개하여 원직 복직과 단체협약 체결, 임금 및 근로조건 개선 등을 쟁취한 홍익대학교 청소 경비 노동자들의 이야기이다.

사람들은 그들을 보려 하지 않았다. 남자 화장실에 여성 노동자가 들어가도 그 누구도 당황하지 않고 태연히 볼 일을 본다. 강의 중에도 회의 중에도 그들이 일하는 것에 아무도 신경 쓰지 않았고 자신들의 일을 그냥 했다.

"아 저들의 눈에는 내가 보이지 않는구나…" 이렇게 유령으로 살던 분들이 노동조합을 만들고 투쟁을 통해 사람이 되고, 당당한 노동자가 되었다.

2011년 초 매서운 추위 속에서 한국 사회를 뜨겁게 달구었던 홍익대 청소 경비 노동자들의 투쟁은 IT혁명이 반 자본의 투쟁에 어떻게 실천 되는지를 보여주었으며, 노동자는 물론이고 연예인, 종교인, 학생, 일반 시민들까지 참여하는 사회연대의 전형을 보여주었다.

이 책은 백서의 형태로 기획되었다. 사실에 바탕을 두고 종합적이고 체계적으로 정리하는 작업은 이제까지와 다르지 않았으나 읽히는 책을 만들자는 생각으로 기존의 형식과 틀을 바꿔 보았다. 시간대별 순차적인 나열보다는 입체적인 구성을 통해 독자가 읽기 편하게 만들어 보았다. 또한 청소 경비 노동자들의 살아온 삶을 역사적으로 조명해 봄으로써 이 땅 청소 경비 노동자들의 현실을 사회적으로 보여주고자 하였다.

백서를 만드는 데는 5개월이 걸렸다. 750여 쪽에 달하는 기초 자료집을 별도로 만들었고, 11명의 간부와 조합원 구술을 진행하였고, 언론 보도 자료와 영상물 등을 수집했다. 5개월여의 작업 기간 중 약 석 달을 기초자료에 대한 수집과 분석에 쏟아 부었다. 책자와 e-book으로 제작된 기초 자료집은 투쟁 상황 일지, 회의 자료 모음, 정책 자료, 보도 자료 · 성명서, 법적 대응 자료, 학생 연대 관련, 연대 관련 자료, 언론 자료, 따뜻한 밥 한 끼의 권리 캠페인, 공공노조 서경지부 대학교분회 합의서 모음 등으로 구성되었다.

『우리가 보이나요』는 총3부로 구성되었다. 1부는 홍익대분회를 조직하기까지 공공노조와 서경지부의 대학청소비정규직 조직을 위한 실천들과 홍익대분회가 만들어 지기까지의 내용을 살펴보고 홍익대분회의 노동조합 결성 과정, 교섭, 집단 해고, 농성, 조직, 회의, 투쟁 프로그램, 연대, 교육, 타결을 입체적 구성을 통해 종합적으로 전 과정을 생생하게 다루고 있다. 그리고 역사는 성과보다는 한계와 오류를 분명히 인식하는 것에서 더 많은 발전이 있다는 생각에서 한계와 과제를 함께 정리하였다. 집필은 정경원이 하였다. 2부는 홍익대 청소 경비 노동자 일곱 명의 살아온 삶과 투쟁을 구술을 바탕으로 정리하였다. 노동자들의 구술에 역사적 배경과 사회상을 집필자가 일부 첨가하여 독자들이 읽는데 조금 편하도록 했다. 집필은 이승원이 하였다. 3부는 부록으로 농성투쟁 일지, 조합원 명단, 함께해 주신 분들을 수록하고 있다.

홍익대 투쟁이 전체 청소 경비 노동자들의 투쟁을 대표하는 것은 아니다. 다만 이 책을 통해 청소 경비 노동자들의 상황과 이들이 단결하여 무엇을 얻고 싶은 것인지 이 사회 구성원들이 이해했으면 하는 바람이다. 이들은 불쌍한 사람도 무식한 사람도 아니다. 이 사회를 누구 못지않게 열심히 살고서 나이 먹어 놀지 않고 노동을 통해 스스로 살아가려는 당당한 노동자인 것이다. 이 노동자들이 지금 젊은이들의 자화상이 될 수 있음을 잊지 말자.

『우리가 보이나요』를 위한 자료를 제공해 준 공공노조와 서경지부 동지들, 바쁜 가운데서도 구술 작업에 응해 주신 11명의 간부들과 조합원 동지들, 훌륭한 사진을 제공해 주신 이정원 동지, 박진국 동지, e-book제작에 도움을 주신 김병구 동지, 함께 해주신 '김여진과 날라리 외부 세력', 홍익대분회 조합원 동지들께 감사드린다.

끝으로 금년에 대학생이 되어, 어머니 일을 돕겠다고 이 백서 작업에 녹취와 기초 자료집 편집에 자원봉사로 참여하였다가, 원고 작업이 완료된 날 인하대학교 동아리 봉사 대원으로 춘천에 갔다가 희생된 저자 정경원 님의 여식 고 최민하 양과 녹취 작업을 함께했던 고 신슬기 양의 영전에 이 책을 바친다.

2011년 8월

이승원 씀

이 글은 2011년 7월 27일 춘천 상천초등학교에 봉사 활동을 갔던 인하대 발명동아리 아이디어뱅크 희생자 이야기를 다룬 책인 『네 꿈을 기억할게』(한내, 2013)의 서문이다. 이승원은 재난 참사를 대하는 사회의 관점, 국가 책임을 제기하는 투쟁 전술을 고민하고 실천했으며 기록으로 남겼다.

그들의 꿈을 기억하고 다시는 이런 일이 없기를 바랍니다

2011년 7월 27일 .

참사가 있기 전, 10명의 희생자 중 제가 아는 아이는 한 명이었습니다. 지난 2년간 나머지 아이들을 모두 알아 가며 긴 터널을 지났다고 생각했는데 아직 터널이 계속되고 있습니다. 백서 작업을 하며 그들을 꿈에서 만나야 했고, 그들이 살아 온 삶의 무게에 가위 눌리며 몸부림쳐야 했습니다. 희생된 아이들의 부모들을 만나 기억하고 싶지 않은 것들을 물어야 했던 그 시간들은 안타까움뿐이었습니다. 자식 잃은 부모가 짓는 한숨의 의미가 무엇인지 이해는 할 수 있겠지만, 당사자가 아닌 이상 알 수는 없었습니다. 다만 인생사가 항상 허무한 것은 아님을 깨달으며 원고를 마무리했습니다.

이 책은 산 자들을 위해 썼습니다. 희생된 아이들과 그 부모와 함께 한 사람들의 이야기입니다. 물론 참사의 책임자와 대책위가 싸웠던 상대의 이야기도 있습니다. 무엇보다도 이 책을 통해, 자원봉사 활동을 교육적으로 권장하지만 문제가 생기면 제도적 대안이 전무한 우리나라의 자원봉사제도 현실이 개선되기를 바랍니다. 안전 불감증에 빠져 무분별한 난개발과 대책 없이 절개지에 숙박시설을 짓는 행태에 대해 경고를 하고자 합니다. 전국에 펜션이라는 이름의 숙박업소 중 정작 정식으로 허가받은 업체가 몇 개나 될지 궁금합니다. 춘천에 '펜션'이라는 명칭을 합법적으로 쓸 수 있는 업체는 1~2곳이라고 들었습니다. 농어촌 민박이 펜션으로 홍보되고 주인이 거주해야 하는 조건의 민박집이 주인이 거주하지 않는 채로 전문 숙박업소로 영업을 해도 주민등록만 되어 있으면 아무런 문제가 없는 나라입니다. 금년 여름, 비 피해가 없으면 난개발은 계속 되겠지요. 그러다가 어느 해 비가 많이 오고 산이 무너져서 무고한 사람들이 죽으면 언론부터 떠들고 난리겠지요. 이광준 춘천시장과 그 하수인 같은 사람은 '왜 나만 갖고 그래? 나만 잘못했어?'라고 할 것입니다. 그러한 뻔뻔한 자치 단체장이 이 사회에 존재하지 않기를 바라며 그들의 이야기를 적시했습니다.

이 백서는 총 2부로 구성되었습니다. 1부에는 참사의 상황과 전국에서 모인 유가족들의 이야기로 시작하여 아이디어뱅크가 어떤 조직이며 왜 춘천에 가게 되었는지를 소개하고 있습니다. 대책위의 결성과 진상조사위원회 운영과 해체 과정에서 무슨 일이 있었는지, 자체 진상 조사 및 참사 책임 주체들의 문제점과 결과 발표, 춘천시와의 투쟁, 강원도와의 교섭, 조례 제정 및 모금, 인하대와의 문제 정리, 춘천 상천초등학교 공적비 건립과 이광준 시장에 대한 소송, 시장 사과까지 전 과정을 여과 없이 수록하고 있습니다. 제6장에서는 조직 운영에 있어서의 갈등을 기술하여 조직 내부의 진통을 보여주고 있으며, 불가피하게 이런 조직을 운영하게 되는 분들을 위해 주요 장의 말미에 12가지 대처법을 정리해 두었습니다. 2부는 아홉 명의 아이들에 대한 이야기입니다. 비록 짧은 생이었지만 가족과 친구들 그리고 본인들의 기록을 통해 그들을 좀 더 이해하고, 남은 자들이 그들의 꿈을 기억할 수 있도록 정리해 보았습니다. 희생된 아이들을 기억하는 모든 사람들이 소장하고 그들을 기억할 수 있도록 만들고자 했습니다. 아이들은 비록 갔지만 남은 자들이 『네 꿈을 기억할게』를 통해 반드시 기억하고 꿈을 실현하여 더 나은 세상을 만들기를 바랍니다. 다시는 이런 참사가 없기를 간절히 바라면서 꽃다운 나이에 세상을 떠난 김유라, 김유신, 김재현, 성명준, 신슬기, 이경철, 이민성, 이정희, 최민하, 최용규의 영전에 이 책을 바칩니다.

2013년 6월 어느 날

이승원 씀